헌법과 대통령

이철호 지음

21세기사

 헌법상 대통령은 '국가원수로서의 지위' 및 '행정부수반으로서의 지위'와 같이 이중적 지위를 가지고 있다.

 국가원수란 대외적으로 국가를 대표하고, 대내적으로 국민의 통일성·전체성을 대표할 자격을 가진 국가기관을 말한다. 따라서 국가원수로서의 대통령의 지위는 전체적인 국가이익과 국가적 통일의 대표를 의미하는 것으로 국가원수로서의 지위는 입법부·사법부에 대해 상대적으로 우월한 지위이다.

 행정부수반으로서의 지위는 대통령이 행정부를 조직·편성하고, 집행하는데 있어 최고책임자임을 의미한다. 행정부수반으로서의 대통령의 지위는 입법부나 사법부와 동등한 병렬적 지위에 불과하다.

 대통령의 임기는 5년이며 중임(重任)할 수 없다. 현행 헌법이 대통령의 임기를 단임제(單任制)로 한 것은 장기집권을 막고 평화적 정권교체를 가능케 하기 위함이다. 그러나 우리 정치문화에서 5년 단임제는 문제가 있다. 한 가지 예를 들면, 5년 임기제라면 임기 3년이 지나면 잔임 기간이 2년 남아있지만 고위관료나 재벌·정당 정치인들은 다음에 누가 대통령이 될 것인가를 예의주시하며 눈치 보기·줄서기가 시작되어 「레임 덕'(Name Duck)」 현상이 나타나고, 국정 공백현상이 가속화되는 문제가 발생하고 있다. 한국 대통령을 아는 것이 한국 정치, 헌정을 이해하는 바로미터라고 하겠다.

 한국 헌정과정에서 역대 대통령들은 입법·행정·사법 3권을 사실상 장악함으로써, 무소불위(無所不爲)의 권력을 행사하였다. 그러함으로 인하여 민심(民

心)의 정확한 전달통로를 위축·왜곡시키고 국정의 투명성을 약화시켜 결과적으로 부정부패(不正腐敗)의 환경을 조성하여 국정의 난맥상을 자초하였다.

21세기를 살고 있는 대한민국 국민들은 군림하는 '제왕적 대통령'보다는 국민에게 진실로 봉사하는 대통령을 바라고 있다. 또한, 21세기 한국사회에서 기대하는 리더십은 '새로운' 리더십이다. '새로운' 리더십이란 「명령형」이 아닌 「설득형」 리더십이다. 그리고 국민들을 통합할 수 있는 대통령을 원하고 있다.

평소 강의와 연구를 하면서 떠오른 대통령 관련 주제들을 체계적으로 정리하고 싶었다. 대통령 당선자의 법적 지위, 대통령 선거사, 대통령 배우자의 법적지위, 대통령 하야(下野) 성명, 대통령 기록물, 대통령 특별사면권 행사의 실태, 대통령 취임사 등을 담고자 했다.

본서에서는 대통령 관련 사안들을 헌법사회학(Sociology of Constitutional Law) 방법으로 정리해보고자 했다. 그러나 타고난 천학비재(淺學非才)에다 게으름까지 피우다 보니 졸작이 되고 말았다. 부족하고 미흡한 부분은 더욱 정진하여 수정 보완해야겠다는 다짐을 하면서 머리말에 갈음한다.

항상 저자의 수익성 없는 출판 요구에 기꺼이 응해주시는 〈도서출판 21세기사〉 이범만 사장님께 머리 숙여 감사드린다.

2023년 11월

文香齋에서
이철호 합장

목차

제 1 장
대통령의 헌법상 지위

제 2 장
대통령 후보자와 당선자

제3장

대통령 선거사

제 4 장

대통령의 권한

제 5 장

대통령과 특별사면권

제6장

한국헌정과 대통령 하야사(下野史)

제7장

대통령과 대통령기록물

제1장

대통령의 헌법상 지위

제1절 대통령의 헌법상 지위

Ⅰ. 정부형태에 따른 대통령의 지위

대통령의 지위는 국가의 정부형태에 따라 상이하다. 대통령제 국가에 있어서의 대통령은 국가의 원수인 동시에 행정부의 수반이며, 국정의 제1인자로서 입법부·사법부와 동위에 위치하는 것이 원칙이나, 남미 등지의 대통령은 입법부와 사법부에 대하여 월등하게 우위를 점하고 있다.

의원내각제 국가에서의 대통령은 의례적·형식적인 국가원수의 지위에 있는 것이 원칙이다. 그러나 프랑스 제5공화국헌법하의 대통령의 지위(이원정부제)는 특이하며, 대통령은 실질적인 권한 내지 헌법상의 특권까지도 보유하여 명실상부한 국가원수인 경우도 없지 아니한다. 그런데 대통령과 수상·내각이 각기 다른 정당에 속하는 경우 소위 동거정부(同居政府)에서의 대통령 권한은 실제적으로 축소되고 있다.

의회정부제(議會政府制)란 정부에 대한 의회의 절대적 우위로 특정 지워진 정부형태여서 일반적으로 의회정부제에 있어서의 국가원수나 대통령은 존재하지 않으며, 존재하는 경우에도 그 권한은 의례적·대표적 사항에 한정된다.

Ⅱ. 역대 대통령의 헌법상 지위의 변천

헌정사(憲政史)에 있어서 대통령의 헌법상 지위의 변천을 살펴보면 제1공화국 및 제3공화국에서는 의원내각제적 요소를 가미하였지만 대체로 미국의 대통령과 비슷했고, 제2공화국에서는 순수한 내각책임제를 채택하였으므로 대통령은 형식적·의례적 지위를 보유하는 국가의 원수였다.

그런데 제4공화국에서는 프랑스 제5공화국헌법을 모방하여 영도적 대통령제 내지 절대적 대통령제를 채택하여 대통령에게 국가권력을 집중시켰다. 제5공화국에서는 대통령의 권한을 축소하고, 국회의 권한을 강화시켰으나, 여전히 비상조치권·국회해산권·중요정책에 대한 국민투표부의권·헌법개정안제안권 등의 권한이 대통령에게 부여되고 있어서 사실상 권위주의적인 대통령의 지위에 있었다고 볼 수 있다.

Ⅲ. 현행헌법에서의 대통령의 헌법상 지위

1. 국가원수로서의 지위

국가원수(國家元首)란 대외적으로 국가를 대표하고, 대내적으로 국민의 통일성·전체성을 대표할 자격을 가진 국가기관을 말한다. 따라서 국가원수로서의 대통령의 지위는 전체적인 국가이익과 국가적 통일의 대표를 의미하는 것으로 이와 같은 지위는 입법부·사법부에 대하 상대적으로 우월한 지위이다.

(1) 대외적으로 국가를 대표할 지위

헌법 제66조 제1항에 의하여 대통령은 국가의 원수이며, 국가를 대표하는 지위에 있다. 따라서 대통령은 대한민국의 대표로서 조약을 체결·비준하고, 외교사절을 신임·접수 또는 파견하며, 선전포고와 강화를 한다(헌법 제73조).

(2) 국가 및 헌법 수호자로서의 지위

헌법 제66조 제2항은 「대통령은 국가의 독립·영토의 보전·국가의 계속성과 헌법을 수호할 책무를 진다」라고 규정하고, 제69조는 「나는 헌법을 준수하고 국가를 보위하며…」라고 선서하는 것은 곧 대통령이 국가와 헌법의 수호자라는 것을 규정한 것이다. 또한 긴급명령권과 긴급재정·경제처분 및 그 명령권, 계엄선포권, 위헌정당해산제소권 등은 헌법이 대통령에게 국가와 헌법의 수호자로서의 권한과 책임을 부여한 것이다.

(3) 국정의 통합조정자로서의 지위

헌법은 권력분립의 원리를 초월하여 입법 · 사법 · 행정의 3권을 통합 · 조정하고 중재하는 권한을 대통령에게 부여하고 있다. 헌법개정안제안권, 국가안위에 관한 중요정책의 국민투표부의권, 국회임시회의 집회요구권, 법률안제출권, 사면 · 감형 및 복권에 관한 권한 등이 이에 해당하는 권한이다.

(4) 헌법기관구성자로서의 지위

헌법은 국회의 동의를 얻어 대법원장과 헌법재판소의 장 및 감사원장을 임명하고, 대법원장의 제청으로 국회의 동의를 얻어 대법관을 임명할 권한, 헌법재판소 재판관의 임명권, 중앙선거관리위원회 위원의 임명권, 감사원장의 제청에 의한 감사위원의 임명권 등의 권한을 대통령에게 부여하고 있다.

2. 집행부수반으로서의 지위

헌법 제66조 제4항은 집행부수반으로서의 대통령의 지위를 규정하고 있다. 이는 대통령이 집행부를 조직 · 편성하고, 집행하는 데 있어 최고책임자임을 뜻한다. 집행부의 수반으로서의 대통령의 지위는 입법부나 사법부와 동등한 병렬적 지위에 불과하다.

(1) 정부의 최고지휘권자 · 최고책임자로서의 지위

대통령은 집행에 관한 실질적인 최종 결정권과 집행권을 행하고, 집행부의 모든 구성원에 대하여 지휘 · 감독권을 행사한다.

(2) 정부조직권자로서의 지위

대통령은 국무총리 · 국무위원 등을 임명하고, 헌법과 법률이 정하는 바에 의하여 공무원을 임면한다.

(3) 국무회의 의장으로서의 지위

대통령은 국무회의의 의장으로서의 국무회의를 소집하고 주재하며 그 운영을 통할한다(헌법 제88조).

제2절 대통령의 신분상 지위

Ⅰ. 신분상의 지위

1. 임기

대통령의 임기는 5년이며 중임할 수 없다(헌법 제70조). 대통령의 임기연장 또는 중임변경을 위한 헌법개정은 그 헌법개정제안 당시의 대통령에 대하여는 효력이 없도록 규정하였다(헌법 제128조 제2항).

공직선거법은 '대통령의 임기는 전임 대통령 임기만료일의 다음 날 0시부터 개시된다.'(공직선거법 제14조 제1항 본문)[1]고 규정하고 있다.[2]

---

[1] 공직선거법 제14조(임기개시) ①대통령의 임기는 전임대통령의 임기만료일의 다음날 0시 부터 개시된다. 다만, 전임자의 임기가 만료된 후에 실시하는 선거와 궐위로 인한 선거에 의한 대통령의 임기는 당선이 결정된 때부터 개시된다.

[2] 문재인 대통령의 임기는 중앙선거관리위원회가 당선자 결정안을 의결한 2017년 5월 10일 오전 8시 9분에 시작했는데, 5년의 임기가 끝나는 때가 정확히 2021년 5월 9일인지 10일 인지, 시간은 언제인지에 대해 명확하지 않다는 주장이 일각에서 제기되어 왔다. 현행 공 직선거법은 탄핵 등 전임자 궐위(闕位)로 인한 대통령 선거에 대해서는 '당선이 결정된 때 부터 임기가 개시된다.'(동법 제14조 제1항)고 만 규정하고 있어, 전임 대통령 궐위에 따른 선거로 당선된 대통령 임기 만료 등에 관한 규정이 명확하지 않아 5년 임기가 끝나는 시점 이 정확히 언제인지를 두고 논란이 있었다. 문재인 대통령이 전직 대통령 박근혜의 탄핵으 로 인해 치러진 2017년 5월 9일 조기 대통령선거에서 당선되면서 과거 대통령선거와 달리 선거 다음 날인 5월 10일 바로 취임했기 때문이다. 당시 중앙선관위는 '10일 오전 8시 9분' 에 문재인 대통령의 당선을 확정했다. 하지만 그 동안 임기 만료 시점에 대해선 행정안전 부와 인사혁신처, 법제처 등 관련 정부 부처는 "부처 소관 사항이 아니다"며 답변을 거부 하고, 중앙선거관리위원회도 "검토가 필요한 사항"이라고만 해왔다. 중앙선거관리위원회가 2021년 5월 18일 국회 행정안전위원회 소속 박완수 '국민의 힘' 의원에게 제출한 답변서에 따르면, 중앙선거관리위원회는 "문재인 대통령의 임기 개시일은 당선인 결정일인 2017년 5월 10일이고 임기 만료일은 2022년 5월 9일 24시"라고 명시했다(선관위 "文 임기 종료

2. 선서

대통령은 취임에 즈음하여 "나는 헌법을 준수하고 국가를 보위하며, 조국의 평화적 통일과 국민의 자유와 복리의 증진 및 민족문화의 창달에 노력하여 대통령으로서의 직책을 성실히 수행할 것을 국민 앞에 엄숙히 선서합니다"라고 선서를 한다(헌법 제69조).[3]

Ⅱ. 형사상 특권

헌법 제84조는 "대통령은 내란 또는 외환의 죄를 범한 경우를 제외하고는 재직중 형사상의 소추를 받지 아니한다"라고 하여 대통령의 형사상 특권을 규정하고 있다.[4] 대통령의 형사상 특권(刑事上 特權)은 국가원수로서의 권위를 유지

시점은 내년 5월 9일 24시", 「서울신문」 2021년 5월 19일; 선관위 '문 대통령 임기는 2022년 5월 9일 밤 12시까지', 「경향신문」 2021년 5월 19일 참조).

3) "헌법 제66조 제2항 및 제69조에 규정된 대통령의 '헌법을 준수하고 수호해야 할 의무'는 헌법상 법치국가원리가 대통령의 직무집행과 관련하여 구체화된 헌법적 표현이다. '헌법을 준수하고 수호해야 할 의무'가 이미 법치국가원리에서 파생되는 지극히 당연한 것임에도, 헌법은 국가의 원수이자 행정부의 수반이라는 대통령의 막중한 지위를 감안하여 제66조 제2항 및 제69조에서 이를 다시 한번 강조하고 있다. 이러한 헌법의 정신에 의한다면, 대통령은 국민 모두에 대한 '법치와 준법의 상징적 존재'인 것이다."(헌재 2004.5.14. 2004헌나1, 판례집 16-1, 609 [전원재판부]).

4) 한국의 대통령은 재임중 내란과 외환의 죄를 범한 경우 이외에는 소추당하지 않는 형사상 특권이 있다. 군주의 지위에 준하는 특권이라고 할까? 미국 대통령에게는 그러한 특권이 없다. 닉슨이 탄핵될 당시에도 현직 대통령으로 아무런 형사상 특권이 인정되지 않았다. 따라서 글자 그대로 법 앞에 평등으로서 사법적 정의(司法的 正義)가 구현되어야 한다는 것이 보장된다. 대통령에게 형사상 특권을 인정해야만 권위가 선다고 하는 것은 그에게 무법적(無法的) 특권을 인정해서 그 존재가 국민을 초월하는 존재로 인정해야 한다고 하는 것인데, 이야말로 민주적이지 못한 사고방식이고 관행이 아닌가? 대통령은 재임중 살인을 해도 소추할 수 없다고 하는 말이 되는데 이는 납득이 안되는 것이다. 이렇게 전제군주제에서나 있을 대통령의 특권을 인정하여 놓고 탄핵을 한다고 하는 것은 실현 불가능한 비현실적 제도를 만들어 놓고 있는 것이다. 한국 대통령의 만능에 가까운 권한과 특권의 제도

하기 위하여 인정되는 제도이다.[5]

형사소추(刑事訴追)란 본래 공소의 제기를 의미하나, 헌법 제84조의 소추란 체포 · 구속 · 수색 · 검증까지도 포함하는 것으로 본다.[6] 그러나 대통령에 대하여 수사가 가능한지에 대하여는 견해가 대립하고 있다. 대통령을 기소하지는 못해도 수사 자체는 가능하다는 견해,[7] 수사는 기소를 전제로 하기 때문에 수사 자체를 할 수 없다는 견해, 일부 혐의가 의심된다면 기소중지 처분을 한 뒤 퇴임 이후에 재수사를 하면 된다는 견해 등이 있다.

헌법 제84조는 소추유예의 예외로서 '내란 또는 외환의 죄를 범한 경우'를 명

의 한 보기라고 할 것이다(한상범, "법적 관점에서 본 권력구조의 문제", 「공공정책연구」 통권 제4호, 1998, 10면).

5) 대통령의 불소추특권에 관한 헌법의 규정이, 대통령이라는 특수한 신분에 따라 일반국민과는 달리 대통령 개인에게 특권을 부여한 것으로 볼 것이 아니라, 단지 국가의 원수로서 외국에 대하여 국가를 대표하는 지위에 있는 대통령이라는 특수한 직책의 원활한 수행을 보장하고, 그 권위를 확보하여 국가의 체면과 권위를 유지하여야 할 실제상의 필요 때문에 대통령으로 재직 중인 동안만 형사상 특권을 부여하고 있음에 지나지 않는 것으로 보아야 할 것이다. 헌법 제84조의 근본취지를 이와 같이 해석하는 한, 그 규정에 의하여 부여되는 대통령의 형사상 특권은 문언 그대로 "재직중 형사상의 소추를 받지 아니하는" 것에 그칠 뿐, 대통령에게 일반국민과는 다른 그 이상의 형사상 특권을 부여하고 있는 것으로 보아서는 안될 것이다(1995.1.20. 94헌마246, 판례집 7-1, 15).

6) 강경근, 헌법학, 법문사(1997), 608면; 김철수, 헌법학신론(제21전정신판), 박영사2013), 1478면; 정종섭, 헌법학원론, 박영사(2006), 962면; 홍성방, 헌법(II), 현암사(2000), 446면.

7) 대통령 재직 중 수사(搜査)의 가능여부에 관련하여 수사가 가능하다는 견해도 있다. "법원의 재판을 전제로 하는 공소의 제기와 이와 연관된 체포나 구속이 금지되는 것이므로 수사기관의 수사는 가능하다. 따라서 대통령이 내란 또는 외환의 죄에 해당하지 아니하는 죄를 범한 경우에 수사기관은 수사를 할 수 있다. 수사를 하는 이상 수사의 방법으로 압수 · 수색을 하는 것도 가능하다. 시간이 경과하면 증거를 수집하기 어려우므로 대통령의 재직중에 행해진 범죄행위에 대해서도 수사기관은 언제나 수사할 수 있어야 한다. 대통령이 재직하고 있는 중에 자기에 대한 임면권(任免權)을 가지는 대통령에 대해 경찰이나 검찰이 공정하게 수사하는 것은 쉽지 않으므로, 이해관계충돌(conflict of interest)의 법리상 대통령의 영향력이 미칠 수 없는 독립된 특별수사기관으로 하여금 수사하게 하는 것이 타당하다"(정종섭, 헌법학원론, 박영사, 2006, 963면 참조).

시하고 있다. 그러나 내란죄 또는 외환죄에 해당돼 재직 중이라도 소추할 수 있는지, 아니면 그 외의 범죄로서 소추를 유예해야 하는 경우인지 확인하기 위해서도 수사가 필요하다. 나아가 수사 결과 후자의 경우에 해당돼 당장은 소추할 수 없다고 하더라도 퇴직 후의 소추를 위한 증거 확보 차원에서 퇴직 전이라도 수사가 필요하다. 또한 재직 중 증거인멸의 가능성이 있으므로 이에 대처해야 할 필요가 있다. 즉 증거확보 및 증거보전을 위한 수사는 재직 중이라도 할 수 있고 또 해야만 한다.[8]

대통령은 내란 또는 외환의 죄를 제외하고는 재직 중에는 원칙적으로 형사재판을 받지 아니한다. 만약 대통령에 대하여 형사소추가 있을 경우에 법원은 형사소송법 제327조 제1호의 재판권 부존재를 이유로 공소기각판결을 하여야 한다.[9]

그러나 퇴직 후에는 형사상 소추가 가능하며 재직중이라도 민사소송·행정소송과 탄핵소추는 면제되지 아니한다.[10]

Ⅲ. 권한대행자와 권한대행의 직무범위

대통령이 궐위되거나 사고로 인하여 직무를 수행할 수 없을 때에는 국무총리, 법률이 정한 국무위원 순으로 그 권한을 대행한다(헌법 제71조).[11] 여기서

---

8) 김선택, "헌법은 대통령 수사를 막지 않는다", 「중앙일보」 2016년 11월 3일, 33면.
9) 성낙인, 헌법학, 법문사(2016), 556면.
10) 내란·외환의 죄의 경우에는 재직중 형사소추가 가능하기 때문에 시효가 진행되며, 내란·외환 이외의 형사상의 죄(반란죄)는 재직중 형사소추가 불가능하기 때문에 시효가 중단된다. 이 경우는 대통령의 임기만료시부터 다시 시효가 진행하므로 재직후 소추할 수 있다(1995.1.20 94헌마246).
11) 한국 헌정사에서 4·19혁명이나, 5·16쿠데타, 12·12쿠데타 등 격변기에는 어김없이 대통령 권한대행(權限代行)이 출연했다. 현재까지 대통령 권한대행은 총 9번 있었다. 허정은 최초로 권한대행을 2차례 수행하였으며, 박정희와 최규하는 대통령 권한대행 이후 대통령에 취임했다. 1. 허정(許政)(1960년 4월 27일~1960년 6월 15일, 재임기간 51일) : 4·19

궐위(闕位)란 대통령이 사망·탄핵결정에 의한 파면·피선거권의 상실·사임 등으로 대통령이 재위하지 않게 된 경우를 의미한다. 사고(事故)란 대통령이 재위하지만 신병·해외순방 또는 탄핵소추의 결정으로 권한행사가 정지된 경우 등을 의미한다. 그런데 궐위된 경우에는 60일 이내에 후임자를 선출하여야 한다(헌법 제68조 제2항). 선출된 후임자는 차기대통령을 의미하고 그 임기도 처음부터 개시된다.

혁명에 따른 이승만 대통령 하야로 인하여 궐위가 발생했고, 당시 외무부 장관이었던 허정이 권한대행이 되었다. 2. 곽상훈(1960년 6월 16일~1960년 6월 22일, 재임기간 7일) : 제2공화국 정권의 정치 제도가 의원내각제로 바뀜에 따라 허정이 내각구성 때까지 과도정부를 준비하면서 당시 민의원 의장이었던 곽상훈이 일시적으로 권한대행을 맡았다. 3. 허정(1960년 6월 23일~1960년 8월 7일, 재임기간 46일) : 제2공화국 정부 내각이 정식 출범할 때까지 과도정부 체제로 운영하면서 허정이 과도정부의 대통령 권한대행을 맡았다. 4. 백낙준(1960년 8월 8일~1960년 8월 12일, 재임기간 5일) : 허정의 뒤를 이어 대통령 권한대행을 며칠간 맡았다. 이후 내각이 정식 출범하면서 윤보선 대통령이 취임하며 권한대행 체제는 사라졌다. 5. 박정희(1962년 3월 24일~1963년 12월 16일, 재임기간 629일) : 5·16 군사정변으로 인하여 제2공화국이 사라지고, 국가재건최고회의 체제로 운영되면서 의장인 박정희가 대통령 권한대행을 했다. 이후 제3공화국이 정식 출범하면서 박정희는 대통령이 되었다. 대통령 권한대행이라는 이름으로는 가장 오랫동안 재임했다. 6. 최규하(1979년 10월 27일~1979년 12월 5일, 재임기간 41일) : 10·26 사태로 인하여 박정희 대통령이 사망하여 궐위가 발생, 국무총리였던 최규하가 대통령 권한대행을 수행했다. 이후 통일주체국민회의에서 최규하가 대통령으로 선출되었다. 7. 박충훈(1980년 8월 16일~1980년 8월 26일, 재임기간 11일) : 12·12 군사반란 및 그 뒤에 이어진 일련의 사건으로 인하여 최규하 대통령이 사임하며 궐위가 발생, 당시 국무총리 서리였던 박충훈이 대통령 권한대행을 수행했다. 이후 통일주체국민회의에서 전두환이 제4공화국의 마지막 대통령으로 선출되고, 개헌을 거쳐 제5공화국의 대통령으로 선출된다. 8. 고건(2004년 3월 12일~2004년 5월 14일, 재임기간 64일) : 2004년 노무현 대통령 탄핵소추 및 심판으로 인하여 노무현 대통령의 직무가 정지되면서 고건 국무총리가 대통령 권한대행을 수행했다. 이후 탄핵소추가 헌법재판소에서 기각되면서 노무현 대통령은 직무에 복귀한다. 9. 황교안(2016년 12월 9일~2017년 5월 10일 아침 8시, 재임기간 153일) : '박근혜·최순실 국정농단 사건'로 인하여 2016년 12월 박근혜 대통령 탄핵소추안이 국회에서 가결되었다. 따라서 박근혜 대통령의 직무가 정지되었으며 그 시점부터 황교안 국무총리가 대통령 권한대행을 수행했다. 2017년 3월 11일 헌법재판소의 탄핵 인용으로 동년 5월 9일 제19대 대통령 선거를 통해 문재인 대통령이 취임할 때까지 대통령 권한대행을 수행했다.

대통령이 궐위된 때에는 그 사유가 발생하면 헌법의 규정에 따라 대행자가 선정되므로 큰 문제가 없으나, 사고인 경우에는 대통령이 직무수행을 할 수 있는가의 여부는 누가 결정할 것인가에 관하여 견해의 대립이 있다.

대통령의 구체적인 의사표시가 있어야 한다는 견해와 1차적으로 대통령이 결정하고, 정신장애 등으로 결정할 수 없는 경우에는 누가 이것을 결정할 것인가를 미리 법률에 규정하여 둘 필요가 있다는 견해[12]이다. 해외여행이나 단순한 신병(身病)은 대통령의 의사표시로 권한대행자를 지명할 수 있지만, 정신장애 같은 경우에 대비하여 국정의 혼란을 막기 위해서도 미리 법률에 규정하여 둘 필요가 있다는 후설이 타당하다고 본다.

대통령 권한대행의 경우 그 직무범위가 문제된다. 궐위의 경우에 있어서 그 직무범위는 ⅰ) 대통령 권한 전반에 걸쳐 행사할 수 있으며, 그 대행이 합리적인 경우 반드시 현상유지적일 필요가 없다는 견해[13]와 ⅱ) 권한대행자의 직무는 후임자의 선출이 중요하고 권한대행자는 대통령직이 필요로 하는 민주적 정당성을 얻지 못하기 때문에 현상유지에 한정해야 한다는 견해가 대립하고 있다.[14]

---

12) 권영성, 헌법학원론, 법문사(2002), 911면.

13) 권영성, 헌법학원론, 910면.

14) 고건 대통령 권한대행의 경우, 인사권은 행사하지 않았지만 법률안거부권(法律案拒否權)은 행사하였다. 대통령의 특별사면에 대해서 국회의 동의를 거치도록 하는 사면법 개정안에 대해서 위헌의 소지가 있다면서 거부권을 행사하였다. 그러나 해당 사면법 개정안은 국회 회기 종료로 자동 폐기되었다. 황교안 총리는 대통령 권한대행을 하면서 '대통령 권한대행 국무총리'라는 명패를 새로 만들기도 했다. 또한 "대통령 권한대행 국무총리 황교안"이라는 이름이 새겨진 기념 시계를 만들어 논란이 일자, 당시 국무총리실은 해명자료를 내고 "'대통령 권한대행 국무총리'라는 명칭은 공식직함이며 공문서, 훈·포장 증서, 임명장, 외교문서 등에 사용되고 있으며 또한 각종 중요행사 경조사 시 화한·조화·축전 등에도 동일 직함을 사용한다"고 밝혔다. 이후 국회에서도 이와 관련되어 직함인지 아닌지에 대해 논란이 일어났지만, 특수한 상황에서 나오는 경우라 이를 일일이 명문화할 수 없으므로, 헌법상에 나와 있지 않다고 해서 공식직함이 아니라고 보기보다는 관습적으로 이해해야 하는 것이 맞다는 의견이 있었다. 황교안 총리의 경우 대통령 권한대행을 하면서 전폭적인 행보를 보여주고 있어서 논란이 된 바 있었다. 이 때문에 당시 더불어민주당에서는 '대통령의 권한대행에 관한 법률'을 추진하기도 했다. 당시 민병두 의원이 대표발의한 '대통령의 권

사고의 경우에 있어서 그 직무범위는 ⅰ) 현상유지에 국한한다는 견해, ⅱ) 사고가 장기적으로 잠정적 현상유지가 불가능한 상태인 경우 국무회의의 심의를 거쳐 직무범위를 현상유지에 국한할 필요가 없으며 대행기간을 정해야 한다고 보는 견해, ⅲ) 잠정적인 현상유지에 국한해야 하고 기본정책전환 · 인사이동 등 현상유지를 벗어난 직무대행을 할 수 없다는 견해가 대립하고 있다.

권한대행은 임시대리의 성격을 지니고 잠정적인 관리자에 불과하므로 어느 경우이든 권한대행의 성질상 현상유지에 국한되는 것이 타당하다고 하겠다.

우리나라 헌법상 대통령의 권한대행자를 살펴보면, 제1공화국에서는 부통령, 제2공화국에서는 참의원의장, 제3공화국부터 현행헌법까지는 국무총리가 대통령의 제1순위 권한대행자이다.[15]

Ⅳ. 대통령의 의무

헌법에 규정된 대통령의 의무는 직무상 의무와 겸직금지의무가 있다. 직무상 의무는 취임선서(就任宣誓)에서 밝힌 의무(헌법 제69조)이며, 겸직금지의무는 헌법 제83조에 규정된 것으로 대통령은 국무총리 · 국무위원 · 행정각부의 장, 기타 법률이 정하는 공 · 사의 직을 겸할 수 없다는 것이다.

Ⅴ. 전직대통령의 예우

헌법 제85조는 "전직 대통령의 신분과 예우에 관하여는 법률로 정한다"고 하여, 전직대통령에게도 그에 상응하는 신분보장 · 예우를 하고 있다. 특히 직전 대통령은 국가원로자문회의의 의장이 된다(헌법 제90조 제2항).

한대행에 관한 법률'은 현상유지를 위한 최소한의 관리자로서 대통령 권한대행의 권력을 제한하고 있었다. 헌법개정안 발의, 특별사면, 국민투표 부의 금지 등의 내용을 담고 있었다.

15) 외국의 경우를 살펴보면, 미국은 부통령, 프랑스 제5공화국은 상원의장, 독일은 연방참의원 의장이 권한대행자이다.

전직대통령예우에 관한 법률에 따라 본인과 일정한 범위의 유족에 대해서 연금의 지급, 경호, 경비, 교통, 체신의 편의와 사무실제공, 의료 등의 혜택을 받는다.

그러나 다음의 경우에는 전직대통령으로서의 예우를 하지 않는다. ⅰ) 재직 중 탄핵결정을 받아 퇴임한 경우, ⅱ) 금고 이상의 형이 확정된 경우, ⅲ) 형사처분을 회피할 목적으로 외국정부에 대하여 도피처 또는 보호를 요청한 경우, ⅳ) 대한민국의 국적을 상실한 경우이다(전직대통령예우에 관한 법률 제7조 제2항).[16]

---

[16] 전직대통령에 대한 예우에는 크게 '생전예우'와 '사후예우'로 나눌 수 있다. 전직대통령들의 생전예우에 관한 내용을 규정하고 있는 것이 「전직대통령 예우에 관한 법률」이며, 사망 후 예우에 대한 내용을 담고 있는 것이 「국가장법」과 「국립묘지의 설치 및 운영에 관한 법률」이다. 전직대통령들에 대한 예우 현황과 헌정문란으로 처벌받았거나 탄핵당한 전직대통령들은 국가장(國家葬) 대상에서 제외해야 하는 문제, 특별사면(特別赦免)된 전직대통령의 국립묘지 안장 문제 등에 대한 자세한 사항은 이철호, 「전직대통령 예우와 법」, 21세기사 (2021) 참조.

제2장

대통령 후보자와 당선자

제1절 대통령선거와 후보자

I. 대통령 선거기간과 선거일

대통령선거는 23일간 실시된다(공직선거법 제33조 제1항 제1호). 대통령선거기간은 후보자등록마감일의 다음 날부터 선거일까지이다(공직선거법 제33조 제3항 제1호).

임기만료에 의한 대통령선거는 그 임기만료일전 70일 이후 첫번째 수요일에 실시한다(공직선거법 제34조 제1항 제1호). 선거일이 국민생활과 밀접한 관련이 있는 민속절 또는 공휴일인 때와 선거일전일이나 그 다음날이 공휴일인 때에는 그 다음주의 수요일로 한다(공직선거법 제34조 제2항).

대통령의 궐위로 인한 선거 또는 재선거는 그 선거의 실시사유가 확정된 때부터 60일 이내에 실시하되, 선거일은 늦어도 선거일 전 50일까지 대통령 또는 대통령권한대행자가 공고하여야 한다(공직선거법 제35조 제1항).

II. 대통령 피선거권

헌법은 "모든 국민은 법률이 정하는 바에 의하여 공무담임권을 가진다."(헌법 제25조) 규정하고 있다. 또한 "대통령으로 선거될 수 있는 자는 국회의원의 피선거권이 있고 선거일 현재 40세에 달하여야 한다."(헌법 제67조 제4항)고 규정하고 있다.[1] 헌법이 피선거권의 연령에 대하여 직접 규정하고 있는 것은

---

1) 현행 헌법 제67조 제4항은 "대통령으로 선거될 수 있는 자는 국회의원의 피선거권이 있고 선거일 현재 40세에 달하여야 한다."며 40세 미만의 대통령 선거 출마를 금지하고 있다. 대통령이 될 수 있는 연령을 40세 이상으로 제한한 것이어서 '대통령 연령 제한'조항으로

대통령 선거뿐이다.

피선거권이란 각종 공직선거에 입후보하여 선출될 수 있는 자격을 말한다. 현행 공직선거법은 피선거권에 대하여 적극적 규정과 소극적 규정을 동시에 규정하고 있다. 공직선거법은 피선거권을 가지는 자에 대한 적극적 규정(동법 제16조)과 피선거권이 없는 자에 대한 소극적 규정(동법 제19조)을 두고 있다.

대통령선거에서 선거일 현재 5년 이상 국내에 거주하고 있는 40세 이상의 국민은 대통령의 피선거권이 있다. 이 경우 공무로 외국에 파견된 기간과 국내에 주소를 두고 일정기간 외국에 체류한 기간은 국내거주기간으로 본다(공직선거법 제16조 제1항).

연령산정 기준은 선거일 현재를 기준으로 하여 산정하며, 그 연령계산에 있어서는 민법의 연령의 기산점 규정에 의하여 초일(출생일)을 산입한다(공직선

도 불린다.

대통령 연령을 제한한 헌법조항은 1948년 제정된 제헌헌법(制憲憲法)에는 존재하지 않았지만, 1962년 제5차 개헌으로 처음 도입됐다. 1962년 12월 26일 전면 개정된(제5차 개헌) 헌법 제64조 제2항은 '대통령으로 선거될 수 있는 자는 국회의원의 피선거권이 있고 선거일 현재 계속하여 5년 이상 국내에 거주하고 40세에 달하여야 한다'고 규정하고 있다. 1952년 1차 개헌으로 대통령 선거에 관련한 사항을 법률로 정할 수 있도록 한 헌법조항 (1952년 헌법 제53조 제6항)이 신설됐고, 이에 따라 대통령 연령 제한 조항이 포함된 대통령·부통령선거법(법률 제247호, 1952.7.18.제정)이 제정됐다. 헌법 차원이 아닌 일반 법률조항으로서 대통령 연령 제한은 1962년 제5차 개정 헌법(제3공화국 헌법)보다 10년 앞선 1952년 7월 18일 '대통령·부통령선거법'이 제정되면서 처음 도입됐다. 동법 제2조는 '국민으로서 만3년이상 국내에 주소를 가진 만40세 이상의 자는 피선거권이 있다'고 규정해 대통령 선거에 출마할 수 있는 나이를 만 40세 이상으로 제한했다. 비교법적으로 대통령제 국가인 미국은 헌법 제2조 1절 5항에 '연령이 35세에 미달한 자, 또는 14년간 합중국 내의 주민이 아닌 자도 대통령으로 선임될 자격이 없다'(neither shall any Person be eligible to that Office who shall not have attained to the Age of thirty-five Years)고 규정하고 있다. 유럽 국가 중 대통령제를 채택하고 있는 독일 또한 대통령의 연령을 헌법으로 제한하고 있다. 독일은 기본법 제54조 제1항(Article 54 (1))에서 '연방의회 의원의 선거권을 갖는 만 40세에 달한 모든 독일인은 (연방 대통령) 피선거권을 가진다'고 규정한다. 반면 대통령제인 프랑스와 의원내각제인 영국·캐나다·일본의 헌법에는 대통령 또는 총리의 연령을 제한하는 조항이 존재하지 않는다.

거법 제17조 및 민법 제158조).

피선거권에 대한 소극적 요건으로 선거일 현재 다음 각호의 어느 하나에 해당하는 자는 피선거권이 없다(공직선거법 제19조).[2]

---

2) 우리 헌법재판소는 선거법위반으로 형사처벌을 받은 자에 대한 피선거권 제한을 합헌으로 판시하고 있다. ① "선거범으로서 형벌을 받은 자에 대하여 일정기간 피선거권을 정지시키는 규정 자체는, 선거의 공정성을 해친 선거사범에 대하여 일정기간 피선거권의 행사를 정지시킴으로써 선거의 공정성을 확보함과 동시에 본인의 반성을 촉구하기 위한 법적조치로서, 국민의 기본권인 공무담임권과 평등권을 합리적 이유없이 자의적으로 제한하는 위헌규정이라고 할 수 없다. 또 선거범 중 어떤 종류의 형벌을 얼마만큼 선고받은 자에 대하여 어느 정도의 기간동안 피선거권의 행사를 정지시킬 것인가는 기본적으로 입법형성권을 갖고 있는 입법권자가 제반사정을 고려하여 결정할 그 입법재량에 속하는 사항으로서, 그것이 합리적 재량의 한계를 벗어난 것이 아닌 한 위헌이라고 말할 수 없을 것인바, "선거범으로서 50만원 이상의 벌금형의 선고를 받은 후 6년을 경과하지 아니한 자"에 대하여 자치단체장의 피선고권이 제한되도록 규정한 단체장선거법 제12조 제3호 전단은 뒤에서 보는 제반사정에 비추어 입법형성에 관한 합리적재량의 한계를 벗어난 것이라고 볼 수 없으므로 위헌규정이라 할 수 없다. 다시 말하면 위 규정만을 따로 떼어놓고 볼 때 그것이 위헌이라고는 볼 수 없다."(헌재 1995.12.28. 95헌마196). ② "선거의 공정성을 해친 바 있는 선거범으로부터 부정선거의 소지를 차단하여 공정한 선거가 이루어지도록 하기 위하여는 피선거권을 제한하는 것이 효과적인 방법이 될 수 있는 점, 법원이 선거범에 대한 형량을 결정함에 있어서 양형의 조건뿐만 아니라 피선거권의 제한 여부에 대한 합리적 평가도 하게 되는 점, 피선거권의 제한기간이 공직선거의 참여를 1회 정도 제한하게 되는 점 및 입법자가 이 사건 법률조항에서 피선거권의 제한기준으로 채택한 수단이 지나친 것이어서 입법형성권의 범위를 벗어난 것이라고 단정하기 어려운 점 등을 종합하여 보면, 이 사건 법률조항은 과잉금지원칙에 위배하여 공무담임권을 제한하고 있다고 할 수 없다."(헌재 2008. 1. 17, 2004헌마41). ③ "선거범죄로 100만 원 이상의 벌금형의 선고를 받고 그 형이 확정된 후 5년을 경과하지 아니한 사람은 선거권이 없다고 규정한 공직선거법 제18조 제1항 제3호가 청구인들의 선거권을 침해하지 않고, ② 재판관 전원일치 의견으로 선거범죄로 100만 원 이상의 벌금형의 선고를 받은 사람은 지방의회의원직에서 퇴직한다고 규정한 공직선거법 제266조 제1항 제1호가 청구인들의 공무담임권을 침해하지 않는다"(헌재 2022. 3.31, 2019헌마986).

1. 제18조(選擧權이 없는 者)제1항 제1호 · 제3호 또는 제4호에 해당하는 자
2. 금고 이상의 형의 선고를 받고 그 형이 실효되지 아니한 자
3. 법원의 판결 또는 다른 법률에 의하여 피선거권이 정지되거나 상실된 자
4. 「국회법」 제166조(국회 회의 방해죄)의 죄를 범한 자로서 다음 각 목의 어느 하나에 해당하는 자(형이 실효된 자를 포함한다)
   가. 500만원 이상의 벌금형의 선고를 받고 그 형이 확정된 후 5년이 경과되지 아니한 자
   나. 형의 집행유예의 선고를 받고 그 형이 확정된 후 10년이 경과되지 아니한 자
   다. 징역형의 선고를 받고 그 집행을 받지 아니하기로 확정된 후 또는 그 형의 집행이 종료되거나 면제된 후 10년이 경과되지 아니한 자
5. 제230조 제6항의 죄를 범한 자로서 벌금형의 선고를 받고 그 형이 확정된 후 10년을 경과하지 아니한 자(형이 실효된 자도 포함한다)

III. 대통령 후보자

1. 정당의 후보자와 무소속 후보자의 추천

정당이 공직선거에 후보자를 추천하는 경우 소속당원을 추천하여야 하므로 당원이 아닌 자를 추천하거나 2 이상 정당 간에 연합하여 후보자를 추천하는 등의 행위는 불가하다. 정당의 대통령 후보자 추천과 관련하여 정당법의 규정에 따라 민주적인 절차에 의하도록 하는 원칙적인 규정만 두고 있을 뿐이므로, 후보자 추천의 구체적인 절차나 방법은 정당의 강령과 당헌에 포괄적으로 위임되어 있다고 하겠다.

정당은 공직선거후보자를 추천하기 위하여 경선을 실시할 수 있다(공직선거법 제57조의2 제1항). 정당이 당내경선을 실시하는 경우 경선후보자로서 당해 정당의 후보자로 선출되지 아니한 자는 당해 선거의 같은 선거구에서는 후보자로 등록될 수 없다. 다만, 후보자로 선출된 자가 사퇴 · 사망 · 피선거권 상실 또는 당적의 이탈 · 변경 등으로 그 자격을 상실한 때에는 그러하지 아니하다(공직선거법 제57조의2 제2항).

대통령선거에서 정당후보자는 정당의 추천만 받으면 선거에 입후보할 수 있는데 반해 무소속후보자는 다왜 선거구의 선거권자의 추천을 받아야 입후보할

수 있다.

무소속후보자가 되고자 하는 자는 관할선거구선거관리위원회가 후보자등록
신청개시일전 5일(大統領의 任期滿了에 의한 選擧에 있어서는 候補者登錄申請開始日전
30日, 大統領의 闕位로 인한 選擧 등에 있어서는 그 사유가 확정된 후 3日)부터 검인하여
교부하는 추천장을 사용하여 5 이상의 시·도에 나누어 하나의 시·도에 주민
등록이 되어 있는 선거권자의 수를 700인 이상으로 한 3천500인 이상 6천인
이하 선거권자의 추천을 받아야 한다(공직선거법 제48조 제2항 제1호). 이는
대통령선거에서 후보자로 하여 선거권자의 추천에 의하여 일정한 자격을 갖추
게 하여 후보자가 난립하는 현상을 막고 후보자 등록단계에서부터 국민의 의사
가 반영되게 하기 위함이다.

무소속 후보자가 추천을 받을 때에는 검인되지 아니한 추천장에 의하여 추천
을 받거나 추천선거권자수의 상한을 넘어 추천 받아서도 안된다. 또한 추천선
거권자의 서명이나 인영을 위조·변조하는 등의 방법으로 허위의 추천을 받는
행위도 금지된다(공직선거법 제48조 제3항). 검인되지 아니한 추천장에 의하여
추천을 받거나 추천선거권자수의 상한을 넘어 추천을 받거나 받게 한 자, 허위
의 추천을 받거나 받게 한 사람은 1년 이하의 징역 또는 200만원 이하의 벌금
에 처한다(공직선거법 제256조 제5항 제1호).

2. 대통령선거 예비후보자 등록

대통령선거에서 예비후보자가 되려는 사람은 선거일 전 240일부터 예비후보
자등록을 서면으로 신청하여야 한다(공직선거법 제60조의2 제1항 1호).

예비후보자등록을 신청하는 사람은 중앙선거관리위원회규칙으로 정하는 피
선거권에 관한 증명서류, 전과기록에 관한 증명서류, 학력에 관한 증명서를 제
출하여야 하며, 대통령 선거 기탁금의 100분의 20에 해당하는 금액을 중앙선거
관리위원회규칙으로 정하는 바에 따라 관할선거구선거관리위원회에 기탁금으
로 납부하여야 한다(공직선거법 제60조의2 제2항).[3]

헌법재판소는 "예비후보자 기탁금제도는 예비후보자의 무분별한 난립을 막

고 책임성과 성실성을 담보하기 위한 것인데, 선거권자 추천제도 역시 상당한 숫자의 선거권자로부터 추천을 받는 데에 적지 않은 노력과 비용이 소요될 것이므로 예비후보자의 수를 적정한 범위로 제한하는 방법으로서 덜 침해적인 것이라고 단정할 수 없다. 대통령선거는 가장 중요한 국가권력담당자를 선출하는 선거로서 후보난립의 유인이 다른 선거에 비해 훨씬 더 많으며, 본선거의 후보자로 등록하고자 하는 예비후보자에게 예비후보자 기탁금은 본선거 기탁금의 일부를 미리 납부하는 것에 불과하다는 점 등을 고려하면 기탁금 액수가 과다하다고도 할 수 없으므로 심판대상조항이 과잉금지원칙에 위배되어 공무담임권을 침해한다고 볼 수 없다."(헌재 2015. 7. 30. 2012헌마402, 판례집 27-2상, 277)[4]고 판시하고 있다.

예비후보자제도는 선거를 앞두고 후보자의 투명성과 선거운동기회의 균등을 목적으로 한다.[5] 이에 따라 예비후보자로 등록한 자는 선거운동 기간 전에도

---

3) "예비후보자의 기탁금제도는 공식적인 선거운동기간 이전이라도 일정범위 내에서 선거운동을 할 수 있는 예비후보자의 무분별한 난립에 따른 폐해를 예방하고 그 책임성을 강화하기 위한 것으로서 입법목적이 정당하고, 예비후보자에게 일정액의 기탁금을 납부하게 하고 후보자등록을 하지 않으면 예비후보자가 납부한 기탁금을 반환받지 못하도록 하는 것은 예비후보자의 난립 예방이라는 입법목적을 달성하기 위한 적절한 수단이라 할 것이며 예비후보자가 납부하는 기탁금의 액수와 국고귀속 요건도 입법재량의 범위를 넘은 과도한 것이라고 볼 수 없으므로, 공직선거법 제57조 제1항 제1호 다목 및 제60조의2 제2항은 청구인의 공무담임권, 재산권을 침해하지 아니한다."(헌재 2010. 12. 28. 2010헌마79, 판례집 22-2하, 820).

4) "재판관 김이수, 재판관 이진성, 재판관 강일원의 위헌의견 : 예비후보자 기탁금제도는 경제력이나 조직력이 있는 사람에게는 실질적인 등록 억제 효과가 없으며, 경제력이 없고 경제적 후원자가 없는 사람의 선거 참여만을 차단할 뿐이다. 경제력은 있지만 진지하지 못한 사람의 예비후보자 등록을 효과적으로 억제하면서 경제력이 약한 사람의 공무담임권을 덜 제한하는 선거권자 추천제도라는 수단이 존재함에도 불구하고, 기탁금제도를 채택한 것은 수단의 적절성과 침해의 최소성 원칙에 반한다. 또한, 6,000만 원은 평균적인 소득을 가진 사람이 진정성을 갖추었더라도 예비후보자 등록을 포기하게 할 정도의 높은 금액이다. 따라서 심판대상조항은 과잉금지원칙에 위배되어 경제적 약자의 공무담임권을 침해한다."(헌재 2015. 7. 30. 2012헌마402, 판례집 27-2상, 277-278).

5) 성낙인, 헌법학(제16판), 법문사(2016), 203면.

선거준비사무소의 설치, 명함교부, 인쇄물의 우송, 어깨띠 또는 예비후보자임을 나타내는 표지물을 착용하는 행위, 전화를 이용하여 송·수화자간 직접 통화하는 방식으로 지지를 호소하는 행위 등의 방법으로 선거운동을 할 수 있다(공직선거법 제60조의3).

3. 공무원 등의 입후보와 공직사퇴

대통령선거에 있어서 국회의원이 그 직을 가지고 입후보하는 경우에는 공직을 사퇴할 필요가 없다(공직선거법 제53조 제1항 단서).[6]

4. 대통령 후보자 등록

대통령선거에서 후보자의 등록은 선거일 전 24일부터 2일간 관할선거구선거관리위원회에 서면으로 신청하여야 한다(공직선거법 제49조 제1항).

---

[6] "공직선거및선거부정방지법(公職選擧選擧不正防止法) 제53조 제1항 본문 및 제1호의 규정이 공무원(公務員)으로서 공직선거의 후보자(候補者)가 되고자 하는 자는 선거일 전 90일까지 그 직(職)을 그만 두도록 한 것은 선거의 공정성(公正性)과 공직의 직무전념성(職務專念性)을 보장함과 아울러 이른바 포말후보(泡沫候補)의 난립을 방지하기 위한 것으로서 그 필요성과 합리성이 인정되며, 그것이 공무담임권(公務擔任權)의 본질적 내용을 침해하였다거나 과잉금지(過剩禁止)의 원칙(原則)에 위배된다고 볼 수 없다. 그리고 같은 법 제53조 제1항 단서에서 국회의원(國會議員)이 대통령선거(大統領選擧)나 국회의원선거(國會議員選擧)에, 지방의회의원(地方議會議員)이나 지방자치단체(地方自治團體)의 장(長)이 당해 지방의회의원의 선거나 당해 지방자치단체의 장의 선거에 각 입후보(立候補)하는 경우에는 예외적으로 그 직(職)을 보유한 채 입후보할 수 있도록 규정(規定)한 것은 다른 직(職)에 있던 사람들에 비하여 이들 경우에는 특히 그 각 선거에 입후보(立候補)할 가능성이 커서 이러한 경우까지 선거일 전 90일까지 그 직을 모두 그만 두도록 한다면 그 직(職)에 대한 업무수행에 특히 큰 지장(支障)이 생길 것이라는 입법자(立法者)의 판단에 따른 것이고, 이러한 입법자의 판단이 우리의 경험칙(經驗則)에 비추어 일반적(一般的), 개연성론(蓋然性論)으로 보아 잘못이라 보기는 어려우므로, 결국 이 사건 법률조항은 입법자가 동질적(同質的)인 대상을 자의적(恣意的)으로 다르게 취급한 것이 아니라 여러 가지 사정을 고려하여 합리적으로 차등(差等)을 둔 것으로서 헌법상의 평등원칙(平等原則)에 위배되지 아니한다."(헌재 1995. 3. 23, 95헌마53).

(1) 정당추천후보자의 등록

대통령선거에서 정당추천후보자의 등록은 그 추천정당이 추천정당의 당인(黨印) 및 그 대표자의 직인이 날인된 추천서와 본인승낙서를 등록신청서에 첨부하여야 한다(공직선거법 제49조 제2항).

(2) 무소속후보자의 등록

대통령선거에서 무소속후보자가 되고자 하는 자는 선거권자가 기명하고 날인(무인을 허용하지 아니한다)하거나 서명한 추천장[단기(單記) 또는 연기(連記)로 하며 간인(間印)을 요하지 아니한다]을 등록신청서에 첨부하여야 한다(공직선거법 제49조 제3항).

대통령선거에서 후보자등록을 신청하는 자는 다음 각 호의 서류를 제출하여야 하며, 3억원의 기탁금을 납부하여야 한다(공직선거법 제49조 제4항).

1. 중앙선거관리위원회규칙이 정하는 피선거권에 관한 증명서류
2. 「공직자윤리법」제10조의2(公職選擧候補者 등의 財産公開)제1항의 규정에 의한 등록대상 재산에 관한 신고서
3. 「공직자 등의 병역사항신고 및 공개에 관한 법률」제9조(公職選擧候補者의 兵役事項申告 및 公開)제1항의 규정에 의한 병역사항에 관한 신고서
4. 최근 5년간의 후보자, 그의 배우자와 직계존비속(혼인한 딸과 외조부모 및 외손자녀를 제외한다)의 소득세(「소득세법」제127조제1항에 따라 원천징수하는 소득세는 제출하려는 경우에 한정한다)·재산세·종합부동산세의 납부 및 체납(10만원 이하 또는 3월 이내의 체납은 제외한다)에 관한 신고서. 이 경우 후보자의 직계존속은 자신의 세금납부 및 체납에 관한 신고를 거부할 수 있다.
5. 벌금 100만원 이상의 형의 범죄경력(실효된 형을 포함하며, 이하 "전과기록"이라 한다)에 관한 증명서류
6. 「초·중등교육법」및 「고등교육법」에서 인정하는 정규학력(이하 "정규학력"이라 한다)에 관한 최종학력 증명서와 국내 정규학력에 준하는 외국의 교육기관에서 이수한 학력에 관한 각 증명서(한글번역문을 첨부한다). 이 경우 증명서의 제출이 요구되는 학력은 제60조의3제1항제4호의 예비후보자홍보물, 제60조의4의 예비후보자공약집, 제64조의 선거벽보, 제65조의 선거공보(같은 조 제9항의 후보자정보공개자료를 포함한다), 제66조의 선거공약서 및 후보자가 운영하는 인터넷 홈페이지에 게재하였거나 게재하고자 하는 학력에 한한다.

7. 대통령선거 · 국회의원선거 · 지방의회의원 및 지방자치단체의 장의 선거와 교육의원선거 및 교육감선거에 후보자로 등록한 경력[선거가 실시된 연도, 선거명, 선거구명, 소속 정당명(정당의 후보자추천이 허용된 선거에 한정한다), 당선 또는 낙선 여부를 말한다]에 관한 신고서

5. 대통령선거와 기탁금

(1) 기탁금제도

선거에서 기탁금(寄託金)은 후보자나 정당이 후보자 등록을 신청하는 때에 관할 선거구관리위원회에 기탁하는 일정액의 금전을 말한다. 기탁금은 선거의 실시결과 정당이나 후보자가 일정한 요건에 해당하게 되면 공직선거법에서 기탁금으로 부담하도록 한 비용을 공제하고는 다시 되돌려 받을 수 있는 성질의 금전이다. 선거에서 후보자 등록의 신청 시에 기탁금을 납부하도록 한 것은 공직선거에서 후보자의 무분별한 난립을 방지하고 후보자가 선거과정에서 부담해야 하는 각종의 비용을 미리 예치하도록 하기 위한 취지가 있다.[7]

---

7) "후보자난립 방지를 위하여 기탁금제도를 두더라도 그 금액이 현저하게 과다하거나 불합리하게 책정된 것이라면 허용될 수 없다. 5억 원의 기탁금은 대통령선거 입후보예정자가 조달하기에 매우 높은 액수임이 명백하다. 개정된 정치자금법은 대통령선거의 후보자 및 예비후보자도 후원회 지정권자에 포함시켰으나, 5억 원은 쉽게 모금할 수 있는 액수라고 보기 어렵고, 지지도가 높은 후보자라고 하더라도 그 지지도가 반드시 후원금의 기부액수로 연결될 것이라고 단정할 수 없다. 기탁금은 공직선거법상 유효투표총수의 10〜15%의 득표를 받을 경우에 50%가 반환되고, 15% 이상의 득표를 받을 경우에만 전액 반환되므로, 그러한 지지율에 못 미칠 경우 5억 원을 기꺼이 희생할 수 있는 사람이 아니라면 피선거권 행사를 못하게 될 것이다. 헌법재판소는 1995. 5. 25. 선고 92헌마269등 결정에서 대통령선거에서 3억 원의 기탁금을 규정한 구 대통령선거법 제26조 제1항을 합헌으로 결정하였으나, 당시 선거법은 기탁금으로 선거인명부 및 부재자신고인명부의 사본작성비용, 그리고 TV와 라디오를 통한 각 1회의 후보자 및 연설원의 연설비용을 국가가 부담하면서 7%이상 득표하지 못한 경우 기탁금에서 공제하도록 하였지만, 현행 공직선거법은 선거인 명부 작성비용을 기탁금으로 부담하게 하는 제도를 폐지하였고 선거방송비용도 선거방송토론위원회가 주관하는 대담 · 토론회 및 정책토론회 외에는 전적으로 후보자 개인부담으로 하였다. 따라서 현행 선거법 하에서 대통령선거의 기탁금 액수가 종전과 같이 3억 원이 되어야 할

기탁금제도 그 자체에 대하여 선거공영제에 반한다는 취지의 위헌설도 있다. 그러나 기탁금제도는 그 기탁 금액이 지나치게 많지 않는 한 위헌이라고 할 수 없다(헌재 1996.8.29. 95헌마108).

공직선거법에 정한 기탁금제도는 후보난립을 방지하고 후보사퇴·등록무효 등 후보자의 성실성을 담보하기 위한 제재금 예납의 의미와 함께 공직선거법상 위반행위에 대한 과태료 및 불법시설물 등에 대한 대집행비용과 부분적으로 선전벽보 및 선거공보의 작성비용에 대한 예납의 의미도 아울러 가지고 있다고 할 수 있다.[8]

(2) 대통령선거와 기탁금

대통령선거(大統領選擧)는 국가의 원수이자 행정부의 수반으로서 국가의 독립, 영토의 보전, 국가의 계속성과 헌법을 수호할 책무를 지는 가장 중요한 국가권력담당자인 대통령(大統領)을 선출하는 것이므로 무분별한 후보난립을 방지할 필요성이 매우 절실하며, 헌법 제116조 제2항이 선거에 관한 경비는 원칙으로 후보자에게 부담시킬 수 없다고 정하고 있으나 위 헌법규정 자체에서도 법률이 정하는 경우에는 선거경비의 일부를 후보자에게 부담시킬 수 있도록 하고 있을 뿐 아니라 대통령선거에 소요되는 막대한 비용일체를 국고(國庫)에서 부담하는 것은 국가의 재정형편 등에 비추어 적절하다고 할 수 없고 선거 결과 낙선한 후보자로부터 선거비용을 사후에 징수하는 것은 효율적이지 못하므로, 그 비용 중 일부인 선거인명부(選擧人名簿) 등의 사본작성비용(寫本作成費用)과 국고부담연설비용(國庫負擔演說費用) 등을 기탁금(寄託金)에서 공제하도록 하는 것이 불합리하다고 할 수도 없다. 그러므로 대통령선거에서 후보난립을

필요성은 오히려 약해졌는데도 기탁금이 5억으로 증가되어 있고, 또 기탁금이 반환되는 유효투표총수의 득표율은 더 높아졌다. 결국, 이 사건 조항은 개인에게 현저하게 과다한 부담을 초래하며, 이는 고액 재산의 다과에 의하여 공무담임권 행사기회를 비합리적으로 차별하므로, 청구인의 공무담임권을 침해한다."(헌재 2008. 11. 27. 2007헌마1024, 판례집 20-2하, 477).

8) 헌재 1996. 8. 29. 95헌마108, 판례집 8-2, 177.

방지하고 선거비용 중 일부를 예납하도록 하기 위한 위 기탁금제도(寄託金制度)는 그 기탁금액이 과다하지 않는 한 헌법상 허용된다.[9] 또한 일정한 수준의 득표를 하지 못한 후보자의 기탁금(寄託金)을 국고에 귀속시키는 것은 기탁금제도의 본질적 요소이므로 기탁금제도 자체의 정당성이 인정되는 이상 그 기탁금의 국고귀속규정(國庫歸屬規定)도 위헌이라고 할 수 없으며, 또 기탁금에서 공제하는 선거비용 등의 범위나 기탁금의 반환에 필요한 득표율을 정하는 것은 입법재량에 속한다 할 것인데 이 사건 법률규정에서 득표율 7% 및 5%를 기준으로 국고부담연설비용의 공제여부와 기탁금 잔액의 반환여부를 정한 것은 입법자가 기탁금제도의 목적달성을 위한 필요와 기탁금 반환에 있어서의 기술적 문제 등을 고려한 정책적 판단에 따른 것으로서 현저히 불합리하다거나 그밖에 입법재량의 범위를 벗어난 것이라고 할 수 없다.[10] [11]

---

9) 헌재 1995. 5. 25. 92헌마269등, 판례집 7-1, 768.

10) 헌재 1995. 5. 25. 92헌마269등, 판례집 7-1, 769.

11) "후보자난립 방지를 위하여 기탁금제도를 두더라도 그 금액이 현저하게 과다하거나 불합리하게 책정된 것이라면 허용될 수 없다. 5억 원의 기탁금은 대통령선거 입후보예정자가 조달하기에 매우 높은 액수임이 명백하다. 개정된 정치자금법은 대통령선거의 후보자 및 예비후보자도 후원회 지정권자에 포함시켰으나, 5억 원은 쉽게 모금할 수 있는 액수라고 보기 어렵고, 지지도가 높은 후보자라고 하더라도 그 지지도가 반드시 후원금의 기부액수로 연결될 것이라고 단정할 수 없다. 기탁금은 공직선거법상 유효투표총수의 10-15%의 득표를 받을 경우에 50%가 반환되고, 15% 이상의 득표를 받을 경우에만 전액 반환되므로, 그러한 지지율에 못 미칠 경우 5억 원을 기꺼이 희생할 수 있는 사람이 아니라면 피선거권 행사를 못하게 될 것이다. 헌법재판소는 1995. 5. 25. 선고 92헌마269등 결정에서 대통령선거에서 3억 원의 기탁금을 규정한 구 대통령선거법 제26조 제1항을 합헌으로 결정하였으나, 당시 선거법은 기탁금으로 선거인명부 및 부재자신고인명부의 사본작성비용, 그리고 TV와 라디오를 통한 각 1회의 후보자 및 연설원의 연설비용을 국가가 부담하면서 7%이상 득표하지 못한 경우 기탁금에서 공제하도록 하였지만, 현행 공직선거법은 선거인 명부 작성비용을 기탁금으로 부담하게 하는 제도를 폐지하였고 선거방송비용도 선거방송토론위원회가 주관하는 대담·토론회 및 정책토론회 외에는 전적으로 후보자 개인부담으로 하였다. 따라서 현행 선거법 하에서 대통령선거의 기탁금 액수가 종전과 같이 3억 원이 되어야 할 필요성은 오히려 약해졌는데도 기탁금이 5억으로 증가되어 있고, 또 기탁금이 반환되는 유효투표총수의 득표율은 더 높아졌다. 결국, 이 사건 조항은 개인에게 현저하게 과다한 부

기탁금액수를 정함에 있어서는 각 선거의 특성을 우선적으로 고려하고,[12] 기탁금을 책정하는 것 자체는 합헌이라 할지라도 그 액수는 공영선거의 원리를 저해하지 않는 범위 내여야 한다. 특히 국민의 피선거권을 제한하는 고액이어서는 아니 된다.[13]

(3) 대통령선거 입후보와 기탁금

대통령선거에서 후보자등록을 신청하는 자는 3억원의 기탁금을 납부하여야 한다(공직선거법 제49조 제4항).

(4) 대통령선거와 기탁금의 반환

대통령선거에서 ① 후보자가 당선되거나 사망한 경우와 유효투표총수의 100분의 15 이상을 득표한 경우에는 기탁금 전액, ② 후보자가 유효투표총수의 100분의 10 이상 100분의 15 미만을 득표한 경우에는 기탁금의 100분의 50에 해당하는 금액, ③ 예비후보자가 사망하거나, 당헌·당규에 따라 소속 정당에 후보자로 추천하여 줄 것을 신청하였으나 해당 정당의 추천을 받지 못하여 후보자로 등록하지 않은 경우에는 제60조의2 제2항에 따라 납부한 기탁금 전액을 선거일 후 30일 이내에 기탁자에게 반환한다. 이 경우 반환하지 아니하는 기탁금은 국가 또는 지방자치단체에 귀속한다(공직선거법 제57조 제1항).

담을 초래하며, 이는 고액 재산의 다과에 의하여 공무담임권 행사기회를 비합리적으로 차별하므로, 청구인의 공무담임권을 침해한다."(헌재 2008. 11. 27. 2007헌마1024, 판례집 20-2하, 477-478).

12) "입법자가 각종 선거의 기탁금의 액수를 정함에 있어 평균적인 선거구의 규모 및 선거마다의 특성을 고려하여 각 선거마다 달리 기탁금을 정하되, 같은 종류의 선거에 있어서는 선거구간의 인구수나 경제력 등의 차이를 고려하지 아니하고 기탁금을 일률적으로 균등하게 책정하는 것을 나무랄 수는 없다."(헌재 1996. 8. 29. 95헌마108, 판례집 8-2, 169).

13) 성낙인, 헌법학(제16판), 법문사(2016), 208면.

6. 대통령 후보자 등록의 제한

정당의 당원은 무소속후보자로 등록할 수 없으며, 후보자 등록기간중 당적을 이탈·변경하거나 2 이상의 당적을 가진 자는 당해 선거에 후보자로 등록할 수 없다.

7. 대통령 후보자 추천의 취소와 변경의 금지

정당은 후보자등록후에는 등록된 후보자에 대한 추천을 취소 또는 변경할 수 없다. 다만, 후보자등록기간중 정당추천후보자가 사퇴·사망하거나, 소속정당의 제명이나 중앙당의 시·도당창당승인취소외의 사유로 인하여 등록이 무효로 된 때에는 예외적으로 후보자 추천의 취소와 변경이 가능하다(공직선거법 제50조 제1항).

8. 대통령 후보자 추가 등록

대통령선거에 있어서 정당추천후보자가 후보자등록기간중 또는 후보자등록기간이 지난 후에 사망한 때에는 후보자등록마감일후 5일까지 후보자등록을 신청할 수 있다(공직선거법 제51조).

9. 대통령 후보자의 신분보장

공직선거법은 선거의 자유와 공정성을 보장하기 위하여 대통령 후보자나 선거사무장 등 기타 선거사무관계자가 중범죄 등 특별한 사유가 있는 경우 외에는 체포·구금되지 않도록 하는 등 그 신분을 보장하는 규정을 명문화 하고 있다.

대통령선거의 후보자는 후보자의 등록이 끝난 때부터 개표종료시까지 사형·무기 또는 장기 7년 이상의 징역이나 금고에 해당하는 죄를 범한 경우를 제외하고는 현행범인이 아니면 체포 또는 구속되지 아니하며, 병역소집의 유예를 받는다(공직선거법 제11조 제1항).

대통령 후보자뿐만 아니라 대통령 선거운동을 하는 선거사무장·선거연락소장·선거사무원·회계책임자·투표참관인·사전투표참관인과 개표참관인[14]은 해당 신분을 취득한 때부터 개표종료시까지 사형·무기 또는 장기 3년 이상의 징역이나 금고에 해당하는 죄를 범하였거나 제230조부터 제235조까지 및 제237조부터 제259조까지의 죄를 범한 경우를 제외하고는 현행범인이 아니면 체포 또는 구속되지 아니하며, 병역소집의 유예를 받는다(공직선거법 제11조 제3항).

10. 대통령 당선인의 결정 공고

(1) 대통령 당선인 결정

대통령선거에 있어서는 중앙선거관리위원회가 유효투표의 다수를 얻은 자를 당선인으로 결정하고, 이를 국회의장에게 통지하여야 한다. 우리 대통령선거는 투표율이나 득표율에 상관없이 무조건 유효투표수의 다수득표자를 당선인으로 결정하는 상대다수득표주의를 채택하고 있다.

다만, 헌법은 "대통령후보자가 1인일 때에는 그 득표수가 선거권자 총 수의 3분의 1 이상이 아니면 대통령으로 당선될 수 없다"(헌법 제67조 제3항)고 규정하고 있다.[15] 이는 후보자가 1인인 때의 무투표당선을 인정하지 아니하고 선거권자의 일정 수 이상의 신임을 얻어야만 당선되도록 하고 있는 것이다. 대통령 선거결과 선거권자 총수의 3분의 1에 미달하는 때에는 재선거사유인 "당선인이 없는 때"에 해당한다고 하겠다.

대통령 선거 결과 최고득표자가 2인 이상인 때에는 중앙선거관리위원회의 통지에 의하여 국회는 재적의원 과반수가 출석한 공개회의에서 다수표를 얻은 자를 당선자로 한다(헌법 제67조 제2항 및 공직선거법 제187조 제2항).[16] 이 경우

---

14) 예비후보자가 선임한 선거사무장·선거사무원 및 회계책임자는 제외한다.

15) 공직선거법도 후보자가 1인인 때에는 그 득표수가 선거권자총수의 3분의 1 이상에 달하여야 당선인으로 결정한다(공직선거법 제187조 제1항).

16) 이 조항에 대하여는 헌법 제67조 제1항의 "대통령은 국민의 보통·평등·직접·비밀선거에 의하여 선출한다"라는 규정에 대한 중대한 예외로서 대통령직선제의 본질에 어긋날 뿐만 아니라 민주적 정당성의 원리에 어긋난다는 비판이 있다. 하지만 이와 같은 예외적인 상황에서 다시 대통령선거를 실시할 수도 없기 때문에 부득이한 조치라고 보아야 할 것이다(성낙인, 헌법학, 법문사, 2016, 233면).

에는 국회의장이 당선증을 교부한다. 천재·지변 기타 부득이한 사유로 인하여 개표를 모두 마치지 못하였다 하더라도 개표를 마치지 못한 지역의 투표가 선거의 결과에 영향을 미칠 염려가 없다고 인정되는 때에는 중앙선거관리위원회는 우선 당선인을 결정할 수 있다(공직선거법 제187조 제4항).

(2) 당선인의 공고와 당선증의 교부

대통령 선거에서 당선인이 결정된 때에는 중앙선거관리위원회위원장이 이를 공고하고 지체 없이 당선인에게 당선증을 교부하여야 한다. 국회에서 당선인이 결정된 때에는 국회의장이 이를 공고하고, 지체 없이 당선인에게 당선증을 교부하여야 한다(공직선거법 제187조 제3항).

(3) 대통령 당선인 결정의 착오시정과 재결정

국회에서 대통령당선인을 결정하는 경우에 당선인결정에 명백한 착오가 있는 것을 발견한 때에는 선거일후 10일 이내에 당선인의 결정을 시정하여야 한다(공직선거법 제193조의 제1항). 국회에서 대통령당선인을 결정한 경우에는 국회는 지체없이 당선인을 다시 결정하여야 한다(공직선거법 제194조 제1항). 당선인의 재결정은 당선인결정의 위법을 이유로 당선무효의 판결이나 결정이 있는 경우에만 이루어지며, 당선인이 선거일이후에 피선거권이 없게 된 것이 발견된 경우에는 재결정을 하지 않는다.

11. 대통령선거의 연기

대통령 선거를 천재·지변 기타 부득이한 사유로 인하여 실시할 수 없거나 실시하지 못한 때에는 대통령이 선거를 연기하여야 한다(공직선거법 제196조 제1항). 선거를 연기한 때에는 처음부터 선거절차를 다시 진행하여야 하고, 선거일만을 다시 정한 때에는 이미 진행된 선거절차에 이어 계속하여야 한다(공직선거법 제196조 제2항). 대통령 선거를 연기하는 때에는 대통령은 연기할 선거명과 연기사유 등을 공고하고, 지체없이 대통령은 관할선거구선거관리위원회위원장에게 통보하여야 한다(공직선거법 제196조 제3항).

12. 대통령 선거와 소송

(1) 대통령선거와 선거소송

선거소송은 선거에 관한 규정에 위반된 사실이 있고, 그로써 선거의 결과에 영향을 미쳤다고 인정하는 때에 제기되는 소송이다. 대통령선거에서 선거의 효력에 관하여 이의가 있는 선거인·후보자를 추천한 정당 또는 후보자는 선거일부터 30일 이내에 당해 선거구관리위원회위원장을 피고로 하여 대법원에 소를 제기할 수 있다(공직선거법 제222조 제1항).

(2) 대통령선거와 당선소송

당선소송은 후보자나 후보자를 추천한 정당만이 제기할 수 있다(공직선거법 제223조). 대통령선거에 있어서 당선의 효력에 이의가 있는 정당(候補者를 추천한 政黨에 한한다) 또는 후보자는 당선인결정일부터 30일이내에 등록무효 또는 피선거권상실로 인한 당선무효 등을 이유로 한 때에는 당선인을, 대통령당선인의 결정·공고·통지 또는 당선인 재결정의 위법을 이유로 하는 때에는 대통령선거에 있어서는 그 당선인을 결정한 중앙선거관리위원회위원장 또는 국회의장을 각각 피고로 하여 대법원에 소를 제기할 수 있다(공직선거법 제223조).

13. 대통령의 임기개시

대통령의 임기는 전임대통령의 임기만료일의 다음날 0시부터 개신된다. 다만, 전임자의 임기가 만료된 후에 실시하는 선거와 궐위로 인한 선거에 의한 대통령의 임기는 당선이 결정된 때부터 게시된다(공직선거법 제14조 제1항).

대통령임기개시 시점에 관하여 「대통령직 인수에 관한 법률」도 전임대통령의 임기만료일의 다음날 0시부터 임기가 개시된다고 규정하고 있다(동법 부칙 제3조).

제2절 대통령 당선자의 법적 지위와 권한

I. 대통령 당선자의 신분상 지위

대통령직 인수에 관한 법률은 "대통령당선인"이란 「대한민국헌법」 제67조[17]와 「공직선거법」 제187조[18]에 따라 당선인으로 결정된 사람을 말한다(동법 제2조 제1호) 규정하고 있다.

대통령 당선자는 대통령 선거에서 당선자로 결정된 때부터 대통령 임기 시작일 전날까지의 사람을 말한다.[19]

---

17) 대한민국헌법 제67조 ①대통령은 국민의 보통·평등·직접·비밀선거에 의하여 선출한다. ②제1항의 선거에 있어서 최고득표자가 2인 이상인 때에는 국회의 재적의원 과반수가 출석한 공개회의에서 다수표를 얻은 자를 당선자로 한다. ③대통령후보자가 1인일 때에는 그 득표수가 선거권자 총수의 3분의 1 이상이 아니면 대통령으로 당선될 수 없다. ④대통령으로 선거될 수 있는 자는 국회의원의 피선거권이 있고 선거일 현재 40세에 달하여야 한다. ⑤대통령의 선거에 관한 사항은 법률로 정한다.

18) 공직선거법 제187조(대통령당선인의 결정·공고·통지) ①대통령선거에 있어서는 중앙선거관리위원회가 유효투표의 다수를 얻은 자를 당선인으로 결정하고, 이를 국회의장에게 통지하여야 한다. 다만, 후보자가 1인인 때에는 그 득표수가 선거권자총수의 3분의 1 이상에 달하여야 당선인으로 결정한다. ②최고득표자가 2인 이상인 때에는 중앙선거관리위원회의 통지에 의하여 국회는 재적의원 과반수가 출석한 공개회의에서 다수표를 얻은 자를 당선인으로 결정한다. ③제1항의 규정에 의하여 당선인이 결정된 때에는 중앙선거관리위원회위원장이, 제2항의 규정에 의하여 당선인이 결정된 때에는 국회의장이 이를 공고하고, 지체없이 당선인에게 당선증을 교부하여야 한다. ④천재·지변 기타 부득이한 사유로 인하여 개표를 모두 마치지 못하였다 하더라도 개표를 마치지 못한 지역의 투표가 선거의 결과에 영향을 미칠 염려가 없다고 인정되는 때에는 중앙선거관리위원회는 우선 당선인을 결정할 수 있다.

19) 대통령 당선자에 대한 경호는 '대통령 등의 경호에 관한 법률'에 따라 "중앙선거관리위원회가 당선을 공식 확정한 순간부터" 현직 대통령에 준하는 수준의 최고 등급인 '갑호' 경호를 하게 된다. 중앙선관위가 당선자를 확정하는 순간부터 경호 지휘권이 경호처로 넘어간다.

대통령 당선자는 '대통령직 인수에 관한 법률'에 따라 대통령 취임 전까지 두 달간 대통령에 준하는 예우와 지위를 보장받는다. 그러나 대통령 당선자는 현직 대통령 임기 만료까지는 국정에 관여할 권리는 없다. 정부 공식회의에도 참석할 수 없다. 취임 전까지 당선자는 공무원 신분이 아니기 때문에 급여도 받지 못한다. 다만 대통령직 인수위원회에 배정된 예산을 통해 활동비 등은 지급받을 수 있다.

대통령 당선자는 대통령과의 회동 등을 통해 주요 국정 현안을 놓고 상호 협의할 수 있으며, 국무위원들로부터 현안도 보고받을 수 있다.

대통령 당선자는 '대통령 등의 경호에 관한 법률'에 따라 현직 대통령에 준하는 수준의 경호를 받는다. 청와대 경호처 전담팀이 24시간 밀착해 신변을 보호한다. 배우자와 직계 존비속도 경호 대상이다. 대통령이 쓰는 방탄 전용차량도 지원받을 수 있고, 차량 이용시 경찰의 신호통제 편의도 제공받는다. 또한 대통령당선자가 해외순방에 나설 경우 대통령 비서실과 협의를 통해 현직 대통령에 준하는 의전과 경호를 받을 수 있다.[20]

대통령 당선자와 그 배우자는 대통령직 인수에 관한 법률에 따라 당선자 신분 기간 동안 국·공립병원에서 무료로 진료 받을 수 있다. 민간의료기관에서 쓴 진료비용 역시 국가가 부담한다. 또한 당선자는 자택에 머물러도 되고, 정부가 제공하는 안전가옥을 사용할 수도 있다.

---

[20] '대통령 경호에 관한 법률'에 따르면, 중앙선거관리위원회 당선 확정시부터 당선자와 당선자 배우자, 직계 존·비속에 대한 경호 업무가 기존 경찰청에서 대통령 경호처로 이관된다. 경호는 국가원수급에 준한다. 당선자는 대통령 경호처 소속 근접 경호 요원으로부터 24시간 밀착 경호를 받게 되며, 폭발물 검측 요원, 의료지원 요원, 음식물 검식 요원 등도 지원될 예정이다. 그뿐만 아니라 대통령 전용차와 같은 수준의 특수 제작된 방탄 차량 및 호위 차량, 경호처 소속 운전기사도 당선인 측에 제공된다. 당선자의 원활한 이동을 위해 교통신호 통제 등을 포함한 경찰의 교통관리도 지원된다. 당선자의 해외 방문 등이 필요할 경우 대통령 전용기와 전용 헬리콥터 등도 이용할 수 있다. 아울러 경호에 문제가 있거나 당선자의 업무수행 시 필요할 경우 정부가 제공하는 삼청동 안전가옥(안가) 등을 이용하는 것도 가능하다.

Ⅱ. 대통령 당선자와 당선인의 호칭 문제

대통령선거에서 당선된 사람이 대통령직에 정식으로 취임 전까지 '당선자(當選者)'와 '당선인(當選人)'이라는 호칭을 두고서 논란이 있다. 대한민국 헌법에서는 대통령 '당선자'라는 표현만 쓰고 있을 뿐, '당선인'이라는 용어는 쓰고 있지 않다(헌법 제67조 제2항 및 제68조 제2항).

한편 공직선거법, 국회법, 대통령기록물 관리에 관한 법률, 대통령직 인수에 관한 법률, 인사청문회법, 정치자금법에서는 각급 선거에서 당선되고 임기 시작 전인 사람을 '당선인'으로 규정하고 있다 보니 논란이 제기되고 있다.

당선자/당선인 호칭논란은 2008년 이명박 대통령 인수위원회 시절로 거슬러 올라간다. 당시 대통령직인수위 측에서는 법률 규정을 근거로 '당선인'으로 표기해 줄 것을 언론에 요청했다. 논란이 발생하자 헌법재판소는 '당선자'가 헌법에 부합하는 표현임을 공식적으로 확인해줬고, 국어학자와 기자들도 '당선자'가 어법에 맞다는 의견을 밝힌 것으로 전해진다. 이러한 논란의 배경에는 '-인(人)'이 '-자(者)'보다 존칭이라는 잘못된 인식이 있는 듯하다. 헌법 제67조 제2항은 "…선거에 있어서 최고득표자가 2인 이상인 때에는 국회의 재적의원 과반수가 출석한 공개회의에서 다수표를 얻은 자를 당선자로 한다." 규정하고 있으며, 헌법 제68조 제2항도 "대통령이 궐위된 때 또는 대통령 당선자가 사망하거나 판결 기타의 사유로 그 자격을 상실한 때에는 60일 이내에 후임자를 선거한다."고 규정하고 있다. 선거에서 '후보자'가 선거에서 당선되면 '당선자'가 되는 것이 어법상으로도 맞다고 하겠다.

일반적으로 상위법과 하위법이 충돌하는 경우 상위법이 우선 적용된다. 따라서 법체계상으로도 헌법과 법률에서 쓰는 용어가 충돌할 경우, 상위법인 헌법이 규정하고 있는 용어인 대통령 '당선자'라고 표현하는 것이 논리적으로 타당하다고 하겠다.

Ⅲ. 대통령 당선자의 권한

대통령 당선자는 '대통령직 인수에 관한 법률'에 따라 대통령직인수위원회의 구성권, 국무총리와 국무위원 후보자 지명권, 국회의장에 대한 인사청문회 실시 요청권 등 대통령직 인수를 위해 필요한 권한을 가진다.

1. 대통령직 인수위원회 설치·운영 [21]

'대통령직 인수에 관한 법률'에 따라 대통령 당선자는 자신을 보좌해 대통령직 인수와 관련된 업무를 담당하기 위해 대통령직인수위원회를 설치할 수 있다. 대통령직 인수위원회는 대통령 임기가 시작된 뒤에도 30일의 범위에서 존속한다. 인수위원회는 위원장 1명, 부위원장 1명, 24명 이내의 위원으로 구성된

---

[21] 미국은 2010년에 대선 전 대통령직 인수에 관한 법률(Pre-election presidential transition act)을 제정하여 이를 법적으로 일부 지원하고 있다. 1963년에 제정된 대통령직 인수에 관한 법률(Presidential transition act)은 대선에서 승리한 대통령 당선자의 대통령직 인수에 관한 활동을 돕도록 하였다. 그러나 대선 승리부터 취임식까지는 75일의 시간 밖에 주어지지 않는다. 이 기간 동안 대통령 당선자는 1200여명이 넘는 정권 인수팀을 꾸리면서, 4000여명의 고위 공무원을 임명하고, 4조 달러가 넘는 연방 예산, 2백만 명이 넘는 연방 공무원들에 대한 업무 파악에 나서야 하는 것이다. 업무량에 비하여 주어진 시간이 워낙 촉박하기 때문에, 미국의 대통령 선거 후보자들은 사실상 정권인수팀을 대통령 당선 전부터 운영해 왔고, 미 의회는 2010년에 법을 제정하여 민주, 공화 양 당의 대선 후보들이 후보자 확정 후부터 대통령 선거일까지 약 100일간 운영하는 대통령직 인수팀에 대한 법적 지원을 제공하도록 하였다. 이로써, 미국 대통령직의 인수활동은 3~4 단계를 거쳐 이루어지게 되었다. 대통령 선거 후보자들은 각 당에 의하여 후보자로 확정되기 전까지는 인수팀의 목표와 활동에 관한 구상을 하고, 전당대회에서 후보자로 확정된 후에는 인수팀의 실무진을 구성한다. 2010년 법은 각 당 인수팀에 대한 연방정부의 재정적 지원을 보장한다. 이 기간 동안 인수 활동의 범위 내에서, 일부 인수팀원들에게는 외교, 안보에 관한 국가 기밀문서에 대한 접근도 허용된다. 대통령 당선 뒤에는 인수팀이 본격적으로 내각 선임 절차에 들어가며, 대통령의 공약 실행준비 및 일정마련에 들어간다. 인수팀은 대통령의 취임 이후에도 약 100일 정도 존속하면서 연방 공무원에 대한 후속 인사 등 정권 인수 작업이 성공적으로 마무리될 수 있도록 돕는 역할을 하게 된다(진욱재, 트럼프의 대통령직 인수 활동, 「법률신문」 2016년 11월 29일).

다. 다만, 파견 공무원 규모 등은 별도로 정해진 규정이 없기 때문에 당선인 의중에 따라 결정된다.

일반적으로 대통령직 인수위원회에는 당선인의 후보 시절 선거운동 캠프에 참여했던 교수, 법률가 등 외부 전문가들이 대거 참여하며, 정부 부처에서 부처 별로 국장 및 과장급 공무원들을 수십 명 규모로 파견 받는다.

대통령직 인수위원회는 정부의 조직·기능 및 예산현황의 파악, 새 정부의 정책기조를 설정하기 위한 준비, 대통령의 취임행사 등 관련 업무의 준비 등의 역할을 한다.

대통령직 인수위원회는 ① 정부의 조직·기능 및 예산현황의 파악, ② 새 정부의 정책기조를 설정하기 위한 준비, ③ 대통령의 취임행사 등 관련 업무의 준비, ④ 대통령당선인의 요청에 따른 국무총리 및 국무위원 후보자에 대한 검증, ⑤ 그 밖에 대통령직 인수에 필요한 사항의 업무를 수행하도록 규정되어 있다.

대통령직 인수위원회는 정부 부처별로 현안보고를 받을 수 있다. 대통령당선 자는 인수위원회를 구성하면서 비서실과 대변인실 등 참모조직을 둘 수 있다. 필요시 정부기관 인력도 지원받는다. 대통령직 인수위원회 사무실은 정부 예산 으로 원하는 곳에 마련할 수 있다.

행정안전부장관은 대통령당선자의 예우에 필요한 경비와 위원회의 설치·운 영에 필요한 예산을 산정해 대통령당선인과 협의를 거쳐 기획재정부장관에게 예비비 등의 협조를 요청하야야 한다(대통령직 인수에 관한 법률 시행령 제8조 제1항).

대통령직 인수위원회는 새 정부 5년의 청사진을 설계한다. 동시에 대선 전리 품을 둘러싼 치열한 권력 싸움이 벌어지기도 하는 곳이다.[22]

---

[22] 2008년 이명박 정부 인수위원회 시절 이명박 전 대통령 핵심 측근인 이상득 전 의원과 정 두언 전 의원 간 '힘겨루기'가 대표적이라 하겠다. 이상득 전 의원은 창업공신 그룹인 '6인 회'의 주요 멤버이자 이명박 전 대통령 친형이다. 정두언 전 의원은 이명박 전 대통령 서울 시장 후보 시절 비서실장을 거쳐 정무부시장에 발탁된 뒤 최측근으로 활동했다. 정두언 전

2. 국무총리와 국무위원 후보자 지명과 인사청문회 실시 요청권

대통령직 인수에 관한 법률은 '대통령 당선인은 대통령 임기 시작 전에 국회의 인사청문 절차를 거치게 하기 위하여 국무총리 및 국무위원 후보자를 지명할 수 있다'며 '이 경우 국무위원 후보자에 대하여는 국무총리 후보자의 추천이 있어야 한다.'(동법 제5조 제1항)고 규정하고 있다.[23]

대통령당선자는 국무총리와 국무위원 후보자를 지명해 대통령 임기 시작 전 인사청문회 절차를 거치게 할 수 있는데, 대통령직 인수위원회는 이때 후보자에 대한 검증도 담당한다. 대통령당선자는 후보자 지명을 위해 필요한 경우 중앙인사관장기관의 장에게 인사기록 및 인사관리시스템 등의 열람 또는 활용을 요청할 수 있다. 이 경우 인사기록 등의 요청을 받은 관계 중앙인사관장기관의 장은 다른 법률에 특별한 규정이 있는 경우를 제외하고는 그 요청에 따라야 한다(대통령직 인수에 관한 법률 제5조 제3항).

대통령당선인은 국무총리와 국무위원 후보자를 지명한 경우에는 국회의장(國會議長)에게 인사청문의 실시를 요청하여야 한다(대통령직 인수에 관한 법률 제5조 제2항).

의원은 선거 기간 핵심 업무를 맡으면서 실세 중 실세로 통했다. 정두언 전 의원은 이상득 전 의원 등의 견제로 인수위 때부터 권력 중심에서 멀어지기 시작했다. 이에 정두언 전 의원은 "정부 인사 실패는 청와대 몇몇 인사들의 전횡 때문"이라고 비판했고, 그 파장은 상당했다. 만사형통(萬事亨通) 이상득 전 의원을 겨냥한 발언으로 풀이됐기 때문이다. 이른바 '권력 사유화' 논란이었다. 이로 인해 이상득 전 의원 최측근 박영준 청와대 기획조정비서관은 전격 사퇴했다. 이후로도 이명박 정부 내내 정두언-이상득으로 대표되는 소장파와 원로파의 갈등은 계속됐다(역대급 혼란? 10년 만의 대통령직 인수위 미리보기, 역대 인수위 바람 잘 날 없어…이재명 되면 친문 세력과, 윤석열 되면 안철수 라인 등과 갈등 가능성, 「일요신문」 제1556호 2022년 3월 4일).

23) 국회법 제65조2의 제2항에는 '대통령 당선자가 「대통령직 인수에 관한 법률」 제5조 제1항에 따라 지명하는 국무위원 후보자'에 대해선 인사청문회를 열어야 한다는 조항이 있다.

Ⅳ. 대통령직 인수과정의 쟁점

미국의 대통령직 인수의 유형에는 3가지가 있다. 첫째, 현직 부통령이 차기 대통령으로 당선되거나 혹은 대통령직을 승계하는 유형이다. 둘째 유형으로는 동일한 정당 내에서 인물이 교체되는 경우이다. 셋째 유형으로는 정당의 교체와 대통령직 인수가 동시에 이루어지는 경우이다.[24] 우리나라와 미국이 같은 대통령제 헌법을 채택하고 있지만, 부통령제(副統領制)를 채택하고 있지 않은 우리나라의 경우, 대통령직 인수의 형태는 앞의 둘째 유형과 셋째 유형만 해당한다고 하겠다.

'대통령직 인수'가 인수위 설치 운영의 목적이지만, 정권교체기는 과거 권력과 미래 권력의 충돌지점이기도 하기 때문에 여러 가지 문제가 발생하고 있다.

우리의 대통령직 인수위원회가 전임 정부에 대하여 공식적인 대화 창구 없이 일방통행 식으로 인수활동이 이루어지다 보니 전임정부의 적극적인 협조가 이루어지고 있지 않는다고 본다.

정권교체기 때마다 헌법상 임기가 신구권력에 걸쳐 있는 검찰총장이나 한국은행장 등의 인사권이라든가, 대통령이 인사권을 행사하는 정부출연 공공기관장이나 공기업 사장 등에 대한 인사권 행사 문제를 두고서 문제가 발생했다. 또한 대통령 당선인이 각종 지위와 권한을 가지는 데 반해 정치적 중립 의무에 대해서는 명확한 법 규정이 없다 보니, 지방선거를 앞두고 현행 공직선거법상 대통령은 '공무원'이지만 '대통령 당선자'는 (공무원 신분에) 해당되지 않아, 대통령당선자가 지방선거에서 특정 후보를 위해 선거를 지원해도 제재할 수 없는 문제가 법적으로 제기되었다.

1. 정권교체기 대통령 당선자의 인사권 행사 문제

정권교체기 특히, 여야 사이의 정권교체가 이루어지는 경우, 국가기관과 공

---

24) 김광수, "대통령직 인수제도의 재검토", 「공법학연구」 제10권 제3호(2009), 327면.

기업의 임기제 공무원을 전임 정권이 임명했다는 한 가지 이유로 임기를 그만두고 물러가라고 하였고, 일부 저항하는 임기제 공직자에 대해서 감사원 등 권력기관을 동원하여 압력을 가하여 물러나게 하였다.

정권교체기의 인사권 문제와 관련하여 법적으로는 대통령 임기가 만료되기 전까지는 현직 대통령이 인사권을 갖고 있다. 그러나 문재인 정부가 임기 초에 전임 정권 때 임명된 공공기관장들에게 사퇴를 압박했던 전례와 현하 신구(新舊) 권력교체 과정에서 인사권을 두고 논란이 발생하는 것은 이에 대한 우리 사회의 명확한 법적 기준이나 관행이 없는 것에서 기인한다고 하겠다. 앞으로도 정권교체기 및 임기 말 인사권 논란이 되풀이될 수 있음을 생각할 때, 명확한 기준 설정이 필요하다.

대통령 인사권 갈등 문제의 가장 합리적인 해결 방법은 권력교체기 현직 대통령이 차기 대통령인 대통령 당선자와 협의하여 인사권을 행사하는 것이다. 임기가 종료될 때까지는 현직 대통령이 법적으로 인사권의 주체라는 점을 존중하되, 차기 대통령과 호흡을 맞춰야 할 인물에 대한 인사에는 차기 대통령의 의사를 적절하게 반영하는 것도 필요할 것이기 때문이다. 그러나 권력의 속성상 정권교체기에 대통령과 차기 대통령의 합의가 결코 쉽지 않다는 점, 그리고 합의가 이뤄지지 않을 경우 자칫 정치권뿐 아니라 국민들 사이 갈등과 대립이 심각해질 수 있다.[25]

권력 교체기에 주요 공직과 공공기관 인사권을 누가 행사하느냐는 어려운 문제다. 형식 논리적으로는 아직 임기가 남아있는 현직 대통령에게 있지만, 미래 정부에서 실제 일을 같이하는 당선자의 의사가 존중돼야 한다는 주장도 일리가 있다. 통상적으로 공공기관(公共機關)은 정부와 보조를 맞추어 업무를 추진한다. 공공기관은 정부의 원활한 정책집행을 지원하기 위해 정부의 국정철학내지 정책기조에 따라 정부와 손발을 맞추어야하기 때문에 전 정부에서 임명된 기관장과 업무적 괴리가 발생할 수 있다. 따라서 새로운 국정과제를 추진해야할 신

---

25) 장영수, "실익 없는 임기 말 '알박기' 인사", 「세계일보」 2022년 3월 22일, A27면.

정부에 전임정부가 인사권을 행사하는 것은 생각해 볼 필요가 있다. 이는 단순히 법(法)으로 해결할 수 없는 문제라고 하겠다. 여야간 합의에 의해 좋은 선례나 관행(慣行)를 만들어가는 게 중요하다.

한국은행 총재처럼 업무의 독립성(獨立性)과 정치적 중립성(中立性) 보장이 필요하고 임기제가 확립된 곳은 공백이 없도록 인사권을 행사하는 것이 옳다. 그렇지 않은 정무직이나 공공기관장은 적어도 대통령선거에 의해 당선자가 결정된 이후에는 임기가 남아 있는 현직 대통령이라 하더라도 인사권 행사를 자제하거나 대통령 당선자와 협의하여 인사권을 행사하는 것이 바람직하다고 하겠다.

인류 역사상 권력의 속성을 고려하여 볼 때, 대통령이 인사권을 행사하는 중앙부처 산하의 공공기관장이나 공기업의 장은 새로운 정부와 정책 철학을 공유하는 사람이 직무를 수행하는 것이 순리이고 바람직하다. 정권교체기마다 정책기관장 인사를 둘러 싼 갈등과 잡음은 국가적으로도 낭비라고 하겠다. 대통령의 인사행사의 대상 정책기관장의 임기를 대통령 임기와 맞추는 법 개정이 필요하다. '대통령직 인수에 관한 법률'을 개정하여, 차기 대통령이 결정된 이후에는 공공기관 인사에 대해 대통령과 차기 대통령인 대통령당선자와 협의하도록 하고, 협의 절차·방식에 관한 규정을 두도록 하는 것이다.

2. 대통령 당선자의 정치적 중립 의무와 선거운동

대통령 당선자가 각종 지위와 권한을 가지는 데 반해 정치적 중립 의무에 대해서는 명확한 법적 규정이 없다.

현행 공직선거법상 대통령은 '공무원'이지만 대통령 당선자는 해당되지 않아, 대통령당선자가 지방선거에서 특정 후보를 위해 선거를 지원해도 제재할 수 없다. 대통령 당선자는 가까운 시일 내에 공무원이 될 것이 확정적인데 '대통령직 인수에 관한 법률'에 따라 지위가 보장되고 권한을 행사해 정치적 중립 의무를 준수할 필요가 있다. 따라서 대통령직 인수에 관한 법률과 공직선거법을 개정하여 대통령 당선자를 공무원으로 규정할 필요가 있다.

3. 정권교체 후 공공기관장 임기 문제

정권교체기마다 반복되는 인사 갈등을 해결하는 방안으로는 (1) 대통령의 임기와 정무직이나 공공기관장 등의 임기를 맞추는 방법도 주장되고 있으며, (2) 미국의 상하원이 4년마다 대통령선거가 있는 그해 12월에 새 대통령이 임명할 수 있도록 공직 리스트 책자인 플럼북(Plum Book)을 발간하듯이 이 제도를 참조한 한국판 플럼북(임명직 리스트)제도 도입이 주장되고 있다.[26) 27)]

박근혜 정부에서 임명된 환경공단 상임감사를 사퇴시키려고 표적 감사를 지시한 문재인 정부의 김은경 전 환경부장관이 징역형을 선고받은 일이 있다. 이 사건이 이른바 「환경부 블랙리스트 사건」이다. 이 '환경부 블랙리스트' 사건에 대한 유죄 판결은 정권교체 후 전 정권에서 임명되어 임기가 남아 있어 임기를 채우겠다며 사퇴를 거부하는 기관장들의 보호막이 되고 있다.

법에 보장된 임기를 떠나, 정권이 바뀌었는데도 굳이 남은 임기를 채우겠다는 기관장들의 모습도 좋아 보이지는 않는다. 국정 철학을 함께하기 어려운 정부 아래에서 결국 하는 일 없이 자리만 차지하고 있는 모습이 될 수 있기 때문이다. 자신들의 소신이 무엇이든, 새 부대에는 새 술이 담기는 것이 깔끔하고 보기 좋다. 그렇게 해서 임기를 채우는 것이 어떤 공적인 의미를 갖는 것인지를

---

26) 법률상 대통령이 임명하는 정무직(政務職)이나 공공기관장은 직접 지명해 임명하는 직책과 국회나 대법원, 여야 정당 등으로부터 추천받아 임명하는 직책으로 구분하여 검토할 필요가 있다. 이 중 후자는 견제 균형의 원리상 대통령이 바뀌더라도 임기를 보장하는 게 옳지만, 전자에 해당하는 인사는 임명한 그 대통령이 물러날 때 함께 물러나게 하는 것이다. 구체적으로는, 개별법에서 임기는 임명권자의 잔여 임기까지로 한다는 단서 규정을 두거나, 개별법에 우선해서 적용되는 특별법을 제정해 대통령이 직접 지명한 임기제 정무직과 공공기관장은 원칙적으로 그 대통령의 임기가 끝나면 함께 임기가 종료된다고 규정하는 것이다(석동현, '알박기 인사' 해법과 결자해지 책임, 「문화일보」 2022년 7월 5일, 30면)

27) 기관장의 임기를 3년이 아닌 2.5년으로 해서 대통령의 임기(5년)와 불일치하는 문제를 해결하자는 제안도 있다. 그러나 이러한 제안은 완벽한 대안은 아니다. 만약 현직 대통령이 임기 만료 전에 탄핵으로 대통령 자리에서 쫓겨나게 된다면 다시 문제가 될 수 있기 때문이다.

알기 어렵다.[28]

정무직 공무원은 신분이 보장되지 않는 것을 그 특징으로 한다. 또한 대통령 선거과정에서의 기여, 공로(功勞) 등이 공기업을 비롯한 공공기관장 임명의 기준으로 작용하고 있다. 전임 정권에서 임명된 인사가 정책기조가 바뀌는 새로운 정권에서 나머지 임기를 마치겠다고 자리를 고집하는 것은 정무직(政務職) 공무원의 특성을 망각한 행태라 하겠다.

새 정부 출범 후 전임 정권에서 임명된 정무직이나 공공기관장의 경우, 임기가 남아있더라도 관례적으로 사직서를 제출하고, 새로 취임한 대통령이 사표를 반려하면 남은 임기를 재직하면서 임기를 마치고, 사표를 수리하면 현직에서 물러나는 공직인사문화를 정착시키는 것도 신구권력 교체기 인사문제를 해결하는 하나의 방법이라고 하겠다.

---

[28] "공공기관장 사퇴 내로남불, 반복 막으려면", 「아시아경제」 2022년 10월 21일, 26면.

제3절 대통령직 인수 관련 법령의 변천사

우리 헌정과정에서 제헌헌법의 시작과 동시에 대통령직(職)의 역사는 시작되었지만, 대통령직 인수와 관련한 법령의 역사는 그리 길지 않다. 그것도 처음에는 1988년 평화적인 정부이양의 전통 확립으로 국정운영의 영속성을 유지하기 위하여 대통령 이·취임업무를 관장할 '대통령취임준비위원회 설치령'(대통령령 제12378호, 1988.1.18, 제정 및 시행)으로 시작해서, '대통령직인수위원회 설치령'(대통령령 제13794호, 1992.12.28, 제정 및 시행)을 거쳐 현재 '대통령직 인수위원회법'(법률 제6854호, 2003.2.4, 제정)[29]에 이르렀다.

Ⅰ. 대통령취임준비위원회 설치령

1. 대통령취임준비위원회 설치 목적

대통령취임준비위원회 설치령은 평화적인 정부이양의 전통을 확립하고 순조로운 정부이양으로 국정운영의 영속성을 유지하기 위하여 대통령취임준비위원회를 둔다 규정하고 있다(대통령취임준비위원회 설치령 제1조).

---

[29] 대통령직 인수에 관한 법률[시행 2003. 2. 4.][법률 제6854호, 2003. 2. 4., 제정] 동 법률의 제정이유는 대통령당선인으로서의 지위와 권한을 명확히 하고, 대통령직의 원활한 인수에 필요한 사항을 규정하여 국정운영의 계속성과 안정성을 도모하기 위하여 대통령당선인의 지위·권한·예우 등에 관한 사항을 법제화하며, 대통령당선인이 국회의장에게 국무총리후보자에 대한 인사청문회 실시를 요청할 수 있는 법률적 근거를 신설하고, 대통령직인수위원회의 설치 및 활동 등에 관하여 규정함으로써 정권교체기의 행정공백을 최소화하고 대통령직의 원활한 인수·인계가 되도록 하려는 것이다.

2. 대통령취임준비위원회 구성

대통령취임준비위원회는 위원장 1인과 6인이내의 위원으로 구성한다(대통령취임준비위원회 설치령 제2조 제1항). 위원회의 업무를 분장하기 위하여 필요한 수의 부를 두고, 위원회의 제반업무를 지원하기 위하여 행정실을 둔다(대통령취임준비위원회 설치령 제2조 제2항). 위원회에 전문위원 및 직원 약간인을 둔다(대통령취임준비위원회 설치령 제2조 제3항). 위원회의 업무를 효율적으로 수행하기 위하여 필요한 경우에 위원회에 자문위원 약간인을 둘 수 있다(대통령취임준비위원회 설치령 제2조 제4항). 위원회는 제3조제3호 및 제4호의 업무를 수행하기 위하여 필요에 따라 특별위원회를 둘 수 있다(대통령취임준비위원회 설치령 제2조 제5항).

3. 대통령취임준비위원회의 직무

대통령취임준비위원회는 다음 각호에 정한 직무를 수행한다(대통령취임준비위원회 설치령 제3조).

1. 정부업무의 기본적인 자료의 수집
2. 정부의 인적·물적 자원에 대한 관리계획의 수립
3. 국가주요정책의 분석
4. 새정부의 정책기조설정을 위한 준비
5. 대통령의 이·취임행사등 관련업무의 준비
6. 기타 정부이양준비에 관한 사항

4. 대통령취임준비위원회 위원장 등의 임명

대통령취임준비위원회 위원장 및 위원은 명예직으로 하고, 대통령당선자의 추천에 따라 대통령이 임명한다(대통령취임준비위원회 설치령 제4조 제1항). 전문위원 및 직원은 위원장이 임명한다(대통령취임준비위원회 설치령 제4조 제2항). 자문위원은 학식과 경험이 풍부한 자중에서 위원장이 위촉한다(대통령취임준비위원회 설치령 제4조 제3항).

5. 대통령취임준비위원회 위원장등의 직무

대통령취임준비위원회 위원장은 위원회를 대표하고, 위원회의 직무를 통할하며, 위원회 회의의 의장이 된다(대통령취임준비위원회 설치령 제5조 제1항).

대통령취임준비위원회 위원장이 사고로 인하여 직무를 수행할 수 없을 때에는 선임위원이 그 직무를 대행하며, 위원장은 위원중에서 1인을 지명하여 행정업무를 보좌하게 할 수 있다(대통령취임준비위원회 설치령 제5조 제2항). 위원은 위원회 회의의 심의에 참여하는 외에 위원장의 명을 받아 소관 부의 업무를 지휘·감독한다(대통령취임준비위원회 설치령 제5조 제3항). 전문위원은 위원장과 위원을 보좌하고 소관 부에 소속하여 업무를 수행한다(대통령취임준비위원회 설치령 제5조 제4항). 자문위원은 대통령취임준비위원회의 업무에 관하여 위원장과 위원의 자문에 응한다(대통령취임준비위원회 설치령 제5조 제5항).

6. 대통령취임준비위원회의 회의

대통령취임준비위원회의 회의는 위원장이 필요하다고 인정할 때에 이를 소집한다(대통령취임준비위원회 설치령 제6조 제1항). 위원회의 회의는 재적위원 과반수의 찬성으로 의결한다(대통령취임준비위원회 설치령 제6조 제2항).

7. 공무원의 겸직·파견

대통령취임준비위원회 위원장은 위원회의 업무수행을 위하여 필요하다고 인정할 때에는 관계기관의 공무원을 소속기관장의 동의를 얻어 위원회의 직원으로 겸임하게 하거나 관계기관의 공무원의 파견근무를 그 소속기관장에게 요청할 수 있다(대통령취임준비위원회 설치령 제7조 제1항). 겸임 또는 파견근무자의 원 소속기관의 장은 겸임 또는 파견근무자의 모든 신분상의 권익과 급여를 보장하여야 한다(대통령취임준비위원회 설치령 제7조 제2항).

8. 대통령취임준비위원회 부장 등의 임명

대통령취임준비위원회의 부장 및 행정실장은 위원장이 임명한다(대통령취임준비위원회 설치령 제8조).

9. 대통령 이·취임 협의

정부 각 기관은 대통령의 이·취임에 관한 업무를 협조하고, 대통령당선자에게 행정각부의 업무를 파악하게 하기 위하여 담당자를 지정하고 위원회와 협의하도록 하여야 한다(대통령취임준비위원회 설치령 제9조).

10. 관계기관등의 협조

대통령취임준비위원회가 그 업무를 수행함에 있어서 필요한 때에는 관계 행정기관·공공단체 및 그 산하단체에 대하여 필요한 자료·정보 또는 의견의 제출이나 기타 협조를 요구할 수 있다(대통령취임준비위원회 설치령 제10조 제1항). 관계 행정기관의 장은 위원회의 업무를 효율적으로 수행할 수 있도록 예산의 확보, 공무원의 파견, 사무실 및 집기의 준비등 필요한 협조를 하여야 한다(대통령취임준비위원회 설치령 제10조 제2항).

대통령취임준비위원회 설치령에 정한 것 외에 위원회의 업무지원은 총무처가 담당한다(대통령취임준비위원회 설치령 제10조 제3항).

11. 수당 등

대통령취임준비 위원장 및 위원에게는 예산의 범위안에서 일당 및 여비를 지급할 수 있다(대통령취임준비위원회 설치령 제11조 제1항). 대통령취임준비위원회에서 상시 근무하는 공무원이 아닌 자에 대하여는 예산의 범위안에서 수당 또는 일당의 여비를 지급할 수 있다(대통령취임준비위원회 설치령 제11조 제2항).

12. 위임규정 및 부칙

대통령취임준비위원회 설치령 시행에 관하여 필요한 사항은 위원회의 의결을 거쳐 위원장이 정한다(대통령취임준비위원회 설치령 제12조). 또한 대통령취임준비위원회 설치령은 공포한 날로부터 시행하되, 공포일로부터 6월간 효력을 가진다(대통령취임준비위원회 설치령 부칙).

Ⅱ. 대통령직인수위원회 설치령

1. 대통령직인수위원회 설치령의 목적

대통령당선자가 원활하고 순조롭게 정부를 인수하여 국정운영의 영속성을 유지하기 위하여 대통령직인수위원회를 설치한다(대통령직인수위원회설치령 제1조).

2. 대통령직인수위원회의 구성

대통령직인수위원회는 위원장 1인과 15인이내의 위원으로 구성한다(대통령직인수위원회설치령 제2조 제1항). 위원회의 업무를 분장하기 위하여 필요한 수의 부를 두고, 위원회의 제반업무를 지원하기 위하여 행정실을 둔다(대통령직인수위원회설치령 제2조 제2항). 위원회에 대변인과 전문위원 및 직원 약간인을 둔다(대통령직인수위원회설치령 제2조 제3항). 위원회는 그 직무를 수행하기 위하여 필요에 따라 자문위원회를 둘 수 있다(대통령직인수위원회설치령 제2조 제4항).

3. 대통령직인수위원회의 직무

대통령직인수위원회는 다음 각호에 정한 직무를 수행한다(대통령직인수위원회설치령 제3조).

1. 정부 각 부처의 조직 · 기능 및 예산파악
2. 정부의 인적 · 물적 자원에 대한 관리계획의 수립
3. 국가주요정책의 분석 및 수립
4. 새정부의 정책기조설정을 위한 준비
5. 정부기능 수행과 관련되는 주요민간단체와의 업무협조관계 수립
6. 대통령의 취임행사 등 관련업무의 준비
7. 기타 정부인수준비에 관한 사항

4. 대통령직인수위원회 위원장등의 임명

대통령직인수위원회 위원장 및 위원은 명예직으로 하고, 대통령의 위임으로 대통령당선자가 임명한다(대통령직인수위원회설치령 제4조 제1항). 대통령직인수위원회 대변인 · 전문위원 및 직원은 위원장이 임명한다. 이 경우 대변인은 위원중에서 임명한다(대통령직인수위원회설치령 제4조 제2항).

5. 대통령직인수위원회 위원장 등의 직무

대통령직인수위원회 위원장은 대통령당선자를 보좌하여 위원회의 직무를 통할한다(대통령직인수위원회설치령 제5조 제1항). 위원장은 위원회에서 처리한 사항에 대하여 대통령당선자에게 수시로 이를 보고하고, 필요한 지시를 받는다(대통령직인수위원회설치령 제5조 제2항). 위원장이 사고로 인하여 직무를 수행할 수 없을 때에는 위원장이 지명하는 위원이 그 직무를 대행하며, 위원장은 위원중에서 1인을 지명하여 행정업무를 보좌하게 할 수 있다(대통령직인수위원회설치령 제5조 제3항). 위원은 위원회 회의의 심의에 참여하는 외에 위원장의 명을 받아 소관 부의 업무를 지휘 · 감독한다(대통령직인수위원회설치령 제5조 제4항). 전문위원은 위원장과 위원을 보좌하고 소관 부에 소속하여 업무를 수행한다(대통령직인수위원회설치령 제5조 제5항).

6. 대통령직인수위원회의 회의

대통령직인수위원회의 회의는 위원장이 필요하다고 인정할 때에 이를 소집

한다(대통령직인수위원회설치령 제6조 제1항). 위원회의 회의는 위원장이 주재하며, 재적위원 과반수의 찬성으로 의결한다(대통령직인수위원회설치령 제6조 제2항).

7. 대통령직인수위원회 공무원의 겸직·파견

대통령직인수위원회 위원장은 위원회의 업무수행을 위하여 필요하다고 인정할 때에는 관계기관의 공무원을 소속기관장의 동의를 얻어 위원회의 직원으로 겸임하게 하거나 관계기관의 공무원의 파견근무를 그 소속기관장에게 요청할 수 있으며, 요청받은 기관의 장은 특별한 사유가 없는 한 이에 응하여야 한다(대통령직인수위원회설치령 제7조 제1항). 겸임 또는 파견근무자의 원소속기관의 장은 겸임 또는 파견근무자의 모든 신분상의 권익과 급여를 보장하여야 한다(대통령직인수위원회설치령 제7조 제2항).

8. 대통령직인수위원회 부장 등의 임명

대통령직인수위원회의 부장 및 행정실장은 위원장이 임명한다(대통령직인수위원회설치령 제8조).

9. 정부인수 협의 등

정부 각 기관은 정부인수에 관한 업무를 협조하고, 대통령당선자에게 행정각부의 업무를 파악하게 하기 위하여 담당자를 지정하고 위원회와 협의하도록 하여야 한다(대통령직인수위원회설치령 제9조).

10. 관계기관 등의 협조

대통령직인수위원회가 그 업무를 수행함에 있어서 필요한 때에는 관계 행정기관·공공단체 및 그 산하단체에 대하여 필요한 자료·정보 또는 의견의 제출이나 기타 협조를 요구할 수 있으며, 협조를 요구받은 기관은 특별한 사유가 없는 한 이에 응하여야 한다(대통령직인수위원회설치령 제10조 제1항).

관계 행정기관의 장은 위원회의 업무를 효율적으로 수행할 수 있도록 예산의 확보, 공무원의 파견, 사무실 및 집기의 준비등 필요한 협조를 하여야 한다(대통령직인수위원회설치령 제10조 제2항). 대통령직인수위원회설치령에 정한 것 외에 위원회의 업무지원은 총무처가 담당한다(대통령직인수위원회설치령 제10조 제3항).

11. 수당 등

대통령직인수위원회 위원장 및 위원에게는 예산의 범위안에서 일당 및 여비를 지급할 수 있다(대통령직인수위원회설치령 제11조 제1항). 위원회에서 상시 근무하는 공무원이 아닌 자에 대하여는 예산의 범위안에서 수당 또는 일당과 여비를 지급할 수 있다(대통령직인수위원회설치령 제11조 제2항).

12. 위임규정 및 부칙

대통령직인수위원회설치령 시행에 관하여 필요한 사항은 위원회의 의결을 거쳐 위원장이 정한다(대통령직인수위원회설치령 제12조). 또한 대통령직인수위원회설치령은 공포한 날부터 시행하되, 공포일부터 6월간 효력을 가진다(대통령직인수위원회설치령 부칙).

Ⅲ. 대통령직 인수에 관한 법률

1. 대통령직 인수에 관한 법률의 목적

대통령직 인수에 관한 법률의 목적은 대통령당선인으로서의 지위와 권한을 명확히 하고 대통령직 인수를 원활하게 하는 데에 필요한 사항을 규정함으로써 국정운영의 계속성과 안정성을 도모함을 목적으로 한다(대통령직 인수에 관한 법률 제1조).

2. 대통령직 인수에 관한 법률의 정의

대통령직 인수에 관한 법률에서 사용하는 용어의 뜻은 다음과 같다(대통령직 인수에 관한 법률 제2조).

1. "대통령당선인"이란 대한민국헌법」 제67조[30]와 「공직선거법」 제187조[31]에 따라 당선인으로 결정된 사람을 말한다.
2. "대통령직"이란 「대한민국헌법」에 따라 대통령에게 부여된 직무를 말한다.

3. 대통령당선인의 지위와 권한

대통령당선인은 대통령당선인으로 결정된 때부터 대통령 임기 시작일 전날까지 그 지위를 갖는다(대통령직 인수에 관한 법률 제3조 제1항). 대통령당선인은 대통령직 인수에 관한 법률에서 정하는 바에 따라 대통령직 인수를 위하여 필요한 권한을 갖는다(대통령직 인수에 관한 법률 제3조 제2항).

---

[30] 대한민국헌법 제67조 ①대통령은 국민의 보통·평등·직접·비밀선거에 의하여 선출한다. ②제1항의 선거에 있어서 최고득표자가 2인 이상인 때에는 국회의 재적의원 과반수가 출석한 공개회의에서 다수표를 얻은 자를 당선자로 한다. ③대통령후보자가 1인일 때에는 그 득표수가 선거권자 총수의 3분의 1 이상이 아니면 대통령으로 당선될 수 없다. ④대통령으로 선거될 수 있는 자는 국회의원의 피선거권이 있고 선거일 현재 40세에 달하여야 한다. ⑤대통령의 선거에 관한 사항은 법률로 정한다.

[31] 공직선거법 제187조(대통령당선인의 결정·공고·통지) ①대통령선거에 있어서는 중앙선거관리위원회가 유효투표의 다수를 얻은 자를 당선인으로 결정하고, 이를 국회의장에게 통지하여야 한다. 다만, 후보자가 1인인 때에는 그 득표수가 선거권자총수의 3분의 1 이상에 달하여야 당선인으로 결정한다. ②최고득표자가 2인 이상인 때에는 중앙선거관리위원회의 통지에 의하여 국회는 재적의원 과반수가 출석한 공개회의에서 다수표를 얻은 자를 당선인으로 결정한다. ③제1항의 규정에 의하여 당선인이 결정된 때에는 중앙선거관리위원회 위원장이, 제2항의 규정에 의하여 당선인이 결정된 때에는 국회의장이 이를 공고하고, 지체없이 당선인에게 당선증을 교부하여야 한다. ④천재·지변 기타 부득이한 사유로 인하여 개표를 모두 마치지 못하였다 하더라도 개표를 마치지 못한 지역의 투표가 선거의 결과에 영향을 미칠 염려가 없다고 인정되는 때에는 중앙선거관리위원회는 우선 당선인을 결정할 수 있다.

4. 대통령당선인과 그 배우자에 대한 예우

대통령당선인과 그 배우자에 대하여는 다음 각 호에 따른 예우를 할 수 있다 (대통령직 인수에 관한 법률 제4조).

1. 대통령당선인에 대한 교통·통신 및 사무실 제공 등의 지원
2. 대통령당선인과 그 배우자에 대한 진료
3. 그 밖에 대통령당선인에 대하여 필요한 예우

대통령당선인 및 그 배우자에 대한 진료를 함에 있어서 국·공립병원(서울대학교병원설치법에 의한 서울대학교병원과 국립대학병원설치법에 의한 국립대학병원을 포함한다)에서의 진료는 무료로 하고, 민간의료기관에서의 진료에 소요된 비용은 국가가 이를 부담한다(대통령직 인수에 관한 법률 시행령 제2조).

5. 국무총리 후보자와 국무위원의 지명

대통령당선인은 대통령 임기 시작 전에 국회의 인사청문 절차를 거치게 하기 위하여 국무총리 및 국무위원 후보자를 지명할 수 있다. 이 경우 국무위원 후보자에 대하여는 국무총리 후보자의 추천이 있어야 한다(대통령직 인수에 관한 법률 제5조 제1항).

대통령당선인은 국무총리 및 국무위원 후보자를 지명한 경우에는 국회의장에게 「국회법」 제65조의2[32] 및 「인사청문회법」에 따른 인사청문의 실시를 요청

---

32) 국회법 제65조의2(인사청문회) ① 제46조의3에 따른 심사 또는 인사청문을 위하여 인사에 관한 청문회(이하 "인사청문회"라 한다)를 연다. ② 상임위원회는 다른 법률에 따라 다음 각 호의 어느 하나에 해당하는 공직후보자에 대한 인사청문 요청이 있는 경우 인사청문을 실시하기 위하여 각각 인사청문회를 연다.
　　1. 대통령이 임명하는 헌법재판소 재판관, 중앙선거관리위원회 위원, 국무위원, 방송통신위원회 위원장, 국가정보원장, 공정거래위원회 위원장, 금융위원회 위원장, 국가인권위원회 위원장, 고위공직자범죄수사처장, 국세청장, 검찰총장, 경찰청장, 합동참모의장, 한국은행 총재, 특별감찰관 또는 한국방송공사 사장의 후보자

하여야 한다(대통령직 인수에 관한 법률 제5조 제2항).

대통령당선인은 국무총리 및 국무위원 후보자를 지명하기 위하여 필요한 경우에는 「국가공무원법」 제6조³³⁾에 따른 중앙인사관장기관의 장에게 인사기록

---

2. 대통령당선인이 「대통령직 인수에 관한 법률」 제5조제1항에 따라 지명하는 국무위원 후보자.

3. 대법원장이 지명하는 헌법재판소 재판관 또는 중앙선거관리위원회 위원의 후보자

③ 상임위원회가 구성되기 전(국회의원 총선거 후 또는 상임위원장의 임기 만료 후에 제41조제2항에 따라 상임위원장이 선출되기 전을 말한다)에 제2항 각 호의 어느 하나에 해당하는 공직후보자에 대한 인사청문 요청이 있는 경우에는 제44조제1항에 따라 구성되는 특별위원회에서 인사청문을 실시할 수 있다. 이 경우 특별위원회의 설치·구성은 의장이 각 교섭단체 대표의원과 협의하여 제의하며, 위원 선임에 관하여는 제48조제4항을 적용하지 아니하고 「인사청문회법」 제3조제3항 및 제4항을 준용한다. ④ 제3항에 따라 실시한 인사청문은 소관 상임위원회의 인사청문회로 본다. ⑤ 헌법재판소 재판관 후보자가 헌법재판소장 후보자를 겸하는 경우에는 제2항제1호에도 불구하고 제1항에 따른 인사청문특별위원회의 인사청문회를 연다. 이 경우 제2항에 따른 소관 상임위원회의 인사청문회를 겸하는 것으로 본다. ⑥ 인사청문회의 절차 및 운영 등에 필요한 사항은 따로 법률로 정한다.

33) 국가공무원법 제6조(중앙인사관장기관) ① 인사행정에 관한 기본 정책의 수립과 이 법의 시행·운영에 관한 사무는 다음 각 호의 구분에 따라 관장(管掌)한다.

1. 국회는 국회사무총장
2. 법원은 법원행정처장
3. 헌법재판소는 헌법재판소사무처장
4. 선거관리위원회는 중앙선거관리위원회사무총장
5. 행정부는 인사혁신처장

② 중앙인사관장기관의 장(행정부의 경우에는 인사혁신처장을 말한다. 이하 같다)은 각 기관의 균형적인 인사 운영을 도모하고 인력의 효율적인 활용과 능력 개발을 위하여 법령으로 정하는 바에 따라 인사관리에 관한 총괄적인 사항을 관장한다. ③ 중앙인사관장기관의 장은 다음 각 호의 어느 하나에 해당하는 경우에는 그 초과된 현원을 총괄하여 관리할 수 있다. 이 경우 결원이 있는 기관의 장은 중앙인사관장기관의 장과 협의하여 결원을 보충하여야 한다.

1. 조직의 개편 등으로 현원이 정원을 초과하는 경우
2. 행정기관별로 고위공무원단에 속하는 공무원의 현원이 정원을 초과하는 경우

④ 행정부 내 각급 기관은 공무원의 임용·인재개발·보수 등 인사 관계 법령(특정직공무원의 인사 관계 법령을 포함하되, 총리령·부령을 제외한다)의 제정 또는 개폐 시에는 인

및 인사관리시스템 등의 열람 또는 활용을 요청할 수 있다. 이 경우 요청을 받은 관계 중앙인사관장기관의 장은 다른 법률에 특별한 규정이 있는 경우를 제외하고는 그 요청에 따라야 한다(대통령직 인수에 관한 법률 제5조 제3항).

6. 대통령직인수위원회의 설치 및 존속기한

대통령당선인을 보좌하여 대통령직 인수와 관련된 업무를 담당하기 위하여 대통령직인수위원회를 설치한다(대통령직 인수에 관한 법률 제6조 제1항). 대통령직인수위원회는 대통령 임기 시작일 이후 30일의 범위에서 존속한다(대통령직 인수에 관한 법률 제6조 제2항). 대통령직인수위원회는 대통령당선인이 확정된 이후 설치하며, 대통령직 인수에 관한 법률 제6조제2항의 규정에 의한 기한 이내에서 새로 임기가 개시되는 대통령이 정하는 시기까지 존속한다(대통령직 인수에 관한 법률 시행령 제3조).

7. 대통령직인수위원회의 업무

대통령직인수위원회는 다음 각 호의 업무를 수행한다(대통령직 인수에 관한 법률 제7조).

1. 정부의 조직 · 기능 및 예산현황의 파악
2. 새 정부의 정책기조를 설정하기 위한 준비
3. 대통령의 취임행사 등 관련 업무의 준비
4. 대통령당선인의 요청에 따른 국무총리 및 국무위원 후보자에 대한 검증
5. 그 밖에 대통령직 인수에 필요한 사항

8. 대통령직인수위원회의 구성 등

(1) 대통령직인수위원회의 구성

사혁신처장과 협의하여야 한다. ⑤ 인사혁신처장은 행정부 내 각급 기관의 유연하고 원활한 적재 · 적소 · 적시 인사 운영을 지원하여야 한다.

대통령직인수위원회는 위원장 1명, 부위원장 1명 및 24명 이내의 위원으로 구성한다(대통령직 인수에 관한 법률 제8조 제1항). ② 위원장·부위원장 및 위원은 명예직으로 하고, 대통령당선인이 임명한다(대통령직 인수에 관한 법률 제8조 제2항).

위원장은 대통령당선인을 보좌하여 위원회의 업무를 총괄하며, 위원회의 직원을 지휘·감독한다(대통령직 인수에 관한 법률 제8조 제3항). 위원장이 부득이한 사유로 직무를 수행할 수 없는 경우에는 대통령당선인이 지명하는 사람이 그 직무를 대행한다(대통령직 인수에 관한 법률 제8조 제4항).

(2) 대통령직인수위원회 위원장 등의 직무

대통령직인수위원회 위원장은 위원회가 처리하는 사항에 대하여 대통령당선인에게 수시로 이를 보고하고 필요한 지시를 받는다(대통령직 인수에 관한 법률 시행령 제5조 제1항).

위원은 위원회의 회의에 참여하는 외에 위원장의 명을 받아 소관 실·팀 등의 업무를 지휘·감독한다(대통령직 인수에 관한 법률 시행령 제5조 제2항). 전문위원은 위원장·부위원장 및 위원을 보좌하고 소관 분과위원회·실·팀 등에 소속하여 업무를 수행한다(대통령직 인수에 관한 법률 시행령 제5조 제3항).

(3) 대통령직인수위원회의 회의 등

대통령직인수위원회의 회의는 위원장이 필요하다고 인정하는 때에 이를 소집한다(대통령직 인수에 관한 법률 시행령 제6조 제1항). 위원회의 회의는 위원장이 주재하며, 재적위원 과반수의 찬성으로 의결한다(대통령직 인수에 관한 법률 시행령 제6조 제2항). 위원장은 위원회의 효율적 운영을 위하여 필요한 경우 회의를 비공개로 할 수 있다(대통령직 인수에 관한 법률 시행령 제6조 제3항).

9. 대통령직인수위원회의 직원

대통령직인수위원회의 업무를 효율적으로 수행하기 위하여 위원회에 전문위원·사무직원 등 직원을 둘 수 있다(대통령직 인수에 관한 법률 제9조 제1항). 위원장은 대통령직인수위원회의 업무 수행을 위하여 필요하다고 인정하는 경우에는 관계 기관의 직원을 소속 기관의 장의 동의를 받아 전문위원·사무직원 등 직원으로 파견근무를 하도록 요청할 수 있으며, 요청을 받은 관계 기관의 장은 특별한 사유가 없으면 요청에 따라야 한다(대통령직 인수에 관한 법률 제9조 제2항).

10. 대통령직인수위원 등의 결격사유

「국가공무원법」 제33조[34] 각 호의 어느 하나에 해당하는 사람은 위원회의 위원장·부위원장·위원 및 직원이 될 수 없다(대통령직 인수에 관한 법률 제10조).

---

34) 국가공무원법 제33조(결격사유) 다음 각 호의 어느 하나에 해당하는 자는 공무원으로 임용될 수 없다.

   1. 피성년후견인
   2. 파산선고를 받고 복권되지 아니한 자
   3. 금고 이상의 실형을 선고받고 그 집행이 끝나거나(집행이 끝난 것으로 보는 경우를 포함한다) 집행이 면제된 날부터 5년이 지나지 아니한 자
   4. 금고 이상의 형의 집행유예를 선고받고 그 유예기간이 끝난 날부터 2년이 지나지 아니한 자
   5. 금고 이상의 형의 선고유예를 받은 경우에 그 선고유예 기간 중에 있는 자
   6. 법원의 판결 또는 다른 법률에 따라 자격이 상실되거나 정지된 자
   6의2. 공무원으로 재직기간 중 직무와 관련하여「형법」제355조 및 제356조에 규정된 죄를 범한 자로서 300만원 이상의 벌금형을 선고받고 그 형이 확정된 후 2년이 지나지 아니한 자
   6의3. 다음 각 목의 어느 하나에 해당하는 죄를 범한 사람으로서 100만원 이상의 벌금형을 선고받고 그 형이 확정된 후 3년이 지나지 아니한 사람
      가. 「성폭력범죄의 처벌 등에 관한 특례법」 제2조에 따른 성폭력범죄
      나. 「정보통신망 이용촉진 및 정보보호 등에 관한 법률」 제74조 제1항 제2호 및 제3호에 규정된 죄
      다. 「스토킹범죄의 처벌 등에 관한 법률」 제2조 제2호에 따른 스토킹범죄
   6의4. 미성년자에 대한 다음 각 목의 어느 하나에 해당하는 죄를 저질러 파면·해임되거나 형 또는 치료감호를 선고받아 그 형 또는 치료감호가 확정된 사람(집행유예를 선고받은 후 그 집행유예기간이 경과한 사람을 포함한다)
      가. 「성폭력범죄의 처벌 등에 관한 특례법」 제2조에 따른 성폭력범죄
      나. 「아동·청소년의 성보호에 관한 법률」 제2조 제2호에 따른 아동·청소년대상 성범죄
   7. 징계로 파면처분을 받은 때부터 5년이 지나지 아니한 자
   8. 징계로 해임처분을 받은 때부터 3년이 지나지 아니한 자

11. 대통령직인수위원회의 예산 및 운영 등

대통령직 인수에 관한 법률에 규정된 사항 외에 위원회의 예산·직원 및 운영 등에 필요한 사항은 대통령령으로 정한다(대통령직 인수에 관한 법률 제11조).

대통령직인수위원회는 위원회의 업무를 전문분야별로 분장하기 위하여 위원으로 구성되는 분과위원회를 둘 수 있다(대통령직 인수에 관한 법률 시행령 제4조 제1항). 또한 대통령직인수위원회는 전문적인 사항에 대한 자문을 구하기 위하여 필요한 경우 자문위원회를 둘 수 있다(대통령직 인수에 관한 법률 시행령 제4조 제2항).

대통령직인수위원회의 업무를 효율적으로 수행하기 위하여 실·팀 등의 하부조직과 대변인을 둘 수 있다(대통령직 인수에 관한 법률 시행령 제4조 제3항). 대변인, 자문위원회의 위원, 전문위원 및 사무직원은 위원장이 임명한다. 이 경우 대변인은 위원중에서 임명한다(대통령직 인수에 관한 법률 시행령 제4조 제4항).

행정안전부장관은 대통령당선인의 예우에 필요한 경비와 위원회의 설치 및 운영에 필요한 예산을 산정하여 대통령당선인이 지정하는 자와 협의를 거쳐 기획재정부장관에게 예비비 등의 협조를 요청하여야 한다(대통령직 인수에 관한 법률 시행령 제8조 제1항). 행정안전부장관은 위원회가 업무를 효율적으로 수행할 수 있도록 사무실·비품·통신서비스 및 차량 등 필요한 지원을 하여야 한다(대통령직 인수에 관한 법률 시행령 제8조 제2항).

대통령직인수위원회의 예산과 사무실·비품·통신서비스 및 차량 등의 지원 및 위원회에 파견하는 직원의 규모는 위원장의 요청에 따라 대통령직인수위원회의 활동목적과 지원선례 등을 고려하여 정하여야 한다(대통령직 인수에 관한 법률 시행령 제8조 제3항). 대통령직인수위원회는 예산 및 인력의 효율적 활용을 위하여 노력하여야 한다(대통령직 인수에 관한 법률 시행령 제8조 제4항).

대통령직인수위원회의 위원장·부위원장·위원, 자문위원회의 위원, 전문위원 및 사무직원 등에 대하여는 예산의 범위안에서 수당·여비 그 밖에 필요한 경비를 지급할 수 있다(대통령직 인수에 관한 법률 시행령 제9조).

대통령직 인수에 관한 법률 시행령에 규정한 것외에 대통령직 인수위원회의 운영에 관하여 필요한 사항은 대통령직 인수위원회의 의결을 거쳐 대통령당선인의 승인을 얻어 위원장이 정한다(대통령직 인수에 관한 법률 시행령 제11조).

12. 대통령직 인수위원회 활동에 관한 협조 등

행정안전부장관은 위원회가 원활하게 운영될 수 있도록 업무 지원을 하여야 한다(대통령직 인수에 관한 법률 제12조 제1항). 관계 기관의 장은 위원회의 효율적인 운영을 위하여 자료·정보 또는 의견의 제출, 예산의 확보 등 필요한 협조를 하여야 한다(대통령직 인수에 관한 법률 제12조 제2항). 또한 관계행정기관의 장은 대통령당선인의 업무파악을 돕기 위하여 담당자를 지정하고 대통령직 인수위원회와 협의하도록 하여야 한다(대통령직 인수에 관한 법률 시행령 제7조).

13. 대통령직 인수위원회 직원의 직무 전념

대통령직 인수위원회의 직원은 위원회의 업무에 전념하여야 한다(대통령직 인수에 관한 법률 제13조).

14. 비밀누설 및 직권남용의 금지

대통령직 인수위원회의 위원장·부위원장·위원 및 직원과 그 직(職)에 있었던 사람은 그 직무와 관련하여 알게 된 비밀을 다른 사람에게 누설하거나 대통령직 인수업무 외의 다른 목적으로 이용할 수 없으며, 직권을 남용하여서는 아니 된다(대통령직 인수에 관한 법률 제14조).

15. 벌칙 적용 시의 공무원 의제

대통령직 인수위원회의 위원장·부위원장·위원 및 직원과 그 직에 있었던 사람 중 공무원이 아닌 사람은 위원회의 업무와 관련하여 「형법」이나 그 밖의 법률에 따른 벌칙을 적용할 때에는 공무원으로 본다(대통령직 인수에 관한 법률 제15조).

16. 대통령직 인수위원회 백서 발간

대통령직 인수위원회는 위원회의 활동 경과 및 예산사용 명세를 백서(白書)로 정리하여 위원회의 활동이 끝난 후 30일 이내에 공개하여야 한다(대통령직 인수에 관한 법률 제16조). 대통령직 위원회가 발간하는 백서에는 위원 및 직원 등의 성명·직위, 예산사용내역, 주요 활동내용 및 건의사항 등이 포함되어야 한다(대통령직 인수에 관한 법률 시행령 제10조).

제3장

대통령 선거사

1. 초대 대통령 선거

1948년 5월 31일 구성된 제헌국회(制憲國會)에서 선출된 헌법 기초위원과 전문위원들이 초안한 헌법안이 본회의에서 통과되었다. 같은 해 7월 17일 국회 의장 이승만이 서명·공포함으로써 효력이 발생하였으며, 이와 함께 정부조직 법도 통과되었다. 선거방식은 국회에 의한 간접선거 방식을 채택하여, 재적의 원 3분의 2 이상 출석과 출석의원 3분의 2 이상의 표를 획득함으로써 대통령으 로 당선될 수 있도록 하였다.

1948년 7월 20일 제헌국회에서 국회의원들이 투표용지에 대통령 적임자의 이름을 적어 내는 간접선거 방식으로 이승만이 초대 대통령에 선출되었다. 대 통령 후보로 대한독립촉성국민회(大韓獨立促成國民會)의 이승만, 무소속의 김 구(金九)·안재홍(安在鴻) 3명이 출마하였는데, 국회 재적의원 198명 중 197명 이 출석해(투표율 99%) 이승만이 180표를 얻어 92.3%의 압도적인 득표율로 당선되었다. 이와 함께 부통령선거에서는 출석의원 197명 가운데 133표를 얻은 이시영(李始榮)이 초대 부통령으로 선출되었다. 1948년 7월 24일 대통령· 부통령이 취임함으로써 제1공화국 출범하였다. 그 이후 이승만대통령의 자유당 정권은 '사사오입'(四捨五入)개헌 등의 정치폭력을 휘둘러 가며 4대 선거까지 12년간 장기집권했다.

2. 제2대 대통령 선거

1950년 5월 30일 제2대 국회의원선거가 끝나고 얼마 되지 않아 6·25 전쟁 이 발발하였고, 전쟁이라는 혼란한 상황 속에서 야당은 내각책임제 개헌을 추 진하였고 정부·여당은 대통령 직선제 개헌을 주장했다. 양측의 갈등이 심해지 자, 1952년 이승만 대통령 측이 내각책임제 개헌안과 대통령 직선제 개헌안을 각각 부분 발췌한 발췌개헌안을 국회에 제출하고 기립표결로 개헌안을 통과시 켰다. 이것이 그 유명한 발췌개헌(拔萃改憲)이다.

1952년 7월 4일 대통령과 부통령을 직접선거로 선출하자는 당시 국무총리

장택상(張澤相)의 조정안인 발췌개헌안(拔萃改憲案)이 국회에서 통과되고 같은 해 7월 7일 제1차 개정 헌법이 공포되었다. 선거방식은 최다득표자를 당선인으로 선출하는 국민의 직접선거 방식이 채택되었다. 이에 따라 1952년 8월 5일 선거가 실시되었으며, 후보로 현직 대통령인 이승만(李承晩), 무소속의 조봉암(曺奉岩)·이시영(李始榮)·신흥우(申興雨) 등 4명이 출마하였다.

선거 결과 선거인 수 825만 9428명 가운데 727만 5883명(투표율 88.1%)이 투표에 참가해 이승만이 유효투표 수의 74.6%인 523만 8769표를 획득하여 2대 대통령으로 당선되었다. 2위인 조봉암은 79만 7504표, 3위인 이시영은 76만 4715표, 4위인 신흥우는 21만 9696표를 얻었다. 간접선거에 부담을 느끼던 이승만이 발췌개헌을 통해 직접선거제로 개헌을 한 후 제2대 대통령 선거가 치러지기까지는 까지는 불과 1개월밖에 되지 않았다. 이로 인하여 상대 후보들은 선거를 준비할 시간적 여유를 가지지 못했으며, 이승만은 이를 자신의 독재권력을 연장하기 위한 수단으로 삼았다.

3. 제3대 대통령 선거

1954년 이승만 대통령은 자신의 중임제한을 철폐하는 개헌을 추진하였다. 이 과정에서 '사사오입 개헌'이 발생하게 된다. 초대 대통령에 한해 중임 제한을 없앤다는 내용의 개헌안을 표결에 부친 결과, 정족수 2/3에서 1표가 모자란 135표의 찬성으로 안건이 부결되었다. 그런데 개헌 정족수 2/3는 135.33…이니 0.33은 1인이 아니므로 사사오입으로 135명이면 가결된다는 '사사오입'이라는 억지 논리를 내세워 표결을 번복하고 개헌안을 가결했다. 이로써 이승만 대통령은 중임제한 없이 1956년 제3·4대 정·부통령선거에 다시 출마할 수 있게 되었다.

1956년 5월 15일에 실시된 제3대 대통령 선거 역시 최다수 득표자를 당선인으로 선출하는 국민의 직접선거 방식으로 실시되었다. 후보자로 현직 대통령인 자유당의 이승만(李承晩), 민주당의 신익희(申翼熙), 무소속의 조봉암(曺奉岩)이 출마하였다. 제3대 대통령 선거에서 야당인 민주당은 "못 살겠다 갈아보자"

라는 선거구호를 내세웠고, 집권여당인 자유당은 "구관이 명관이다 갈아봤자 별 수 없다"라는 선거구호로 맞섰다. 민주당의 신익희 대통령 후보가 유세 도중 뇌일혈로 사망하면서 이승만은 3선에 성공하지만, 부통령에는 민주당의 장면이 당선되었다. 제3대 대통령선거의 투표율은 94.4%이다.[1] 제3대 대통령선거에서 유효투표가 투표자 총수의 79.5%에 지나지 않았는데, 총선거인 수 960만 6,870명 중 94.4%인 906만 7,063명이 투표에 참가하였고, 이승만 후보가 504만 6,437표(득표율 70.0%)를 얻어 3대 대통령으로 당선되었다. 조봉암 후보가 얻은 216만 3,808표를 제외하고 무효가 185만 6,818표, 기권이 53만 9,807표에 달했는데, 이는 신익희 후보의 추모 투표 때문으로 분석되고 있다.

4. 제4대 대통령 선거

제4대 대통령선거는 1960년 3월 15일 치러진 이른바 3·15부정선거로 촉발된 4·19혁명으로 인해 대통령으로 당선된 이승만이 하야를 함으로써 같은 해 8월 12일에 치러진 간접선거를 포함한다.

1960년 3월 15일 선거에서 자유당은 이승만의 대통령 당선은 물론 그의 유고시 권력을 이양 받을 부통령 이기붕의 당선을 위해 투표가 시작되기도 전에 투표함에 미리 40%의 투표지를 넣어놓는 4할 사전 투표, 3인조, 9인조의 집단 투표, 대리투표 및 민주당 참관인 퇴출, 투표함 바꿔치기 등 극도의 선거부정을 저질렀다. 선거결과 총선거인 수 1,119만 6,490명 가운데 1,086만 2,272명(투표율 97%)이 투표에 참가해 유효투표 수의 100%인 963만 3,376표를 획득한 이승만이 대통령으로 당선되었고, 이기붕이 부통령에 당선되었다. 직선제 대통령 선거에서 가장 높은 투표율을 기록한 것은 제4대 대통령선거로 97%의 투표

---

[1] 1956년 5월 15일 종전 후 처음으로 제3대 대통령 선거가 치러졌다. 전쟁 후 피폐한 삶에 찌든 국민들의 마음에 불씨를 지핀 건 '못살겠다 갈아보자!'는 신익희 대통령·장면 부통령 민주당 후보의 구호였다. 이 슬로건은 큰 인기를 끌지만 신익희 후보가 선거유세 중 서거(逝去)하고 말았다. 결국 '초대 대통령은 연임제한을 두지 않는다'는 사사오입 개헌을 기반으로 이승만 후보가 3선에 성공하고, 장면은 부통령으로 선출되었다.

율을 보였다.

제4대 대통령선거에서 이승만 후보의 강력한 경쟁자였던 민주당 조병옥 후보가 선거도중 심장마비로 병사(病死)하는 바람에 이승만 후보가 단독 출마해 유효투표의 100%(유권자 총수의 86%)를 얻었다. 그러나 '3·15 부정선거'[2]로 4·19혁명이 일어나 대통령에 취임하기도 전에 망명길에 오르는 결과를 빚어 1960년 8월 12일 국회간선으로 다시 대통령 선거가 실시됐다.

이승만 대통령의 하야(下野)에 따라 마련된 내각책임제 헌법에 의해 국회가 내각책임제로 바뀌고 1960년 8월 12일 제2공화국 헌법에 의거하여 민·참의원 양원합동회의에 의한 국회의 간접선거로 대통령을 선출하게 되었다. 선거방식은 재적의원 3분의 2 이상의 득표로 당선자를 선출하는 방식으로, 1차 투표에서 당선자가 없을 경우 2차 투표를 하고, 2차 투표에서도 당선자가 없을 경우에는 재적의원 3분의 2 이상 출석과 출석의원 과반수의 표를 얻은 자를 당선자로 하는 방식이었다.

대통령 후보로 윤보선(尹潽善), 김창숙(金昌淑), 변영태(卞榮泰), 백낙준(白樂濬), 허정(許政), 김도연(金度演) 등 12명이 출마하여, 투표 결과 민의원 220명 참의원 43명 등 총 263명의 국회의원 가운데 259명이 참여하여 208표를 획득한 민주당 윤보선 후보가 제4대 대통령으로 당선되었다.

5. 제5대 대통령 선거

1960년 4·19혁명 이후 출범한 제2공화국 제4대 대통령으로 윤보선이 선출되었으나, 다음해인 1961년 박정희 주도하에 일단의 군부세력이 5·16군사쿠데타로 제2공화국은 10개월여 만에 막을 내린다.

---

2) 부정선거는 민심을 자극하였고, 개표가 채 끝나기도 전인 3월 15일 마산을 시작으로 전국에서 3·15 부정선거 규탄시위가 벌어졌다. 시위대에 대한 경찰의 발포로 사상자가 속출하면서 사태는 걷잡을 수 없이 번지고, 4·19혁명으로 이어지면서 이승만 대통령은 4월 26일에 하야(下野)하게 된다.

1962년 12월 26일 개정헌법에 따라 내각책임제를 국민 직접선거로 대통령을 선출하는 대통령중심제로 바꾸되, 대통령의 남은 임기가 2년 미만인 때에는 국회에서 간접선거를 통해 선출하도록 하였다. 후보자 등록은 정당 추천을 요건으로 하였다. 이에 따라 1963년 10월 15일 국민의 직접선거에 의한 최다수 득표자를 당선인으로 선출하는 방식으로 제5대 대통령선거가 실시되었다.

대통령 후보로 민주공화당 박정희(朴正熙), 민정당 윤보선(尹潽善), 신흥당 장이석(張履奭), 추풍회 오재영(吳在泳), 정민회 변영태(卞榮泰), 국민의당 허정(許政), 자유민주당 송요찬(宋堯讚) 등 7명이 등록하였다. 그러나 선거도중 허정과 송요찬은 중도에 사퇴하였다. 선거 결과 총유권자 수는 1,298만 5,015명 중 1,103만 6,175명(투표율 85%)이 투표에 참가하여470만 2,640표(득표율 46.6%)를 얻은 박정희 후보가 제5대 대통령으로 당선되었고, 이로써 제3공화국이 출범하였다. 윤보선 후보는 454만 6,614표(득표율 45.1%)를 얻어 근소한 표차로 대통령직이 군부세력의 박정희에게 넘어갔다.

제5대 대통령선거에서 공화당의 박정희후보가 민정당(民政黨)의 윤보선(尹潽善)후보를 불과 15만 여 표 차이로 눌러 당선됐다. 당시의 득표율은 박정희후보가 46.6%, 윤보선후보가 45.1%로 불과 1.5% 차이밖에 나지 않았다. 이 같은 근소한 표차로 인해 당시 '정신적 대통령'이란 용어가 시중에 유행되기도 했다. 또한 여촌야도(與村野都) 현상을 파생시켰는데, 특히 제5대 대통령선거에서 윤보선 후보는 서울을 비롯해 인천(仁川) 경기(京畿) 광주(光州) 대전(大田) 등 도시지역에서 압도적인 지지를 받았으나, 경상북도, 경상남도, 전라북도·전라남도 등 농촌지역에서 몰표를 받은 박정희 후보를 따라잡지 못해 패배했다.

6. 제6대 대통령 선거

군사 쿠데타를 통해 제5대 대통령으로 선출된 박정희의 4년 임기가 끝나감에 따라서 1960년 12월 개정된 「대통령선거법」으로 1967년 5월 3일 제6대 대통령선거가 실시되었다. 선거방식은 국민의 직접선거에 의한 최다수 득표자를 당선인으로 하는 방식이었다.

대통령 후보로 현직 대통령인 민주공화당 박정희, 신민당 윤보선(尹潽善), 정의당 이세진(李世鎭), 한국독립당 전진한(錢鎭漢), 민중당 김준연(金俊淵), 통한당 오재영(吳在泳), 대중당 서민호(徐珉濠) 등 7명이 등록하였다. 서민호 후보는 선거도중에 사퇴하였다. 한일협정의 졸속한 처리와 베트남전쟁 파병으로 인한 학생과 재야세력의 거센 저항 속에서 치러졌다. 투표 결과는 총유권자 1,393만 5,093명 중 1,164만 5,215명(투표율 83.6%)이 참가해 568만 8,666표(득표율 51.4%)를 획득한 박정희가 제6대 대통령으로 선출되었다. 윤보선 후보는 452만 6,541표(득표율 40.9%)를 얻었다. 박정희는 국가주도의 강력한 경제개발정책을 성공적으로 추진한 성과를 바탕으로 1967년 6대 대통령선거에서 윤보선 후보와 재대결해 1백10만 여 표 차이로 승리했다. 1969년 공화당은 헌법을 개정해 중임 규정을 삭제함으로써 대통령의 3선도 가능하게 만들었다.

7. 제7대 대통령 선거

1969년 6월 대통령 박정희는 3선출마를 위한 개헌을 시도하였고, 이를 반대하는 대규모 학생시위가 시작되고 7월 17일에는 '3선 개헌 반대투쟁위원회'가 결성되었다. 그러나 개헌안은 9월 14일 새벽 민주공화당 소속 의원만이 모인 가운데 국회 제3별관에서 변칙 통과되었고, 10월 17일 국민투표로 가결되었다. 이에 따라 제3공화국 때인 1971년 4월 27일 제7대 대통령 선거가 실시되었다. 선거방식은 다수 득표자를 당선인으로 선출하는 국민의 직접선거 방식이 채택되었다.

대통령 후보자로는 대통령인 민주공화당 박정희, 신민당 김대중(金大中), 국민당 박기출(朴己出), 자민당 이종윤(李鍾閏), 정의당 진복기(陳福基) 등 5명이 출마하였다. 투표 결과 총유권자 1,555만 2,236명 중 1,241만 7,824명(투표율 79.8%)이 투표에 참가하여 634만 2,828표(득표율 53.2%)를 획득한 박정희가 제7대 대통령으로 선출되었다.

제7대 대통령 선거는 3선 개헌을 통해 출마한 박정희 후보와 당내 경선을 통해 40대 기수론으로 세대교체 바람을 몰고 온 김대중 후보의 대결로 국민적 관

심이 모아졌으나, 김대중 후보는 539만 5,900표(득표율 45.2%)를 획득하는 데
그쳤으며, 박정희 정권은 유신체제와 장기집권을 획책하는 토대를 구축하였다.

박정희 대통령은 제7대 대통령 선거에서 신민당(新民黨)의 김대중(金大中)
후보를 90여 만 표 차이로 이겨 힘겨운 승리를 거뒀다는 평가를 받게 된다. 특
히 제7대 선거에서 신민당(新民黨)의 김대중 후보는 서울 등 대도시와 호남지
방에서 절대적인 지지를 받았으며, 박정희 대통령은 영남지방에서 몰표를 얻음
으로써 우리나라 선거사(選擧史)에 '지역감정'(地域感情)이라는 고질병을 낳게
되었다. 대통령 선거에서 가장 높은 득표율은 53.2%로 제7대 선거에서 박정희
대통령이 기록하고 있다.

8. 제8대 대통령 선거

1972년 10월 17일 박정희는 조국의 평화적 통일과 정치체제의 개혁을 내세
우며 초헌법적 국가긴급권을 발동하여 국회를 해산하고 의원들의 정치활동을
금지하는 한편 전국에 비상계엄을 선포하였다. 이후 이른바 유신헌법(維新憲
法)으로 불리는 헌법개정안을 국민투표로 확정하였으며, 조국의 평화적 통일을
추진한다는 명목으로 유신헌법에 통해 통일주체국민회의를 설치하여 집권연장
을 꾀하였다.

1972년 12월 23일 유신헌법에 따라 제8대 대통령 선거가 실시되었다. 선거
방식은 국민의 직접선거로 선출된 통일주체국민회의 대의원들이 대통령을 선출
하도록 하는 간접선거 방식이 채택되었다. 통일주체국민회의 대의원 200인 이
상의 추천장을 받아야 대통령 후보가 될 수 있었으며(대의원은 후보자를 1명만
추천할 수 있도록 하였다), 통일주체국민회의에서 재적의원 과반수의 찬성을
얻은 자를 당선되도록 하였다. 과반수의 찬성을 얻은 후보자가 없을 때에는 2
차 투표를 실시하고, 2차 투표에서도 당선자가 없을 때에는 최고득표자가 1인
인 경우에는 차점자에 대하여, 최고득점자가 2인 이상인 경우에는 최고득점자
에 대하여 결선투표를 실시하여 다수표를 획득한 자가 대통령으로 선출되도록
하였다. 대통령 임기는 4년에서 6년으로 늘어났다.

1972년 12월 23일 서울 장충체육관에서 통일주체국민회의에 의한 간접선거로 진행된 체육관선거에서 박정희는 대의원 등 515명의 추천을 통해 단독으로 입후보하여 전체 대의원 2,359명이 참여한 선거에서 무효인 2표를 제외한 2,357표라는 절대적인 찬성을 얻어 99.9%의 득표율로 제8대 대통령으로 당선되었다.

9. 제9대 대통령 선거

박정희의 유신체제는 야당, 재야인사, 학생들은 개헌투쟁에 부딪쳤으나, 제4공화국 유신체제는 제8대 대통령의 임기가 끝나는 1978년 12월까지 이어졌다.

1978년 7월 6일 실시된 제9대 대통령 선거는 통일주체국민회의 대의원에 의한 간접선거 방식인 유신헌법의 선거체제를 그대로 유지하고 있었다. 박정희는 1978년 6월 30일로 초대 통일주체국민회의 대의원 임기가 만료되었으나, 그 직전인 1978년 5월 18일 통일주체국민회의 의장인 박정희는 대통령선거에 앞서 제2대 통일주체국민회의 대의원 선거를 실시하여 제9대 대통령 선거에 대비하였다.

박정희는 통일주체국민회의 대의원 507명의 추천을 받아 단일 후보로 출마하여 1978년 7월 6일 장충체육관에서 실시된 통일주체국민회의 대통령 선거에서 제9대 대통령으로 선출되었다. 재적 대의원 2,583명 중 2,578명이 출석하여 치러진 통일주체국민회의 선거에서 2,577표(기권 5표)를 얻었다.

10. 제10대 대통령 선거

1978년 12월 27일 제9대 대통령에 취임한 박정희는 이듬해 야당의 개헌투쟁과 부마사태(釜馬事態) 등 혼란상태가 계속되자 비상계엄을 발동하였다. 그러던 중 1979년 10월 26일 저녁 박정희는 중앙정보부장 김재규(金載圭)에 의해 살해되었다. 이른바 10·26사건이 발생하였다.

유신헌법 제48조의 규정에 따라 당시 통일주체국민회의 의장 권한대행이었던 국무총리 최규하(崔圭夏)가 단일 대통령 후보로 등록하여 1979년 12월 6일 장충체육관에서 실시된 선거에서 통일주체국민회의의 재적 대의원 2,560명 중 2,549명이 출석한 가운데 2,465표(기권 11표, 무효 84표)를 얻어 제10대 대통령으로 선출되었다.

10·26 사건으로 박정희 대통령이 서거하자 헌정사상 최초로 궐위에 의한 선거가 실시되어 당시 국무총리였던 최규하 대통령권한대행이 통일주체국민회의 대의원에 의한 간접선거로 제10대 대통령에 선출되었다.

11. 제11대 대통령 선거

1979년 10월 26일 대통령 박정희(朴正熙)가 중앙정보부 부장 김재규(金載圭)에 의해 살해되고, 같은 해 12월 27일 최규하(崔圭夏)가 제4공화국 제10대 대통령으로 취임하였으나, 전두환 신군부(新軍部) 세력의 압력에 밀려 제10대 대통령 최규하는 재임 8개월만인 1980년 8월 16일 특별성명을 내고 대통령직을 사임하였다.

이에 따라 통일주체국민회의(統一主體國民會義)는 1980년 8월 27일 서울 장충체육관에서 제7차 회의를 열고 제11대 대통령 선거를 실시하였다. 선거방식은 유신헌법에 의거하여 국민의 직접선거로 선출된 통일주체국민회의 대의원들이 대통령을 선출하는 간접선거 방식을 따랐다.

국가보위비상대책위원회 상임위원장을 지낸 신군부 출신의 전두환(全斗煥)이 단독 후보로 출마하여 제4공화국 마지막 선거인 통일주체국민회의에서 제11대 대통령으로 선출되었다. 무기명 비밀투표 방식으로 진행되었는데, 전두환은 재적 대의원 2,540명 중 2,525명(투표율 99.4%)이 출석한 가운데 2,524명의 찬성을 얻었다.

1980년 '서울의 봄'으로 불리며 국민들의 민주화의 기대를 모았던 당시의 정치상황은 전두환을 비롯한 일단의 정치군인들의 '12·12군사반란'과 '광주민주화운동'을 거치면서 다시 표류하게 되고, 정국의 새로운 실세로 등장한 전두환(全斗煥) 국보위 상임위원장이 통일주체국민회의 투표를 통해 제11대 대통령으로 당선되었다.

12. 제12대 대통령 선거

1980년 9월 1일 제11대 대통령으로 취임한 전두환과 집권당인 민주정의당은 박정희 정권이 집권을 연장하기 위한 수단으로 도입한 통일주체국민회의제도를 모방하여 대통령선거인단제도를 도입하였다.

제5공화국 헌법 제41조 제1항은 대통령선거인단의 무기명투표를 통해 재적 대통령선거인 과반수의 찬성을 얻은 자를 대통령을 선출하도록 하면서, 대통령 선거인의 수는 법률에 위임하되 그 수를 5,000인 이상으로 하도록 하였다. 당시 대통령선거법에 의하면, 대통령 후보자는 정당 또는 대통령선거인 300인 이상 500인 이하의 추천을 받아 중앙선거관리위원회에 등록신청을 하도록 하였다.

1981년 2월 11일 전국 1,905개 대통령선거인선거구에서 국민의 직접선거에 의해 5,272명의 대통령선거인이 선출되었다. 1981년 2월 25일 당선이 취소된 1명을 제외한 5,271명으로 구성된 대통령선거인단은 투표를 실시하였는데, 당시 후보는 민주정의당 전두환, 한국국민당 김종철(金鍾哲), 민권당 김의택(金義澤), 민주한국당 유치송(柳致松) 등 4명이었다. 선거 결과 전두환 후보가 유효 투표수의 90.2%인 4,755표를 얻어 임기 7년의 제12대 대통령으로 선출되었다. 90.2%의 높은 지지를 얻어 대통령에 당선되지만 유신시대의 '체육관선거' 와 별반 다를 바 없었다는 점에서 민주적 정통성을 부여받지 못했다. 1981년 3월 3일 전두환이 제12대 대통령에 취임함으로써 제5공화국을 출범하였다.

13. 제13대 대통령 선거

1987년 5월 박종철 고문치사 사건을 축소 조작한 것이 드러나고, 시위에 참가했던 이한열 학생의 사망 사건 등이 발생했으며, 민주화와 대통령의 직선제 개헌을 요구하는 국민적 열망의 표출인 6월 민주항쟁으로 이어졌다. 민주화 시위가 걷잡을 수 없게 되자 집권당인 민주정의당 대표이자 대통령 후보인 노태우가 직선제 개헌을 수용하는 6·29 선언[3]을 하게 되고, 야권에서 김영삼·김대중과 구(舊)여권의 김종필이 다시 정치일선에 등장하게 된다. 여·야 합의로 임기 5년 담임과 직선제에 의한 대통령 선출을 골자로 하는 개헌안이 국민투표를 통과하여 대통령 직선제가 회복되었다. 제13대 대통령 선거는 1987년 11월 17일 제정된 대통령선거법에 따라 국민 직접선거를 통해 최다수표를 얻은 자를 당선인으로 선출하는 방식을 채택하였다.

1987년 12월 16일 치러진 제13대 대통령 선거를 앞두고 민주화 과정에서 동반자 관계에 있던 김영삼(金泳三)과 김대중(金大中)이 서로 갈라지고, 여기에 김종필(金鍾泌)이 대통령 후보에 출마하면서 선거는 '3김 구도'의 지역대결 양상으로 흘렀다. 당시 대통령 후보자는 민주정의당 노태우, 통일민주당 김영삼, 평화민주당 김대중, 신민주공화당 김종필, 통일한국당 신정일(申正一) 등 6명이었다.

'1盧 3金'이라 불렸던 노태우 · 김대중 · 김영삼 · 김종필 후보가 대결했던 제13대 대통령선거는 16년 만에 실시된 직선제 대통령선거라는 점에서 국민들 사이에 폭발적인 민주화 열기만큼 제13대 대통령 선거의 투표율은 89.2%였다.

제13대 대통령 선거는 총유권자 수 2,587만 3,624명 가운데 2,306만 6,419명(투표율 89.2%)이 참가하였는데, '3김 구도'의 정치상황에서 노태우 후보가 과반수에도 훨씬 못 미치는 828만 2,738표(득표율 36.6%)를 얻어 제13대 대통령으로 당선되었다. 노태우 후보에 이어 김영삼 후보가 633만 7,581표(득표율 28%)로 2위, 김대중 후보가 611만 3,375표(득표율 27%)로 3위, 김종필 후보가 182만 3,067표(득표율 8%)로 4위를 차지하였다.

제13대 대통령 선거 때 극에 달했던 지역감정은 1盧 3金의 득표현황에 그대로 나타나 경북(慶北)은 노태우, 경남(慶南) 김영삼, 호남(湖南)은 김대중, 충청지역은 김종필로 후보들의 출신 지역에 따라 표가 몰리는 바람직하지 못한 지역주의 몰표 현상을 다시 빚었다.[4] [5]

---

3) 6 · 29선언에 대한 헌정사적 평가는 이철호, "'6 · 29선언'의 헌정사적 평가", 「한국민간경비학회보」 제20권 특별호(통권 제62호), 2021, 165-194면 참조.

4) 1987년 대선 직전인 11월 29일 발생한 'KAL기 테러'는 민정당 노태우 대통령 당선에 영향을 미쳤다는 평가가 많다. 당시 대통령 선거 하루 전날 폭파범 김현희가 특별기로 국내에

노태우대통령에 대한 낮은 지지율과 민주화 열풍은 대통령 선거 뒤이어 실시된 제13대 총선에서 여소야대(與小野大) 국회의석 분포 현상으로 정치적 불안을 초래하기도 했으나, 한편으로는 대화와 타협에 의한 의회문화를 보여주기도 했다. 하지만 소수집권당의 한계를 돌파하려는 노태우와 김영삼의 권력욕이 맞물려 '3당 합당'의 원인이 되기도 했다.[6]

14. 제14대 대통령 선거

제13대 대통령의 임기가 끝나감에 따라 1992년 12월 18일 민주세력 후보들이 출마하여 제14대 대통령 선거를 치르게 되었다. 선거방식은 국민 직접선거를 통해 최다수득표를 획득한 자를 당선인으로 하는 방식이었다. 그런데 대통령 선거를 앞두고 민주정의당·통일민주당·신민주공화당 등 3당이 합당하여 민주자유당이 만들어졌다. 이에 따라 민주자유당 김영삼(金泳三), 민주당 김대중(金大中), 통일국민당 정주영(鄭周永), 신정당 박찬종(朴燦鍾), 정의당 이병호(李丙昊), 무소속의 백기완(白基玩)·김옥선(金玉仙) 등 7명이 후보로 출마하였다.

제14대 대통령 선거는 3자 구도였다. 민주자유당 김영삼, 민주당 김대중, 통일국민당 정주영 후보[7]가 맞붙었다. 제14대 대통령선거의 변수는 '기업인의 출마 여부'였다. 당시 정주영 현대그룹 회장이 출마하여 공고한 김대중 김영삼 양

압송되면서 파장이 더 컸다.

5) 제13대 대통령 선거는 야권 단일화의 실패, 극에 달한 지역감정의 재발 등 많은 부정적인 측면에도 불구하고, 그 이후의 대통령선거는 법적·제도적으로 많은 변화와 발전을 이뤄냈으며 선거를 통한 평화적 정권교체가 정착되었다.

6) 노태우 정부에서 이루어진 '3당 합당'의 헌정사적 평가에 대해서는 이철호, "노태우 정부의 '3당 합당'에 관한 헌정사적 고찰", 「한국민간경비학회보」 제21권 2호(통권 제65호), 2022, 119-150면 참조.

7) 정주영은 통일국민당을 창당해서 14대 총선에서 31석을 획득하며 돌풍을 일으켰다. 기업인의 창당이 국민들에게 새로운 하나의 대안으로 부상한 결과였다. 제14대 대통령선거에서 정주영은 16.3%의 득표율에 그쳤다.

김 구도를 뒤바꿀 수 있을지 주목받았다.[8]

1992년 제14대 대통령선거를 앞두고 안기부가 학원·노동계의 주사파를 적발한 '남한 조선노동당 사건'이 선거에 영향을 미쳤고, "우리가 남이가"라며 지역감정을 조장했던 '초원복집 사건'[9]도 선거 3일 전 발생했다.[10]

---

8) 제14대 대통령 선거에서 현대그룹의 창업주이자 통일국민당 후보 정주영 후보는 역동적이었던 그의 선거 벽보처럼 공약도 파격적이었다. 당시 정주영 후보는 "아파트를 반값에 공급하겠다"는 폭탄 공약으로 국민들을 놀라게 하기도 했다.

9) 제14대 대통령선거에서 반드시 기억해야 할 사건은 초원복국 사건이다. 「초원복집사건」은 1992년 부산의 유력기관장 등이 부산의 '초원복집'이라는 음식점에 모여 지역감정(地域感情)을 부추겨서 제14대 대통령 선거에 영향을 미치고자 의논한 사건이다. 제14대 대통령 선거를 일주일 앞둔 1992년 12월 11일 당시 김기춘 법무부 장관과 부산시장, 검사장, 경찰청장, 교육감 등 부산 지역 기관장 6명이 복어요리 전문점인 '초원복국'에 모여서 신한국당 후보였던 김영삼을 당선시키기 위해 지역감정을 부추기고 정주영 및 김대중 등 야당 후보들을 비방하는 내용을 유포시키자는 등 관권 선거와 관련된 대화를 나눴다. 이들은 "부산 경남 사람들 이번에 김대중이 당선되면 영도다리에 빠져죽자", "민간에서 지역감정을 부추겨야 돼"라는 등 지역감정을 부추겨 표를 얻을 것을 의논했다. 이것이 정주영 후보측의 통일국민당에 도청을 당해서 언론에 폭로되었다. 아파트 값을 반으로 내리겠다는 공약 등으로 보수층을 잠식하던 정주영 후보측이 신한국당의 치부를 폭로하기 위해 전직 안기부 직원 등과 공모하여 도청 장치를 몰래 숨겨서 녹음을 한 것이었다. 하지만 김영삼 후보측은 이 사건을 음모라고 규정했으며, 주류언론이 관권선거의 부도덕성보다 주거침입에 의한 도청의 비열함을 더 부각시켰다. 이 때문에 통일국민당이 오히려 여론의 역풍을 맞았고, 김영삼 후보에 대한 지지층이 집결하는 결과를 낳았다. 이 여세를 몰아 김영삼이 14대 대통령에 당선되었다. 초원복집 사건의 대화 전말은 손광식,「한국의 이너서클」, 중심(2002), 120-137면 참조. 한편, 초원복집 사건을 계기로 '통신비밀보호법'이 제정되었다.

10) "나는 초원복집 사건이 일어났을 때 예감이 좋았다. 아무리 여당 후보지만 김영삼 씨도 별 수 없을 것이라 생각했다. '이것으로 선거는 이기지 않을까.' 또한 이 사건을 계기로 선거판에서 지역감정이 사라질 것으로 기대했다. …(중략)…경상도 유권자들도 여당과 정부의 태도에 격분하고 있을 것이라고 믿었다. 그러나 그것은 순진한 생각이었다. 개표 결과는 초반부터 지역 대결 양상을 그대로 보여 주었다. 부산 초원복집 사건은 우리의 예상과는 달리 엄청난 역풍을 불러왔다. 악재가 호재로 둔갑하여 경상도 지역에서 김영삼 후보의 몰표가 쏟아졌다. 지역감정과 색깔론이 모든 이성적 판단을 삼켜 버렸다. 반(反)전라도 지역 정서가 경상도 외 다른 지역까지 파급되었다. 서울과 전라도를 밴 나머지 지역에서 모두 패했다…(중략)…그들의 바람대로 지역감정 조장은 성공을 거둔 셈이다."(김대중 자서전 1

제14대 대통령 선거는 총유권자 수는 2942만 2658명 중 2409만 5170명(투표율 81.9%)이 참여하여, 무효 31만 9761표를 제외한 유효득표 수 2377만 5409표 중 997만 7332표(득표율 42%)를 얻은 김영삼 후보가 대통령으로 당선되었다(김영삼 후보에 이어 김대중 후보가 804만 1284표(득표율 33.8%)로 2위, 정주영 후보가 388만 67표(득표율 16%)로 3위, 박찬종 후보가 151만 6047표(6%)로 4위를 차지하였다).

1993년 2월 25일 김영삼이 제14대 대통령에 취임함으로써 32년 간 지속된 군부 출신 대통령들이 주도한 권위주의적 통치를 종식시키고 문민정부(文民政府)를 출범하였다.

15. 제15대 대통령 선거

15대 대통령 선거에서는 옥외연설회가 옥내연설회 위주로 바뀌고 횟수 역시 대폭 축소되었으며 처음으로 방송연설회가 실시되었다.

대통령 후보로 한나라당 이회창(李會昌), 새정치국민회의 김대중(金大中), 국민신당 이인제(李仁濟), 국민승리21 권영길(權永吉), 공화당 허경영(許京寧), 바른정치연합 김한식(金漢植), 한국당 신정일(申正一) 등 7명이 출마하였다. 15대 대통령 선거는 제14대 대통령 선거에서 낙선하고 정계은퇴를 선언했던 김대중이 1995년 9월 새정치국민회의를 창당해 제1야당 총재로 복귀한 김대중 후보와 한나라당 이회창 후보의 경쟁구도 속에서, 한나라당의 공천과정에서 탈락한 이인제 후보의 3자 구도였다. 제15대 대통령 선거의 변수는 '여권 분열과 야권 연대'였다. 야권의 DJ와 JP가 연대한 반면, 여권에서는 2인자였던 이인제가 탈당 및 국민신당 후보로 독자 출마하면서 분열했다. 이에 따른 3자 구도는 1.6% 포인트 격차로 김대중에게 승리를 안겨줬다.

1997년 12월 18일 실시된 15대 대통령 선거는 총선거인 수는 3,229만 416명 중 2,604만 2,633명(투표율 80.7%)이 참여하여, 무효 40만 195표를 제외한

권, 603~605면).

유효투표수 2,564만 2,438표 중 1,032만 6,275표(득표율 40.3%)를 획득한 김대중 후보가 당선되었다. 김대중 후보에 이어 이회창 후보가 993만 5,718표(득표율 38.7%)로 2위, 이인제 후보가 492만 5,591표(득표율 19.2%)로 3위, 권영길 후보가 30만 6,026표(득표율 1.2%)로 4위를 차지하였다.

제15대 대통령선거는 새정치국민회의의 김대중 후보(득표율 40.3%)가 4번의 도전 끝에 대통령으로 당선된 선거이기도 하다. 제15대 대통령 선거에서 김대중 후보가 당선되면서 대한민국 헌정사상 여야간 첫 정권교체가 이뤄졌다.[11]

16. 제16대 대통령 선거

2002년 제16대 대통령선거에서는 '국민참여경선제도'가 도입되어 정당의 대통령 후보 선출에 당원뿐만 아니라 일반 국민도 참여하여 공정성을 높였고, 민주주의의 저변 확대에도 기여하였다.

대통령 후보로 새천년민주당 노무현(盧武鉉), 한나라당 이회창(李會昌), 민주노동당 권영길(權永吉), 하나로국민연합 이한동(李漢東), 국태민안호국당 김길수(金吉洙), 사회당 김영규(金榮圭) 등 6명이 출마하였다. 그러나 선거의 양상은 초반부터 '낡은 정치 청산, 새로운 대한민국 건설, 행정수도의 충청권 이전' 등을 주창한 새천년민주당의 노무현 후보와 '부패정권 심판, 정권 교체' 등을 내세운 한나라당의 이회창 후보 간의 치열한 양자 대결구도였다.

제16대 대통령 선거는 총3,499만 1,529명의 유권자 중 2,476만 141명이 참여하여 70.8%의 투표율을 보였는데, 유효투표총수의 48.9%인 1,201만 4,277표를 획득한 노무현 후보가 1,144만 3,297표(46.6%)를 얻은 이회창 후보를 57

---

11) 제15대 대통령 선거는 개표 막판까지 접전을 벌일 정도로 긴장감이 가득한 선거였다. 이회창 후보의 독주가 예상되던 선거가 이회창과 김대중 두 후보의 박빙으로 바뀐 것은 이 후보 아들의 병역비리가 불거지면서 부터이다. 병역비리로 이 후보의 지지율은 15% 이상 떨어졌고, 수차례의 전화 조사와 선거 당일 출구 조사에도 불구하고 여론조사 기간들과 언론에서는 대선 결과를 가늠하기 어려워졌다. 또한 IMF 금융 위기로 집권당에 대한 부정적 여론이 정계 은퇴 번복을 한 김대중 후보에게는 호재로 작용했다. 제15대 대통령 선거에서 김대중 후보와 이회창 후보의 득표 차이는 불과 1.6%p였다.

만 980표(2.3%) 차로 누르고 대통령으로 당선되었다.

제16대 대통령 선거에서는 여당 후보인 노무현이 거대 야당 후보인 이회창을 누르고 선거사상 처음으로 평화적 정권교체를 이룬 국민의 정부를 이어 참여정부를 출범시켰다는 의미가 있다. 또한 20–30대 등 젊은 세대는 개혁 성향의 노무현 후보를 지지한 반면, 50–60대 등 안정을 바라는 중장년 세대는 보수 성향의 이회창 후보를 지지하는 세대간 대결 양상이 빚어졌다는 점도 특징으로 들 수 있다. 그러나 영남지역 출신으로서 지역주의 타파를 중시한 노무현 후보가 강세지역인 부산광역시와 경상남북도에서 저조한 득표율을 보인 반면, 호남지역에서 90%가 훨씬 넘는 득표율을 보임으로써 여전히 지역주의 의식이 미해결의 과제로 남게 되었다.

17. 제17대 대통령 선거

제17대 대통령 후보로 대통합민주신당 정동영(鄭東泳), 한나라당 이명박(李明博), 민주노동당 권영길(權永吉), 민주당 이인제(李仁濟), 창조한국당 문국현(文國現), 참주인연합 정근모(鄭根謨), 경제공화당 허경영(許京寧), 새시대참사람연합 전관(全寬), 한국사회당 금민(琴民), 무소속 이회창(李會昌) 등 10명이 출마하였다.[12]

제17대 대통령 선거는 총 선거인은 부재자 81만 755명을 포함하여 3,765만 3,518명이었으나 총 투표자는 2,373만 2,854명으로 투표율이 63%에 그쳐 직접선거로 치러진 11차례의 대통령선거 가운데 최저치를 기록하였다.[13]

투표결과 한나라당의 이명박 후보가 득표율 48.7%로 1,149만 2,389표를 얻어 제17대 대통령으로 당선되었다. 정동영 617만 4,681표(득표율 26.1%), 이회창 355만 9,963표(득표율 15.1%), 문국현 137만 5,498표(득표율 5.8%), 권영길 71

---

12) 12명이 후보등록을 하였으나 국민중심당의 심대평은 무소속의 이회창과 단일화하였고, 국민연대의 이수성은 사퇴하였다. 참주인연합의 정근모도 투표 전날인 12월 18일 이회창을 지지하였으나 법적 사퇴 시한을 넘겨 후보자격이 유지되었다.

13) 대선투표율 잠정치 62.9%..사상 최저, 「연합뉴스」 2007년 12월 19일.

만 2,121표(득표율 3.0%), 이인제 16만 708표(득표율 0.7%)로 뒤를 이었다.

한나라당의 이명박 후보는 대통령후보로 나서기 전부터 줄곧 여론지지율 1위를 놓치지 않았으며,[14] 이른바 'BK사건'[15]의 연루 의혹으로 한때 지지율이 내려가기도 하였으나 끝까지 '대세론'을 유지함으로써 호남지역을 제외한 전 지역에서 최다득표를 얻었다.

제17대 대통령선거는 기업인 출신으로서 경제회복 공약을 내세운 이명박 후보가 500만표 이상의 표차로 당선되었다. 제17대 대통령선거 역시 한나라당으로 대변되는 보수세력과 민주세력의 대결이라는 한국정치의 기본구도는 그대로 보여주었다.

18. 제18대 대통령 선거

제18대 대통령선거는 2012년 12월 19일 실시되었다. 대통령 후보는 박근혜(새누리당), 문재인(민주통합당), 박종선(무소속), 김소연(무소속), 강지원(무소속), 김순자(무소속) 등이다.

2012년 12월 5~10일엔 재외국민 투표가 실시되고, 같은 달 11~14일에 제18대 대통령 선거에서 처음 도입된 부재자 선상(船上) 투표가 진행되었다. 부재자 투표는 12월 13~14일로 진행됐다.[16]

---

14) 제17대 대통령 선거는 한나라당 경선이 사실상 본선이라는 말이 있을 정도로 한 정당의 쏠림 현상이 두드러졌다. 이명박 후보는 당내 경선에서 박근혜 후보를 제치고 대세를 굳혔다. 이명박·박근혜 두 사람의 경선 과정에서 수많은 네거티브 공세가 오갔다. 당시 논란이 된 부분이 투자운용회사인 BBK, 다스 그리고 국정농단이었다.

15) 2007년 12월 5일 검찰은 이명박 후보의 BBK 주가조작 연루 의혹 수사에 대한 발표를 하였다. 옵셔널벤처스 주가조작, BBK 실소유주, (주)다스 실소유주 의혹 모두 '무혐의'라고 결론지었다.

16) 제18대 대통령 선거 전후로 부정선거 논란이 있었다. 선거 직전에는 국가정보원 소속 공무원들이 인터넷 여론조작을 통해 선거에 영향을 미쳤다는 의혹이 제기되었다. 2013년 10월에는 김광진 의원에 의해 국군 사이버사령부의 제18대 대선 개입 의혹이 불거져 논란이 되기도 했다.

중앙선관위에 따르면 제18대 대통령 선거의 총 선거인수는 4,050만 7,842명이며 이중 75.8%가 투표에 참여해 투표자수는 3,071만 1,459명으로 집계됐다. 후보자별로는 박근혜 새누리당 후보가 1,577만 3,128표를 얻어 과반이 넘는 득표율 51.55%를 기록했다. 1987년 대통령 직선제 개헌 이후 과반 득표 대통령이 나온 것은 제18대 대통령선거가 처음이다.

박근혜 대통령은 대한민국 헌정 사상 최초의 여성대통령으로 선출되었다. 또한 아버지인 고(故) 박정희 전 대통령에 이어 부녀가 처음으로 대통령에 오르는 기록도 세웠다.

문재인 민주통합당 후보는 1,469만 2,632표를 얻어 득표율은 48.02%로 집계됐다. 이어 기호순대로 무소속 박종선 후보(1만 2,854표, 0.04%), 김소연 후보(1만 6,687표, 0.05%), 강지원 후보(5만 3,303표, 0.17%), 김순자 후보(4만 6,017표, 0.15%)로 나타났다.

19. 제19대 대통령 선거

제19대 대통령 선거는 박근혜 대통령이 재임 중 국정농단 사태로 인해 국회에서 탄핵이 발의 의결된 후, 헌법재판소가 2017년 3월 10일 재판관 8명 전원일치 판결로 대통령 파면을 결정함에 따라 대통령의 궐위가 발생했다. 대통령의 궐위로 인한 선거나 재선거는 공직선거법에 따라 해당 선거의 실시사유가 확정된 때부터 60일 이내에 시행해야 한다(공직선거법 제35조).[17] 이에 따라 제19대 대통령 선거는 2017년 5월 9일 실시되었다.

대통령 선거 결과 더불어민주당 문재인 후보가 41.08% 득표율로 제19대 대통령에 당선되었다. 자유한국당 홍준표 후보가 24.0%, 국민의 당 안철수 후보

---

17) 공직선거법 제35조 ① 대통령의 궐위로 인한 선거 또는 재선거는 그 선거의 실시사유가 확정된 때부터 60일 이내에 실시하되, 선거일은 늦어도 선거일 전 50일까지 대통령 또는 대통령권한대행자가 공고하여야 한다. ⑤ 이 법에서 '선거의 실시사유가 확정된 때'라 함은 다음 각호에 해당하는 날을 말한다. 1. 대통령의 궐위로 인한 선거는 그 사유가 발생한 날

가 21.4%를 득표했다. 제19대 대통령 선거는 궐위에 따른 선거이므로 선출된 대통령의 임기는 선거 다음날인 2017년 5월 10일부터 시작했다.

제19대 대통령 선거는 사전투표가 시행된 첫 번째 대선이었으며,[18] 재외선거가 시행된 두 번째 대선이기도 했다.[19]

20. 제20대 대통령 선거

제20대 대통령선거는 과거에 비해 현직 대통령의 국정지지율이 높으면서도 정권교체 여론도 높은 상황에서 양자구도로 치러졌다. 제20대 대통령선거의 유권자 수는 총 4,419만 7,692명이었다. 유권자를 연령별로 살펴보면, 40~50대가 약 1,677만명(38%)으로 가장 많다. 다음으로는 18~19세와 20~30대 약 1,424만명(32.2%), 60대 이상 1,312만명(29.8%)이었다.

제20대 대통령선거는 코로나19 확진·격리자들의 투표권을 보장하기 위해 오후 7시 30분까지 투표를 할 수 있었다.

2022년 3월 9일 실시한 제20대 대통령선거에서 윤석열 '국민의 힘' 후보가 대한민국 제20대 대통령에 당선됐다. 윤석열 후보는 최종 48.56%, 1,639만 4,815표를 얻어 당선을 확정 지었다. 이재명 '더불어민주당' 대통령 후보는 47.83%, 1,614만 7,738표를 얻었다. 득표차는 0.73%p, 24만 7,077표에 불과했다. 한편, 2022년 3월 4-5일에 실시된 제20대 대통령 선거 사전투표의 전국

---

[18] 제19대 대통령 선거는 사전투표가 시행되는 첫 번째 대선으로 기록되었다. 사전투표는 선거일에 투표할 수 없는 유권자가 정해진 기간에 전국 사전투표소에서 투표할 수 있는 제도로, 2012년 공직선거법 개정에 따라 도입되었다. 2013년 4월 재보궐선거에서 처음 시행되었다. 제19대 대통령 선거 사전투표는 2017년 5월 4-5일 이틀 동안 진행되었으며, 사전투표율은 26.06%로 2013년 사전투표가 도입된 이래 최고치를 기록하였다.

[19] 제19대 대통령 선거는 재외선거가 시행되는 두 번째 대선이기도 했다. 재외선거는 국외에 거주하거나 체류하는 유권자가 해외에서 참여하는 선거다. 2009년 공직선거법 개정으로 도입된 제도로 대통령 선거와 임기만료에 따른 비례대표 국회의원 선거만 참여할 수 있다. 제19대 대통령 선거 재외선거는 4월 25일부터 4월 30일까지 진행되었으며 재외선거 투표율은 역대 최고인 75.3%를 기록하였다.

누적 투표율은 36.93%로 집계되며 역대 최고치를 기록했다.

국회입법조사처의 제20대 대통령선거 분석에 따르면, 제20대 대통령선거에서는 네거티브 선거가 치열하게 전개되었는데, 이는 '부정적 투표'의 증가로 이어졌으며, 투표율 77.1%를 기록하며 투표 열기가 높았지만, 당선을 원하는 후보를 지지하기보다는 상대 후보의 당선을 막기 위해 투표했다는 '부정적 투표' 비율이 제19대 대선보다 상당 폭 증가한 것으로 나타났다. 특히 주목할 점으로 한국의 선거정치에서 가장 큰 영향을 미치던 '지역주의'가 전체적으로 퇴조하는 한편, 세대에 따른 정치적 태도와 투표선택의 차이가 뚜렷했다는 분석이다.[20]

제20대 대통령 선거과정에서 더불어민주당 이재명 후보와 국민의힘 윤석열 후보의 '가족 리스크'가 주요 쟁점이었다. 이재명 후보는 아들의 도박 문제로 고개를 숙였고, 윤석열 후보는 아내인 김건희 씨의 '허위 이력' 문제로 발목이 잡혔다. 우리나라 정치에서 가족 문제에 예민하게 반응하는 것은 해당 사안이 갖는 특수성 때문이다. 유교사회인 한국에서 정치인, 특히 대통령에겐 '수신제가치국평천하'(修身齊家治國平天下)를 주요 덕목으로 요구한다. 가족 리스크는 '제 가정도 제대로 돌보지 못했는데 어떻게 대통령이 되겠다는 것이냐'는 비판으로 이어졌다.[21]

---

20) 허석재·송진미, "제20대 대통령선거 분석", 「NARS 입법·정책」 제110호(2022.8.26), 국회입법조사처 참조.

21) "역대 대통령 선거로 보는 올 대선 관전 포인트 '흥미진진'", 「경북매일」 2022년 1월 3일, 3면.

제4장

대통령의 권한

제1절 대통령의 권한

대통령의 권한은 정부형태에 따라 서로 다르다. 우리나라의 정부형태은 대통령제를 채택하고 있으므로 대통령은 원칙적으로 실질적인 권한을 행사하고 있다.

I. 헌법개정과 국민투표에 관한 권한

1. 헌법개정에 관한 권한

대통령은 헌법개정(憲法改正)에 대한 제안권을 가지며(헌법 제128조 제1항), 제안된 헌법개정안을 20일 이상의 기간 공고하여야 한다(헌법 제129조). 그리고 대통령은 헌법개정이 확정되면 즉시 이를 공포하여야 한다(헌법 제130조 제3항).

2. 국민투표부의권

대통령은 필요하다고 인정할 때에는 외교·국방·통일 기타 국가안위에 관한 중요정책을 국민투표에 붙일 수 있다(헌법 제72조).[1][2] 이 규정에 따라 대통령

---

1) "헌법 제72조는 "대통령은 필요하다고 인정할 때에는 외교·국방·통일 기타 국가안위에 관한 중요정책을 국민투표에 붙일 수 있다."고 규정하여 대통령에게 국민투표 부의권을 부여하고 있다. 헌법 제72조는 대통령에게 국민투표의 실시 여부, 시기, 구체적 부의사항, 설문내용 등을 결정할 수 있는 임의적인 국민투표발의권을 독점적으로 부여함으로써, 대통령이 단순히 특정 정책에 대한 국민의 의사를 확인하는 것을 넘어서 자신의 정책에 대한 추가적인 정당성을 확보하거나 정치적 입지를 강화하는 등, 국민투표를 정치적 무기화하고 정치적으로 남용할 수 있는 위험성을 안고 있다. 이러한 점을 고려할 때, 대통령의 부의권을 부여하는 헌법 제72조는 가능하면 대통령에 의한 국민투표의 정치적 남용을 방지할 수 있도록 엄격하고 축소적으로 해석되어야 한다. 이러한 관점에서 볼 때, 헌법 제72조의 국

민투표의 대상인 '중요정책'에는 대통령에 대한 '국민의 신임'이 포함되지 않는다. 선거는 '인물에 대한 결정' 즉, 대의제를 가능하게 하기 위한 전제조건으로서 국민의 대표자에 관한 결정이며, 이에 대하여 국민투표는 직접민주주의를 실현하기 위한 수단으로서 '사안에 대한 결정' 즉, 특정한 국가정책이나 법안을 그 대상으로 한다. 따라서 국민투표의 본질상 '대표자에 대한 신임'은 국민투표의 대상이 될 수 없으며, 우리 헌법에서 대표자의 선출과 그에 대한 신임은 단지 선거의 형태로써 이루어져야 한다. 대통령이 이미 지난 선거를 통하여 획득한 자신에 대한 신임을 국민투표의 형식으로 재확인하고자 하는 것은, 헌법 제72 조의 국민투표제를 헌법이 허용하지 않는 방법으로 위헌적으로 사용하는 것이다. 대통령은 헌법상 국민에게 자신에 대한 신임을 국민투표의 형식으로 물을 수 없을 뿐만 아니라, 특정 정책을 국민투표에 붙이면서 이에 자신의 신임을 결부시키는 대통령의 행위도 위헌적인 행위로서 헌법적으로 허용되지 않는다. 물론, 대통령이 특정 정책을 국민투표에 붙인 결과 그 정책의 실시가 국민의 동의를 얻지 못한 경우, 이를 자신에 대한 불신임으로 간주하여 스스로 물러나는 것은 어쩔 수 없는 일이나, 정책을 국민투표에 붙이면서 "이를 신임 투표로 간주하고자 한다."는 선언은 국민의 결정행위에 부당한 압력을 가하고 국민투표를 통하여 간접적으로 자신에 대한 신임을 묻는 행위로서, 대통령의 헌법상 권한을 넘어서는 것이다. 헌법은 대통령에게 국민투표를 통하여 직접적이든 간접적이든 자신의 신임여부를 확인할 수 있는 권한을 부여하지 않는다. 뿐만 아니라, 헌법은 명시적으로 규정된 국민투표 외에 다른 형태의 재신임 국민투표를 허용하지 않는다. 이는 주권자인 국민이 원하거나 또는 국민의 이름으로 실시하더라도 마찬가지이다. 국민은 선거와 국민투표를 통하여 국가 권력을 직접 행사하게 되며, 국민투표는 국민에 의한 국가권력의 행사방법의 하나로서 명시적인 헌법적 근거를 필요로 한다. 따라서 국민투표의 가능성은 국민주권주의나 민주주의 원칙과 같은 일반적인 헌법원칙에 근거하여 인정될 수 없으며, 헌법에 명문으로 규정되지 않는 한 허용되지 않는다. 결론적으로, 대통령이 자신에 대한 재신임을 국민투표의 형태로 묻고자 하는 것은 헌법 제72조에 의하여 부여받은 국민투표부의권을 위헌적으로 행사하는 경우에 해당하는 것으로, 국민투표제도를 자신의 정치적 입지를 강화하기 위한 정치적 도구로 남용해서는 안 된다는 헌법적 의무를 위반한 것이다. 물론, 대통령이 위헌적인 재신임 국민투표를 단지 제안만 하였을 뿐 강행하지는 않았으나, 헌법상 허용되지 않는 재신임 국민투표를 국민들에게 제안한 것은 그 자체로서 헌법 제72조에 반하는 것으로 헌법을 실현하고 수호해야 할 대통령의 의무를 위반한 것이다."(헌재 2004.5.14. 2004헌나1, 판례 집 16-1, 609 [전원재판부]).

2) "헌법 제72조의 중요정책 국민투표와 헌법 제130조의 헌법개정안 국민투표는 대의기관인 국회와 대통령의 의사결정에 대한 국민의 승인절차에 해당한다. 대의기관의 선출주체가 곧 대의기관의 의사결정에 대한 승인주체가 되는 것은 당연한 논리적 귀결이다. 재외선거인은 대의기관을 선출할 권리가 있는 국민으로서 대의기관의 의사결정에 대해 승인할 권리가

은 국가안위에 관한 중요정책을 국회의 의결에 의하여 결정하지 아니하고 직접 국민의 의사를 물어 결정함으로써 국민적 정당성을 확보할 수 있다.

대통령의 국민투표부의권(國民投票附議權)은 헌법 제130조 제2항의 헌법개정안에 대한 국민투표제와 더불어 현행헌법상 대의제(代議制)의 원칙에 대한 예외가 되는 직접민주제의 실천방안이다. 이것은 대통령이 국회와 같은 국민대표기관의 의결에 구속되지 아니하고, 직접 주권행사기관인 국민의 신임에 호소하기 위한 방법이다. 대상과 실시여부의 결정은 대통령의 재량에 속하고 그 내용이 영토의 변경이나 정권 또는 개인의 신임 여부에 관한 것일 때에는 Plebiscite 의 성격을 띠며, 법률의 제정이나 정책의 결정에 관한 것일 때에는 Referendum의 성격을 띠게 된다고 한다.[3]

현행헌법상 국민투표에 의한 입법은 불가능하며, 헌법 제72조의 국민투표는 외교·국방·통일 기타 국가안위에 관한 중요정책에 대한 단순한 찬반투표로 보는 것이 타당하다고 하겠다.

헌법상 국민투표에 필요한 절차나 방법 등 구체적 내용은 '국민투표법'[4]이

있으므로, 국민투표권자에는 재외선거인이 포함된다고 보아야 한다. 또한, 국민투표는 선거와 달리 국민이 직접 국가의 정치에 참여하는 절차이므로, 국민투표권은 대한민국 국민의 자격이 있는 사람에게 반드시 인정되어야 하는 권리이다. 이처럼 국민의 본질적 지위에서 도출되는 국민투표권을 추상적 위험 내지 선거기술상의 사유로 배제하는 것은 헌법이 부여한 참정권을 사실상 박탈한 것과 다름없다. 따라서 국민투표법조항은 재외선거인의 국민투표권을 침해한다."(헌재 2014.7.24. 2009헌마256 등, 판례집 26-2상, 173 [전원재판부]).

3) 김철수, 헌법학개론, 1056면.

4) "국민투표법조항은 재외선거인이 대한민국 국민임에도 불구하고 주민등록이나 국내거소신고가 되어 있지 않다는 이유로 국민투표권을 행사할 수 없도록 하여 재외선거인의 국민투표권을 침해한다. 그럼에도 불구하고 국민투표법조항에 대해 단순위헌결정을 하는 것은 다음의 이유에서 적절하지 않다. 만약 국민투표법조항이 위헌으로 선언되어 즉시 효력을 상실하면 헌법 제72조의 주요정책 국민투표나 헌법 제130조 제2항의 헌법개정안 국민투표를 실시하고자 하여도 국민투표의 투표인명부를 작성할 수 없어 국민투표가 제대로 실시될 수 없게 된다. 주민등록이 되어 있거나 국내거소신고를 한 국민의 경우 현 국민투표법조항에 의하면 국민투표권을 행사할 수 있지만, 국민투표법조항이 위헌으로 선언되면 이들도

정하고 있다.

Ⅱ. 헌법기관구성에 관한 권한

1. 대법원장과 대법관 임명권

대법원장은 국회의 동의를 얻어 대통령이 임명하며, 대법관은 대법원장의 제청으로 국회의 동의를 얻어 대통령이 임명한다(헌법 제104조 제1항 및 제2항). 그러나 기타 법관은 대법관회의의 동의를 얻어 대법원장이 임명한다(헌법 제104조 제3항).

2. 헌법재판소장 및 재판관 임명권

대통령은 헌법재판소 재판관 9인 중 3인을 실질적으로 임명하는 권한이 있으며, 나머지 6인의 재판관에 대한 형식적 임명권한도 있다(헌법 제111조 제2항 및 제3항). 또한 헌법재판소의 장은 국회의 동의를 얻어 재판관 중에서 임명한

투표인명부에 등재될 수 없어 국민투표권을 행사할 수 없게 된다. 따라서 입법자가 재외선거인의 국민투표권을 보장하는 방향으로 국민투표법조항을 개선할 때까지 일정 기간 국민투표법조항을 잠정적으로 적용할 필요가 있다. 또한 재외선거인에게 국민투표권을 부여하는 것이 헌법적 요청이라 하더라도, 국민투표의 절차상 기술적인 측면과 국민투표의 공정성 확보의 측면에서 해결되어야 할 많은 문제들이 존재한다. 임기만료에 의한 선거와 달리 국민투표일은 법정되어 있는 것이 아니라 미리 예측할 수 없는 시점에 국민투표가 실시될 수 있다는 점에서 절차상 기술적인 문제에 대한 충분한 검토가 필요하다. 특히 헌법개정안 국민투표의 경우 헌법에 규정된 기한 내에 재외국민투표가 실시되기 위해서는 재외선거인 등록신청기간, 재외선거인명부 작성기간, 열람 및 이의신청기간을 단축하거나 생략하는 등 재외국민투표의 일정을 조율하여야 할 것이다. 궁극적으로 입법자는 이러한 문제에 대한 충분한 논의를 거쳐 재외국민투표제도를 형성하여야 하고, 재외선거인에게 국민투표권을 부여하는 구체적인 방안은 입법자의 입법형성의 범위 내에 있다. 그러므로 국민투표권조항에 대하여 헌법불합치결정을 선고하되, 다만 입법자의 개선입법이 있을 때까지 계속적용을 명하기로 한다. 입법자는 늦어도 2015. 12. 31.까지 개선입법을 하여야 하며, 그때까지 개선입법이 이루어지지 않으면 국민투표법조항은 2016. 1. 1.부터 그 효력을 상실한다."(헌재 2014.7.24. 2009헌마256 등, 판례집 26-2상, 173 [전원재판부]).

다(헌법 제111조 제4항).

3. 감사원장과 감사위원 임명권

대통령은 국회의 동의를 얻어 감사원장(監査院長)을 임명하며, 감사원장의 제청으로 감사위원을 임명한다(헌법 제98조 제2항 및 제3항).

4. 중앙선거관리위원회 위원임명권

대통령은 9인의 중앙선거관리위원회 위원 중 3인을 임명한다(헌법 제114조 제2항).

5. 국무총리와 국무위원 임명권

대통령은 국회의 동의를 얻어 국무총리를 임명하며, 국무총리의 제청으로 국무위원을 임명한다(헌법 제86조 제1항, 제87조 제1항).

Ⅲ. 국회 및 입법에 관한 권한

1. 국회에 관한 권한

(1) 임시회 집회요구권

대통령의 임시회집회요구는 국무회의의 심의를 거쳐야 하며, 임시회의 집회를 요구할 때에는 기간과 집회요구의 이유를 명시하여야 한다(헌법 제47조 제3항). 특히 대통령이 긴급명령, 긴급재정·경제처분 및 명령을 하거나 계엄을 선포한 경우에, 국회가 휴회·폐회중이면 국회의 보고(승인) 또는 통고를 위하여 임시회의 집회를 요구하여야 한다.

현행헌법은 처리안건에 관한 제한규정을 삭제하여 이에 대한 현행헌법상 정부제안 의안에 한정해야 한다는 견해와 제한받지 않는다는 견해로 나뉘어져 있는데, 정부가 제출한 의안만을 심의할 수 있다고 보는 것이 타당하다고 하겠다.

(2) 국회 출석 · 발언권

대통령은 국회에 출석하여 발언하거나 서한으로 의견을 표시할 수 있다(헌법 제81조). 이는 국회의 이해와 협조를 구할 수 있는 대통령의 권한이지만 의무는 아니다. 따라서 국회는 대통령의 출석이나 서한에 의한 의사표시를 요구할 수 없다. 이 점에서 국무총리, 국무위원과 구별된다고 하겠다.

2. 입법에 관한 권한

(1) 법률안제출권

국회의원 뿐만 아니라 대통령도 정부 수반으로서 법률안을 제출할 권한을 가진다(헌법 제52조). 대통령이 법률안을 제출할 경우 국무회의의 심의를 거쳐야 한다.

대통령제하에서는 대통령에게 법률안제출권(法律案提出權)을 인정하지 않는 것이 원칙이나, 우리 헌법은 국회와 집행부와의 긴밀한 유대관계를 도모하기 위하여 법률안제출권을 인정하고 있다. 이는 의원내각제 요소가 가미된 것으로 국회에 대한 집행부의 우월성을 나타내는 요소라고 하겠다.

(2) 법률안거부권

대통령은 국회에서 의결되어 정부에 이송되어 온 법률안에 대하여 이의가 있을 때에는 이의서를 붙여 15일 이내에 국회에 환부하고, 그 재의를 요구할 수 있다(헌법 제53조 제1항, 제2항). 이를 대통령의 법률안거부권(法律案拒否權)이라고 한다. 법률안거부권은 국회의 고유한 권한인 법률제정권에 대한 대통령의 직접적이고 실질적인 개입권이다.[5] 이는 법률을 집행하여야 하는 정부의 입장을 고려하기 위한 것이지만, 오늘날 권력상호간의 "견제와 균형"을 실현하는

---

5) 성낙인,『헌법학』, 법문사(2016), 568면.

역할을 담당함으로써 정부의 국회에 대한 실효성 있는 투쟁 수단이 되고 있다.[6]

대통령이 법률안거부권을 행사하기 위해서는 정당한 이유가 존재하고 객관적이며 합리적인 경우라야 한다. 법률안거부권의 정당한 경우로는 법률안이 헌법에 위반되는 경우, 법률안이 집행불가능한 경우, 국가의 이익에 반하는 내용인 경우, 법률안이 정치적 압력을 목적으로 하는 경우를 들 수 있다.[7]

(가) 법적 성격

법률안거부권의 법적 성질에 관해 정지조건설(국회가 재의결 할 때까지 법률로써 확정을 정지시키는 조건으로 보는 견해), 해제조건설, 취소권설, 공법에 특유한 제도설 등이 대립하나, 이러한 거부권은 법률안의 완성에 대한 소극적인 권한이므로 조건부의 정지적 거부권으로 보는 것이 타당하다고 하겠다. 따라서 국회의 재의결 전에는 언제나 이를 철회할 수 있다.

(나) 종 류

대통령이 법률안거부권을 행사하는 방법으로는 환부거부(direct veto)와 보류거부(pocket veto)가 있다.

환부거부(還付拒否, direct veto)는 정부에 이송된 법률안은 15일 이내에 국무회의의 심의를 거쳐, 이의서를 붙여 국회로 돌려보내는 경우를 말한다. 이 경우 국회가 폐회중이라도 환부할 수 있다(헌법 제53조 제2항). 이 때에 대통령은 법률안 전부에 대하여 환부거부하여야 하고 일부거부나 수정거부는 할 수 없다. 재의(再議)의 요구(환부거부)가 있을 때에는 국회는 그 법률안을 재의에 붙이고, 무기명투표로(국회법 제112조 제5항) 재적의원 과반수의 출석과 출석의원 3분의 2 이상의 찬성으로 전과 같은 의결을 하면 그 법률안은 법률로써 확정되고(헌법 제53조 제4항), 확정법률이 정부에 이송된 후 5일 이내에 대통령이 공포하지 않으면 국회의장이 공포한다(헌법 제53조 제6항).

---

6) 김철수, 헌법학개론, 1058면.

7) 권영성, 헌법학원론, 941면.

보류거부(保留拒否, pocket veto)는 대통령이 국회의 폐회나 해산 등으로 인하여 지정된 기한 내에 국회로의 환부가 불가능한 때에 당해 법률안이 자동적으로 폐기되는 것을 말한다. 보류거부가 현행헌법에서 인정될 수 있는가에 관하여 ⅰ) 헌법 제51조는 회기계속의 원칙을 규정하고 있고, 국회의 폐회중의 환부도 인정하고(헌법 제53조 제2항), 재의의 요구없이 15일이 경과하면 그 법률안은 법률로서 확정된다고 규정(헌법 제53조 제5항)하고 있기 때문에 보류거부는 인정되지 아니한다는 견해인 전면부정설과 ⅱ) 원칙적으로 보류거부는 인정되지 아니하나, 국회가 의결한 법률안이 정부에 이송된 후 15일 이내에 그 법률안을 의결한 의원의 임기가 만료하여 국회가 종국적으로 폐회된 경우에는 환부할 국회가 없기 때문에 그 법률안에 이의가 있는 경우 대통령은 그 법률안을 당연히 폐기할 수 밖에 없고 이러한 경우를 예외적으로 보류거부로 보는 견해인 부분긍정설이 대립하고 있다.

헌법상 회기계속의 원칙(제51조)이 채택되어 있으므로 보류거부는 인정되지 않는다고 보는 전면부정설이 타당하다. 왜냐하면 임기만료는 국회가 폐회된 경우와 같이 환부할 대상이 없어서 법률안이 폐기되는 현상은 임기만료에 따른 법률안 폐기이지 보류거부는 아니기 때문이다.[8]

(3) 법률안공포권

대통령은 국회에서 의결된 법률안이 정부에 이송된 날로부터 15일 이내에 공포하여야 한다(헌법 제53조 제1항). 그러나 그 법률안에 대하여 이의가 있으면 국회에 환부할 수 있다. 대통령이 15일 이내에 공포나 재의(再議)의 요구를 하지 아니하면 그 법률안은 법률로서 확정되며(헌법 제53조 제5항), 대

---

[8] 국회의원의 임기가 만료되어 폐회된 경우에는 문제가 되며, 이때에는 국회의 입법기가 바뀌고, 제51조 단서에 따라 법률안이 폐기되어 환부대상(還付對象)이 없기 때문에 환부할 수 없게 되어 법률안(法律案)이 폐기되는 것은 당연하며, 이를 보류거부(保留拒否)의 일종이라고 볼 수 있을 것이라는 견해도 있으나, 미국식의 보류거부란 임기만료로 인한 폐회의 경우가 아니라 통상의 폐회의 경우에 인정되는 것이므로 이를 보류거부라고 할 수는 없을 것이다(김철수, 『憲法學新論』(第11全訂新版), 박영사, 2001, 701면).

통령은 확정된 법률을 지체없이 공포하여야 한다(헌법 제53조 제6항 제1문). 만일 헌법 제53조 제5항에 의하여 법률이 확정된 후 또는 제4항에 의한(환부거부로 인해 재의결된) 확정법률이 정부에 이송된 후 대통령이 이 확정된 법률을 5일 이내에 공포하지 아니하면 국회의장이 이를 공포한다(헌법 제63조 제6항 제2문). 이런 점으로 보아 대통령의 법률안공포권은 권한인 동시에 의무이기도 하다.

(4) 대통령령 제정권(행정입법권)

헌법 제75조는 "대통령은 법률에서 구체적으로 범위를 정하여 위임받은 사항과 법률을 집행하기 위하여 필요한 사항에 관하여 대통령령을 발할 수 있다"라고 하여 대통령의 행정입법권을 규정하고 있다. 즉 대통령은 헌법 제75조에 의하여 위임명령(委任命令)과 집행명령(執行命令)의 제정·발포권을 가진다.

법치주의의 원칙에 의하면 국민의 권리와 의무를 규정하는 입법사항은 국회가 제정하는 법률에 의함이 원칙이다. 그러나 사회적 법치국가의 출현, 위기정부, 비상사태(非常事態)의 항상화 경향, 지방별·분야별 특수사정 등으로 말미암아 국가기능 확대, 행정의 다양성·복잡성·신속성 등으로 인하여 국회가 그들 사항을 전부 법률로 제정함은 불가능하므로 헌법과 법률로 정부(집행부)에게 세부적인 사항을 위임함으로써 집행부의 명령제정권을 인정하는 것이다.

행정입법(行政立法)은 행정기관에 의한 법정립작용(法定立作用)으로서 국회중심의 입법에 대한 예외이며, 행정입법은 실질적 의미에서는 입법이나 형식적 의미에서는 행정이다. 또한 행정입법은 법률하위의 법규명령이므로 수권법이 폐지되면 당연히 소멸한다.

행정입법은 제정주체가 국가인가 지방자치단체인가에 따라 본래의 행정입법과 자치입법으로, 대국민적 효력에 따라 법규명령과 행정명령으로 분류된다. 법류명령은 다시 입법사항을 새로이 규율할 수 있는가에 따라 위임명령과 집행명령으로 분류한다. 여기서는 헌법 제75조에 따라 위임명령과 집행명령만을 설명한다.

(가) 위임명령

위임명령이란 헌법에 근거하고 또 법률의 위임에 따라 발하는 명령을 말한다. 대통령은 법률에서 구체적으로 범위를 정하여 위임을 받은 사항에 관하여 대통령령(大統領令)을 발할 수 있는데, 이것이 대통령의 위임명령제정권이다(헌법 제75조 전단).

위임명령은 법률에서 위임받은 사항에 대해서는 실질상 법률의 내용을 보충하는 것이기 때문에 이를 보충명령이라고도 한다. 그러므로 위임명령은 모법(법률)에 위배되는 규정은 할 수 없으나, 위임의 범위 안에서 입법사항에 관하여 새로운 규정을 할 수 있다는 점에서 집행명령과 구별된다.

국회의 입법권의 백지위임과 같은 결과를 초래하는 일반적·포괄적 위임은 금지되고 개별적·구체적 위임만이 가능하다. 헌법 제75조에 "구체적 범위를 정하여"라고 규정한 것은 개별적·구체적 위임의 형식만을 인정하고 있는 것이다.

법률에서 위임받은 사항을 대통령이 하부기관에 다시 일반적 세칙을 위임하는 것(무조건 재위임하는 것)은 실질적으로 수권법(授權法)의 내용을 변경하는 결과를 초래하므로 허용되지 않으며, 대강을 정하고 세부적인 특정사항에 관하여 구체적으로 범위를 정하여 다시 하위명령에 위임하는 것은 가능하다.

(나) 집행명령

집행명령이란 헌법에 근거하여 법률을 집행하는데 필요한 세칙을 정하는 명령을 의미한다. 대통령은 법률을 집행하기 위하여 필요한 사항에 관하여 대통령령(大統領令)을 발할 수 있는데, 이것이 대통령의 집행명령제정권(執行命令制定權)이다(헌법 제75조 후단).

집행명령은 특정의 법률(모법)에 종속하여 법률이 정하는 범위안에서 이를 현실적으로 적용하는데 필요한 세칙을 규정할 수 있을 뿐이다. 따라서 법률을 보충하거나 변경할 수 없고 새로운 입법사항을 독자적으로 규정할 수도 없다. 또한 법률에 종속하여 효력을 가지는 것이므로 그 기본이 되는 법률의 소멸에 의하여 당연히 소멸한다. 그러나 집행명령은 행정기관에 대한 단순한 부령은 아니다. 그것은 법률이 규정하는 범위내에서 법률의 세칙을 정하는 점에서 법률과 같이 행정기관 및 국민을 구속하는 힘을 가지므로(法規性), 행정기관내부에서 뿐만 아니라 국민에 대해서도 효력을 가질 수 있다.

(다) 행정입법에 대한 통제

행정입법의 양적증대와 질적 중요성의 증가로 국민의 자유와 권리에 미치는 영향이 큼으로 행정입법의 남용을 방지하기 위한 통제방법이 제도화되고 있다.

행정부 내에서의 자율적 통제방법으로는 행정입법권 행사에 대한 감독청의 감독권행사나 행정절차적 통제 · 입법예고, 공청회를 개최하며, 국무회의 심의, 부서제도를 통한 방법을 들 수 있다.

국회에 의한 통제방법으로는 직접적 통제로서 행정입법의 성립과 발효에 동의 · 승인, 법률을 제정하여 행정입법의 효력을 소멸시키는 방법, 간접적 통제로는 국정조사와 탄핵소추 · 해임건의 등의 방법으로 행정입법을 통제할 수 있다.

법원에 의한 통제방법에는 헌법 제107조 제2항에 의한 위헌 · 위법명령 · 규칙심사권에 의하여 행정입법을 통제할 수 있다.

Ⅳ. 사법에 관한 권한

1. 사면권

(1) 사면의 의의

대통령은 법률이 정하는 바에 의하여 사면 · 감형 또는 복권을 명할 수 있다 (헌법 제79조 제1항).[9] 사면권(赦免權)이란 형사소송법이나 그 밖의 형사법규에 의하지 아니하고 형의 선고 또는 효과 또는 공소권을 소멸시키거나 형집행을 면제시키는 국가원수의 특권을 말한다.

대통령이 사면권을 행사함에는 국무회의의 심의를 거쳐야 한다(헌법 제89조 9호). 사면은 집행권에 의하여 사법권의 효과를 변경하게 되어 사법권에 중대한 간섭이 되는 것이지만 전통적으로 국가원수의 특권으로서 인정되고 있다. 역사적으로 볼 때 사면권은 군주의 은사권 내지 은전권의 유물로서 입헌주의(立憲主義) 아래에서도 그대로 계승되어 오고 있다.[10]

(2) 내용

사면법에 의하면 사면에는 일반사면 · 특별사면 · 감형 · 복권이 있다. 일반사면(一般赦免)은 범죄의 종류를 지정하여 이에 해당하는 모든 범죄인에 대하여 일반적으로 형의 선고의 효과를 전부 소멸시키거나, 형의 선고를 받지 아니한 자에 대해서는 공소권을 소멸시키는 것을 말한다. 일반사면은 대통령령으로써 하되 국무회의의 심의를 거치고 국회의 동의를 얻어야 한다(헌법 제79조 제2항, 헌법 제89조 9호).

특별사면(特別赦免)은 이미 형의 선고를 받은 특정의 죄수에 대하여 형의 집행을 면제하여 주는 것을 말하는데, 일반사면과는 달리 국회의 동의를 요하지

---

9) 사면은 형의 선고의 효력 또는 공소권을 상실시키거나, 형의 집행을 면제시키는 국가원수의 고유한 권한을 의미하며, 사법부의 판단을 변경하는 제도로서 권력분립의 원리에 대한 예외가 된다. 사면제도는 역사적으로 절대군주인 국왕의 은사권(恩赦權)에서 유래하였으며, 대부분의 근대국가에서도 유지되어 왔고, 대통령제국가에서는 미국을 효시로 대통령에게 사면권이 부여되어 있다. 사면권은 전통적으로 국가원수에게 부여된 고유한 은사권이며, 국가원수가 이를 시혜적으로 행사한다. 현대에 이르러서는 법 이념과 다른 이념과의 갈등을 조정하고, 법의 이념인 정의와 합목적성을 조화시키기 위한 제도로도 파악되고 있다(헌재 2000.6.1. 97헌바74, 헌법재판소공보 제46호, 449면).

10) 이철호, "憲法上 赦免權과 전 · 노赦免 논의에 대한 管見", 「亞 · 太公法研究」4(1997.12), 亞細亞 · 太平洋公法學會, 109-130면; 이철호, "한국의 기업인 범죄와 법집행의 문제", 「한국경찰학회보」 제10권 4호 통권18호(2008. 11), 한국경찰학회, 239-270면; 한인섭, "사면 반세기: 권력정치와 법치주의의 긴장", 「법과사회」16 · 17(1999.11), 18-34면.

않는다. [11] [12]

감형(減刑)에는 일반감형과 특별감형이 있는데, 전자는 범죄 또는 범죄의 종류를 지정하여 이에 해당하는 범죄인을 일률적으로 감형하는 것이고, 후자는 특정한 범죄인에 대한 감형을 말한다.

복권(復權)은 형의 선고의 효력으로 인하여 상실 또는 정지된 자격을 회복시켜 주는 것을 말하는데, 이에도 일반복권과 특별복권이 있다.

(3) 사면권의 효과

일반사면은 형의 언도의 효력이 상실되며 형의 언도를 받지 않은 자에 대하여는 공소권이 상실된다. 단 특별한 규정이 있을 때에는 예외로 한다.

특별사면은 형의 집행이 면제된다. 그러나 특별한 사정이 있을 때에는 이후 형의 언도의 효력을 상실케 할 수 있다.

일반에 대한 감형은 특별한 규정이 없는 경우에는 형을 변경하여, 특정한 자에 대한 감형은 형의 집행을 경감한다. 그러나 특별한 사정이 있을 때에는 형을 변경할 수 있다.

복권은 형의 언도의 효력으로 인하여 상실 또는 정지된 자격을 회복하며 형의 언도에 의한 효력은 장래에 향하여 상실될 뿐 소급효가 인정되지 아니한다. 따라서 형의 언도에 의한 기성의 효과는 사면, 감형, 복권으로 인하여 변경되지

---

11) 우리 헌법 제79조 제1항은 "대통령은 법률이 정하는 바에 의하여 사면·감형 또는 복권을 명할 수 있다"고 대통령의 사면권을 규정하고 있고, 제3항은 "사면·감형 및 복권에 관한 사항은 법률로 정한다"고 규정하여 사면의 구체적 내용과 방법 등을 법률에 위임하고 있다. 그러므로 사면의 종류, 대상, 범위, 절차, 효과 등은 범죄의 죄질과 보호법익, 일반국민의 가치관 내지 법감정, 국가이익과 국민화합의 필요성, 권력분립의 원칙과의 관계 등 제반사항을 종합하여 입법자가 결정할 사항으로서 입법자에게 광범위한 입법재량 내지 형성의 자유가 부여되어 있다. 따라서 특별사면의 대상을 "형"으로 규정할 것인지, "사람"으로 규정할 것인지는 입법재량사항에 속한다 할 것이다(헌재 2000.6.1. 97헌바74, 헌법재판소공보 제46호, 449면).

12) 특별사면권의 남용 문제에 대해서는 이혜미, 「특별사면권의 남용 문제와 개선방안」, 국회입법조사처 현안보고서 제261호(2015.8.19) 참조.

않는다(사면법 제5조).

(4) 사면권의 한계

현행헌법은 사면권의 한계에 관하여 규정하고 있지 않다. 그러나 대통령이 사면권을 행사함에는 헌법내재적 한계를 따라야 한다. 대통령의 사면권은 국가이익과 국민화합의 차원에서 행사되어야 하고 정치적 남용이나 집권당에 유리한 조치로 행사할 수 없고, 사법권의 본질적 내용을 침해하지 않는 범위에서 합리적인 기준과 원칙에 따라 행사되어야 하며, 또한 탄핵 등 정치적 책임을 진 자에 대하여는 공소권의 소멸이나 탄핵소추권 소멸은 있을 수 없으며, 절차상 대법원 또는 사법부의 의견을 수렴하여 행사해야 한다.

국회는 일반사면에 대한 동의 여부를 심리함에 있어 대통령이 제안하지 아니한 또 다른 죄의 종류를 추가할 수 없다.

2. 위헌정당해산제소권

대통령은 정부를 대표하여 정당의 목적이나 활동이 민주적 기본질서에 위배될 때에는, 헌법재판소에 정당의 해산을 제소할 수 있다(헌법 제8조 제4항). 대통령은 제소에 앞서 국무회의의 심의를 거쳐야 한다(헌법 제89조 14호).

V. 행정에 관한 권한

행정에 관한 권한은 대통령을 수반으로 하는 행정부에 속한다.

1. 행정의 최고결정권 및 법률집행권

대통령은 행정권의 주체인 정부의 수반으로서 행정에 관한 최고결정권을 가진다. 정부의 권한에 속하는 중요정책의 수립은 국무회의의 심의를 거쳐 결정한다(헌법 제88조 제1항). 따라서 행정은 대통령의 책임하에 수행된다.

또한, 대통령은 국회에서 의결한 법률을 공포·집행하며, 그 집행을 위하여 필요한 경우에는 위임명령과 집행명령을 발할 수 있다(헌법 제75조). 그러므로 집행권은 대통령의 권한과 책임하에서 이루어지며, 대통령은 하부행정기관의 구성원을 지휘·감독할 권한을 가진다.

2. 외교에 관한 권한

대통령은 국가원수로서 외국에 대하여 국가를 대표하여 외국을 승인할 수 있다(헌법 제66조 제1항). 대통령은 조약을 체결·비준하고 외교사절을 신임·접수·파견하며, 선전포고(宣戰布告)와 강화를 할 권한을 가진다(헌법 제73조).

그러나 외교에 관한 권한 중에서도 조약의 체결·비준, 선전포고, 국군의 해외파견, 외국군대의 대한민국 영역 안에서의 주유(駐留)에 대해서는 국회의 동의를 얻어야 한다(헌법 제60조). 신임이란 우리나라 외교사절에게 신임장을 수여하는 것이며, 접수란 외국의 외교사절을 우리나라에서 수락하는 것이며, 파견이란 외교사절을 외국에 보내는 것이다. 선전포고란 전쟁개시의 선언을 의미하며, 강화란 전쟁종결을 위한 적국과의 합의를 의미한다.

3. 국군통수권

대통령은 헌법과 법률이 정하는 바에 의하여 국군을 통수한다(헌법 제74조 제1항). 국군통수(國軍統帥)란 국군의 최고지휘자로서 군정·군령권을 가지고 있음을 말한다.

헌법상 국군통수권이 국가원수의 지위에서의 권한인가 행정부수반 지위에서의 권한인가에 대하여 ⅰ) 군정권과 군령권을 구분할 경우 군정권은 행정부수반으로서의 대통령이 가지는 권한이지만 군정권과 군령권을 모두 포함한 경우 국가원수인 대통령이 가진다는 견해로서 현행 헌법에서 군정권·군령권이라 하지 않고 통수권(統帥權)이라 할 경우 국가원수로서의 대통령의 권한이라고 보는 국가원수권한설과 ⅱ) 국군통수권을 국가원수의 권한으로 보는 것은 구일본

제국하에서의 생각이며, 민주국가에서는 행정권의 수반인 수상이 가지고 있는
것이 원칙으로 보는 행정부수반권한설, iii) 국군통수권은 행정조직의 한단위로
서의 국군에 대한 지휘·명령권이라는 의미에서 행정부수반으로서의 지위와 관
련이 있지만 또한 국가안보·외침으로부터의 영토보전, 국가독립성보장기능이
라는 관점에서는 국정의 최고책임자로서의 지위와도 불가분의 관계에 있다는
절충설(折衷說)이 대립하고 있다.

군정이란 국군을 조직·편성·취득·유지·관리하는 양병작용이며(병역의
무의 부과, 군사관리 등), 군령이란 작전계통에 따라 군을 사용·지휘·명령·
통솔하는 용병작용을 의미한다(작전지휘·통제, 군사교육).

우리 헌법은 군정과 군령을 분리하지 않고, 이것을 통일하여 정부의 관할하
에 두고 있는 군정·군령일원주의를 취하고 있다. 군사에 관한 중요사항은 국
가안전보장회의(國家安全保障會議)의 자문(국무회의의 심의전)과 국무회의의
심의를 요하며(헌법 제89조 6호, 헌법 제91조), 국군통수권의 행사는 문서로써
하여야 하고, 국무총리와 관계국무위원의 부서가 있어야 한다(헌법 제82조).
선전포고와 국군의 해외파견 등 일정한 군사권 행사에는 국회의 동의를 얻도록
하고 있다.

국군의 조직과 편성에 관한 것은 법률로 정하도록 하고 있는데, 이것이 국군
조직법(國軍組織法)이다. 따라서 국군의 조직·편성에 대하여 명령으로 정하거
나, 군령권에 대하여 포괄적 위임을 해서는 안된다. 끝으로 군통수권을 군령·
군정으로 이원화시켜서도 아니 되며, 문민통제(文民統制)를 배제해서도 안되며
더욱이 침략적 전쟁을 목적으로 행사되어서도 안된다.

4. 공무원임면권

대통령은 헌법과 법률이 정하는 바에 의하여 공무원을 임면한다(헌법 제78
조). 공무원의 임명과 면직에는 헌법과 법률상의 여러 가지 제약이 있지만, 대
통령은 선거에 의하여 지위를 얻게 되는 공무원을 제외하고는 모든 정부공무원
의 실질적 임명권을 가진다. 공무원임면권이란 단순한 '임명'에 그치는 것이 아

니라, '파면'할 수 있는 권한도 포함된다. 그리고 여기의 임명은 보직 · 전직 · 휴직 · 징계처분 등을 포함한 넓은 개념이다. 공무원임면권은 대통령에게 있으나 대통령은 특별한 규정이 없는 이상 이 권한을 하부기관에 위임할 수 있다.

5. 재정에 관한 권한

대통령은 정부의 수반으로서 예산안을 편성 · 제출할 권리 · 의무가 있으며 (헌법 제54조 제2항), 또 추가경정예산안을 편성하여 국회에 제출할 수 있다(헌법 제56조). 그 밖에 계속비 · 기채 · 예산 외 국가부담계약 · 예비비에 관해서도 대통령은 국회의 의결 또는 승인을 얻어 집행한다. 또한 대통령은 긴급재정 · 경제처분 및 그 명령권도 가진다(헌법 제76조). 예산안이 법정기간 내에 의결되지 못한 때에는 정부는 일정한 경비(헌법 제54조 제3항 1, 2, 3호)를 전년도 예산에 준하여 집행할 수 있다.

6. 영전 수여권

대통령은 법률이 정하는 바에 의하여 훈장 기타의 영전을 수여한다(헌법 제80조). 영전수여(榮典受與)에 관한 법률로는 상훈법(賞勳法)이 있다. [13] 이 권한은 정부수반으로서의 권한인 동시에 국가원수로서의 권한이지만 대통령은 국무회의의 심의를 거쳐 영전을 수여한다(헌법 제89조 8호). 평등의 원칙에 의하여 이 훈장 등의 영전은 이를 받은 자에게만 효력이 있고, 어떠한 특권도 이에 따르지 아니한다(헌법 제11조 제3항). [14] [15]

---

[13] 헌법상 영전제도와 상훈법에 관한 자세한 내용은 이철호, 「훈장의 법사회학」, 도서출판 21세기사(2021) 참조.

[14] 정부는 2010년 4월 5일 김황식 국무총리 주재로 열린 국무회의에서 장지연의 서훈취소를 의결했다. 이는 국가보훈처가 친일행적이 드러난 장지연 등 19명의 서훈 취소를 요청한 데 따른 후속 조처다. 이날 서훈이 취소된 사람은 장지연 외에 정부 수립 이후 초대 내무장관을 지낸 윤치영을 비롯해 김응순, 강영석, 김우현, 김홍량, 남천우, 박성행, 박영희, 유재기, 윤익선, 이동락, 이종욱, 이항발, 임용길, 차상명, 최준모, 최지화, 허영호 등이다(한겨

7. 각종 회의 주재권

대통령은 헌법에 따라 각종 회의를 주재하는 권한을 가진다. 대통령은 국무
회의 의장이고(헌법 제88조 제3항), 국가안전보장회의를 주재한다(헌법 제91조
제2항).

Ⅵ. 국가긴급권

국가긴급권(國家緊急權)이란 전쟁·내란 또는 경제공황과 같은 국가비상사
태를 극복하기 위하여 비상수단을 발동할 수 있는 권한을 말한다. 현행헌법은
국가긴급권을 대통령에게 인정하고 있는 바 긴급명령권, 긴급재정경제처분·
명령권, 계엄선포권 등으로 나누어 규정하고 있다.[16]

국가긴급권은 로마공화국의 입헌적 독재에서 기원하여 영국에서 기근대책을
위한 Pitt내각(1766)의 각령에서 이론이 정립되었다. 현대적 모형의 국가긴급
권으로는 프랑스헌법(1814)의 긴급명령제·계엄제도 등으로 제도화되었고 헌
법차원에서는 제1차 대전 이후 Weimar공화국, Bonn기본법(1949), 영국·미
국 등을 들 수 있다.

레신문, 2011년 4월 6일, 14면). 친일인사들의 서훈(敍勳) 취소 소송에 대한 문헌으로는
이철호, "친일인사 서훈 취소 소송에 관한 관견(管見)", 「國家法硏究」 제9집 2호(2013.9),
145-165면 참조.

15) 전두환 신군부의 12·12, 5·18쿠데타 후 자기들끼리 벌인 '훈장 잔치'에 대해서는 이철호
(Cheol-Ho, Lee), "The Story of the 'Order of Merit Party' and the Cancellation
of Awards Issued to Chun Doo-Hwan's New Military", 「DONGGUK LAW
REVIEW」 May 2014. Volume 4, The Institute of Comparative Law and Legal
Culture Dongguk University, pp.151-183.

16) 한국 헌정과정에서 긴급권의 실태와 문제점에 대해서는 남궁승태·이철호, "긴급권 남용의
실태와 그 문제점", 「韓國法學 50年 - 過去·現在·未來(Ⅰ)」(제1회 한국법학자대회 논문
집), 한국법학교수회(1998.12), 25면 이하 참조.

1. 긴급명령권, 긴급재정경제처분·명령권

(1) 헌법규정 및 연혁

헌법 제76조는 "① 대통령은 내우·외환·천재·지변 또는 중대한 재정·경제상의 위기에 있어서 국가의 안전보장 또는 공공의 안녕질서를 유지하기 위하여 긴급한 조치가 필요하고 국회의 집회를 기다릴 여유가 없을 때에 한하여 최소한으로 필요한 재정·경제상의 처분을 하거나 이에 관하여 법률의 효력을 가지는 명령을 발할 수 있다. ② 대통령은 국가의 안위에 관계되는 중대한 교전상태에 있어서 국가를 보위하기 위하여 긴급한 조치가 필요하고 국회의 집회가 불가능한 때에 한하여 법률의 효력을 가지는 명령을 발할 수 있다"고 하여 긴급재정경제처분권과 긴급재정경제명령권, 긴급명령권을 각각 규정하고 있다.

이 긴급명령권, 긴급재정경제명령권·처분권제도는 제1공화국(긴급명령권, 긴급재정처분권)과 제3공화국헌법에 규정되어 있던 것을 제5공화국헌법의 비상조치권을 폐지하고 현행헌법에서 부활시킨 것이다.

긴급명령은 국회의 승인을 얻은 경우에는 법률의 효력을 가지기 때문에 국회입법권에 대한 침해가 될 수 있고, 국민의 기본권을 제한할 수 있다는 점에서 국가긴급권의 하나이다. 긴급재정경제명령권이나 처분권도 국회의 집회를 기다릴 여유가 없는 경우에 한하여 인정되는 국가긴급권이다. 그러나 긴급명령권과 긴급재정경제명령은 제4공화국의 긴급조치권이나 제5공화국의 비상조치권이 헌법을 정지하는 권한까지 있었던데 비하여 법률대체적인 효력을 가지는데 불과하므로 상대적으로 훨씬 약화되었다.

(2) 의의

(가) 긴급명령권

긴급명령권이란 통상적인 입법절차만으로는 공공질서를 유지하기가 곤란할 정도의 사태가 발생한 경우에 이를 극복하기 위하여 예외적으로 법률과 동일한 효력을 가지는 명령인 긴급입법조치를 말한다.

(나) 긴급재정경제처분권

긴급재정경제처분권이란 중대한 재정·경제상의 위기에 있어서 국가안전보장 또는 공공의 안녕질서를 유지하기 위하여 대통령이 행하는 재정·경제상의 처분을 말한다.

(다) 긴급재정경제명령권

긴급재정경제명령권이란 중대한 재정·경제상의 위기에 있어서 긴급재정경제처분을 할 때와 동일한 요건하에서, 필요한 경우 대통령이 발하는 법률의 효력을 지닌 명령을 말한다. 긴급명령은 국회입법의 중대한 예외가 되며, 긴급재정경제처분은 재정의결주의의 중대한 예외이고 긴급재정경제명령은 국회입법과 재정의결주의의 중대한 예외가 되고 있다.

(3) 발동요건과 절차

(가) 긴급명령권

긴급명령권은 권력분립주의와 법치주의에 대한 예외를 인정한 것으로, 발동요건은 엄격히 해석되어야 한다. 즉, ㉠ 국가의 안위에 관계되는 중대한 교전상태에 있어서(상황), ㉡ 국가보위를 위해 긴급한 조치가 필요하고(소극적 목적을 위해서), ㉢ 국회의 집회가 「불가능한 때」에 한하여 발할 수 있다(시기). 또한 국가안전보장회의의 자문과 국무회의의 심의를 거쳐야 하며 부서를 한 문서의 형식으로 하여야 한다. 그리고 긴급명령을 한 때에는 지체없이 국회에 보고하여 승인을 얻어야 한다. 국회가 폐회중이거나 휴회중일 때에는 대통령은 임시국회의 집회를 하고 국회의 승인을 얻어야 한다.

긴급명령·승인의 의결정족수에 관하여 명문의 규정이 없어 학설이 대립한다. 긴급명령승인 의결정족수에 대해서는 i) 긴급명령은 국민의 자유와 권리에 대한 중대한 제한 가능성을 내포하고 있는 것이므로 그 승인의 의결정족수는 엄격하게 해석하여 재적의원 과반수의 찬성을 요한다고 보는 재적의원과반수설과 ii) 해석상 출석의원 과반수로 보는 것이 타당하다는 출석의원과반수설이 대립하고 있다.

계엄의 해제요구는 부정적 통제형식이란 점에서 긍정적 통제형식인 긴급명령과 구별되어야 하며, 헌법과 법률에 특별한 규정이 없는 경우에는 재적

의원 과반수와 출석의원 과반수의 찬성을 얻으면 된다는 점에 비추어 볼 때 출석의원과반수설이 타당하다고 본다.

(나) 긴급재정명령권(처분권)

긴급재정경제명령권(처분권)은 ㉠ 내우·외환·천재·지변 또는 중대한 재정·경제상의 위기에 처하거나(상황), ㉡ 국가의 안전보장 또는 공공의 안녕질서를 유지할 필요가 있는 때로서(소극적 목적을 위해서), ㉢ 국회의 집회를 「기다릴 여유가 없는 때」한하여 발할 수 있다(시기). 이 긴급요건은 국회가 폐회중이어서 임시회의 집회에 필요한 3일간을 기다릴 여유조차 없는 경우를 말한다(국회법 제25조). 그리고 국회가 휴회중이라도 사실상 집회불가능한 경우에도 해당된다고 볼 수 있다. 또한 국가안전보장회의의 자문과 국무회의의 심의를 거쳐야 하며 부서를 한 문서의 형식으로 하여야 한다. 그리고 긴급재정경제처분·명령을 한 때에는 지체없이 국회에 보고하여 승인을 얻어야 한다. 발동요건의 판단은 대통령의 독자적인 판단에 맡기고 있지만 그 판단은 객관성을 지녀야 한다.

(4) 내 용

(가) 긴급명령권

긴급명령권은 교전상태 등 극도의 위기에 처하여 국회소집이 불가능한 경우에 국가보위를 위해 발하는 법률적 효력을 가지는 명령으로 국회입법권 전반에 영향을 미친다.

(나) 긴급재정경제처분권

긴급재정경제처분권은 재정·경제상의 위기에 있어서 최소한으로 필요한 처분을 한다. 재정사항과 경제사항만을 내용으로 하는데 그 특색이 있다.

(다) 긴급재정경제명령권

긴급재정경제명령권은 긴급재정·경제처분의 효력을 담보하기 위해서 제한된 범위 내에서 법률적 효력을 가지는 명령으로 재정사항과 경제사항만을

내용으로 한다.[17]

---

17) 금융실명제(金融實名制)는 우리나라의 모든 금융거래를 금융거래 당사자 실제 본인의 이름
으로 하도록 도입한 제도이다. 금융 실명제는 금융 거래의 정상화를 기하여 경제 정의를
실현하고 국민 경제의 건전한 발전을 도모하고, 금융 거래에 투명성을 부과하는 것을 목적
으로 한다. 김영삼 대통령은 '금융 실명 거래 및 비밀 보장에 관한 긴급재정경제명령(緊急
財政經濟命令)'(헌법 제76조 제1항)을 발동하여 1993년 8월 12일 이후 은행·증권·보험
등 모든 금융기관과 금융거래를 할 때 반드시 실명을 사용하도록 의무화하고, 금융기관에
서 실명여부를 확인하도록 하였다. 실지명의 확인방법은 개인의 경우 주민등록증·운전
면허증·공무원증 등 국가나 지방자치단체장이 발행한 사진이 부착된 증명서로 사진·주
민등록증·성명으로 본인임을 확인하도록 하였다. 법인의 경우는 사업자 등록증, 납세번호
증 또는 사업자 증명원으로 확인받도록 하였다. 한편, 기존 금융실명자에 대한 조치로는
첫째, 금융실명제 실시 일 현재 계좌가 개설되어 있는 모든 금융자산의 명의인(명의인)에
대하여 실명제 실시 이후 최초로 금융거래를 하는 때에 그 명의가 실명인지 여부를 확인
받도록 했다. 실명 확인절차를 거치지 않거나 비실명으로 확인된 자산은 인출을 금지(긴급
명령 제3조)하도록 했다. 둘째 긴급명령 시행일로부터 2개월 이내(1993년 8월 12일부터
10월 12일까지)에 실명으로 전환하도록 실명전환 의무기간을 설정하고(긴급명령 제5조),
이 기간 중에 실명으로 전환하는 금융자산에 대하여는 다음과 같이 조치한다. ① 실명전환
계좌별로 20세 미만 미성년자 1500만 원 이하, 20세 이상 30세 미만 : 3000만 원 이하,
30세 이상 5000만 원 이하에 대해서는 자금 출처 조사를 면제한다. ② 실명전환으로 상
법·증권거래법·공정거래법 등 기존의 법률을 위반하게 되는 경우 1년 이내에 당해 위반
사항이 시정되는 때에는 같은 법률에 의한 벌칙적용을 1년간 면제한다. ③ 과거 실명 형태
의 차명으로 예입한 금융자산의 거래자가 종전의 명의를 본인의 실명으로 전환할 때에는
과거에 부족하게 원천 징수한 소득세를 추징한다. 셋째 실명전환 의무기간 경과 후에 실명
으로 전환하는 자에 대하여는 다음과 같이 조사한다. ① 경과기간에 따라 실시 일로부터
매년 10%씩 최고 60%(증여세의 최고세율 수준)의 과징금을 부과한다(긴급명령 제7조).
② 실명전환 의무기간 경과일 이후(1993년 10월 13일)에는 비실명 이자·배당 소득에 대
한 차등 소득세율을 현행 64.5%에서 96.75%로 인상하여 적용한다(긴급명령 제9조). 넷
째 고액 현금인출 등의 경우 국세청에 통보하도록 하여 금융기간으로부터 대량 현금인출
사태를 방지한다(긴급명령 제10조). ① 실명전환 의무기간중 현금인출액이 3000만 원을
초과하는 자의 명단을 국세청에 통보하게 하여 특별관리를 함으로써 불필요한 자금인출을
억제한다. ② 이미 발행된 채권, 수익증권 및 양도성 예금증서를 실물로 보유하는 자가 금
융기관과의 매매, 원리금 상환 등의 금융거래를 하는 경우, 점포별 월 거래금액이 5000만
원을 초과하면 그 내용을 국세청에 통보한다. 그리고 금융기관은 명의인의 서면상의 요구
나 동의를 받지 아니하고는 그 금융정보를 타인에게 제공할 수 없도록 하고 있는데, 다만

(5) 효 력

긴급명령권, 긴급재정경제처분·명령권은 발동 즉시 효력을 발생하며, 국회에 보고하여 승인을 얻으면 그 효력은 계속하여 유지된다. 그러나 국회의 승인을 얻지 못한 때에는 그 명령 또는 처분은 그때부터 효력을 상실한다. 이 경우 그 명령에 의하여 개정 또는 폐지되었던 법률은 그 명령이 승인을 얻지 못한 때부터 당연히 효력을 회복한다(헌법 제76조 제3항, 4항). 또한 대통령이 스스로 긴급명령, 긴급재정경제처분·명령을 해제하면 그 효력은 즉시 상실된다. 특히 긴급명령과 긴급재정경제명령은 법률의 효력을 가짐으로 기존의 법률을 폐지·개정 또는 적용 정지할 수 있고, 국민의 권리를 제한하고 의무를 부과할

예외적으로 다음의 경우에는 정보 제공을 인정한다(긴급명령 제4조 1항). ① 법원의 제출 명령이나 법관이 영장을 갖고 요구할 때, ② 조세법률에 의하여 조사할 때, ③ 재무부장관·은행감독원장·증권감독원장·보험감독원장 등이 감독 및 검사에 필요하여 요구할 때, ④ 동일 금융기관 내부 또는 금융기관 상호간에 업무상 필요한 정보를 제공할 때, ⑤ 다른 법률에 의하여 불특정 다수인에게 공개가 의무화된 정보를 제공할 때 등이 그것이다. 그러나 예외적으로 정보제공이 용인되는 경우에도 사용 목적에 필요한 최소한의 정보를 주도록 범위를 규정하고, 문서에 의하여 점포별로 요구하도록 하고 있다(긴급명령 제4조 2항). 그리고 부당한 정보제공 요구를 받은 경우, 금융기관에 대하여 거부 의무를 부여하고(긴급명령 제4조 3항), 제공받은 금융정보를 타인에게 제공할 수 없도록 하였다(긴급명령 제4조 4항).긴급명령은 실명거래 의무화의 실효성을 보장하고 철저한 금융거래 정보의 비밀보장을 위해 이를 위반하는 자에 대한 벌칙을 강화하였다. 먼저 실명에 의한 금융거래 의무를 위반한 금융기관 종사자에 대해서는 500만 원 이하의 과태료가 부과되며, 해당 금융기관에 대해서도 500만 원 이하의 과태료를 부과한다(긴급명령 제13조). 정보 누설 금융기관 임직원, 부당한 정보제공 요구자, 업무상 취득한 정보의 누설자 등에 대해서는 3년 이하의 징역 또는 2000만 원 이하의 벌금을 부과하도록 하였다. 또한 행위자를 벌하는 외에 사용주인 법인 또는 개인에 대해서도 벌금 부과가 가능하다(긴급명령 제12조). 기타 조치사항으로 긴급명령은 중소기업 등 담보능력이 취약한 기업의 채무보증을 확대하여 기업의 자금난을 완화할 수 있도록 긴급명령 시행 후 6개월 이내에 신용보증기금의 보증한도를 2배까지 확대할 수 있도록 하였다(긴급명령 제14조). 또한 긴급명령의 실효성을 보장하기 위하여 긴급명령의 규정과 다른 법률의 규정이 서로 상치되는 경우에는 긴급명령을 따르도록 함으로써 다른 법률의 배제를 명문화하였다(긴급명령 제15조 2항). 1997년 12월 30일 '금융실명거래 및 비밀보장에 관한 긴급 재정경제명령'을 정부가 제출한 '금융실명거래 및 비밀보장에 관한 법률'이라는 대체입법안으로 통과되었다.

수 있다. 그러나 법률의 효력밖에 없으므로 비상계엄과 달리 헌법에 규정된 기본권을 정지하거나 특별한 조치를 할 수 없으며 헌법조항을 변경할 수도 없다.

(6) 대통령의 공포

대통령은 긴급명령, 긴급재정경제처분·명령을 발한 후에 국회에 보고하여 승인을 요청했다는 사실과 그 승인 여부와 그 사유를 지체없이 공포해야 한다 (헌법 제76조 제5항). 이 공포는 단순히 사실을 공표하는 뜻만이 있을 뿐이므로 일반법령의 공포와 달라서 공포에 의하여 비로소 효력이 발생하는 것은 아니다. 즉, 이 공포는 효력발생요건이 아니다.

(7) 통제

(가) 국회의 통제

국회의 승인권에 의해 사후통제를 한다. 이 국회의 승인권에는 수정승인권이 포함된다고 하겠다. 의결정족수에 관하여 헌법에 명문규정이 없으므로 국회의 승인을 받으려면 재적의원 과반수의 출석과 출석의원 과반수의 찬성을 얻어야 한다(헌법 제49조). 또한 국회는 탄핵소추, 법률개정 등으로도 통제할 수 있다.

(나) 법원과 헌법재판소에 의한 통제

ⓐ 긴급명령, 긴급재정경제명령

국회의 승인을 얻은 경우에는 법률적 효력을 지닌 명령의 위헌여부가 재판의 전제가 된 경우에는 법원은 헌법재판소에 그 위헌여부의 심판을 제청할 수 있다고 하겠다(헌법 제107조 제1항). 그리고 헌법소원의 대상도 될 수 있다.

ⓑ 긴급재정경제처분

이 처분은 행정처분의 성격을 가지므로 위헌·위법여부를 법원이 심사할 수 있고(헌법 제107조 제2항), 헌법재판소는 헌법소원이 제기된 경우 심판할 수 있다고 하겠다(헌법 제111조).

2. 계엄선포권

(1) 의 의

　계엄이란 전시 · 사변 또는 이에 준하는 국가비상사태에 있어서 병력으로써 군사상의 필요에 응하거나, 공공의 안녕질서를 유지할 필요가 있을 때에는 대통령이 전국 또는 일정한 지역을 병력으로써 경비하고 당해 지역의 행정권 또는 사법권을 군의 관할하에 두며, 헌법에 보장된 국민의 기본권의 일부에 대하여 예외조치를 할 수 있는 긴급권제도를 말한다.

　계엄은 법치주의의 중대한 예외를 이루고, 헌법규정의 일부조항을 배제할 수 있다는 점에서 가장 강력한 국가긴급권이라고 말할 수 있다.[18]

　계엄의 종류, 계엄의 선포와 해제 등에 관하여 필요한 사항을 규정하고 있는 법률로는 계엄법(戒嚴法)이 있다.[19]

---

18)　계엄은 문민적 영역 속에 군사적 전시 권한이 확장되는 것이며, 다른 한편으로는 헌법의 효력이 정지되는 것이다. 국가 긴급권으로써 계엄의 입법화는 결국 계엄에 대한 배타적 권리의 점유를 통한 예외상태의 창출과 새로운 질서의 창출이 고유한 성격이라는 점을 간과해서는 안된다(김춘수,「한국 계엄의 기원」, 도서출판 선인, 2018, 126면).

19)　제헌국회(制憲國會) 법제사법위원회가 제출한 계엄법안은 심의과정에서 수정되거나 새로운 조항들이 추가되었다. 최종 계엄법에는 국민 재산권 보호조항으로서 작전 중 발생한 재산피해에 대한 보상, 인권보호 조항으로서 군법회의 재심 인정, 군법회의 사형판결의 확인권한을 대통령에게만 부여, 국회의 대통령 계엄선포에 대한 통제로서 비상과 경비계엄 모두에 대한 해제 요구 등 새로운 조항들이 포함되어 확정되었다. 이러한 조항들은 일제 계엄령이나 서구 각 나라의 계엄령에 없는 차별적인 내용으로서 한국적 계엄령 제도의 독자성을 보여주고 있다. 여기에는 '여순사건'의 경험이 결정적인 영향을 미쳤다. 계엄법이 제정되지 않은 상태에서 계엄령이 선포된 여순사건의 부정적인 경험은 역설적으로 1949년 계엄법 제정과정에서 국민의 인권과 재산보호, 국회의 통제와 감시 기능을 강화하는 중요하고도 긍정적인 영향을 미쳤다. 제헌국회에서 제정된 계엄법은 일제 계엄령 제도의 모방과 탈피라는 식민성과 탈식민성, 서구 국가 계엄령 제도의 수용이라는 근대성, 여순사건에 따른 한국 경험의 창조라는 자생성, 이들 네 가지 요소의 융합 속에서 주조되었으며, 이는 우리 법제사(法制史)관점에서 계엄령의 독자화 · 한국회를 의미한다(김무용,「한국 계엄령제도의 역사적 기원과 변천」, 도서출판 선인, 2015, 135면 이하 참조). 한편, 제헌국회 의원들은 대통령과 계엄당국을 견제하는 차원에서 국회의 권한과 역할을 강조하였으나 기본적

(2) 계엄의 종류

(가) 경비계엄

전시·사변 또는 이에 준하는 국가비상사태에 있어서 사회질서가 교란되어 일반 행정기관만으로는 치안을 확보할 수 없을 경우에 공공의 안녕질서를 유지하기 위해 선포한다(계엄법 제2조 제3항).

(나) 비상계엄

전시·사변 또는 이에 준하는 국가비상사태에 있어서 적과 교전상태에 있거나 사회질서가 극도로 교란되어 행정 및 사법기능 수행이 현저히 곤란한 경우에 군사상 필요에 응하거나 공공의 안녕질서를 유지하기 위해 선포한다(계엄법 제2조 제2항).

(3) 요 건

전시·사변 또는 이에 준하는 국가비상사태에 있어서(상황) 병력으로써 군사상의 필요에 응하거나 공공의 안녕질서를 유지할 필요가 있을 때(목적)에는 법률이 정하는 바에 의하여 계엄을 선포할 수 있다(헌법 제77조 제1항).

(4) 선포권자와 절차

계엄선포권자는 대통령이다. 대통령이 계엄의 선포를 한 경우에는 사전에 국무회의의 심의를 거쳐야 하며(헌법 제89조 5호), 그 선포의 이유·종류·시행지역 또는 계엄사령관을 공고해야 한다(계엄법 제3조). 국방부장관 또는 안전행정부장관은 계엄선포의 사유가 발생한 경우 국무총리를 거쳐 대통령에게 계

으로 계엄령 제도 일반이 갖는 성격, 곧 헌법의 제한과 군의 사회통제를 부정하지 못했다. 특히 헌법에 보장된 국민의 기본권을 침해하는 계엄법 자체에 내재되어 있는 위험성을 근원적으로 성찰하는 시야가 결여되어 있었다. 1948년 제정된 계엄법은 기본적으로 군사력에 의한 민간의 지배와 사회통제, 정치의 종속과 같은 계엄통치의 일상화를 열어놓았다. 제헌국회는 계엄법안 심의나 조문과정에서 국민들을 계엄통치의 공포에 노출시키고 예외상태를 일상화시킬 수 있는 조항들을 제대로 수정 또는 보완하지 못했다(김무용, 앞의 책, 142면).

엄의 선포를 건의할 수 있다(계엄법 제2조 제6항).

계엄을 선포한 후에는 지체없이 국회에 통고하여야 한다(헌법 제77조 제4항). 국회가 폐회중이면 지체없이 국회의 소집을 요구하여야 한다(계엄법 제4조 제2항). 계엄은 국회에 단순히 통고만 하면 된다는 점에서 승인을 얻어야 하는 긴급명령, 긴급재정경제처분·명령 등과 구별된다.

(5) 효력

계엄의 효력은 종류에 따라 다르지만, 어느 경우이든 계엄선포중 국회의원은 현행범인 경우를 제외하고는 체포 또는 구금되지 아니한다(계엄법 제13조).

(가) 비상계엄의 효력

첫째, 비상계엄이 선포된 때에는 정부·법원의 관한에 관한 특별조치를 할 수 있다. 헌법 제77조 제3항은 "비상계엄이 선포된 때에는 법률이 정하는 바에 의하여 … 정부나 법원의 권한에 관하여 특별한 조치를 할 수 있다"라고 규정하고 있으며, 계엄법은 "비상계엄의 선포와 동시에 계엄사령관은 계엄지역 내의 모든 행정사무와 사법사무를 관장한다"라고 규정하고 있다(계엄법 제7조 제1항). 여기에서의 사법사무는 엄격한 의미에서의 재판작용을 제외한 일반사법행정서무, 즉 사법경찰, 검찰, 공소의 제기, 형의 집행, 민사비송사건 등을 말한다. 또한 비상계엄하의 군사재판(軍事裁判)은 군인·군무원의 범죄나 군사에 관한 간첩죄의 경우와 초병·초소·유독음식물공급·포로에 관한 죄 중 법률이 정한 경우에 한하여 단심으로 할 수 있으나, 사형선고의 경우는 그러하지 아니한다(헌법 제110조 제4항).

둘째, 기본권에 관한 특별조치를 할 수 있다. 헌법 제77조 제3항은 "비상계엄이 선포된 때에는 법률이 정하는 바에 의하여 영장제도, 언론·출판·집회·결사의 자유, 정부나 법원의 권한에 관하여 특별한 조치를 할 수 있다"고 규정하고 있으며, 계엄법 제9조 제1항은 "비상계엄지역 안에서 계엄사령관은 군사상 필요한 때에는 체포·구금·압수·수색·거주·이전·언론·출판·집회·결사 또는 단체행동에 대하여 특별한 조치를 할 수 있다. 이 경우에

계엄사령관은 그 조치내용을 미리 공고하여야 한다"고 규정하고 있다.[20]

여기서 문제는 헌법 제77조 제3항에 규정되어 있지 않은 거주·이전의 자유, 단체행동권에 대해서도 계엄법은 특별한 조치를 할 수 있도록 하고 있다는 점이다.

헌법 제77조 제3항에 규정되어 있지 않은 거주·이전의 자유와 단체행동권의 제한이 계엄법 제9조에 규정되어 있는 것이 위헌인가 여부에 대해서 ⅰ) 헌법 제77조 제3항은 예시적 규정이므로 비상계엄하에서는 계엄의 목적을 달성하기 위해 주민의 거주·이전의 자유를 제한할 수 있다는 합헌설(예시적 규정설)과 ⅱ) 헌법 제77조 제3항은 제한적 규정이고 계엄제도가 비록 긴급권적 조치이기는 하나 국민의 기본권 보장에 중대한 예외가 되는 것이기 때문에 엄격하게 해석해야 한다는 위헌설(한정적 규범설)이 대립하고 있다.

국민의 기본권 제한에 관한 규정은 확대해석(擴大解釋)이 허용될 수 없으며, 헌법에 규정이 없는 기본권 제한을 계엄법으로 규정한다는 것은 위헌의 여지가 있다.[21] 따라서 국민의 기본권을 최대한 보장한다는 면에서 한정적 규정으로 보는 위헌설이 타당하다고 본다.

(나) 경비계엄의 효력

경비계엄이 선포되면 계엄사령관은 계엄지역 내의 군사에 관한 행정사무와 사법사무를 관장하며, 이를 담당하는 기관을 지휘·감독한다. 그러나 경비계엄하에서는 국민의 자유와 권리의 침해는 허용되지 않는다(헌법 제77조

---

[20] 제헌헌법에서 제정된 계엄법 제13조는 계엄법 전체의 성격을 규정하는 중요한 조항이었다(현행 계엄법 제9조 내용과 동일하다). 비상계엄 지역의 계엄사령관에게 "특별한 조치"를 부여한 계엄법 제13조는 전체주의 시대의 일제 계엄령보다 더 전제적인 성격을 지니고 있으며, 이는 계엄통치를 넘어서 계엄독재로 나아갈 수 있는 요소였다. 사실 비상계엄지역에서 계엄법 제13조가 적용될 경우, 계엄법에 규정된 국민 인권과 생명권 보호, 재산권 보상 등의 의미는 무력화되고 상실된다. 결국 1949년 제정된 계엄법 제13조는 헌법에 규정된 국민의 기본권을 제한하는 조치를 합법화했다는 점에서 계엄통치 지역에서 예외상태를 일상화하는 법률이었다(김무용, 앞의 책, 145면).

[21] 권영성, 헌법학원론, 927면.

제3항).

(6) 계엄의 해제

비상사태가 평상상태로 회복되거나 국회가 재적의원 과반수의 찬성으로 계엄의 해제를 요구한 때에는 대통령은 국무회의의 심의를 거쳐 지체없이 계엄을 해제하여야 한다(헌법 제77조 제5항, 제89조 5호).

계엄이 해제되면 해제된 날로부터 모든 행정사무와 사법사무가 평상상태로 복귀하고, 군사법원의 관할사항은 일반법원에 이관된다. 다만, 대통령이 필요하다고 인정할 때에는 군사법원의 재판권을 1개월 이내에 한하여 연기할 수 있다(계엄법 제12조 제2항 단서). 그러나 재판권의 1개월 연기조항의 위헌여부가 제기되고 있다. 계엄법 제12조 제2항 대통령의 재판권 1개월 연기조항 위헌성 문제에 대해서 대법원 전원합의부 판결[22]은 합헌설의 입장인 반면, 학설은 국민의 정당한 재판받을 권리와 민간인에 대한 군사재판의 예외규정에 위반된다는 위헌설[23]이 주장되고 있다. 1개월 연기조항은 정당한 재판을 받을 권리와 민간인의 군사재판의 예외규정에 위반된다고 보아 위헌설이 타당하다고 본다.

(7) 계엄에 대한 통제

계엄에 대한 통제방법으로는 국회에 의한 통제방법, 법원에 의한 통제방법, 헌법재판소에 의한 권리구제방법이 있다.

국회는 재적의원 과반수의 찬성으로 계엄해제를 요구할 수 있을 뿐만 아니라 계엄기간중에도 입법활동을 계속할 수 있기 때문에, 국회는 입법에 의해 계엄당국을 통제할 수 있고, 국정감사조사권 · 탄핵소추권 · 국무총리와 국무위원에 대한 출석요구 · 질문권 등에 의하여 간접적으로 계엄을 통제할 수 있다.[24]

대통령의 「계엄선포행위 그 자체」는 통치행위(統治行爲)라는 이유로 사법심

---

22) 1985.5.28, 대판 81도1045
23) 김철수, 헌법학개론, 1082면; 허영, 한국헌법론, 919면.
24) 권영성, 헌법학원론, 928면.

사의 대상에서 제외하고 있다(학설과 판례).[25] 그러나 대통령의 계엄선포는 선포행위 그 자체뿐 아니라 계엄에 근거한 구체적·개별적인 비상조치의 내용도 법적·사법적 통제의 대상이 된다고 할 것이다.[26] 계엄에 관한 특별조치로 기본권이 침해된 경우에는 헌법소원을 제기할 수도 있다.

---

25) "대통령의 계엄선포는 고도의 정치적·군사적 성격을 가진 것으로서 그 당, 부당 내지 필요성 여부는 계엄해제요구권을 가진 국회만이 판단할 수 있는 것이고 당연무효가 아닌 한 사법심사의 대상이 되지 못한다"(대법원 1980. 8. 26., 80도1278, 판결).

26) 허영, 한국헌법론, 919면. "무엇이 통치행위인가에 대한 판단은 법원에 속하며, 통치행위라 하더라도 재량권을 일탈한 부분은 월권행위이므로 사법심사의 대상이 되어야 한다"고 보는 견해도 있다(홍성방, 헌법Ⅱ, 462면).

제2절 대통령의 권한행사방법과 통제

대통령은 헌법과 법률이 부여한 여러 권한을 그의 책임 하에서 독자적으로 처리하는 것을 원칙으로 한다. 그러나 그 권한행사는 헌법과 법률에 규정된 절차와 방법에 따라야 할 뿐만 아니라, 그 밖의 국가기관에 의하여 통제를 받게 된다. 이는 국민적 정당성을 확보하고, 대통령의 자의적인 권한행사나 권한의 남용을 방지하고 권한행사에 신중을 기하기 위함이다. 이러한 권한행사에 대한 가장 강력한 민주적 통제는 국민의 비판적 여론이라고 할 수 있다.

Ⅰ. 권한행사방법

1. 국법상 행위의 형식

(1) 문서주의

대통령의 국법상 행위는 반드시 문서로써 하여야 한다(헌법 제82조). 대통령의 국법상 행위를 문서로써 하도록 한 것은 대통령의 권한행사의 내용을 명확히 함으로써 국민에게 예측가능성과 법적 안정성을 보장하여 주고, 증거를 남기며, 권한행사에 즉흥성을 피하고 신중을 기하려는 데에 목적이 있다.[27] 따라서 문서에 의하지 아니한 대통령의 국법상의 행위는 효력을 발생하지 아니한다고 하겠다.

---

27) 권영성, 헌법학원론, 956면.

(2) 부 서

헌법 제82조는 "대통령의 국법상의 행위는 문서로써 하며, 이 문서에는 국무총리와 관계 국무위원이 부서한다. 군사에 관한 것도 같다"라고 규정하고 있다.

부서(副署)란 대통령의 서명에 이어 국무총리와 관계 국무위원이 서명하는 것을 말한다. 따라서 헌법 제82조의 부서는 대통령이 그의 권한에 속하는 사항에 관하여 서명을 하고 국무총리와 관계 국무위원이 이에 종속하여 서명하는 것을 말한다. 부서제도는 대통령의 전제를 방지하고, 국무총리와 관계 국무위원의 보필책임과 부서권자의 책임소재를 명백히 하려는데 그 취지가 있다.

부서제도의 법적 성격에 관해서는 ⅰ) 대통령의 전제를 방지하고, 부서권자의 보필책임과 책임의 소재를 명백하게 하는 성질이라고 보는 견해로 부서결과에 대해서는 국회가 해임건의, 탄핵소추 등으로 책임을 추궁할 수 있다는 보필책임설과 ⅱ) 대통령제의 특성상 국무행위에 참여했다는 물적 근거의 성질을 가질 뿐이라는 물적증거설이 있다. 부서제도는 대통령의 전제를 방지하기 위한 권력통제기능인 동시에 부서권자의 책임소재를 명백히 하려는 취지에서 보필책임설이 타당하다고 본다.[28]

부서가 없는 대통령의 국법상 행위의 효력에 대해서도 ⅰ) 부서는 대통령의 국법상 행위의 유효요건으로 보는 무효설과 ⅱ) 부서를 적법요건으로 보아 부서없는 행위는 단순히 위법행위가 되어 탄핵사유가 될 뿐이라는 유효설이 대립하고 있다.

앞에서 문서에 의하지 아니한 대통령의 국법상의 행위는 효력을 발생하지 아니한다고 하였다. 그리고 이 문서는 완전할 것이 요구되며, 이 문서가 완전하기 위해서는 부서가 있어야만 한다. 뿐만 아니라 부서는 대통령의 국무행위에 참여하였다는 단순한 확인적 성격만을 가지는 것은 아니다. 따라서 부서 없는 대통령의 국법행위는 무효라고 생각한다.[29]

---

28) 권영성, 헌법학원론, 957면.
29) 홍성방, 헌법Ⅱ, 444면.

2. 국무회의의 심의

국무회의(國務會議)는 정부의 권한에 속하는 중요한 정책을 심의(審議)하는 기관으로서 대통령·국무총리와 15인 이상 30인 이하의 국무위원으로써 구성한다(헌법 제88조 제항, 제2항). 대통령의 권한행사에 있어서는 사전에 대부분 국무회의의 심의를 거치도록 하고 있다(헌법 제89조). 심의결과에 대통령이 법적으로 구속되지 않으나 반드시 거쳐야 하며, 이를 위반하였을 때는 탄핵소추의 사유가 된다고 하겠다.

헌법 제89조에 열거된 사항에 관한 권한을 행사함에 있어 국무회의의 심의가 없는 경우의 효력에 대하여 ⅰ) 대통령제를 기본으로 하고 있고 국무회의의 심의는 단지 대통령의 정책결정을 보좌하는 의미이며, 정책의 준비, 입안의 사전심의에 불과함에 따라서 국무회의의 심의 없이 한 권한행사는 탄핵소추의 대상이 될 뿐 그 행위의 효력에는 영향이 없다고 보는 유효설[30]과 ⅱ) 국무회의는 필수적 최고정책심의기관이기 때문에 헌법이 요구하는 필수적 절차인 국무회의의 심의절차를 거치지 아니한 대통령의 권한행사는 무효라고 보는 무효설[31]이 대립하고 있다.

국무회의의 심의 자체가 하나의 기관내통제수단일 뿐 아니라 통치권행사의 절차적 정당성을 확보하기 위한 통치구조사의 매카니즘에 해당하기 때문에[32] 국무회의의 심의절차를 거치지 아니한 대통령의 권한행사는 무효라고 봄이 타당하다고 하겠다.

3. 국회의 동의 또는 승인

조약의 체결·비준·선전포고 및 국군파견·외국군 국내주류에 대한 국회의 동의, 일반사면에 대한 국회의 동의, 국무총리·대법원장·대법관·헌법재판

---

30) 권영성, 헌법학원론, 982면.
31) 김철수, 헌법학개론, 1107면; 허영, 한국헌법론, 942면; 홍성방, 헌법Ⅱ, 482면.
32) 허영, 한국헌법론, 942면.

소장 · 감사원장의 임명동의, 계속비와 예비비의 설치 · 국채모집과 예산 외에 국가의 부담이 될 계약의 체결 등에 대한 국회의 동의 등은 대통령이 권한을 행사하기 전에 이루어져야 한다.

예비비지출, 긴급명령, 긴급재정경제처분 및 그 명령권(헌법 제76조 제3항) 등은 대통령이 권한을 행사한 후 사후승인을 국회에서 받아야 한다.

4. 자문

대통령은 중요국정사항에 관하여는 국가원로자문회의, 국가안전보장에 관한 사항에는 국가안전보장회의, 평화통일정책의 수립에 관하여는 민주평화통일자문회의, 국민경제의 발전정책에 관해서는 국민경제자문회의, 그리고 과학기술자문회의 등의 자문을 거쳐야 한다. 그러나 국가안전보장회의는 헌법상 필수기관이므로 국무회의의 심의에 앞서 반드시 자문을 거쳐야 한다(헌법 제91조 제1항). 그러나 자문결과에 구속되지는 않는다. 국가안전보장과 관련이 없는 임의적 자문인 경우 대통령의 재량에 속한다고 본다.

Ⅱ. 대통령의 권한행사에 대한 통제

1. 기관내 통제

부서, 국무회의 심의, 자문기관의 자문, 국무총리의 국무위원에 대한 임명제청과 해임건의 등을 기관내통제로 들 수 있으나, 이는 사실상 견제기능의 효과가 별로 없다.

2. 기관외 통제

국민에 의한 통제방법으로는 국민은 대통령을 직접 선거할 수 있고, 국민투표를 통하여, 여론과 저항권행사를 의여 통제할 수 있다. 국회는 긴급명령과 긴급재정경제처분 · 명령에 대한 승인권, 계엄해제요구권, 각종 인사권에 대한 임명동의권, 탄핵소추권, 국정감사 · 조사권 등으로 대통령을 견제 · 통제할 수 있다. 법원은 대통령이 행한 명령과 처분에 대한 사법심사를 할 수 있으며(헌법 제107조), 명령 · 규칙의 효력을 가진 조약에 대한 위헌심사를 통하여 가능하다고 볼 수 있다. 헌법재판소는 탄핵심판, 권한쟁의심판, 위헌법률심판권을 통하여 대통령의 권한행사를 견제 · 통제할 수 있다.

제5장

대통령과 특별사면권

제1절 헌법상 사면권의 내용

I. 사면권의 의의

사면권(赦免權)이라 함은 대통령이 국가원수로서 법률이 정하는 바에 의하여 사면·감형·복권을 명하는 권한을 말한다. 대통령의 사면권은 역사적으로 군주의 은사권(恩赦權) 내지 은전권(恩典權)의 유물이다. 영국 헨리7세 이후 보통법(Commen Law)상의 제도로 확립되어, 1787년 미연방헌법에 헌법상 최초 명문으로 규정된 이래로 프랑스 제5공화국, 서독기본법, 이탈리아 헌법 등에서 사면에 관하여 명문으로 규정하고 있다.

현행헌법은 '대통령은 법률이 정하는 바에 의하여 사면·감형·복권을 명할 수 있다(헌법 제79조 1항)'규정하고 있으며, 하위법률인 사면법(赦免法)이 사면의 대상자 및 사면의 절차와 사면의 효과를 규정하고 있다.

II. 사면권의 대상자와 사면권의 내용

사면권의 대상자에서 일반사면의 대상자는 죄를 범한 자이며 특별사면과 감형은 형의 언도를 받은 자이다. 복권은 형의 언도로 인하여 법령의 정하는 바에 의한 자격이 상실되거나 또는 정지된 자이다(사면법 제3조).

사면의 종류에는 크게 광의의 사면과 협의의 사면으로 구분된다. 협의의 사면이라 함은 일반사면과 특별사면을 의미하며 광의의 사면은 협의의 사면뿐만 아니라 감형과 복권까지 포함하는 개념이다.

일반사면은 대통령으로 범죄의 종류를 정하여 이에 해당하는 모든 범죄인에게 행하여지는 사면으로서 형의 언도(言渡)를 받은 자에 대하여서는 그 형의 언도의 효력을 상실시키고 형의 언도를 받지 않은 자에 대해서는 공소권(公訴權)

을 소멸시키는 것이다. 일반사면은 대통령령(大統領令)의 형식으로 실시하되 국무회의의 심의를 거쳐(헌법 제89조 9호), 국회의 동의를 얻어야 한다(헌법 제79조 제2항).

특별사면은 이미 형의 선고를 받은 특정인에 대하여 그 형의 집행을 면제하거나 특별한 사정이 있을 때에는 그 후의 형의 선고의 효력을 상실하게 하는 것이다. 특별사면은 일반사면과는 달리 국회의 동의를 요하지 않는다.

감형(減刑)은 형의 언도를 받은 자에게 형을 변경하는 일반감형(一般減刑)과 형의 언도를 받은 자에게 형의 집행을 감경하는 특별감형(特別減刑)이 있다(사면법 제5조 1항 3,4호). 복권(復權)이라 함은 형의 언도로 인하여 상실·정지된 법률상 자격을 회복시켜 주는 제도로서 형집행이 종료된 자 또는 집행이 면제된 자를 그 대상으로 한다. 복권(復權)에는 죄 또는 형의 종류를 정하여 일반적으로 이에 관련된 모든 자에게 행하는 일반복권과 특정한 자에 대하여 개별적으로 행하는 특별복권이 있다. 일반복권은 대통령령(大統領令)으로 행하며 국무회의의 심의를 거쳐야 한다. 반면에 특별복권은 법무부장관의 상신(上申)에 의하여 대통령령으로 행하며 국무회의의 심의를 거쳐야 한다(사면법 제9조, 헌법 제89조 9호).

Ⅲ. 사면권의 한계

대통령의 사면권 행사는 집행권에 의하여 사법권의 효과를 변경하게 되어 사법권에 대한 중대한 간섭이 되는 것이다. 사면권이 대통령의 고유한 권한이지만, 사면권이 무제한적으로 허용되는 것이 아니다. 현행헌법은 사면권의 한계에 관하여 명문규정을 두고 있지 않다. 그러나 대통령이 사면권을 행사함에는 헌법내재적 한계를 따라야 한다는 것이 우리 헌법학(憲法學)의 통설적 견해이다.

사면권에 대한 헌법내재적 한계를 살펴보면, 사면권은 정치적 남용이나 집권당에 유리한 조치로 행사할 수 없고, 진실로 국가이익과 국민화합의 차원에서 행사되어야 한다. 탄핵 등 정치적 책임을 진 자에 대해서는 공소권 소멸이나 탄핵소추권 소멸은 있을 수 없으며, 또한 사법권의 본질적 내용을 침해하지 않는 범위에서 합리적인 기준과 원칙에 따라 행사되어야 하며,[1] 입법권의 본질적 권한을 침해하는 사면은 금지된다.

사면권의 목적상 한계로 국가이익과 국민화합의 차원에서 행사되고 정치적 남용이나 집권당에 유리한 조치로 당리당략적 차원에서 행사할 수 없다. 그러면, 국가이익과 국민화합을 어떻게 판단 객관화 시킬것인가가 문제된다. 사면 검토 시기에 사면대상자들에 대한 찬반 양론이 첨예하게 대립할 때에 사면을 단행하는 것은 사면의 목적상의 한계를 벗어난 것에 해당한다고 판단할 수 밖에 없다. 사면권의 권력분립상 한계는 사법권 및 입법권의 본질적 침해가 금지된다는 것이다. 사면은 사면행위 자체가 법원이 선고한 유죄판결의 효력을 일부 또는 전부를 변경하는 것이므로 권력분립의 원칙에서 본다면 사법권에 대한 본질적 침해에 해당한다. 그러나 대통령의 사면권은 사법의 효력을 변경하는 권력분립상의 예외에 해당한다. 사면권행사로 인한 사법권의 본질적 침해는 사법적으로 재심절차나 비상상고, 헌법소원에 의해 구제가 가능한 경우에 사면이 허용되는 때이다. 그리고 국회의 고유한 권한인 입법작용이나 국정통제기관으로서의 권한을 사면이 본질적으로 침해할 수 없다는 것이다. 국회의 탄핵결정에 대하여 이를 사면할 수 있다고 한다면 국회의 탄핵소추권을 형해화시키고 유명무실하게 만들어 버리는 것이기 때문에 헌법이 정하고 있는 탄핵소추권의 의의를 평가한다면 국회의 탄핵결정에 대해서는 사면은 허용될 수 없다. 법률 제정에 국회의 처벌의지가 강력하게 표출되어 제정된 법률에 의하여 단죄된 형사범에 대하여 대통령이 사면권을 행사한다면 이는 사면행위가 입법권의 본질적 부분을 침해하는 것에 해당한다. 대통령의 사면권은 위의 헌법 내제적 한계를 벗어나지 않은 범위내에서 행사되어야 한다.

---

1) 권영성, 『헌법학원론』, 법문사(1997), 896면.

IV. 사면권의 효과

대통령이 행사한 사면권의 효과를 살펴보면, 일반사면(一般赦免)은 형의 언도(言渡)의 효력이 상실되며 형의 언도를 받지 않은 자에 대하여는 공소권(公訴權)이 상실된다. 그러나 특별한 규정이 있을 때에는 예외로 한다(사면법 제5조 1호).

특별사면(特別赦免)은 형의 집행(執行)이 면제된다. 그러나 특별한 사정이 있을 때에는 이후 형의 언도의 효력을 상실케 할 수 있다(동법 제5조 2호). 일반에 대한 감형은 특별한 규정이 없는 경우에는 형을 변경한다(동법 제5조 3호). 특정한 자에 대한 감형은 형의 집행을 경감한다. 단 특별한 사정이 있을 때에는 형을 변경할 수 있다(동법 제5조 4호). 복권은 형의 언도의 효력으로 인하여 상실 또는 정지된 자격을 회복한다(동법 제5조 5호). 형의 언도에 의한 기성(既成)의 효과는 사면, 감형, 복권으로 인하여 변경되지 않는다. 이는 형의 언도에 의한 효력은 장래에 향하여 상실될 뿐 소급효가 인정되지 않는다는 것을 의미한다.

V. 사면권 행사와 사법심사

대통령이 사면권을 남용하는 경우 사법권행사에 대하여 사법적 통제가 가능한가가 문제된다. 부정설에 의하면 사면은 권력분립의 원리와 무관한 제도이고 법으로부터 자유로운 행위이며, 통치행위의 일종이기 때문에 사법적 심사의 대상이 되지 않는다는 입장이다. 독일연방헌법재판소는 사면결정(赦免決定)은 사법적 심사의 대상이 되지 아니한다는 견해를 취하고 있다.

반면에 사법심사 긍정설은 사면권이 권력분립의 원리와 무관하다는 부정설의 주장은 민주국가의 헌법체계에서는 받아들일 수 없으며, 사면권의 행사를 사법적 심사의 대상에서 제외되는 통치행위라고 하는 것은 법적 해석의 오해라고 비판하고 있다.[2] 헌법상의 내재적 한계를 벗어난 대통령의 사면행위는 비록 법원에 의한 사법심사의 대상은 되지 않는다 하더라도 헌법재판소에 의한 헌법적 통제의 대상은 될 수 있을 것이다.[3]

2) 권영성, 앞의 책, 897면.
3) 이석연, "대통령의 사면권 행사와 한계", 시민과 변호사(1997년 5월호), 83면.

제2절 대통령의 특별사면권 행사 실태

Ⅰ. 노무현 정부 특별사면

1. 참여정부 출범 특별사면 및 복권 실시

노무현 정부는 '참여정부' 출범에 즈음하여, 2003년 4월 30일 자로 공안·노동사범 1,424명에 대한 특별사면 및 복권을 실시하였다. 참여정부 출범 특별사면은 갈등과 반목을 관용과 화해로 씻어내고, 참된 민주주의 발전에 국민 모두의 뜻과 힘을 결집하여, 「국민대화합」 분위기를 조성하고, 새로운 출발을 하려는 취지로 실시하게 된 것이다. 특별사면을 유형별로 보면, 잔형집행면제(수감자 석방) 13명, 잔형집행면제 및 복권 39명, 형선고실효 및 복권 916명, 형선고실효 24명, 복권 432명이다. 특별사면을 범죄 유형별로 살펴 보면, 대공사범(국가보안법 위반 등) 149명, 학원사범(국가보안법 위반 등) 364명, 노동사범(노동관계법 위반 등) 568명, 집단행동사범(폭력행위 등) 343명 등 총 1, 424명이다.

박경순(영남위원회 사건), 하영옥(민혁당 사건), 손준혁(6기 한총련 의장), 강성철(민노총 간부) 등 13명의 수감자에 대하여 나머지 형 집행을 면제하여 주고 석방했다. 정수일(이명 '깐수'), 강순정(김일성 조문 사건), 황인오(중부지역당 사건), 김한상(전국사회보험노조 위원장) 등 형집행정지·가석방 등으로 출소하였으나 아직 형기를 다 채우지 못한 39명에 대하여 나머지 형 집행을 면제하여 주고 공민권 제한을 해제했다.

이홍우(민노총 사무총장), 정갑득(현대자동차 노조 위원장), 정주억(롯데호텔 노조 위원장) 등 집행유예 또는 선고유예 기간 중에 있는 940명(집행유예 916, 선고유예 24)에 대하여 법적 제약을 해제하고 복권시켜 공민권 행사가 가능하도록 조치했다. 단병호(민노총 위원장, 4. 3. 만기출소), 문규현(신부, 8·15통일대축전 사건), 황대권(구미유학생 간첩단 사건,「야생초편지」저자), 문성현(금속연맹 위원장), 이용득(금융산업노조 위원장), 이경수(국민은행노조 위원장), 김철홍(주택은행노조 위원장) 등 만기출소하거나 집행유예 기간이 끝난 후에도 일정 기간 각종 법적 제약을 받고 있는 432명을 복권시켜 공민권 행사가 가능하도록 했다.

참여정부 출범 특별사면 및 복권의 특징은 ① 사면법이 정한 범위 내에서의 조치로「법치주의」원칙에 충실한 사면권 행사가 되도록 노력하였다. 종래 실시되던 특별사면에는 사면법에 없는 형집행정지, 가석방 등의 조치도 포함되어 있었으나, 이번에는 이러한 편법적 사면을 지양하고, 사면법이 정한 특별사면과 복권만 실시하였다. ② 판결확정 후 일정기간 이상 복역하거나 반성한 사람에 한하여 사면함으로써, 사법권을 최대한 존중하였다. 종전의 사면이 법원 판결 확정된 후 며칠 되지도 않은 사람까지 대상으로 함으로써, "판결문 잉크가 마르기도 전에 풀어준다"는 비판을 받아왔다. 이러한 비판을 반영하고 사법부의 권위를 최대한 존중하기 위하여, 수감자의 경우 일정기간 이상 복역한 사람을 대상으로 하였으며, 집행유예를 선고받은 사람도 판결 확정된 때로부터 상당한 유예기간이 경과한 사람을 대상으로 하였다. 이러한 기준에 따라 2002년 10월 1일 이후에 집행유예가 확정된 공안·노동사범은 이번 사면대상에서 제외하였다. ③ 2000년 이후 사면 전력 있음에도 재범한 사람은 사면 대상에서 제외함으로써, 법질서 경시 풍조를 경계하였다. 사면이 되풀이됨으로써 법을 어겨도 사면 받으면 그만이라는 안이한 생각을 갖는 풍조의 확산을 경계하기 위하여 이번 사면에서 2000년 이후 사면받은 전력이 있는 자가 재범한 경우는 제외하였다.[4]

---

[4] 법무부 보도자료〈특별사면 및 복권 실시〉(2003.4.29) 참조.

2. 光復 58周年 慶祝 特別赦免·復權 및 假釋放 實施

노무현 정부는 2003년 8월 15일자로 무기수 207명, 선거사범 170명 등 24,625명에 대하여 특별사면·감형·복권을, 징계 공무원 125,164명에 대하여 징계사면을 실시하고, 모범 수형자 824명을 가석방하는 등 총 151,122명에 대해 은전 조치를 실시하였다. 광복 58주년 특별사면 등 조치는 평화와 번영의 동북아 시대를 열어나갈 참여정부 출범 이후 처음으로 맞이하는 광복 58주년을 경축하여, 국민 대화합을 도모하고 국민 소득이 2만 달러를 넘는 민족 웅비의 새시대로 나아가는 전기를 조성하기 위하여 실시하는 것이다.[5]

광복 58주년 특별사면 등의 내용을 보면, 형선고실효 특별사면 및 복권 21,416명, 형선고실효 특별사면 14명, 형집행면제 특별사면 및 복권 1명, 형집행면제 특별사면 2,349명, 특별감형 675명, 특별복권 170명, 징계사면 125,164명 합계 149,789명이 수혜를 입었다. 아울러 가석방 824명, 보호관찰 가해제 509명되었다.

광복 58주년 특별사면의 특징으로는 ① 15만 명이 넘는 대상자에 대한 대규모 사면이다. 사면·복권 등 수혜자가 151,122명에 달하고, 석방자만 1,678명에 이르는 대형 은전 조치이다.[6] 중범인 무기수도 초범·행형 성적 우수자·60세 이상자는 과감하게 사면하거나 감형조치했다.[7] 10년 이상 장기 수형자, 기능자격 취득자 중 행형 성적이 우수한 모범 수형자 824명을 가석방하였다.[8] ② 일반 형사범의 경우 대부분 서민 위주로 대상자 선정, 민생 안정(安定)에 주력하였다. 생계난으로 경미한 범죄를 저질러 복역 중인 초범 또는 과실범은 과감하게 형집행 면제 또는 감형하였다. 부정수표단속법위반, 절도 등 경미한 재산

---

5) 법무부 보도자료 〈광복 58주년 경축 특별사면·복권 및 가석방 실시〉(2003.8.12) 참조.

6) 2003년 4월 30일 자 취임 경축 사면은 공안사범 1,424명만 혜택을 입었다.

7) 무기수 207명 중 20년 이상 복역한 22명(16명은 가석방 중) 잔형집행 면제, 185명을 징역 20년으로 감형, 이로 인해 6명 석방했다.

8) 李石基(41세, 前 민족민주혁명당 경기남부위원회 위원장) 민혁당 사건으로 형집행 중인 자로 2003년 4월 30일 특별사면시 공범들이 모두 석방된 점을 참작하여 심사를 거쳐 가석방하였다.

범죄 및 교통사고처리특례법위반 사범이 주 대상이었다. 국민들이 일상생활 중 순간의 실수로 어기기 쉬운 과실범과 79개 행정법규를 선정하여 그 위반으로 집행유예 기간 중인 사람에 대해 형선고실효 특별사면 및 복권을 실시하였다. ③ 부정부패사범·대형 경제사범·민생침해사범 배제하였고 엄정한 법질서 확립 의지 천명한 사면이었다. 뇌물 등 부정부패 정치인·공직자와 공적자금 비리·주가조작 등 대형 경제사범은 이번 사면에서 원칙적으로 제외하여 부패 척결과 투명한 경제 질서의 기반을 구축하였으며 조직폭력배 등 민생침해 사범에 대해서도 사면 대상에서 일체 배제하여 서민 생활의 평온을 확보했다. ④ 경미한 선거사범에 국한하여 특별복권(特別復權)을 실시했다.[9] 시민단체의 낙천·낙선운동 관련자와 선거운동 과정에서 경미한 제한을 어겨 참정권이 박탈된 사람은 구제하되, 금품 살포·흑색 선전·선거 브로커 등 부정선거사범은 원칙적으로 배제하여 공명선거 풍토 확립을 도모하였다. ⑤ 과감한 징계사면(懲戒赦免)으로 공직 사회에 활력을 주입하고자 한 사면이다. 현 정부 출범 이전에 징계 처분을 받은 125,164명의 징계 공무원을 사면함으로써, 심기일전하여 공무에 매진할 수 있는 여건을 조성하였다. 그러나 금품수수·불법집단행동으로 징계받은 사람은 제외하였다.

3. 「부처님 오신 날」 慶祝 特別赦免·復權 및 假釋放 實施

노무현 정부는 2004년 5월 26일 자로 대북 송금 사건 관련자 6명 등 총 69명에 대하여 특별사면·복권, 징계 공무원 283명에 대하여 징계사면을 실시하고, 모범 수형자 1,137명을 가석방 하는 등 총 1,489명에 대해 은전조치를 실시했다. 주요 대상자로는 김윤규(현대아산주식회사 대표이사), 이근영(前 금융감독원장), 박상배(前 한국산업은행 부총재), 이기호(前 청와대 경제수석비서관), 임동원(前 국가정보원장), 최규백(前 국가정보원 기획조정실장), 정순호(설악동

---

9) 金正吉(前 행정자치부장관): 범죄 내용이 홍보물 불법 발송으로 선거운동 과정의 경미한 제한 위반에 해당하고, 선고 형량(벌금 150만원)이 비교적 낮은 점을 참작하였고, 金日在(구 리시민연대 대표): 낙선 운동 관련자로서 법 위반 정도가 비교적 가볍고, 그 동기에 참작할 바 있으며 선고 형량(벌금 100만원)이 비교적 낮은 점을 고려하여 특별복권 조치하였다.

지회 회장), 강성철(민주노총 해고자 복직 투쟁위원회 조직국장) 등이 있다.

2004년 「부처님 오신 날」 경축(慶祝) 특별사면·복권 및 가석방 실시 목적은 참여정부 출범 2년째 「부처님 오신 날」을 맞아 특별사면·복권과 대규모 가석방을 실시함으로써 국민 화합을 도모하기 위하여 남북 교류·협력 과정에서 발생한 「대북 송금 사건」 관련자 6명을 사면·복권하여 국가 발전에 동참할 수 있는 기회를 부여하고, 2004년 1월 29일 소위 '북파 공작대'의 명예회복 및 보상을 위한 특별법이 공포됨에 따라, 그 입법 촉구 과정에서의 불법 시위 때문에 형을 선고받은 사람들을 사면·복권하여 공민권 제한을 해소시키며, 2003년 4월 30일 「대통령 취임 경축 특별사면」과 2003년 8월 15일 「광복절 경축 사면」 시 형 미확정 등의 사유로 제외 또는 누락되었던 전교조 관련자, 미복권 공안관련 사범, 징계 공무원을 사면·복권하여 사법적 형평성을 제고함과 동시에 사회 통합 기반을 구축하고, 70세 이상 고령자 등 수용 생활을 감당하기 힘든 노약 수형자를 대거 포함시키는 등 통상의 경우보다 400명 이상 많은 인원을 가석방하여 인권을 보호하고 모범 수형자의 사회 복귀를 촉진시키려는 것이다.[10]

2004년 「부처님 오신 날」 경축(慶祝) 특별사면·복권 및 가석방 조치 내역을 유형별로 보면, 다음과 같다.

형선고실효 특별사면 및 특별복권	62명
형선고실효 특별사면	1명
특별복권	6명
징계사면	283명
가석방	1,137명
합계	1,489명

10) 법무부 보도자료 〈「부처님 오신 날」 경축(慶祝) 특별사면·복권 및 가석방 실시〉(2004. 5.25) 참조.

대상자별로 구체적으로 살펴보면, (가) 대북 송금 사건 관련자(6명)는 金潤圭(현대아산(주) 대표이사), 林東源(前 국가정보원장), 李瑾榮(前 금융감독원장), 朴相培(前 한국산업은행 부총재), 李起浩(前 청와대 경제수석비서관), 崔奎伯(前 국가정보원 기획조정실장)이다. 이들은 '남북교류협력에 관한 법률' 위반 등으로 집행유예 또는 선고유예를 선고받고 유예기간 중에 있으며, 기업 경영 또는 공직자로 있으면서 국가 발전과 경제에 기여한 점, 남북 교류·협력 과정에서 이루어진 상황적 특수성 등을 고려하여 사면·복권 조치했다. 그러나 박지원 전 문화관광부장관은 1심에서 징역 12년과 징역 2년 6월을 각 선고받고 현재 항소심 재판 중이므로 검토에서 제외했다.

(나) 鄭淳鎬(설악동지회 회장) 등 북파 공작대 관련자 55명에 대하여, 2004년 1월 29일 소위 '북파 공작대' 관련자의 명예 회복과 보상을 위한 「특수임무 수행자보상·지원에 관한 법률」이 제정된 점 등을 고려하여 사면·복권조치했다. (다) 姜聖哲(민주노총 해고자 복직 투쟁위원회 조직국장) 등 민생 관련 불법 집단행동 사범 5명, 李富榮(前 전교조 위원장) 등 전교조 관련 불법 집단행동 사범 3명에 대해서도 2003년 4월 30일 대통령 취임 경축 특별사면시 형 미확정으로 제외되었거나, 당시 사면은 되었지만 미복권 상태에 있던 공안관련 사범을 사면·복권 또는 복권함으로써 공민권을 회복시키고 생업상의 불편도 해소했다. (라) 참여정부 출범 이전에 경미한 비위로 징계처분을 받았으나, 2003년 「광복절 경축 사면」시 누락되었던 전·현직 징계 공무원 283명을 사면시켜 형평성을 제고하고 국가 발전에 동참할 수 있는 기회 부여했다. (마) 70세 이상 고령자(15명)·환자·장애인 등 노약 수형자 83명, 가정학사 학위 또는 각종 기능자격 취득자 208명, 전국 기능경기대회 입상자 21명, 각종 학력검정고시 합격자 58명 등 가석방 조치했다.

4. 「부처님 오신 날」 특별사면·복권 실시

노무현 정부는 2005년 5월 15일 "부처님 오신 날"을 맞이해 불법대선자금 사건 관련 경제인 12명 등 총 31명의 경제인에 대해 특별사면·복권을 실시했다. 2005년 「부처님오신날」 특별사면에는 이학수(삼성기업 구조조정본부장), 강유식(엘지그룹 부회장), 김동진(현대자동차 부회장), 박찬법(아시아나항공 사장), 오남수(금호아시아나그룹 전략경영본부 사장), 신동인(롯데쇼핑 사장), 유홍근(前 동아건설 이사) 이성원(前 대우 전무) 등이 포함됐다.

이번 경제인 사면을 실시하게 된 배경은 IMF 외환위기 이후 강도높은 기업·금융개혁을 추진하여 경제활동 전반에 걸쳐 투명성이 크게 제고되었고, 특히, 참여정부에 들어서 기업지배구조 개선, 회계제도 정비, 집단소송제도 시행, 엄격한 선거제도 도입 등으로 기업경영과 선거문화 풍토가 획기적으로 개선되었으며 최근 경제활동도 그동안의 침체에서 벗어나 점차 활력을 되찾아 가고 있다. 이러한 시점에서 불법정치자금 조성, 순수 분식회계, 순수 부당내부지원 등 과거에 관행적으로 이루어졌던 행위로 처벌받은 경제인들을 사면함으로써 이들로 하여금 새로운 각오로 경제살리기를 위한 범국민적 노력에 동참하고 국가발전에 헌신적으로 기여할 수 있도록 하기 위한 것이다.[11]

2005년 「부처님오신날」 특별사면·복권 대상자는 총 31명이다. 유형별 내역을 보면, 형선고실효 특별사면 및 특별복권 25명, 특별복권 6명 총 31명이다.

형선고실효 특별사면 및 특별복권	25명
특 별 복 권	6명
합 계	31명

대상자별로 구분하여 보면, (가) 불법대선자금 사건 관련 경제인(12명)으로는 이학수(삼성기업 구조조정본부장), 강유식(엘지그룹 부회장) 김동진(현대자동차 부회장), 박찬법(아시아나항공 사장) 오남수(금호아시아나그룹 전략경영본부 사장), 신동인(롯데쇼핑 사장), 성완종(경남기업 회장), 임승남(前 롯데건설 사장) 이청희(컨설팅업), 박문수(하이테크 하우징 회장), 김영춘(서해종건 회

---

11) 법무부 보도자료 〈「부처님오신날」 특별사면·복권 실시〉(2005.5.13) 참조.

장), 강금원(창신섬유 회장)이다. 이들은 정치자금법위반 등으로 집행유예를 선고받고 현재 유예기간 중에 있으나, 그동안 기업 경영을 통해 국가 발전과 경제성장에 기여하였으며, 국가적으로 당면한 최우선 과제인 경제살리기에 모든 역량을 결집할 필요가 있다는 점 등을 고려하여 사면·복권했다. 그러나 불법대선자금 사건과 관련하여 벌금형을 선고받거나 재판이 계속 중인 경제인은 제외했다.

(나) 분식회계 등 관련 경제인(19명)으로 ① 순수 분식회계 관련자는 9명으로 이성원(前 대우 전무), 김석환(前 대우자동차 부사장)김근호(前 대우자동차 상무), 조만성(前 대우중공업 전무) 노춘호(前 새한미디어 상무), 유홍근(前 동아건설 이사) 김재환(前 새롬기술 이사), 김용국(前 스텐더드텔레콤 대표) 우달원(前 성우전자 사장)이다. ② 부실계열사에 대한 부당지원 관련자(10명)는 안병철(前 고려석유화학 사장), 이종훈(前 대한통운 부회장)백성기(前 동국합섬 대표), 강세규(前 동국합섬 대표) 박성석(前 한라그룹 부회장), 정수웅(前 동양철관 대표) 박억재(前 동양철관 이사), 이유재(前 니트젠 전략경영실장) 서철교(前 니트젠 전무), 남관영(前 니트젠 재무회계팀장)이다. 이들이 관련된 사건들은 투명한 기업회계 관행이 정착되지 않았던 시기에 발생한 측면이 있고, 그동안 기업들의 많은 노력으로 기업회계의 투명성이 상당 부분 제고되었으며, 앞으로 국가 경제발전을 위한 범국민적 노력에 동참할 기회를 줄 필요가 있다는 점을 고려하여 사면·복권했다. 다만, 이번 은전조치에서는 금융기관에 부실채무를 초래하여 공적자금 투입의 원인을 제공한 대출사기나 개인비리적 성격이 강한 횡령 등 범죄와 관련된 경제인은 배제하였다.

5. 2005년 광복 60주년 특별사면 실시

노무현 정부는 광복 60주년을 맞아 국민 대화합의 전기를 마련하고, 사회 각계각층의 인사들에게 통합과 도약의 새 질서에 동참할 수 있는 폭넓은 기회를 부여한다는 차원에서 총 422만여명에게 혜택이 돌아가는 대규모 특별사면을 2005년 8월 15일 실시했다. 국민 대통합을 위한 광복 60주년 특별사면조치에는, ① 소외되고 어려운 처지에 있는 서민들을 위해 생계형 범죄 위주의 일반 형사범에 대한 사면(12,184명), ② 남북대립의 상황 속에서 발생한 공안사범 및 선거사범 등에 대한 사면(1,909명), ③ 모범수형자와 노약자를 조기에 석방하여 사회로 복귀시킴으로써 건전한 사회인으로 거듭날 기회를 부여하기 위한 가석방(1,067명), ④ 국민생활과 밀접한 관련이 있는 운전면허 벌점 등에 대한 대규모 특별감면조치(4,207,152명) 등이 포함되었다.

노무현 정부의 광복 60주년 특별사면은 참여정부 출범 후 다져온 국민 대화합의 분위기를 더욱 공고히 하고, 참된 민주발전을 이룩하여 국민소득 2만불 시대와 선진한국 건설을 앞당기자는 국민적 여망에 따라 이루어지게 된 것을 밝히고 있다.

〈광복 60주년 특별사면 내역〉

赦免·減刑·復權 : 總 14,093名(1,055名 釋放) ※ ( )는 국방부 통계

대 상	사면 유형	인 원
형 사 범	형집행면제 특별사면 및 복권	4명
	형집행면제 특별사면	2,502명(21명)
	특별감형	564명(10명)
	형선고실효 특별사면 및 복권	9,103명(16명)
	형선고실효 특별사면	10명(2명)
	특별복권	1명
공안·선거 관련 사범	형집행면제 특별사면 및 복권	7명
	형집행면제 특별사면	9명
	특별감형	3명
	형선고실효 특별사면 및 복권	401명(3명)
	형선고실효 특별사면	7명(1명)
	특별복권	1,482명(1명)
합 계		14,093명(54명)

가석방(假釋放) 대상자는 총 1,067명으로 70세 이상 고령자·환자·장애자 등 노약수형자 56명, 기능자격 취득자, 검정고시 합격자 등 모범수형자 232명이다. 운전면허 벌점 등 특별감면 조치 대상자는 총 4,207,152명이다.

조 치 내 역	인 원
도로교통법상 벌점 삭제	3,710,397명
운전면허 행정처분 면제	156,441명
운전면허취득 결격기간 해제	340,314명
합계	4,207,152명

보호관찰 가해제(假解除) 대상자는 총 314명으로 보호관찰기간 중 보호관찰관의 지도 · 감독에 순응하고 준수사항을 성실히 이행한 성적양호자를 엄선하여 보호관찰관의 지도 · 감독으로부터 면제했다.

광복 60주년 특별사면의 주요 대상자를 살펴보면, (가) 불법대선자금 사건 관련자는 총 13명이다. ㉠ 형집행면제 특별사면 및 복권는 3명으로 정대철(16대 대선 당시 민주당 선거대책위원장), 김영일(16대 대선 당시 한나라당 중앙선대위 선거대책본부장), 서정우(16대 대선 당시 이회창 후보 법률고문)이다. ㉡ 형선고실효 특별사면 및 복권 대상자는 9명으로 이상수(16대 대선 당시 민주당 선대위 총무본부장), 신상우(16대 대선 당시 민주당 선대위 상임고문), 신경식(16대 대선 당시 한나라당 대선 기획단장), 이재현(16대 대선 당시 한나라당 재정국장), 공호식(16대대선 당시 한나라당 재정부국장), 이한동(16대 대선 당시 하나로국민연합 대선후보), 김종필(前 자민련 총재), 서영훈(前 민주당 총재), 김연배(한화그룹 부회장)이다. ㉢ 특별복권 대상자는 최돈웅(16대 대선 당시 한나라당 재정위원장) 1인이다. (나) 기타 주요 대상자로는 김홍업(김대중 前 대통령 차남, 형집행면제 특별사면 및 복권), 김홍걸(김대중 前 대통령 3남, 형선고실효 특별사면 및 복권)이다.

(나) 공안사범으로 ㉠ 국가보안법 위반사범 대상자는 총 273명(한총련 관련자 204명)으로 민경우(前 범민련 사무처장, 형집행면제 특별사면 및 복권), 민기채(한총련 6기, 형집행면제 특별사면 및 복권), 이덕용(한총련 10기, 형집행면제 특별사면 및 복권), 강태운(前 민노당 고문, 특별감형), 이종린(前 범민련

남측본부 명예의장, 형선고실효 특별사면 및 복권), 최승환(前 한총련 9기 의장, 형선고실효 특별사면 및 복권), 하영옥(민혁당사건 관련자, 특별복권), 문규현(신부, 특별복권)이다. ⓛ 불법 노동·집단행동사범 대상자는 총 569명으로 강성철(前 민노총 전해투 조직국장, 형집행면제 특별사면), 조현수(FTA 반대시위 관련자, 형집행면제 특별사면), 인태순(전국철거민연합회 회원, 형집행면제 특별사면), 진형구(前 대검 공안부장, 형선고실효 특별사면 및 복권), 최근호(前 여중생 범대위 상황실장, 형선고실효 특별사면 및 복권)이다. ⓒ 선거사범 대상자는 총 1,067명으로 김영배(前 민주당 국회의원, 특별복권), 정인봉(前 한나라당 국회의원, 특별복권), 김윤식(前 민주당 국회의원, 특별복권), 이도형(한국논단 발행인, 형선고실효 특별사면 및 복권)이다.

(다) 가석방 대상자로는 김성호(前 보건복지부 장관), 김진(前 대한주택공사 사장, 김구선생의 손자)이다.

2005년 8월 실시된 광복 60주년 특별사면의 특징으로는 ① 국민 대통합을 위한 대규모 특별사면이다. 이번 특별사면의 대상자 규모는 총 14,094명에 이르고, 운전면허 벌점면제 등 혜택이 돌아가는 사람까지 포함하면 총 수혜자가 422만여명에 달하는 대규모 사면조치로 국민 대화합의 전기를 마련하고자 했다. ② 민생 위주의 특별사면으로 서민생활 안정 도모하고자 했다. 생계난으로 경미한 범죄를 저질러 복역중인 초범이나 한 순간의 실수로 실형(實刑)을 선고받은 과실범에 대하여 과감히 형의 집행을 면제하거나 감형함으로써 갱생의 기회를 부여하고 서민생활의 안정 도모했으며,[12] 서민생활과 직결되는 86개 행정법규 위반사범과 과실범죄를 범하여 집행유예(執行猶豫)를 선고받은 자에 대하여는 형선고실효 특별사면 및 복권을 실시하여 사회활동을 하는데 걸림돌이 되는 법적 제약을 해소했다. 다만, 국민건강에 직접적 위해를 가하는 식품·환경

---

12) 생계형 절도, 교통사고처리특례법위반사범, 부정수표단속법위반사범, 경미한 재산범죄 등이 주대상이다.

관련 행정법규 위반사범은 대상에서 제외했다. 370만여 명에 대해 도로교통법상 벌점을 삭제하고, 50만여 명에 대해 운전면허 취소·정지의 행정처분을 면제하거나 면허취득 결격기간을 풀어줌으로써 운전을 생업으로 하는 서민들에게 혜택 부여했다. ③ 투명하고 안전한 공동체 건설을 저해하는 사범은 사면에서 배제했다. 시대적 과제인 투명하고 안전한 공동체 건설을 저해하는 사범은 원칙적으로 사면대상에서 제외[13]했다. 아울러 규범의식이 미약하거나 재범의 위험성이 높은 사람은 대상에서 제외[14]함으로써 법질서 경시풍조를 차단했다. ④ 시대적 상황변화를 고려하여 전향적 사면·복권을 실시했다. 시대적 상황변화를 고려하여 한총련 관련자 204명(5명 석방) 등 국가보안법위반사범을 대폭 사면·복권 대상에 포함하여 당시 수배중인 한총련사범 42명 가운데 핵심간부 내지 적극적인 폭력행사에 관련되지 아니한 18명에 대하여는 학업복귀 등 인도적 측면을 고려하여 검찰에서 관용조치를 할 예정이었다. ⑤ 불법·폭력 집단행동 및 선거부정에 대한 엄정대처 원칙을 확립했다. 참여정부 출범 이전 노동·집단행동사범은 사면·복권하되, 참여정부 출범 이후 사범은 사면대상에서 제외함으로써 불법·폭력적 방법에 의한 집단행동을 경계함과 아울러 정부의 엄정대처 의지 천명했다. 3회 지방선거, 16대 대선, 17대 총선과 관련된 선거사범을 대상자에서 제외하여 동종선거 1회 불이익 원칙을 철저히 준수함으로써 공명선거를 향한 국민적 열망을 반영하였다. ⑥ 소년법 개정취지를 적극 반영하여 개정전 판결선고에 따른 불이익을 구제했다. 1989년 7월 1일 개정된 소년법 제59조는 죄를 범할 당시 18세 미만인 소년에 대하여는 사형 또는 무기징역으로 엄벌할 범죄라 하더라도 15년의 징역형에 처하도록 규정하고 있는 바, 소년법의 입법취지를 반영하여 소년법 개정전에 18세 미만의 어린 나이에 죄를 범해 무

---

13) 부정부패 척결이라는 국민적 요구에 역행하는 부패사범, 우리 사회 곳곳에 침투하여 국민생활의 안전에 심각한 위해를 가하는 조직폭력사범, 공적자금 비리, 거액의 사기·횡령·배임사범, 해외재산도피, 주가조작 등 국민경제에 해악을 끼친 경제비리사범이다.

14) 벌점 등 특별감면조치 대상자 중 음주측정 불응자나 2회이상 상습 음주운전사범, 공무집행방해사범, 교통사고 야기후 도주자, 차량을 이용한 범죄행위자 등은 제외되었다.

기징역을 선고받고 현재 15년 넘도록 수감중인 11명 전원에 대하여 형평성 차원에서 잔형집행을 면제하고 석방하는 혜택을 부여했다. ⑦ 개전(改悛)의 정(情)이 뚜렷한 중범죄자에게 갱생의 기회를 부여했다. 무기수 중 초범, 60세 이상 또는 행형성적이 우수하고 참회의 빛이 뚜렷한 사람에 대해서는 새 삶을 살아갈 수 있도록 갱생의 기회 부여했다.[15] ⑧ 고령자·유아대동자, 외국인 등에 대한 인도적 배려를 하였다. 70세 이상 고령자, 어린 유아를 데리고 복역중인 여성수감자에 대해서는 사면기준을 형기의 1/2 복역으로 대폭 완화하여 이들이 조직폭력사범이나 부패사범에 해당하지 않는 한 인도주의적 차원에서 과감히 석방했다.[16] 비교적 경미한 범죄로 수감중이거나 형기가 얼마 남지 아니한 외국인 수형자를 인도적 차원에서 특별사면 또는 가석방하여 본국으로 송환하거나 감형의 혜택을 베풀어 인권국가로서의 위상을 제고했다.[17] ⑨ 관행적으로 이루어진 정경유착(政經癒着)의 악습을 청산하고자 했다. 2005년 5월 15일 부처님 오신날 특별사면시 대선자금 관련 경제인 12명을 사면한데 이어 이번에 16대 대선자금 관련 정치인들을 사면대상에 포함시켰다. 이는 과거의 낡은 관행에서 비롯된 범행이라는 점을 충분히 감안하고, 이들에게 통합과 개혁의 새로운 사회질서에 동참하여 국가발전에 기여할 수 있는 기회를 부여한다는 차원에서 이루어진 것이다. 다만, 대선자금 관련 정치인 사면은 원칙적으로 2002년 대선 당시 각 정당의 공식 선거조직에 몸담고 있었던 사람으로 제한하였으며, 이른바 대통령의 측근으로 분류된 인사들은 사면대상에서 제외하는 등 엄격한 논의와 검토를 거쳐 정치인 사면의 범위를 최소화하였다.[18]

---

15) ※ 20년 이상 복역자 - 잔형집행면제 2명, 가석방 2명
　　 ※ 10년 이상 복역자 - 20년형으로 감형 : 102명
16) ※ 고령자 45명, 유아대동자 3명 형집행면제
　　 ※ 일반적 잔형집행면제 기준은 형기의 2/3를 경과하고, 초범이나 과실범에 해당하는 경우에만 대상자에 포함.
17) ※ 외국인 특별사면 19명, 가석방 24명, 감형 7명.
18) 법무부 보도자료 〈광복 60주년 경축 특별사면 실시〉(2005.8.12) 참조.

6. 2006년 광복 61주년 특별사면 실시

노무현 정부는 광복 61주년을 맞이하여, 2006년 8월 15일 인도주의적 배려를 통해 국민대화합을 도모하고 당면과제인 경제살리기 및 새일자리 창출에 매진할 수 있는 사회분위기 조성을 위하여 특별조치(特別措置)를 실시했다. 특별사면·감형·복권 142명 등 총 5,288명 및 4,441개 건설 관련 업체를 대상으로 하고 있다.

광복 61주년 경축 특별사면은 인도주의적 배려로 인권국가로서의 위상을 제고하고, 당면한 최우선 과제인 경제살리기에 매진할 수 있는 사회분위기를 조성하는 한편, 묵은 갈등을 치유하기 위한 국민대통합 차원에서 이루어진 것임을 밝히고 있다.

광복 61주년 경축 특별사면은 ① 인도주의적 배려에 따라 수형중이거나 형집행정지 중인 70세 이상 고령자 및 임산부 사면·감형(65명), ② 경제활성화를 위해 분식회계, 부실계열사 부당지원 등 관행적 비리로 처벌받은 경제인 사면·복권(17명), ③ 지역 주민간 갈등과 반목을 해소하고 화합의 전기를 마련하기 위한 차원에서 부안방폐장 유치 반대시위 등 관련자 사면·복권(55명), ④ 2005년 광복절 특별사면에서 제외되었으나 형평성 차원에서 일부 불법대선자금 사건 관련자 추가 사면·복권(5명), ⑤ 모범수형자나 노약자의 조기 사회 복귀 및 건전한 사회인으로 거듭날 기회 부여를 위한 가석방(756명), ⑥ 건설경기 활성화와 새로운 일자리 창출 차원에서 건설업체 등에 부과된 각종 제재조치 해제 및 벌점 삭제(건축사 등 4,390명 및 4,441개 건설관련 업체) 등이 포함되었다. 이번 8·15 광복을 경축하는 사면조치는 과거의 그릇된 관행과 해묵은 갈등을 씻어내고, 화해와 관용의 정신으로 국민 대화합과 사회통합을 이룩하려는데 그 취지가 있음 또한 밝히고 있다.[19]

법무부는 광복 61주년 경축 특별사면 등의 특징으로 ① 70세 이상 고령자[20],

---

19) 법무부 보도자료 〈광복 61주년 경축 특별사면 등 실시〉(2006.8.11) 참조.

20) 70세 이상 고령인 수형자나 형집행정지자 64명에 대하여 남은 형의 집행을 과감히 면제하

임산부에 대한 인도주의적 배려[21], ② 경제살리기 매진을 위한 경제인 사면[22], ③ 부안지역 갈등해소를 위한 방폐장 관련자 사면[23], ④ 선거사범 엄정대처 원칙 고수로 깨끗한 선거풍토 정착[24], ⑤ 형평성 차원의 고려 외에는 불법정치자

거나 잔형기의 1/2을 감형함으로써 하루라도 빨리 남은 여생을 가족들과 함께 지내면서 마지막으로 사회에 기여할 수 있는 기회 부여했다. 70세 이상인 수형자 중 집행율 2/3 이상인 고령자는 형집행면제(31명), 집행율 1/2 이상 2/3 미만인 고령자는 잔형의 1/2 감형(19명), 80세 이상인 형집행정지자 전원과 70세 이상 80세 미만인 형집행정지자 중 집행율 50% 이상인 고령자에 대하여는 잔형의 집행이 사실상 곤란하다는 점을 감안하여 형집행면제(14명)이다. 다만, 위 요건에 해당하더라도 사회통합과 국민대화합을 저해하는 고귀한 생명을 침해하여 유족들에게 지울 수 없는 상처를 안겨준 살인범, 선량한 풍속을 해하고 재범의 위험성이 농후한 성폭력사범, 사회의 암적 존재로 건강한 서민생활을 위협하는 마약류 제조·밀수사범, 다중의 피해자를 상대로 범죄를 저질러 사회적으로 물의를 일으킨 사범 등 중대범죄를 저지른 사람은 대상에서 제외했다.

21) 형기의 1/2 이상 복역한 임산부인 형집행정지자 1명에 대하여는 잔형의 집행을 면제함으로써 자녀출산 및 양육의 책임을 다하고 단란한 가정을 꾸밀 수 있는 기회를 부여했다.

22) 2005년 부처님오신날 사면시, 분식회계, 부실계열사 부당지원 등 투명한 기업회계 관행이 정착되지 않았던 시기에 그릇된 관행에 따라 저지른 범죄로 처벌을 받은 경제인들을 사면한 바 있다. 당시 판결 미확정 등의 사유로 대상에서 제외된 경제인들을 형평성 고려 차원에서 이번 사면대상에 포함시켜 다시 산업현장에서 경제 활성화에 기여할 수 있는 기회 부여했다. 이는 그동안 기업 스스로의 자정노력으로 기업회계의 투명성이 상당부분 제고되었고, 정부에서도 과거 회계기준 위반사항에 대하여는 스스로 시정하여 투명한 기업으로 새출발을 할 수 있는 기회를 부여하고 있는 과정이라는 점을 고려한 것이다. 그러나 이처럼 투명한 경영문화를 확립하려는 범정부적인 노력을 외면하고 앞으로도 회계분식 등의 구시대적인 비리에서 벗어나지 못하는 기업이 있다면 법과 원칙에 따라 한층 더 엄정히 대처해 나갈 방침이며, 참고로 이번 경제인 사면에서는 횡령, 국외재산도피 등 개인적 이익을 위한 범죄나 대출사기 등 기타 범죄로 처벌된 경제인은 사면대상에서 제외하였다.

23) 부안방폐장 유치 반대시위 관련자들 중 집행유예 이상의 형을 받아 공민권이 제한되는 사람들을 사면·복권 대상에 포함시켜 이들로 하여금 국가발전에 동참할 수 있는 기회 부여한 것이며, 이는 최근 민주적 절차를 거쳐 방폐장 선정문제가 마무리된 상황에서 지역 주민간 갈등과 반목을 해소하여 화합의 전기를 마련해줄 필요성이 있다는 점을 감안한 조치였다.

24) 제4회 지방선거 관련 선거사범을 현재 엄정 수사중인 점을 감안하여 선거사범은 모두 사면대상에서 제외했다. 이는 참여정부 출범 후 17대 총선에서 확립된 공명선거 문화를 정착

금 수수자에 대한 사면 최소화[25], ⑥ 모범수형자에 대한 가석방으로 건전한 사회복귀 촉진[26], ⑦ 건설업체 등에 부과된 제재조치 해제 등을 들고 있다.

광복 61주년 경축 특별사면·감형·복권 내용을 보면, 총 142명으로 형집행면제 특별사면은 46명, 특별감형은 19명, 형선고실효 특별사면 및 복권은 50명, 특별복권은 27명이다. 가석방(假釋放)은 환자·장애자 등 노약수형자 52명, 소년수 28명, 기능자격 취득자, 기능경기 입상자, 검정고시 합격자 157명 등 총 756명이 그 수혜를 입었다.

〈광복 61주년 경축 특별사면·감형·복권〉

사면 유형	인 원
형집행면제 특별사면	46명
특별감형	19명
형선고실효 특별사면 및 복권	50명
특별복권	27명
총	142명

시키고 불법선거를 뿌리뽑고자 하는 국민적 열망을 감안한 조치이다.

25) 법무부는 2005년 부처님오신날 특별사면시 불법대선자금 사건 관련 경제인들을 사면한데 이어, 2005년 광복절에는 동 사건에 관련된 정치인들에 대하여 "과거의 낡은 관행에서 비롯된 범행이라는 점을 충분히 감안하고, 통합과 개혁의 새로운 사회질서에 동참하여 국가 발전에 기여할 수 있는 기회를 부여"한다는 차원에서 사면을 실시한 바 있다. 2005년 광복절에 이어 이번 사면에서도 불법대선자금 사건 관련자들은 여·야 등 소속정당에 구분 없이 동일한 기준에 의하여 공정하게 사면여부를 결정하였다. 노무현 대통령은 "제16대 대선자금의 문제는 임기중에 마무리짓고 새로운 미래로 나아겠다고 수차례 말씀한 바 있으며, 이번 사면조치도 그 연장선상에서 이루어진 것이다." 밝히고 있다.

26) 모범수형자의 건전한 사회복귀 촉진을 위해 행형성적이 우수하고, 출소후 생업이 보장되며, 재범의 우려가 없다고 인정되는 수형자 756명(소년수 28명 포함)에 대해 엄격한 심사를 거쳐 가석방 실시했으며, 그 외에도, 각종 기능자격 취득자 112명, 기능경기대회 입상자 3명, 각종 검정고시 합격자 42명도 가석방 대상에 포함했다.

광복 61주년 경축 특별사면·감형·복권 주요 대상자를 기술하면 아래와 같다. (가) 70세 이상 고령자, 임산부 65명으로 강태운(75세, 前 민주노동당 고문, 형집행면제 특별사면), 김용산(83세, 前 극동건설 회장, 형집행면제 특별사면), 권노갑(76세, 前 민주당 국회의원, 특별감형), 이성호(74세, 김대중 前대통령 처남, 형집행면제 특별사면)를 들 수 있다. (나)분식회계, 부실계열사 부당지원 관련 경제인은 총 17명으로 대부분 전문경영인이며, 대기업 총수급 주요 인사는 없다. (다) 부안방폐장 유치 반대시위 등 관련자는 총 55명으로 김재관(남부안 농민회장, 특별복권), 김종성(대책위 집행위원장, 형선고실효 특별사면 및 특별복권)을 들 수 있다. (라) 불법대선자금사건 관련자는 5명이며 김원길(前 한나라당 국회의원, 특별복권), 서청원(前 한나라당 국회의원, 형선고실효 특별사면 및 특별복권), 신계륜(前 열린우리당 국회의원, 형선고실효 특별사면 및 특별복권), 안희정(前 새천년민주당 국가전략연구소 부소장, 특별복권), 여택수(前 청와대 행정관, 특별복권)이다. 이번에 추가사면을 실시하는 김원길, 서청원, 신계륜, 안희정, 여택수 등 5명의 불법대선자금 사건 관련자는 새로운 기준이 적용된 것이 아니라, 2005년 광복절 특별사면 기준에 따라 사면대상에 포함될 수 있었음에도 불구하고 본인의 의사로 제외되었거나 재판 진행중 등의 사유로 제외되었던 자들에 대하여 형평성 차원에서 추가사면을 실시한 것이다.

(라) 건설업체 등에 부과된 제재조치를 해제했다. 고유가로 사상최대의 호기를 맞은 해외건설 수주전에서의 경쟁력 제고로 건설경기 진작 및 새로운 일자리 창출을 도모하기 위해 건설업체 등에 부과된 입찰자격 제한 등 각종 제재조치를 해제하고 벌점을 삭제하는 특별조치(特別措置)를 시행했다. 이는 GDP의 16.4%를 차지하는 건설업계가 각종 제한조치나 벌점 때문에 수주물량이 감소하면서 경영에 어려움을 겪고 있고, 해외신인도 하락으로 이어져 해외공사 수주에도 지장을 초래하여 국가전체의 경제발전에 걸림돌이 되고 있다는 점을 감안한 조치이다. 다만, 부실업체 퇴출, 투명사회 건설 및 부실시공 근절 차원에서 등록기준에 미달하거나 2005년 8월 15일 이후 금품수수 또는 부실시공행위를 범하여 처분을 받거나 받을 예정인 사안은 수혜대상에서 제외했다.

7. 경제살리기와 국민통합을 위한 특별사면 등 실시

노무현 정부는 2007년 2월 12일자로 총 434명에게 혜택이 돌아가는 특별사면 · 감형 · 복권을 실시하였다. 경제살리기와 국민통합을 위한 특별사면 등의 조치는 당면한 최우선 과제인 경제살리기에 전념할 수 있는 사회분위기를 조성하는 한편, 묵은 갈등을 치유하기 위한 국민대통합 차원에서 이루어진 것이었다.

경제살리기와 국민통합을 위한 특별사면 등에는, ① 과거의 범죄로 처벌받은 경제인 160명에게 다시 한번 기회를 부여하여 일자리 창출 등에 매진하도록 하기 위한 사면, ② 고령 · 건강악화 등 인도주의적 측면을 고려하고 국민통합을 위하여 실시하는 전(前) 공직자 37명과 정치인 7명에 대한 사면, ③ 16대 대선 선거사범 223명에 대한 사면, ④ 경인여대 학내분규사범 7명에 대한 사면 등이 포함되었다.[27]

경제살리기와 국민통합을 위한 특별사면의 유형을 보면, 형집행면제 특별사면 및 특별복권 4명, 형집행면제 특별사면 28명, 특별감형 12명, 형선고실효 특별사면 및 특별복권 114명, 특별복권 276명 총 434명이 수혜를 입었다.

〈2007년 경제살리기 및 국민통합 특별사면·감형·복권 내역〉

사면 유형	인 원
형집행면제 특별사면 및 특별복권	4명
형집행면제 특별사면	28명
특별감형	12명
형선고실효 특별사면 및 특별복권	114명
특별복권	276명
총	434명

---

27) 정부는 2007년 2월 경제살리기와 국민통합을 위한 특별사면등의 조치는 과거의 그릇된 관행과 해묵은 갈등을 씻어내고, 화해와 관용의 정신으로 국민 대화합과 사회통합을 이룩하는 한편, 경제살리기 및 새 일자리 창출의 계기를 마련하자는데 그 의미가 있음을 밝히고 있다.

2007년 2월 경제살리기와 국민통합을 위한 특별사면 등의 내용과 특징으로 는 먼저, ① 경제살리기를 위한 경제인 사면이라는 것이다. 2007년은 외환위기 발생 이후 10년이 되는 해로서 그 동안 정부는 각종회계기준을 개선하고, 증권 관련집단소송제도를 도입하는 등 기업지배구조개선과 기업경영의 투명성 제고 를 위하여 노력하여 왔으며 그 결과 일정한 성과가 있었다. 이에 과거의 관행 적·구조적 부패구조하에서 잘못을 저질렀지만 이미 상당한 처벌을 받은 기업 인들을 대상으로 재기의 기회를 주어 투자활성화와 일자리 창출에 매진하도록 하기 위하여 경제인들에 대한 사면을 실시하게 된 것이다. 이번 사면 대상에 포함된 경제인은 총 160명[28]으로서 그 중 대기업 관련자는 51명, 중소기업인·영세상공인은 109명이다.[29] 대기업 관련자 51명 중에서도 속칭 오너로 분류되 는 자는 9명이며, 나머지 42명은 전문 경영인이다. 한편, 이들에 대한 사면유 형별 구분은 아래 표와 같다.

사면 유형	대 상
형집행면제 특별사면 및 특별복권	수형자(가석방자, 형집행정지자 포함) 중 형기의 1/3 이상 경과한 자
잔형의 1/2 특별감형	수형자(가석방자, 형집행정지자 포함) 중 형기의 1/3 이상 경과한 자
형선고실효 특별사면 및 특별복권	집행유예기간중인 자
특별복권	형선고의 효력에 의하여 자격이 상실·정지되고 있는 자

---

28) 경제인(160명) : 고병우(73세, 前 동아건설산업 회장, 형선고실효 특별사면 및 특별복권), 김석원(61세, 前 쌍용그룹 회장, 형선고실효 특별사면 및 특별복권), 박용성(66세, 前 두산 그룹 회장, 형선고실효 특별사면 및 특별복권), 임창욱(57세, 대상그룹 명예회장, 형집행 면제 특별사면 및 특별복권), 장세주(53세, 前 동국제강 회장, 형선고실효 특별사면 및 특 별복권) 등이다.

29) 대기업 구분은 통상의 관념에 따른 것이며, 30대 대기업에 국한될 경우의 대기업 관련자 는 18명에 불과하다.

경제인 사면은 일정한 기준을 충족하는 자에 한하였으며 그 기준 및 해당인원은 다음과 같다. 분식회계를 수정하고, 사기·횡령·배임액을 반환하는 등 상당 수준의 원상회복 조치를 취한 자(125명), 단순복권 대상(징역형 집행 종료 또는 집행유예기간 경과 후 일정기간내에 있는 자)(59명), 개인비리 없는 전문경영인(80명)이다.[30] 다만, 이와 같은 요건에 부합하는 자 중에서도 추징금·벌금 미납자, 금융기관 자금의 거액 횡령·배임 사범, 주가조작 사범, 밀수 사범 및 사회물의 사범은 전원 사면대상에서 제외시켰다. 한편, 사면대상 경제인을 체계적이고도 투명하게 선정하기 위하여 전경련·대한상공회의소·중소기업협동조합중앙회 등 경제단체가 제출한 자료와 당사자들이 제출한 탄원서 등을 철저히 검토하였고, 각 지방검찰청 검사장으로부터 추천을 받는 방법으로 전국 검찰청·교정기관의 의견도 수렴하였다.[31] [32]

② 인도주의적 고려에 따른 공직자 사면이다.[33] 참여정부는 우리 사회에 만연한 부정부패를 근절하기 위하여 그동안 부패영향평가제 시행과 부패범죄 집중 단속 등 반부패 대책을 강력하게 추진하여 왔으며, 그 일환으로 부패범죄로 처벌받은 공직자들에 대한 형벌사면도 원칙적으로 지양하여 왔다. 이와 같은 노력의 결과로 국제투명성기구(TI)의 우리나라에 대한 부패인식지수(CPI) 평가도 2003년의 4.3점, 세계 47위에서 2006년 5.1점, 세계 42위로 향상되고 있는

---

30) 복수의 기준에 중복 해당하는 경우가 있어 합계는 160명을 초과.

31) 2007년 경제살리기 사면 대상자 중에는 경제단체 추천자가 42명, 지방검찰청 검사장 추천 자가 76명 포함되었다.

32) 정부는 보도자료를 통하여 이번 경제인 사면조치는 과거의 관행적 비리구조를 청산하기 위한 조치인 만큼 앞으로 경제인들도 투명하고 윤리적인 선진 경제질서를 확립하기 위하여 더 한층 노력해 주기를 당부 드리며, 이번 특별사면으로 인하여 과거의 왜곡된 경제질서가 근본적으로 시정되고 투명하고 공정한 기업윤리가 정착될 수 있는 계기가 마련되기를 바란다고 밝히고 있다.

33) 공직자(37명): 권영해(69세, 前 안기부장, 특별감형), 권해옥(71세, 前 주공 사장, 특별감형), 김용채(74세, 前 건교부장관, 특별감형), 박지원(64세, 前 문화부장관, 형집행면제 특별사면), 심완구(68세, 前 울산시장, 형집행면제 특별사면), 이남기(63세, 前 공정거래위원장, 형선고실효 특별사면 및 특별복권) 등

상황이다. 그러나 공직자 출신의 수형자 중에는 고령 및 건강악화로 형의 집행을 감내하기 어려운 사람 등이 포함되어 있어 인도주의적 관점과 국민대통합의 견지에서 선별적인 사면조치가 필요하다고 판단하게 되었으며, 과거 공로, 범죄의 내용 및 경위, 연령, 건강 등의 요소를 종합 검토한 끝에 권영해, 권해옥, 김용채, 박지원, 심완구, 이남기에 대하여 사면을 실시하게 되었다.[34] ③ 특가법 개정으로 인한 형량의 차등을 해소했다. 한편, 특정범죄가중처벌등에관한법률 개정으로 인한 형량의 차등을 해소하는 차원에서 일반 공직자 중 일부도 이번 특별사면에 포함되었다. 2006년 3월 30일 특정범죄가중처벌등에관한법률이 개정되면서 '수뢰액 1천만원 이상 3천만원 미만자' 및 '수뢰액 5천만원 이상 1억원 미만자'에 대한 법정형이 낮아졌다.

〈특가법(뇌물) 개정에 따른 죄명 및 법정형 비교〉

죄명 및 법정형 ＼ 수뢰액	1천만원~ 3천만원	3천만원~ 5천만원	5천만원~ 1억원	1억원 이상
개정 前	**특가(뇌물), 5년 이상**	특가(뇌물), 5년 이상	특가(뇌물) **무기, 10년 이상**	특가(뇌물) 무기, 10년 이상
개정 後	**뇌물, 5년 이하**	특가(뇌물) 5년 이상	특가(뇌물) **7년 이상**	특가(뇌물) 무기, 10년 이상

그 결과 재판시점에 따른 선고형의 차등이 발생하여, 이를 해소하기 위한 사면조치가 형평 도모 차원에서 필요하게 되었다. 이에 따라 위 법 개정 전에 형이 확정된 수형자 중 수뢰금액이 위와 같은 자를 대상으로 사면을 실시하였으며, 자세한 조치 내역은 다음과 같다.

사면유형	대 상	인원(명)
형집행면제 특별사면	형기의 2/3 이상 경과한 자	24
잔형의 1/2 특별감형	형기의 2/3 미만 경과한 자	7

---

[34] 수형자(가석방자, 형집행정지자 포함) 중 형기의 1/3 이상 경과한 자는 형집행면제 특별사면, 형기의 1/3 미만 경과한 자는 잔형의 1/2 특별감형, 집행유예기간중인 자는 형선고실효 특별사면 및 특별복권함.

④ 정치인 사면의 최소화를 들고 있다.[35] 2007년 2월 경제살리기와 국민통합을 위한 특별사면에서는 17대 대선을 앞둔 시점임을 감안, 깨끗한 정치문화의 확립을 위하여 정치인 사면은 가급적 지양함을 원칙으로 정하였으나, 다만, 일부 정치인에 대하여는 과거 공로, 범죄의 내용 및 경위, 연령, 건강 등의 요소를 고려하여 인도주의적 관점과 국민대통합의 견지에서 사면을 실시하게 되었으며 강신성일, 권노갑, 김봉호, 김현철, 김홍일, 서상목, 이호웅이 그 대상자이다.[36] ⑤ 16대 대선 선거사범에 대한 사면이다.[37] 16대 대선사범의 경우 대부분 사면을 받은 불법 대선자금사범과의 형평성과 이미 피선거권 제한을 받은 점 등을 감안하여 사면·복권하였다. 다만, 이와 같은 요건에 부합하는 자 중에서도 별건으로 수사·재판·수배 또는 공민권이 제한되고 있는 자, 추징금·벌금 미납자, 2000년 이후 사면·복권 등으로 이미 은전을 입은 자는 사면대상에서 제외시켰다. ⑥ 경인여대 학내분규사범에 대한 사면이다.[38] 참여정부 출범 이전 공안사범으로 2005년 8월 15일 사면 당시 재판 미확정의 사유로 제외되었던 경인여대 학내분규사범 관련자 7명도 형평성 차원에서 사면·복권하였다.

---

35) 정치인(7명) : 강신성일(69세, 前 한나라당 국회의원, 형집행면제 특별사면), 권노갑(76세, 前 민주당 국회의원, 형집행면제 특별사면), 김봉호(73세, 前 국회부의장, 특별복권), 김현철(47세, 김영삼 前 대통령 차남, 형선고실효 특별사면 및 특별복권), 김홍일(58세, 前 민주당 국회의원, 형선고실효 특별사면 및 특별복권), 서상목(59세, 前 한나라당 국회의원, 특별복권), 이호웅(57세, 前 열린우리당 국회의원, 형선고실효 특별사면 및 특별복권) 등

36) 김봉호, 서상목, 이호웅은 단순 정치자금법위반 혐의로만 처벌받았고 추징금이 완납된 점을 고려했다고 밝히고 있다.

37) 16대 대선 선거사범(223명) : 문성근(53세, 영화배우, 특별복권), 설훈(53세, 前 민주당 국회의원, 형선고실효 특별사면 및 특별복권), 이상재(72세, 前 한나라당 지구당 위원장, 제12·14대 국회의원, 특별복권) 등

38) 경인여대 학내 분규사범(7명) : 이상권(48세, 前 경인여대 학장 직무대행, 형선고실효 특별사면 및 특별복권) 등

8. 2008년 신년 특별사면 실시

노무현 정부는 2008년 1월 1일 자로 경제인 21명, 前공직자 · 정치인 등 30명, 사형수 6명, 공안사범 18명 등 총 75명에게 혜택이 돌아가는 특별사면 · 감형 · 복권을 실시했다. 외환위기 후 10년을 넘기면서 지난날의 일부 불합리한 관행을 청산하고 새로운 미래를 건설하는 차원에서 김우중 前대우그룹 회장 등 경제인 21명을 대상으로 특별사면 등의 조치를 취하였으며, 前공직자 · 정치인 등 30명과 공안사범 18명에 대하여도 비록 한때의 잘못이 있다 하더라도 다시 한번 국가 발전에 동참할 수 있는 기회를 부여한다는 차원에서 특별사면 등을 실시하였다. 아울러 인도주의적 차원에서 죄과를 깊이 뉘우치고 교화정도가 높은 사형수 6명을 무기징역으로 특별감형하였다.

2008년 신년 특별사면의 유형별 인원을 보면, 형집행면제 특별사면 및 특별복권 2명, 형집행면제 특별사면 8명, 형선고실효 특별사면 및 특별복권 33명, 특별감형 14명, 특별복권 18명이다.

〈2008년 신년 특별사면의 유형별 인원〉

사면유형	인원(명)
형집행면제 특별사면 및 특별복권	2명
형집행면제 특별사면	8명
형선고실효 특별사면 및 특별복권	33명
특별감형	14명
특별복권	18명
총	75명

2008년 신년 특별사면을 대상자별로 구분하여 살펴보면 다음과 같다. (1) 경제인은 경제발전 공로, 비리 정도, 원상회복 노력 등을 종합 고려하여 총 21명이 수혜를 입었다.

〈2008년 신년 특별사면 경제인 대상자〉

성명	연령	직 업	사면 유형
김우중	71세	前 대우그룹 회장	형집행면제 특별사면 및 특별복권
강병호	64세	前 대우자동차 사장	〃
장병주	62세	前 대우 사장	형선고실효 특별사면 및 특별복권
김영구	67세	前 대우 부사장	〃
이동원	63세	前 대우 영국법인장	형선고실효 특별사면 및 특별복권
성기동	52세	前 대우 이사	〃
이상훈	55세	前 대우 전무	〃
김용길	59세	前 대우 전무	〃
김경엽	68세	前 삼신올스테이트 생명보험 대표	특별복권
정몽원	52세	前 한라그룹 회장	형선고실효 특별사면 및 특별복권
장충구	55세	前 한라그룹 기획경영실장	〃
문정식	52세	前 RH시멘트 대표	〃
장흥순	47세	前 터보테크 대표	〃

성명	연령	직 업	사면 유형
고석구	59세	前 수자원공사 사장	형집행면제 특별사면
박혁규	53세	前 국회의원	〃
양윤재	58세	前 서울특별시 행정2부시장	〃
유종근	63세	前 전북도지사	〃
김대웅	62세	前 광주고검장	형선고실효 특별사면 및 특별복권
김 진	58세	前 대한주택공사 사장	형선고실효 특별사면 및 특별복권
손영래	52세	前 국세청장	〃
신 건	66세	前 국가정보원장	〃
신승남	63세	前 검찰총장	〃
이기택	70세	前 국회의원	〃
이연택	71세	前 노동부 장관	〃
이정일	60세	前 국회의원	〃
임동원	73세	前 국가정보원장	〃
한화갑	68세	前 국회의원	〃

강신성일	70세	前 국회의원	특별복권
김명규	65세	前 한국가스공사 사장	〃
김성호	61세	前 보건복지부 장관	〃
박지원	65세	前 문화관광부 장관	〃
심완구	69세	前 울산광역시장	〃
안병엽	62세	前 국회의원	〃
윤영호	67세	前 한국마사회장	〃
이형택	65세	前 예금보험공사 전무	〃
최도술	60세	前 청와대 총무비서관	〃
홍경령	42세	前 검사	〃

전(前) 공직자·정치인 등은 국가발전 공로, 비리 정도, 형 확정 후 경과기간, 집행률, 추징금 완납 여부 등 종합 검토하여 총 30명이 그 대상이 되었다. 사형수(死刑囚) 총 6명에 대해서도 형 확정 후 10년 이상 경과한 자를 대상으로 죄질, 범정, 수형태도 등을 종합 고려하여 전원 사형을 무기징역으로 감형하였다.[39]

노동·집단행동 수감자, 삶의 터전을 잃게 된 평택 미군기지 이전 반대사범, 참여정부에서 기히 실시된 사면 수혜자와의 형평 등을 기하기 위한 일부 국가보안법위반 등 사범 총 18명에 대하여 형집행면제 특별사면 등을 실시했다.

〈2008년 신년 특별사면 공안사범 주요 대상자〉

성명	연령	직 업	사면 유형
김성환	49세	이천전기 매각 비상대책위원회 위원	형집행면제 특별사면
김재정	67세	前 대한의사협회 회장	특별복권
김지태	47세	평택범대위 공동대표, 대추리 이장	형선고실효 특별사면 및 특별복권
이남순	55세	前 한국노총 위원장	〃
이지경	40세	포항건설노조 위원장	특별감형
황 선	33세	민주노동당 부대변인	특별복권

---

39) 대상자 : ㅁㅇㅇ(54세, 살인 등), ㅇㅇㅇ(62세, 살인), ㅇㅇㅇ(42세, 강도살인 등), ㅈㅇㅇ(49세, 해상강도살인 등), ㅈㅇㅇ(41세, 강도살인 등), ㅈㅇㅇ(58세, 살인 등) 등 6명

Ⅱ. 이명박 정부 특별사면

1. 불우 수형자와 생계형 운전자 대규모 사면

이명박 정부는 2008년 6월 3일 새 정부 출범 100일을 맞이하여 고령, 신체장애, 경제적 궁핍 등으로 힘겹게 수감생활을 하고 있는 불우 수형자의 사회복귀를 앞당기고, 운전면허 관련 제재로 어려움을 겪고 있는 생계형 운전자 등에게 다시 한번 운전기회를 부여함으로써 국민화합을 도모하고, 서민생활의 안정을 기하고자 6월 4일자로 대규모 특별조치를 실시했다. 불우 수형자와 생계형 운전자 대규모 사면 특별조치는 특별사면·감형 150명, 운전면허 제재 특별감면 조치 2,828,917명을 포함하여 총 2,829,067명을 대상으로 하였다. ① 70세 이상 고령자 52명[40], 1급 신체장애자[41] 및 중증환자 33명[42], 임산부·유아대동자[43]·부부(夫婦)수형자[44] 9명, 노역수형자 56명[45] 등 150명에 대한 특별사

---

[40] 70세 이상의 고령자로서 형기의 3분의 2 이상을 복역하고 수형중이거나, 형기의 2분의 1 이상을 복역하고 형집행정지 중인 28명에 대하여 남은 형의 집행을 면제하고, 형기의 2분의 1 이상을 복역하고 수형중인 24명에 대하여는 남은 형의 2분의 1을 감경했다. 70세 이상의 고령으로 수형생활의 어려움을 겪는 이들에 대하여 수형기간을 단축하여 하루라도 빨리 가족들과 함께 지내면서 사회에 기여할 수 있는 기회를 부여했다.

[41] 1급 신체장애자로서 형기의 3분의 2 이상을 복역하고 수형중이거나, 형기의 2분의 1 이상을 복역하고 형집행정지 중인 10명에 대하여 남은 형의 집행을 면제하고, 형기의 2분의 1 이상을 복역하고 수형중인 2명에 대하여는 남은 형의 2분의 1을 감경했다. 지체장애, 뇌병변장애, 시각장애 등 1급 신체장애가 있는 수형자와 형집행정지자에 대하여도 수형생활 등의 어려움을 감안하여 일정 형기 이상을 복역시 조기에 가족 등 보호자의 품으로 돌아가 편안한 생활을 할 수 있도록 조치하였다.

[42] 중증환자로서 10년 이상 형집행정지 중이거나, 형기의 3분의 2 이상을 복역하고 형집행정지 중인 16명에 대하여 남은 형의 집행을 면제하고, 형기의 2분의 1 이상을 복역하고 형집행정지 중인 5명에 대하여는 남은 형의 2분의 1을 감경하였다. 오랜 기간 동안 회복하기 어려운 중병으로 형집행정지를 받아 왔거나, 일정 형기 이상을 복역한 중증환자에 대하여 형집행 부담감을 없애줌으로써 좀 더 편안한 상태에서 치료를 받으며 생활할 수 있도록 하였다.

[43] 임신중이거나 유아를 데리고 수형생활을 하고 있는 부녀자로서 형기의 2분의 1 이상을 복

면·감형했으며, ② 운전면허가 취소 또는 정지되거나 벌점이 누적된 생계형 운전자 등 2,828,917명에 대한 특별감면[46] 조치했다.

이명박 정부는 불우 수형자와 생계형 운전자 대규모 사면 특별조치로 불미스러운 과오를 정리하고, 새롭게 출발(New Start)할 수 있는 기회를 부여함으로써 사회통합과 민생안정의 전기가 마련될 수 있기를 기대하고 있다고 보도자료를 통해서 밝혔다.[47]

〈불우 수형자와 생계형 운전자 대규모 사면 유형별 구분〉

형집행면제 특별사면	119명
특별감형	31명
합　계	150명

역하고 수형중인 4명에 대하여 남은 형의 집행을 면제하였다. 인도주의적 차원에서 임산부 및 유아대동자가 좀 더 자유로운 환경에서 자녀를 출산하고, 양육할 수 있도록 배려하였다.

44) 부부(夫婦)수형자로서 부부 모두 형기의 2분의 1 이상을 복역하고 수형중인 5쌍 중 형 집행율이 더 높은 배우자 5명에 대하여 남은 형의 집행을 면제하였다. 수형중인 부부중 1명을 조기에 석방하여 가정을 지키고, 부모로서 자녀를 양육할 수 있는 기회를 가질 수 있도록 하였다.

45) 100만원 이하의 벌금을 선고받고 이를 제때 납부하지 못하여 노역장에 유치된 노역수형자로서 2분의 1 이상을 집행한 56명에 대하여 나머지 벌금에 대한 집행을 면제하였다. 경제적으로 궁핍하여 노역장에 유치된 저소득 소외계층에 대하여 남은 형의 집행을 면제함으로써 서민 생활의 안정을 도모한 것이다.

46) (1) 운전면허 벌점 삭제(2,482,956명) 2008년 5월 26일 이전에 도로교통법령을 위반한 행위에 대하여 운전면허 취소 등 불이익한 행정처분의 기초자료로 관리하고 있는 벌점을 일괄 삭제하여 모든 운전자가 "0점"에서 새롭게 시작토록 했다. (2) 운전면허 행정처분 면제(110,563명)로는 운전면허 정지 또는 취소처분 대상자 9,182명에 대하여 그 처분을 면제와 운전면허 정지기간 중에 있는 101,381명에 대하여는 잔여 정지기간의 집행을 면제 조치했다. (3) 운전면허취득 결격기간 해제(235,398명)는 운전면허 취소 등으로 1년 내지 5년간 운전면허시험에 응시할 수 없도록 되어 있는 결격기간을 해제하여 곧바로 응시 가능토록 했다.

47) 법무부 보도자료 〈정부, 불우 수형자와 생계형 운전자 대규모 사면 – 새로운 출발(New Start)의 기회 제공〉(2008.6.3) 참조.

70세 이상 고령자	52명
1급 신체장애자	12명
중증환자	21명
임산부, 유아대동자 및 부부수형자	9명
노역수형자	56명
합　계	150명

〈불우 수형자와 생계형 운전자 대규모 특별감면 조치〉

운전면허 벌점 삭제	2,482,956명
운전면허 행정처분 면제	110,563명
운전면허취득 결격기간 해제	235,398명
합　계	2,828,917명

　2008년 6월 불우 수형자와 생계형 운전자 대규모 사면의 내용과 특징을 보면, ① 불우한 수형자와 생계형 운전자를 주 대상으로 한 민생사면이다. 이번 특별조치는 불우한 처지에 있는 수형자를 조기 석방하거나 형을 감경해 주고, 경제적으로 어려움을 겪고 있는 생계형 운전자 등에게 다시 운전할 수 있는 기회를 부여하여 생업에 복귀할 수 있도록 함으로써 서민생활의 안정을 도모했다. 특히, 특별사면·감형 대상에는 종전의 사면 전례에 따른 고령자, 중증환자, 임산부·유아대동자뿐만 아니라, 새로이 1급 신체장애자, 부부수형자까지도 포함하였다. 한편, 정치인, 경제인, 고위공직자 등은 배제하였다. ② 최초로 「사면심사위원회」의 심사를 거친 공정하고 투명한 사면이다. 이번 특별사면은 2007년 12월 개정되어 2008년 3월부터 시행중인 「사면법」에 따라 최초로 법무부 사면심사위원회의 사전 심사를 거쳤다. 이처럼 사면심사위원회의 심사를 거쳐 그 대상자를 선정함으로써 특별사면의 공정성과 투명성을 강화할 수 있었다. ③ 살인·성폭행·부패사범 등을 배제하여 법질서확립과 조화 도모하였다. 불우 수형자와 생계형 운전자 대규모 사면에서는 살인, 강도, 성폭행 등 반인륜

적인 중대범죄와 사회적으로 큰 물의를 일으킨 부패사범, 다중피해 범죄자 등을 일관되게 배제하고, 일반 형사범 중심의 민생사면 원칙을 견지함으로써 법질서 확립과 예외적 특혜조치로서의 특별사면 필요성 간에 조화를 도모하였다.[48] 또한, 운전면허 특별감면 조치의 경우에도 2회 이상 음주운전자, 교통사고 야기 후 도주운전자(뺑소니 사범) 등 재범의 우려가 있거나 특히 규범의식이 미약하다고 보여지는 경우에는 감면 대상에서 제외함으로써 준법의식이 해이해지거나 법질서를 경시하는 풍조를 사전에 차단하였다.[49]

2. 광복 63주년 대사면 실시

이명박 정부는 2008년 8월 15일자로 광복 63주년과 건국 60년을 경축하고, 경제살리기를 통한 일자리창출과 "화합과 동반의 시대"를 열기 위한 대규모 사면조치를 단행했다. 2008년 6월 4일자로 일반 영세민과 생계형 운전자 등 소외계층 282만 여명에 대하여 민생사면을 실시한데 이어, 이번에는 △ 형사범 10,416명(정치인 12명[50], 공직자 10명[51], 지방자치단체장 12명[52], 언론인 5명[53]

---

48) 제외 대상자 : △ 고귀한 생명을 침해하여 유족들에게 치유할 수 없는 상처를 안겨준 살인범(미수범 포함) 또는 폭행·상해치사범 △ 흉기를 사용한 흉악폭력범, 강도범 또는 조직폭력사범 △ 아동·여성을 상대로 지울 수 없는 상처를 준 성폭력사범 △ 사회지도층으로서의 청렴의무를 저버린 공직자의 뇌물수수 등 부정부패사범 △ 건강한 서민생활을 위협하는 마약류 제조·밀수사범 △ 다중의 피해자를 상대로 범죄를 저질러 사회적으로 물의를 일으킨 범죄자 △ 다른 사건으로 수사나 재판 계속 중인 자, 최근 3년 내 사면의 혜택을 받은 전력이 있는 자, 고액 추징금 미납자 등

49) 제외 대상자 : △ 2회 이상 음주운전자(취소 사유 불문) △ 무면허 음주운전자, 음주인피사고 야기자, 음주측정 불응자 △ 약물을 사용한 상태에서 자동차 등을 운전한 자 △ 교통사고 야기 후 도주 운전자 △ 단속 경찰공무원 등을 폭행하여 구속된 자 △ 자동차 등을 이용하여 범죄행위를 하거나, 다른 사람의 자동차 등을 훔치거나 빼앗은 자 △ 적성검사 및 면허증 갱신으로 운전면허 정지 또는 취소 처분을 받거나 받아야 할 자

50) 정치인 12명 : 권영해(前 안기부장, 형집행면제 특별사면), 권해옥(前 주공사장, 형집행면제 특별사면), 김용채(前 건교부장관, 형집행면제 특별사면), 송천영(14대 신한국당 국회의원, 형집행면제 특별사면), 박상규(16대 민주당 국회의원, 형선고실효 특별사면 및 특별복

/ 경제인 74명, 영세상공인 204명/ 국방부 대상자 24명) △ 선거사범 1,902명, 노동사범 9명 △ 모범수형자 702명 △ 징계 공무원 328,335명 △ 소형선박 조종사면허 제재 어민 500명[54] 등 총 341,864명에게 특별사면 · 감형 · 복권, 징계사면과 면허 제재 감면 등 다양한 혜택이 돌아가도록 하였다.

이명박 정부는 법무부 보도자료에서 이번 사면조치를 통해 경제인들의 활발한 투자활동을 이끌어내 일자리를 창출하고, 해외시장을 넓혀 우리가 겪고 있는 심각한 경제적 어려움을 타개하는 한편, 건국 60년의 역사적 의미를 살려 온 국민이 과거의 대립과 갈등을 해소하고, "화합과 동반의 시대"를 열어 나가

권), 김기섭(前 안기부 기조실장, 특별복권), 김운용(16대 민주당 국회의원, 특별복권), 문희갑(前 대구광역시장, 특별복권), 박명환(16대 한나라당 국회의원, 특별복권), 이양희(16대 자민련 국회의원, 특별복권), 이훈평(16대 민주당 국회의원, 특별복권), 한광옥(前 새천년민주당 최고위원, 특별복권)

51) 공직자 10명 : 민오기(前 서대문경찰서장, 형집행면제 특별사면), 이재진(前 동화은행장, 형집행면제 특별사면), 강복환(前 충청남도 교육감, 형선고실효 특별사면 및 특별복권), 박문수(前 광업진흥공사 사장, 형선고실효 특별사면 및 특별복권), 박상하(세계정구연맹 회장, 형선고실효 특별사면 및 특별복권), 이택석(前 국무총리 비서실장, 형선고실효 특별사면 및 특별복권), 고경희(前 검사, 형선고실효 특별사면), 박종식(前 수협중앙회장, 특별복권), 봉태열(前 서울지방국세청장, 특별복권), 양윤재(前 서울시 행정2부시장, 특별복권)

52) 지방자치단체장 12명 : 김인규(前 마산시장, 형집행면제 특별사면), 김일동(前 삼척시장, 형집행면제 특별사면), 동문성(前 속초시장, 형집행면제 특별사면), 오창근(前 울릉군수, 형집행면제 특별사면), 윤완중(前 공주시장, 형집행면제 특별사면), 조충훈(前 순천시장, 형집행면제 특별사면), 최용수(前 동두천시장, 형집행면제 특별사면), 김용규(前 광주시장, 특별감형), 김종규(前 창녕군수, 특별복권), 박성규(前 안산시장, 특별복권), 안병해(前 부산강서구청장, 특별복권), 예강환(前 용인시장, 특별복권)

53) 언론인 5명 : 김병건(前 동아일보 부사장, 형선고실효 특별사면 및 특별복권), 방상훈(前 조선일보 사장, 형선고실효 특별사면 및 특별복권), 조희준(前 국민일보 사장, 형선고실효 특별사면 및 특별복권), 송필호(前 중앙일보 대표이사, 특별복권), 이재홍(前 중앙일보 경영지원실장, 특별복권)

54) 2008년 6월 4일 실시한 자동차운전면허 제재 특별감면조치와의 형평성을 고려하여 면허취소로 2년간 시험에 응시할 수 없는 5톤 미만의 생계형 낚시어선 조종사 500명에 대하여 결격기간을 해제, 곧바로 면허 시험에 응시토록 함으로써 영세 어민의 생활안정을 도모하였다.

는 전기가 마련될 수 있기를 기대하고 있다는 점을 밝혔다.[55]

<2008년 광복 63주년 사면 종류별 구분>

형사범 (10,416명)	형집행면제 특별사면	1,388명
	형선고실효 특별사면 및 특별복권	8,793명
	형선고실효 특별사면	12명
	특별감형	178명
	특별복권	45명
선거사범/노동사범 (1,911명)	형집행면제 특별사면	1명
	형선고실효 특별사면 및 특별복권	4명
	특별복권	1,906명
가석방		702명
징계사면		328,335명
소형선박 조종사면허 취득 결격기간 해제 조치		500명
합 계		341,864명

광복 63주년 특별사면 등의 내용과 특징으로 ① "화합과 동반의 시대"를 지향하는 대규모 특별사면이다. 무기수, 유기수, 영세상공인, 영세어민, 정치인·공직자·경제인, 선거사범, 노동사범, 모범수형자 등 사회 각계각층에 혜택이 고루 돌아가는 폭넓고 다양한 사면을 실시함으로써, 통합과 발전을 통한 "화합과 동반의 시대"를 지향했다. ② 경제살리기를 위한 대규모 경제인 사면이다. 일자리창출과 경제살리기를 위해 최근 형이 확정된 일부 대기업 관련자들을 포함한 다수의 경제인들에 대하여 대규모 사면 조치를 취했다.[56] 경제인들에게 형

---

55) 법무부 보도자료 〈정부, 8.15. 광복 63주년과 건국 60년을 맞아 "화합과 동반의 시대"를 여는 대사면 실시〉(2008.8.12) 참조.

56) ○ 주요 대기업 대상자 : 나승렬(前 거평그룹 회장, 형집행면제 특별사면), 최순영(前 신동아그룹 회장, 형집행면제 특별사면), 김동진(현대자동차 부회장, 형선고실효 특별사면 및 특별복권), 김승연(한화그룹 회장, 형선고실효 특별사면 및 특별복권), 김영진(前 진도 회장, 형선고실효 특별사면 및 특별복권), 김윤규(前 현대건설 대표이사, 형선고실효 특별사면 및 특별복권), 손길승(前 SK그룹 및 전경련 회장, 형선고실효 특별사면 및 특별복권), 안병균(前 나산그룹 회장, 형선고실효 특별사면 및 특별복권), 엄상호(前 건영그룹 회장,

사처벌에 따른 법적 제약을 해소하여 줌으로써 다시 한번 투자촉진과 해외진출, 일자리창출 등 경제살리기에 매진할 수 있는 여건 마련하였다. ③ 대립과 갈등 해소를 통한 국민대통합을 도모한 사면이다. 선거·노동사범은 물론 대립과 갈등의 구조 속에서 형사처벌된 정치인·공직자에 대하여 여야를 구분하지 않고 관용조치를 베풀어 국민대통합을 도모했다. 다만, 불법집단행동사범 및 국가보안법위반사범은 법질서 확립과 자유민주적 기본질서 수호 차원에서 배제했다. ④ 폭넓은 징계사면으로 공직사회 안정을 추구했다. 2003년 8월 15일 이후 5년 만에 폭넓은 사면을 실시함으로써 징계를 받은 공무원들이 공무에 전념할 수 있는 여건을 조성하고, 공직사회의 안정과 화합을 도모했다. 다만, 중대한 과오로 파면·해임처분의 중징계를 받은 자와 금품·향응수수, 공금횡령·유용 및 불법집단행동으로 징계처분을 받은 자는 제외함으로써 공직기강 확립과 조화를 도모했다. ⑤ 영세어민 등 소외계층에 대한 인도주의적 배려했다. 인도주의적 고려에 따라 영세상공인, 영세어민 등을 사면 대상에 포함하고, 장기수와 노약수형자를 가석방함으로써 이들이 사회구성원으로서 제 역할을 다할 수 있는 기회를 부여하였다.

광복 63주년 특별사면에서 일반 형사범에 대하여는 초범으로 10년 이상 복역한 자 중에서 죄질, 수형 태도 등을 종합적으로 고려하여 모범수 1명[57]을 선정,

---

형선고실효 특별사면 및 특별복권), 장치혁(前 고합 회장, 형선고실효 특별사면 및 특별복권), 정몽구(현대자동차그룹 회장, 형선고실효 특별사면 및 특별복권), 최원석(前 동아그룹 회장, 형선고실효 특별사면 및 특별복권), 최태원(SK그룹 회장, 형선고실효 특별사면 및 특별복권), 이재관(前 새한그룹 부회장, 특별복권) 등 ○ 주요 중소기업 대상자 : 고대수(前 KDS 대표, 형선고실효 특별사면 및 특별복권), 김덕우(前 우리기술 대표, 형선고실효 특별사면 및 특별복권), 김병희(前 한국종합건설 회장, 형선고실효 특별사면 및 특별복권), 김춘환(신한 대표, 형선고실효 특별사면 및 특별복권), 김형순(前 로커스 대표, 형선고실효 특별사면 및 특별복권), 안문환(前 화인에이엠 대표, 형선고실효 특별사면 및 특별복권), 윤영달(크라운제과 회장, 형선고실효 특별사면 및 특별복권), 이중근(부영건설 회장, 형선고실효 특별사면 및 특별복권), 박남성(前 도레미미디어 대표, 특별복권), 손정수(前 홍창 회장, 특별복권), 유광윤(前 한국코아 대표, 특별복권), 이광호(前 충남방적 전무, 특별복권), 홍기훈(한국넬슨제약 회장, 특별복권) 등

57) 곡ㅇ(37세, 대만 국적) : 1991.7.23. '강도살인죄 등'으로 확정, 17년 11월 복역.

징역 20년으로 감형조치했다. 유기수(有期囚)에 대해서는 생계형 범죄를 저질러 복역 중인 초범이나 실형을 선고받은 과실범 757명 중에서 형집행율 2/3 이상인 사람에 대하여는 잔형집행면제, 형집행율 1/2 이상인 사람에 대하여는 잔형의 1/2 감경조치했다. 성폭력범죄자, 조직폭력배가 아닌 자로서 가석방되어 그 형기를 마치지 아니한 787명에 대하여는 잔형집행을 면제했다. 집행유예자·선고유예자에 대해서는 형법상 실화 등 과실범죄 또는 서민생활과 직결되는 77개 행정법규를 위반하여 집행유예 기간 중인 8,726명에 대하여는 형 선고의 효력을 상실시키고, 그에 따른 자격 제한 해제하였으며, 선고유예 기간 중인 11명에 대하여는 형 선고 효력을 상실시켰다. 또한 교통사고처리특례법 등 행정법규 위반에 따른 각종 법적 제한을 해소함으로써 활발한 경제활동의 기회를 부여하였다.

정치인·공직자·지방자치단체장·언론인은 그간의 국가발전 공로, 비리의 정도, 형 확정 후 경과기간, 형집행율, 추징금 납부 여부, 연령, 건강상태 등을 고려하여 사회통합에 다시 기여할 수 있는 기회를 부여하였다.

〈광복 63주년 특별사면 : 정치인·공직자·지방자치단체장·언론인〉

형집행면제 특별사면	13명
형선고실효 특별사면 및 특별복권	8명
형선고실효 특별사면	1명
특별감형	1명
특별복권	16명
합 계	39명

경제인의 경우, 우리 경제를 되살리기 위해 그 어느 때보다 경제인에 대한 사면이 필요하다는 경제계의 요청과 그간의 경제발전 공로, 피해 회복 노력, 형 확정 후 경과기간, 형집행율, 추징금 납부 여부, 연령, 건강상태 등을 고려하여 국가 경제에 이바지할 수 있는 기회를 부여했으며, 최근 형이 확정된 일부 대기업 관련자들의 경우, 어려운 국내외 경제 여건 하에서 투자촉진, 적극적 해외진출 및 일자리창출이 절실한 상황임을 특별히 감안했다.

〈경제인 특별사면 내역〉

형집행면제 특별사면	4명
형선고실효 특별사면 및 특별복권	50명
특별복권	20명
합 계	74명

영세상공인의 경우, 자금부족 등으로 주로 재산범죄를 범한 영세상공인 등 204명에 대하여 잔형의 집행을 면제하는 등의 조치로 서민생활의 안정을 기하고, 일자리창출과 경제살리기에 동참할 수 있는 기회를 부여했다.

〈영세상공인 특별사면 내역〉

형집행면제 특별사면	60명
형선고실효 특별사면 및 특별복권	128명
특별감형	16명
합 계	204명

선거사범인 경우, 제17대 총선(2004) 이전의 선거사범(제3회 지방선거, 제15대, 제16대 대선사범 등)에 대하여 폭넓은 사면, 복권을 통해 사회통합과 경제발전에 다시 기여할 수 있는 기회를 부여하였다. 15대 대선 관련 소위'북풍'사건으로 권영해 前안기부장과 함께 처벌받은 박일용 前안기부 1차장 등 안기부 직원 11명도 특별복권조치했다. 다만, 별건으로 수사·재판·수배 중이거나 공민권이 제한되는 경우, 벌금·추징금 미납 등은 원칙적 제외했다.

형집행면제 특별사면	1명
특별복권	1,901명
합 계	1,902명

주요 선거사범 대상자를 보면, 김기석(제17대 총선 열린우리당 당선자, 특별복권), 김맹곤(제17대 총선 열린우리당 당선자, 특별복권), 김옥두(前 새천년민주당 국회의원, 특별복권), 박원홍(前 한나라당 국회의원, 특별복권), 박찬종

(前 무소속 국회의원, 특별복권), 박창달(제17대 총선 한나라당 당선자, 특별복권), 복기왕(제17대 총선 열린우리당 당선자, 특별복권), 오시덕(제17대 총선 열린우리당 당선자, 특별복권), 이덕모(제17대 총선 한나라당 당선자, 특별복권), 이상만(前 자민련 국회의원, 특별복권), 조승수(제17대 총선 민주노동당 당선자, 특별복권), 우근민(제3회 지방선거 제주도지사 당선자, 특별복권), 김동진(제3회 지방선거 통영시장 당선자, 특별복권), 김선기(제3회 지방선거 평택시장 당선자, 특별복권), 김용일(제3회 지방선거 영등포구청장 당선자, 특별복권), 박종갑(제3회 지방선거 청송군수 당선자, 특별복권), 양인섭(제3회 지방선거 진도군수 당선자, 특별복권), 임호경(제3회 지방선거 화순군수 당선자, 특별복권) 등이다.

노동사범의 경우, 갈등과 대립의 노사관계에서 벗어나 상생과 협력의 선진 노사관계 정립에 부응한 노동사범 9명을 사면·복권조치했다.

형선고실효 특별사면 및 특별복권	4명
특별복권	5명
합 계	9명

주요 노동사범 대상자로는 양병민(전국금융산업노조 위원장, 특별복권), 김종석(前 조흥은행노조 부위원장, 형선고실효 특별사면 및 특별복권) 등이다.

수형자들의 행형성적, 복역기간, 죄질, 재범가능성 등을 고려하여 모범수형자 702명을 가석방했다. 그러나 아동성폭력사범·조직폭력사범 등 재범이 우려되거나 서민 생활 안정을 침해하는 사범은 제외했다.

공무원 징계사면의 경우, 2008년 2월 25일 이명박 정부 출범 전에 경미한 과오로 징계처분을 받은 전·현직 공무원을 사면함으로써 공무에 전념할 수 있는 분위기를 조성하고 공직사회에 활력을 부여했다.

〈공무원 사면내역〉

구 분	합계	정직	감봉	견책	불문경고	경고·주의·훈계
	328,335명 (100%)	2,666 (0.8%)	4,929 (1.5%)	16,685 (5.1%)	12,655 (3.9%)	291,400 (88.7%)
중앙행정기관	218,643 (66.6%)	1,602	1,777	4,622	5,560	205,082
지방자치단체	96,604 (29.4%)	479	1,308	4,492	5,086	85,239
헌법기관 (국회 · 법원 · 선관위)	340 (0.1%)	16	31	15	12	266
군인/군무원	12,748 (3.9%)	569	1,813	7,556	1,997	813

※ 63개 기관, 현직 295,172명(89.9%)/전직 33,163명(10.1%)

※ 2003년 사면대상자 : 125,164명(정직 2,812, 감봉 6,359, 견책 20,719, 불문경고 19,521, 주의 · 경고 · 훈계 75,753)

3. 8·15광복 64주년 민생 특별사면 실시

이명박 정부는 광복 64주년 및 건국 61년을 경축하는 한편, 경제위기 상황에서 서민들의 어려움을 덜어주고 민생에 실질적인 도움을 줄 수 있는 대규모 특별조치를 2009년 8월 15일 자로 단행했다. 특별사면 조치는 생계형 범죄를 범한 서민을 주된 대상으로, 모두 1,527,770명에 대하여 일반 형사범 특별사면 · 감형 · 복권, 운전면허 제재 특별감면, 수산관계법령 위반 행정처분 특별감면, 모범 수형자 가석방 등을 실시했다.

법무부는 광복 64주년 및 건국 61년을 경축하는 특별사면의 특징으로 ① 서민에게 실질적 도움과 혜택을 주는 "민생사면[58]"이며, ② 사회지도층 비리 사면

---

58) 서민 생활과 밀접한 범죄를 중점 대상으로 선정하였다. 특별사면 · 감형 · 복권된 일반 형사범 9,467명 중 교통사범 및 각종 과실범이 6,927명(73.1%), 농어민 · 영세 자영업자 등 서민들에게 실질적인 도움을 줄 수 있도록 실시하여 서민경제 활성화 및 조속한 민생안정 도모하였다.

을 철제하게 배제한 사면[59], ③ 생계형 운전자 등에 대한 면허제재 특별감면[60], ④ 영세 어업인에 대한 행정처분 대규모 감면[41], ⑤ 소외 계층에 대한 인도주의적 배려[62] 등을 들고 있다.

〈8.15광복 64주년 민생 특별사면 종류별 구분〉

일반 형사범 (9,467명)	형집행면제 특별사면	1,939명 (4명)
	형선고실효 특별사면 · 복권	7,145명 (2명)
	형선고실효 특별사면	8명 (2명)
	특별감형	375명 (3명)
운전면허 행정제재 (1,505,376명)	면허정지 · 취소 특별감면	69,605명
	면허취득 결격기간 해제	197,614명
	도로교통법상 벌점 삭제	1,238,157명
어업면허 · 허가 행정제재 (8,764명)	어업면허 · 허가 제재 감면	14명
	어업허가 취득 유예기간 감면	1명
	어업면허 · 허가 제재기록 삭제	8,749명
해기사면허 행정제재 (2,530명)	해기사면허 제재 감면	42명
	해기사면허 결격기간 해제	20명
	해기사면허 제재기록 삭제	2,468명
모범수형자 가석방		841명
소년원생 임시퇴원		77명
보호관찰 가해제		715명
합 계		1,527,770명

59) 정치인 · 공직자 등의 부정부패, 경제인 기업비리, 재범 가능성이 높은 조직폭력 범죄 및 반인륜적 흉악범 등을 일체 배제했고, 계층간 위화감 해소, 국민통합을 지향함과 동시에 법질서 확립 기조를 유지하고, 예외적 특혜조치로서의 사면에 충실했다.

60) 서민 경제활동의 불편을 해소하고 국내경제 활성화를 뒷받침하기 위하여 국민생활과 밀접한 운전면허 제재 특별감면 실시했으며, 특별감면 대상이 된 서민들의 편의를 최대한 배려하기 위하여 대상자들에 대한 안내문 발송과 함께, 운전면허시험관리단 홈페이지(www.dla.go.kr)에 결격기간 해제 조회서비스를 신설하고, 응시인원 증가에 대비하여 면허시험장 토요일 특별근무 실시토록 조치했다.

61) 어선 선장 등 생계형 어업기술자들이 하루빨리 일자리를 다시 찾을 수 있도록 영세 어민을 중심으로 특별 배려하여, 해기사면허 제제 특별감면은 물론, 경미한 생계형 법규위반으로 인한 어업면허 · 허가 제재 특별감면을 최초로 실시했다.

62) 법무부 보도자료 〈정부, 8.15.광복 64주년과 건국 61년을 맞아 서민경제 활성화를 위한 "민생 특별사면"실시〉(2009.8.11) 참조.

광복 64주년 경축 특별사면의 주요 내용을 살펴보면 다음과 같다 (가) 일반 형사범 특별사면·감형·복권을 보면, ㉠ 유기수 2314명에 대하여 2009년 5월 31일 이전 형이 확정된 초범 또는 과실범으로, 살인·강도·조직폭력·성폭력 범죄·뇌물수수 등 제외범죄에 해당하지 않는 자로서, 형기의 2/3 이상을 복역한 수형자 772명, 형 집행정지자 3명 등 모두 775명에 대하여 남은 형의 집행을 면제하고(국방부 수형자 4명 포함), 형기의 1/2 이상을 복역한 수형자 372명, 형 집행정지자 3명 등 모두 375명에 대하여는 남은 형의 1/2 을 감경했다(국방부 수형자 3명 포함). 형기가 종료되지 않은 가석방자 중 성폭력·조직폭력 사범을 제외한 1,164명에 대하여 남은 형의 집행을 면제했다(가석방된 성폭력 사범은 상당수 '전자발찌' 착용중이므로 사면 제외). ㉡ 집행유예자·선고유예자 7,153명에 대하여 농지법, 수산업법, 도로법 등 72개 생계형 행정법규 위반사범 및 업무상실화 등 형법상 9개 과실범 중, 2009. 2. 28. 이전 형이 확정된 자로서, 집행유예 기간 중인 7,145명에 대하여 형 선고의 효력을 상실시키고 그에 따른 자격 제한을 해제하였고, 선고유예 기간 중인 8명에 대하여는 형 선고의 효력을 상실시켰다.

(나) 운전면허 제재 특별감면 조치를 보면, ㉠ 면허정지 처분이 진행 중이거나 정지기간 중에 있는 63,224명에 대하여는 그 처분을 면제하거나 잔여 정지기간을 면제했고, 면허취소 처분이 진행 중인 6,381명에 대하여는 취소 처분을 면제하여 즉시 운전할 수 있도록 했다. ㉡ 도로교통법상 벌점 삭제(1,238,157명)조치로 면허취소 등 불이익한 행정처분의 기초자료로 활용되고 있는 운전면허 벌점 중에서, 2009년 6월 29일 이전 도로교통법령 위반행위에 대한 자료를 일괄 삭제하여 모든 운전자가 "0점"에서 새롭게 시작토록 조치했다. ㉢ 운전면허취득 결격기간 해제(197,614명)로서 운전면허가 취소되어 1~2년간 면허시험에 응시할 수 없도록 되어 있는 결격기간을 해제하여 곧바로 응시할 수 있도록 했다. 다만, 음주운전 등 교통법규 위반의 폐해를 인식할 수 있도록 면허시험 응시 전 특별교통안전교육(6시간) 이수를 의무화했다.

	특별감면 내용	제외대상
면허벌점	△ 일괄삭제	
면허정지	△ 대상자 → 집행면제 △ 기간중 → 잔여기간 면제	△ 갱신기간 경과로 정지된 경우
면허취소 (대상자)	△ 취소처분 면제 ※ **적성검사 탈락자 제외**	△ 5년 내 2회 음주운전 △ 무면허 음주운전 △ 음주 인피사고 △ 음주측정 불응 △ 약물사용 운전 △ 뺑소니 △ 단속공무원 폭행 △ 차량이용 범죄
면허취득 결격기간	△ 결격기간 해제	

　(다) 수산관계법령위반 행정처분 특별감면 대상자에 대한 특별 조치 내용을 보면, ㉠ 어업면허·허가 행정처분 특별감면(8,764명)으로 생계형 위반행위로 어업면허·허가가 정지·취소되거나 취득유예기간 중인 영세어업인 15명에 대한 처분을 면제 또는 감경했다. 행정처분 가중 근거로 일정기간 관리되는, 어업면허·허가 정지, 취소 또는 경고 처분을 받은 영세어업인 8,749명의 기록 삭제했다. 다만, 면허·허가 구역을 이탈한 어구 설치, 대형어선의 금지구역 침범 조업, 유해약품 사용 등 수산자원의 보호·육성과 식품안전을 저해하는 중대 위반행위는 특별감면에서 제외했다. ㉡ 해기사면허 제재 특별감면(2,530명)으로 수산관계법령을 위반하여 해기사면허가 정지·취소된 42명에 대하여 그 처분을 면제하거나 잔여 정지기간을 면제하고, 면허취소로 재취득 결격기간 중인 20명에 대하여는 결격을 해제하여 즉시 응시 가능하도록 했다. 또한 해기사면허에 대한 경고, 정지, 취소 처분을 받았던 영세어업인 2,468명의 기록을 일괄 삭제했다.

　(라) 가석방, 소년원생 임시퇴원, 보호관찰 가해제의 내용을 보면, ㉠ 모범 수형자 가석방841명으로 형 집행율, 죄질, 수형태도 등을 종합적으로 고려, 재범 우려가 없는 서민 경제사범 등에 대한 가석방 실시했다. 70세 이상 고령자·장애인 등 사회적 취약계층 수형자 120명, 서민 재산범죄 수형자 214명,

모범 장기수형자 등 504명이다. ⓛ 소년원생 임시퇴원 조치로 교정 종합성적이 우수하고, 보호자의 보호의지가 확고하거나 진로계획이 확정된 소년범 77명에 대하여 임시퇴원 실시했다. ⓒ 보호관찰 가해제 조치로 보호관찰 기간의 1/2 이상을 경과한 자로서, 학업 · 직업 등 생업에 충실하고, 준수사항을 성실히 이행하여 재범 위험성이 낮다고 판단되는 715명에 대하여 보호관찰 가해제 실시하여 교통, 생계형 절도 · 풍속 · 단순폭력 등 민생 · 과실 사범 외에 탈북 후 보호관찰 대상이 된 경우를 포함시켜 국민통합 도모했다.

4. 이건희 IOC 위원 특별사면 및 특별복권 실시

이명박 정부는 이건희 국제올림픽위원회(IOC) 위원에 대한 특별사면 및 특별복권을 2009년 12월 31일 자로 실시했다. 이번 조치는 이건희 IOC 위원에 대한 특별사면 및 특별복권을 통하여 현재 정지 중인 위원 자격을 회복할 수 있는 여건을 마련해 줌으로써, 범국민적 염원인 2018년 동계올림픽의 평창 유치를 위한 보다 나은 환경을 조성하기 위한 것이었음을 밝혔다. 우리나라는 2010년, 2014년에 이어 2018년 동계올림픽을 평창에 유치하기 위해 세 번째 경쟁에 뛰어들었으나, 본격적인 유치경쟁이 예상되는 2010년 2월 밴쿠버 IOC 총회(2010. 2. 10. ~ 11. 개최)가 한 달여 밖에 남아 있지 않은 시점에서 활발하게 유치활동을 펼칠 수 있는 IOC 위원이 선수위원 1명에 불과한 상황이었다. 따라서 이건희 IOC 위원의 자격 회복을 도와 적극적인 유치활동에 나설 수 있도록 해 줄 필요가 있음을 당시 보도자료를 통해 밝히고 있다. 이에 이건희 IOC 위원에 대한 사면을 바라는 2018평창동계올림픽유치위원회, 강원도민, 체육계 및 경제계 등 각계각층의 청원을 반영하는 한편, 국익을 최우선적으로 고려하여 이번 조치를 실시하게 되었음도 밝혔다.[63]

---

63) 법무부 보도자료 〈이건희 IOC 위원 특별사면 및 특별복권 실시〉(2009.12.29) 참조.

5. 광복 65주년 경축 특별사면 실시

이명박 정부는 광복 65주년을 경축하고, G20 정상회의를 앞둔 시점에서 화해와 포용으로 국력을 한데 모아 '더 큰 대한민국'으로 나아가는 전기를 마련하고자 2010년 8월 15일자로 지난 정부의 공직자, 정치인 등 형사범 총 2,493명에 대한 특별사면 및 전·현직 공무원 5,685명에 대한 징계면제를 실시했다. 지난 정부 인사 및 전직 국회의원·공직자, 과거 선거범죄로 처벌받은 정치인 등에 대한 폭넓은 사면으로 국민 통합을 도모하고 국가 발전에 다시 기여할 수 있는 기회를 부여하는 한편, 경제인 사면을 통하여 기업활동을 통한 일자리 창출 등 사회적 역할과 책임을 다할 수 있는 여건을 조성하고, 가정폭력에 시달리다 범행을 저질렀거나 유아와 함께 수감중인 여성 등 외국인 수형자 및 고령·중병 등으로 수감생활에 어려움을 겪는 불우 수형자들을 인도적 차원에서 사면함으로써, 집권 중반기를 맞아 우리 사회의 갈등과 대립을 극복하고, 화해와 포용의 분위기 속에서 국력을 하나로 결집하여 G20 정상회의를 성공적으로 개최함과 동시에, 경제위기 극복을 위한 막바지 노력을 한층 가속화하는 계기가 마련될 것으로 기대한다고 밝혔다.

법무부는 광복 65주년 경축 특별사면의 특징으로 ① 국민통합을 지향하는 특별사면, ② 사회 통합과 화해를 위한 선거사범 사면, ③ 기업 활성화, 경제 살리기 동참 여건 조성 사면, ④ 외국인·불우 수형자에 대한 인도적 배려한 사면을 들고 있다.

광복 65주년 경축 특별사면의 주요 내용을 살펴보면, (가) 과거 정부 주요 인사에 대한 특별사면으로 집권 중반기를 맞이하여 우리 사회에 화해와 포용의 분위기를 조성하고, 국민 통합을 실현하기 위해 노건평 등 4명 특별사면을 단행했다. 그 대상자 노건평(노무현 前 대통령 친형, 형집행면제 특별사면), 김원기(前 국회의장, 형선고실효 특별사면 및 특별복권), 박정규(前 청와대 민정수석, 특별감형), 정상문(前 청와대 총무비서관, 특별감형)이다. (나) 선거사범 2,375명에 대하여 피선거권 제한으로 이미 동종 선거에서 불이익을 받은 제4회 지방선거 사범에 대하여 폭넓은 특별사면 실시했다.[64] 제17대 대선사범도 제

18대 총선 및 제5회 지방선거 실시로 일정기간 공민권 제한을 받은 점을 참작하여 특별사면을 하였다. 이전 사면에서 배제되었던 일부 제17대 총선사범, 제3회 지방선거사범 등도 대상에 포함했으며, 제18대 총선사범은 제외하되, 지병으로 건강상태가 지극히 좋지 않은 서청원 前국회의원 등 3명에 대해서만 국민화합과 인도적 차원에서 특별감형 실시했다. 선거사범 주요 대상자를 보면, 아래 표와 같다.

제4회 지방선거사범 (1,962명)	− 김병호 (17대 국회의원, 한나라당, 특별복권) − 박태권 (13대 국회의원, 민주자유당, 특별복권) − 정한태 (前 청도군수, 형집행면제 특별사면) − 최준섭 (前 연기군수, 형집행면제 특별사면) − 고길호 (前 신안군수, 특별복권) − 손이목 (前 영천시장, 특별복권) − 신중대 (前 안양시장, 특별복권) − 윤　진 (前 대구서구청장, 특별복권) − 이기봉 (前 연기군수, 특별복권) − 이병학 (前 부안군수, 특별복권) − 한창희 (前 충주시장, 특별복권) 등
제17대 대선사범 (284명)	− 김현미 (17대 국회의원, 열린우리당, 특별복권) − 박종웅 (17대 국회의원, 한나라당, 특별복권) 등
제17대 총선사범 (34명)	− 이상락 (17대 국회의원, 열린우리당, 특별복권) 등
제18대 총선사범 (3명)	− 서청원 (18대 국회의원, 친박연대, 특별감형) − 김노식 (18대 국회의원, 친박연대, 특별감형) − 김순애 (18대 국회의원 양정례 모친, 친박연대, 특별감형)

---

64) 〈선거사범 사면 유형별 구분〉

유　형	인　원
형집행면제 특별사면	2명
형선고실효 특별사면 및 특별복권	20명
특별감형	3명
특별복권	2,350명
합　계　　2,375명	

(다) 여·야를 망라하여 국가발전에 기여한 공로 및 비리 정도, 형 집행율, 추징금 완납 여부 등 종합 고려하여 전직 국회의원·공직자·지방자치단체장 59명을 특별사면했다.

전직 국회의원 (13명)	김종률 (18대, 민주당, 형집행면제 특별사면), 권정달 (15대, 민주당, 형선고실효 특별사면 및 특별복권), 김태식 (16대, 민주당, 형선고실효 특별사면 및 특별복권), 이부영 (16대, 열린우리당, 형선고실효 특별사면 및 특별복권), 배기선 (17대, 열린우리당, 특별감형), 김용채 (13대, 민주자유당, 특별복권), 박혁규 (17대, 한나라당, 특별복권), 송천영 (14대, 신한국당, 특별복권), 임진출 (16대, 한나라당, 특별복권), 염동연 (17대, 민주당, 특별복권), 조재환 (16대, 민주당, 특별복권), 최락도 (14대, 민주당, 특별복권), 최재승 (16대, 민주당, 특별복권)
전직 공직자 (22명)	정상곤 (前 부산지방국세청장, 형집행면제 특별사면), 변양균 (前 청와대 정책실장, 형선고실효 특별사면 및 특별복권), 최기문 (前 경찰청장, 형선고실효 특별사면 및 특별복권), 강무현 (前 해양수산부장관, 특별복권), 권영해 (前 안기부장, 특별복권), 권해옥 (前 주공 사장, 특별복권) 등
전직 지방자치단체장 (24명)	박연수 (前 진도군수, 형선고실효 특별사면 및 특별복권), 강태훈 (前 남제주군수, 특별복권), 김두기 (前 영등포구청장, 특별복권), 김문배 (前 괴산군수, 특별복권), 김병량 (前 성남시장, 특별복권), 김상순 (前 청도군수, 특별복권), 김수일 (前 영등포구청장, 특별복권), 김용규 (前 경기 광주시장, 특별복권), 김인규 (前 마산시장, 특별복권), 김일동 (前 삼척시장, 특별복권), 동문성 (前 속초시장, 특별복권), 박수묵 (前 부평구청장, 특별복권), 박신원 (前 오산시장, 특별복권), 신구범 (前 제주도지사, 특별복권), 오창근 (前 울릉군수, 특별복권), 우호태 (前 화성시장, 특별복권), 유봉열 (前 옥천군수, 특별복권), 유종근 (前 전북도지사, 특별복권), 윤완중 (前 공주시장, 특별복권), 이영근 (前 부산 남구청장, 특별복권), 임익근 (前 도봉구청장, 특별복권), 조충훈 (前 순천시장, 특별복권), 최용수 (前 동두천시장, 특별복권), 최충일 (前 완주군수, 특별복권)

(라) 국가경제 발전에 기여한 공로, 죄질 및 원상회복 노력, 형 집행율, 추징금 완납 여부 등 종합 고려하여 경제인 18명을 특별사면 했다. 그 대상자로는

김준기 (동부그룹 회장, 형선고실효 특별사면 및 특별복권), 김인주 (前 삼성그룹 전략기획실장, 형선고실효 특별사면 및 특별복권), 박건배 (前 해태그룹 회장, 형집행면제 특별사면), 유상부 (前 포스코 회장, 특별복권), 이익치 (前 현대증권 대표, 형집행면제 특별사면), 이학수 (前 삼성그룹 부회장, 형선고실효 특별사면 및 특별복권), 조욱래 (디에스디엘 회장, 형선고실효 특별사면 및 특별복권), 채형석 (애경그룹 부회장, 형선고실효 특별사면 및 특별복권) 등이다.

(마) 외국인·불우 수형자 27명을 대상으로 형집행면제 특별사면 및 특별감형 등을 단행했다. 가정폭력 피해, 유아 대동 등 특수한 사정이 있고 행형성적이 우수한 외국인 수형자 4명에 대하여 남은 형의 집행을 면제고령, 신체장애, 중병 등으로 수감생활에 어려움을 겪고 있는 불우 수형자 및 형 집행정지자 23명 중, 집행율 2/3 이상인 14명은 남은 형의 집행을 면제하였고, 집행율 2/3 미만인 9명은 남은 형의 1/2을 감경했다. 또한 죄질 및 피해 정도, 국민통합과 국가·지역사회 발전에 갖는 상징적 의미와 역할, 추징금 완납 여부 등을 종합적으로 고려하여, 기타 대상자 10명을 특별사면했다.

(바) 광복 65주년 경축 징계면제의 내용으로는 2008년 2월 25일 이명박 정부 출범 전에 징계를 받은 전·현직 공무원 5,685명에 대하여 징계면제를 실시한 것이다. 2010년 8월 15일 이후 대상자의 징계처분 기록을 말소, 승진·호봉승급·상훈 등 각종 인사상 불이익 해제했다. 그러나 파면·해임 처분을 받은 자, 금품·향응수수, 공금횡령·유용 비위 및 불법 집단행동으로 징계처분을 받은 자는 제외했다.

〈광복 65주년 특별사면 징계면제 대상자〉

유 형	인 원
정 직	20명
감 봉	65명
견 책	192명
불문 경고	217명
단순 경고, 주의, 훈계	5,191명
합 계	5,685명

Ⅲ. 박근혜 정부 특별사면

1. 2013년 특별사면 · 특별감형 · 특별복권 실시

　박근혜 정부는 2013년 1월 31일자로 前공직자, 정치인, 경제인, 교육 · 문화 · 언론 · 노동계, 시민단체, 용산사건 관련자, 불우수형자 등 각계각층을 아울러 총 55명에 대한 특별사면 · 감형 · 복권을 실시하였다. 고령 · 질병 악화 등으로 수감 생활을 유지하기 어렵거나, 형사처벌 전력으로 인해 공적 활동에 제약을 받고 있는 前공직자, 여야 정치인, 경제인 등에게 국가 발전과 경제 번영에 다시 기여할 수 있는 기회를 부여했다. 특히 경제인의 경우, 중소 · 중견기업 경영인 등을 위주로 수출실적, 사회적 기부 · 봉사활동 공로, 피해회복 노력 등도 감안하여 대상자를 선별했다. 또한, 용산 사건 관련 수감자 중 배후조종 사범 1명을 제외한 철거민 5명 전원에 대해 잔형 집행을 면제함으로써 불행한 사건으로 인한 사회갈등을 해소하고 사회적 통합을 기하고자 한 것이다. 아울러, 인도적 차원에서 고령 · 중병 · 장애 · 유아대동 등의 사정으로 수형 생활을 유지하기 어려운 불우 수형자 및 행형 성적이 우수한 외국인 모범수 등 8명에 대한 잔형 집행을 면제했다. 다만, 대통령의 주요 친인척, 재벌그룹 총수, 저축은행 비리 사범, 민간인 사찰 사건 관련자, 성폭력 · 살인 · 강도 등 반인륜적 흉악범, 벌금 · 추징금 미납자, 별건 재판 진행 중인 자 등은 사면대상에서 제외하였다.

　2013년 1월 단행된 특별사면 · 특별감형 · 특별복권 대상자로는 前 국회의장 2명, 前 공직자 5명, 정치인 12명, 경제인 14명, 교육계 4명, 문화계 1명, 언론계 1명, 노동계 1명, 시민단체 2명, 용산사건 관련자 5명, 불우 · 외국인 수형자 8명으로 총 55명이다.

〈2013년 특별사면 유형별 분류〉

구 분	인 원
형집행면제 특별사면	16명
특별감형	3명
형선고실효 특별사면 및 특별복권	18명
특별복권	18명
합 계	55명

(1) 전(前) 국회의장

전(前) 입법부 수장 등으로 국가발전에 기여한 공로, 비리정도, 벌금 · 추징금 완납 여부, 사회통합적 측면 등 종합적으로 고려하여 특별사면 등을 단행했다.

형선고실효 특별사면 및 특별복권	**박희태** (前 국회의장, 제18대 국회 제2기)
특별복권	**박관용** (前 국회의장, 제16대 국회 제2기)

(2) 전(前) 공직자 · 정치인

국가발전 공로, 비리정도, 형 집행률, 벌금 · 추징금 완납 여부, 사회통합적 측면, 인도주의적 배려 등 종합 고려하였다.

① 前 공직자 : 5명

형집행면제 특별사면	**최시중**(前 방송통신위원회 위원장)
형선고실효 특별사면 및 특별복권	**김효재**(前 청와대 정무수석) **김연광**(前 청와대 정무1비서관)
특별복권	**박정규**(前 청와대 민정수석) **정상문**(前 청와대 총무비서관)

② 정치인 : 12명

특별감형	**김한겸**(前 거제시장) **김무열**(前 울산광역시의회 의원)
형선고실효 특별사면 및 특별복권	**신정훈**(前 나주시장)
특별복권	**김종률**(前 국회의원) **현경병**(前 국회의원) **서갑원**(前 국회의원) **이덕천**(前 대구광역시의회 의장) **서청원**(前 국회의원) **김민호**(前 국회의원 보좌관) **우제항**(前 국회의원) **임헌조**(뉴라이트 전국연합 사무처장) **장광근**(前 국회의원)

(3) 경제인 : 14명

경제발전 공로, 원상회복 노력, 형 집행률, 벌금 · 추징금 완납 여부, 인도주의적 배려 등 종합 고려하였다. 대부분 중소 · 중견기업 경영자이며, 수출실적, 사회봉사 · 기부 활동 등 사회공헌활동도 함께 고려했다.

형집행면제 특별사면	천신일(前 ㈜세중나모여행 회장)	박주탁(前 수산그룹 회장)
특별감형	이준욱(前 ㈜지오엠씨 대표이사)	
형선고실효 특별사면 및 특별복권	권혁홍(신대양제지㈜ 대표이사) 김영치(남성해운㈜ 회장) 남중수(前 ㈜KT 사장) 정종승(㈜리트코 회장) 한형석(前 ㈜마니커 대표이사)	김길출(한국주철관공업㈜ 회장) 김유진(㈜휴니드테크놀로지스 회장) 신종전(한호건설㈜ 회장) 조현준(㈜효성 섬유 PG장)
특별복권	김용문(前 현대다이모스㈜ 부회장)	오공균(사단법인 한국선급 회장)

(4) 교육 · 문화 · 언론 · 노동계, 시민단체(9명)

죄질 및 피해 정도, 벌금 · 추징금 완납 여부, 사회공헌활동 및 사회통합적 측면 등 종합 고려하였다.

교육계	형선고실효 특별사면 및 특별복권	손태희(학교법인 남성학원 명예이사장)
	특별복권	강기성(前 부산정보대학 학장) 윤양소(前 강릉영동대학 학장) 최완규(前 재단법인 전북문화재연구원 원장)
문화계	형선고실효 특별사면 및 특별복권	정태원(㈜태원엔터테인먼트 대표)
언론계	형선고실효 특별사면 및 특별복권	김종래(前 주간조선 출판국장)
노동계	형선고실효 특별사면 및 특별복권	이해수(한국노총부산지역본부 의장)
시민 단체	형선고실효 특별사면 및 특별복권	서정갑(국민행동본부 본부장)
	특별복권	이갑산(범시민단체연합 공동대표)

(5) 용산사건 관련자(5명)

죄질 및 가담정도, 형 집행률, 잔형기, 사회통합적 측면 등 종합 고려했으며, 용산사건 수감자 6명 중, 본건 망루 농성을 배후 조종하고 형 집행률도 낮은 ㄱㅇㅇ을 제외한 철거민 5명 전원에 대해 잔형 집행을 면제조치 하였다.

형집행면제 특별사면	ㄴㅇㅇ(용산4구역 철거민) ㄹㅇㅇ(용산 신계동 철거민) ㅂㅇㅇ(상도4동 철거민)	ㄷㅇㅇ(용산4구역 철거민) ㅁㅇㅇ(성남 단대동 철거민)

(6) 불우 · 외국인 수형자(8명)

고령 · 신체장애 · 중병 · 유아대동 등으로 수감생활에 어려움을 겪고 있는 불우 수형자, 행형 성적이 우수한 외국인 수형자로서 형 집행률이 2/3 이상인 자 등에 대한 잔형 집행을 면제하였다.

형집행면제 특별사면	고령자(3명)	중증환자(1명)
	장애자(1명)	유아대동자(1명)
	외국인(1명)	기타(1명)

2. 2015년 광복 70주년 특별사면 실시

박근혜 정부는 광복 70주년을 맞이하여, 2015년 8월 14일자로 서민 생계형 형사범, 중소 · 영세 상공인을 포함한 경제인[65], 불우 수형자 6,527명에 대한 특별사면을 단행했다. 아울러, 모범수 588명에 대한 가석방, 모범 소년원생 62명에 대한 임시퇴원 조치, 서민생계형 보호관찰대상자 3,650명에 대한 보호관찰 임시해제 등 은전조치를 실시했다. 이와 더불어, 운전면허 취소 · 정지 · 벌점, 건설분야 입찰제한, 소프트웨어 업체 입찰제한 등 행정제재자 총 2,206,924명에 대한 대규모 특별감면 조치를 함께 시행했다.[66] 광복 70주년 특별사면은 국

---

[65] 경제인(14명) : 국가경제에 기여한 공로, 죄질 및 피해회복 여부, 국민적 공감대 등을 종합적으로 고려하여 경제발전 및 통합에 기여할 기회 부여하였다. 국민이 공감할 수 있는 절제된 사면이 가능하도록 기준과 원칙을 세우고 이에 맞게 대상 경제인을 엄격히 선별했다. 최근 6개월 내 형 확정자, 형 집행율이 부족한 자, 現 정부 출범 후 비리사범, 추징금 · 벌금 미납자, 사회봉사 미이수자, 5년 내 특별사면을 받은 자 등은 철저히 배제했다. 주요 대상자로는 최태원(SK그룹 회장, 형집행면제 특별사면 및 특별복권), 김현중(한화그룹 부회장, 형선고실효 특별사면 및 특별복권), 홍동옥(한화그룹 여천NCC 대표이사, 형선고실효 특별사면 및 특별복권) 등이다. 〈경제인 조치 내역〉은 아래와 같다.

유형	인원
형집행면제 특별사면 및 특별복권	1명
형선고실효 특별사면 및 특별복권	12명
특별복권	1명
합계	14명

[66] 〈2015년 광복 70주년 특별사면 조치 내역〉

가발전과 국민대통합의 계기로 삼고 국민들의 사기를 진작하는데 그 취지가 있음도 밝혔다. 이를 위해 생계형 범죄로 인한 서민들의 고충을 해소하고, 행정제재와 형사처벌로 인한 제약을 해소하였다. 정부는 이러한 취지를 살리기 위해 국민이 공감할 수 있는 절제된 사면이 이루어질 수 있도록 명확한 기준과 원칙에 따라 민생사면과 경제인사면을 실시하였다 밝히고 있다. 부패범죄·강력범죄, 국민 안전을 위협하는 범죄, 사회물의사범 등을 배제하였고, 경제인의 경우, 최근 형 확정자, 형 집행율이 부족한 자, 現 정부 출범 후 비리사범, 벌금·추징금 미납자 등은 철저히 제외하였으며, 아울러, 행정제재 감면 대상에서 상습 음주운전·뺑소니 사범(운전면허 관련) 및 금품수수로 인한 제재(건설·소프트웨어 업체 관련) 등과 같은 중대위반행위를 제외함으로써 사면권 행사가 기준과 원칙에 따라 신중하고 엄정히 이루어질 수 있도록 하였음을 밝히고 있다.

정부는 2015년 광복 70주년 대규모 특별사면을 통해 우리 경제의 활력이 제고되고, 다시한번 세계 속의 대한민국으로 웅비(雄飛)하는 계기가 마련될 수 있기를 기대했다.

2015년 광복 70주년 대규모 특별사면의 특징으로는 ① 명확한 기준과 원칙에 따른 절제된 사면을 들고 있다. 국민이 공감할 수 있는 절제된 사면이 이루어질 수 있도록 사전에 기준과 원칙을 명확히 정립한 후, 민생 사면 및 경제인사면 실시했다는 것이다. 민생사면의 경우, 부패사범·강력사범·국민 안전 위해사범·사회물의사범 등을 철저히 배제하고, 생계형 사범과 초범·과실범 등

- 형사범(경제인 포함) 특별사면·감형·복권 : 6,422명
- 불우 수형자 특별사면·감형 : 105명
- 모범수·서민 생계형 수형자 가석방 : 588명
- 모범 소년원생 임시퇴원 : 62명
- 서민 생계형 보호관찰대상자 임시해제 : 3,650명
- 운전면허 행정제재 특별감면 : 2,200,925명
- 건설분야 행정제재 특별감면 : 2,200개社(명)
- 소프트웨어 업체 입찰참가제한 특별감면 : 100개社
- 영세 운송사업자 및 생계형 자가용 유상운송자 행정제재 특별감면 : 43개社
- 생계형 어업인 행정제재 특별감면 : 3,506명
- 개업 공인중개사 업무정지 처분 면제 : 150명

을 중심으로 실시했으며, 아울러, 경제 활성화를 위해 경제인만을 대상으로 사면을 실시하고, 정치인·공직자 등은 금번 사면대상에서 제외했다. 경제인의 경우에도 최근 6개월 내 형이 확정된 자, 형 집행율이 부족한 자, 現 정부 출범 이후 비리사범, 벌금·추징금 미납자, 뇌물범죄·안전범죄 등은 사면대상에서 철저히 배제함으로써 기준과 원칙에 따른 신중하고 절제된 사면을 지향했으며, 행정제재 특별감면 또한, 상습 음주운전·뺑소니 사범(운전면허 관련) 및 금품 수수로 인한 제재(건설·소프트웨어 업체 관련) 등과 같은 중대위반행위를 감면대상에서 제외함으로써 사면권 행사가 기준과 원칙에 따라 신중하고 엄정히 이루어질 수 있도록 조치한 것을 들고 있다. ② 서민 생계에 실질적 혜택을 주는 대규모 민생사면[67], ③ 경제 활성화를 위한 경제인 사면[68], ④ 사회적 약자 등 소외 계층에 대한 인도적인 배려[69], ⑤ 모범 소년원생 및 보호관찰 대상자의 사회복귀 촉진[70], ⑥ 국민생활과 밀접한 운전면허 제재 감면, ⑦ 서민경제 활성화와 국익 증대를 위한 건설분야 행정제재 해제[71], ⑧ 청년고용 촉진을 위한 소

---

67) 생계형 범죄로 처벌받은 서민들로 하여금 조속히 사회에 복귀하여 정상적인 경제활동이 가능하도록 배려하여 민생안정을 도모한 것으로 서민 생활과 밀접한 생계형 행정법규 위반으로 인한 각종 제한조치 등을 감면하고 해제하여 서민 생활의 어려움을 경감했다.

68) 생계형 범죄와 일상적인 경제활동 중 저지른 재산범죄 등으로 인해 어려움을 겪고 있는 중소·영세 상공인들의 고충을 해소하고, 경제 활성화를 위한 재기의 기회를 제공했다(중소·영세 상공인 1,158명을 특별사면·복권 조치). 경제위기 속에서 연쇄 도산 등으로 수표를 부도내어 부정수표단속법위반죄로 집행유예를 선고받은 중소·영세 상공인 93명에 대하여 형 선고의 효력을 상실시키고, 형 선고에 따른 자격제한을 해제했으며, 경제인 14명을 기준에 따라 엄정히 선정하여 국가경제에 기여할 수 있는 기회를 제공함으로써 경제 활성화의 계기로 활용하고자 했음도 밝히고 있다.

69) 고령·신체장애·부부수형·중증환자·외국인 등 힘겹게 수감생활을 하고 있는 불우 수형자 등이 조속히 가족의 품에 돌아갈 수 있도록 배려했다. 불우 수형자의 경우도 강력사범, 마약사범, 부패사범, 사회물의사범 등은 모두 배제함으로써 민생사면 기조를 일관성 있게 유지했다.

70) 소년원 재원 중 교육성과가 우수한 모범 소년원생에 대한 임시퇴원으로 가정에서 상급학교 진학, 산업체 취업 등을 가능하게 하여 가족 관계 회복 및 안정적 사회정착 기회를 제공했다. 생업에 성실히 종사하고 있는 서민 생계형 법규위반 보호관찰 대상자에 대한 보호관찰 임시해제를 확대하여 보다 적극적인 경제활동을 할 수 있는 기회 제공했다.

프트웨어 업체 행정제재 감면[72), ⑨ 영세 어민, 영세 운송사업자, 자가용 유상 운송자, 공인중개사 등에 대한 맞춤형 행정제재 감면을 들고 있다.[73)

〈표 : 2015년 「광복 70주년 특별사면」 조치 내역〉

순번	사면 유형			규모
1	형사범 (6,422명)	수형자	형집행면제 및 특별복권	1명
			형집행면제	788명
			특별감형	223명
		집행유예 · 선고유예자	형선고실효 및 특별복권	5,402명
			형선고실효	7명
			특별복권	1명
2	불우 수형자 (105명)		형집행면제	82명
			특별감형	23명
3	모범수 · 서민생계형 수형자 가석방			588명
4	모범 소년원생 임시퇴원			62명
5	서민생계형 보호관찰대상자 임시해제			3,650명
6	운전면허 행정제재 특별감면			2,200,925명
7	건설분야 행정제재 특별감면			2,200개社(명)
8	소프트웨어 업체 입찰참가제한 특별감면			100개社
9	영세 운송사업자, 생계형 자가용 유상운송자 행정제재 특별감면			43개社(명)
10	생계형 어업인 행정제재 특별감면			3,506명
11	개업 공인중개사 업무정지 처분 면제			150명
합계				2,217,751명

---

71) 건설업체에 부과된 행정처분 중 입찰자격을 제한하고 있는 부분을 선별적으로 해제하여 건설업체가 정상적인 기업활동을 통해 서민경제 활성화에 기여하도록 배려했으며 특히, 해외건설 수주 경쟁력을 제고하여 국익을 증대하고, 위축된 건설경기 정상화 및 일자리 창출을 지원했다. 다만, 부실업체에 대한 구조조정과 건설산업의 투명성 · 공정성 제고 차원에서 등록기준 미달, 금품수수, 부실시공, 자격증 · 경력증 대여에 따른 처분을 제외하여 해제 대상을 엄격히 선별했다.

72) 취업과 고용유발 효과가 큰 소프트웨어(SW) 기업들이 청년 일자리 창출에 적극 나설 수 있도록 소프트웨어 업체에 부과된 입찰참가제한 행정처분을 감면하였다. 소프트웨어 업체에 대한 사면조치는 이번이 처음으로, 향후 해제대상 기업을 중심으로 영업활동과 연구개발 투자에 적극 나서, 관련 산업에 활력을 불어넣는 계기가 될 것으로 기대하였다. 다만, 금품수수 등 중대 법규 위반 행위로 인한 입찰참가 제한은 해제대상에서 제외함으로써, 소프트웨어 산업의 공정성과 투명성 저해에 대한 우려를 사전에 차단하였다.

73) 법무부 보도자료 〈2015년 광복 70주년 특별사면 실시, 2015.8.13〉 참조

3. 2016년 「광복 71주년 특별사면」 실시

박근혜 정부는 광복 71주년을 맞이하여, 2016년 8월 13일 자로 중소·영세 상공인, 서민 생계형 형사범, 불우 수형자 등 4,876명에 대한 특별사면을 단행했다. 아울러, 모범수 730명에 대한 가석방, 모범 소년원생 75명에 대한 임시퇴원 조치, 서민 생계형 보호관찰대상자 925명에 대한 보호관찰 임시해제 등 은전조치를 실시했다. 이와 더불어, 운전면허 취소·정지·벌점, 생계형 어업인의 어업면허 취소·정지 등 행정제재 대상자 총 1,422,493명에 대한 특별감면 조치를 함께 시행했다.[74]

박근혜 정부는 광복 71주년 특별사면이 형사처벌이나 행정제재로 어려움을 겪고 있는 중소·영세 상공인과 서민들의 부담을 덜어주고, 다시금 생업에 정진할 수 있도록 재기의 기회를 부여하는 데 그 취지가 있음도 밝히고 있다. 이를 위해 일반 형사범 중 중소·영세 상공인 742명에 대해 특별사면을 실시하는 한편, 농업인 303명, 어업인 19명 등 다양한 직업의 서민들이 혜택을 받을 수 있도록 조치하였다. 경제인 등의 경우, 국민 화합과 경제위기 극복을 위해 각계의 다양한 의견을 수렴하고, 국가경제와 사회에 기여한 공로, 정상관계 등을 종합적으로 고려하여, 중소기업 관계자를 중심으로 제한된 인원을 선정하였다고 밝히고 있다. 반면, 정치인·공직자의 부패범죄, 선거범죄, 국민의 안전과 생명을 침해하는 강력범죄, 아동학대 등 반인륜범죄를 사면 대상에서 전면 배제하는 등 절제된 사면을 실시하였고, 고령자·장애인·중증환자 등 소외계층 수형

---

74) 〈2016년 광복 71주년 특별사면 조치 내역〉

- 형사범(경제인 등 포함) 특별사면·감형·복권 : 4,803명
- 불우 수형자 특별사면·감형 : 73명
- 모범수·서민 생계형 수형자 가석방 : 730명
- 모범 소년원생 임시퇴원 : 75명
- 서민 생계형 보호관찰대상자 임시해제 : 925명
- 운전면허 행정제재 특별감면 : 1,420,049명
- 생계형 자가용 유상운송자 행정제재 특별감면 : 69명
- 생계형 어업인 행정제재 특별감면 : 2,375명

자에 대한 특별사면, 교육성과가 우수한 모범 소년원생의 조기 퇴원, 모범 수형자 가석방 등 인도주의적 배려를 하였음도 밝히고 있다. 또한, 운전면허 행정제재 감면 대상에서 음주운전, 사망사고 야기자, 난폭운전자 등을 제외하여 음주운전과 교통사고에 대한 경각심을 제고한 사면이라고 하겠다.

법무부는 「광복 71주년 특별사면」의 특징으로 ① 중소·영세 상공인 및 서민 중심의 사면[75], ② 국민 화합과 경제위기 극복을 위한 각계의 의견 수렴[76], ③ 국민들이 공감할 수 있는 절제된 사면[77], ④ 불우·모범 수형자에 대한 인도적 배려[78], ⑤ 법질서 확립과 조화되는 운전면허 제재조치 감면[79]을 들고 있다.[80]

---

75) 통상적인 경제활동 과정에서 범죄에 이른 중소·영세 상공인, 생계형 범죄를 범한 서민들을 중점 대상으로 한 사면 실시로 이들이 조속히 사회에 복귀하여 생업을 영위하게 함으로써 어려운 경제상황 속에서 민생 안정을 도모하고, 위기 극복에 동참 유도한 사면임을 들고 있다.

76) 이재현 CJ그룹 회장은 지병 악화 등으로 사실상 형 집행이 어렵다는 전문가 의견을 감안하여, 인도적 배려 및 국가 경제에 기여할 수 있는 기회를 부여하는 의미에서 사면 대상으로 선정했음과 주요 경제단체, 종교계 등 각계의 의견을 수렴하고, 사회 기여도, 죄질 및 정상관계 등을 종합적으로 고려하여, 이재현 회장 및 중소기업 관계자 등 14명을 사면 대상으로 선정했음을 들고 있다.

77) 정치인·공직자의 부패범죄 및 각종 선거범죄를 사면 대상에서 철저히 배제하여 부패척결, 공명선거 정착 등 정부 정책과의 일관성 유지하며, 살인·강도·성폭력 등 국민의 생명과 안전을 침해하는 강력범죄, 아동학대 등 반인륜 범죄를 사면 대상에서 전면 배제한 사면이다.

78) 고령자·장애인·중증환자·부부수형자·외국인 등 소외계층 수형자가 조속히 가족의 품으로 돌아갈 수 있도록 잔형집행면제 내지 감형했으며, 검정고시 합격 등 교육성과가 우수한 소년원생에 대한 조기 퇴원, 교정성적 등이 우수한 수형자에 대한 가석방 등을 통해 안정적 사회정착 기회를 조기에 제공한 사면이다.

79) 일상생활에 필수적인 운전면허 제재를 감면하여 국민들의 불편을 덜어주고 정상적인 경제활동이 가능하도록 혜택 부여했다. 다만, 음주운전자, 사망사고 야기자, 난폭운전자 등을 전면 배제하여 음주운전과 교통사고에 대한 경각심을 제고했음을 들고 있다.

80) 법무부 보도자료〈광복 71주년 특별사면 실시, 2016.8.12〉 참조.

순번	사면 유형			규모
1	형사범 (4,803명)	수형자	형집행면제 및 특별복권	2명
			형집행면제	800명
			특별감형	244명
		집행유예 · 선고유예자	형선고실효 및 특별복권	3,749명
			형선고실효	5명
			특별복권	3명
2	불우 수형자 (73명)		형집행면제	56명
			특별감형	17명
3	모범수 · 서민 생계형 수형자 가석방			730명
4	모범 소년원생 임시퇴원			75명
5	서민 생계형 보호관찰대상자 임시해제			925명
6	운전면허 행정제재 특별감면			1,420,049명
7	생계형 자가용 유상운송자 행정제재 특별감면			69명
8	생계형 어업인 행정제재 특별감면			2,375명
합계				1,429,099명

Ⅳ. 문재인 정부 특별사면

1. 2018년 신년 특별사면

정부는 2018년의 시작을 앞두고, 2017년 12월 30일자로 강력범죄·부패범죄를 배제한 일반 형사범, 불우 수형자, 일부 공안사범 등 6,444명에 대한 특별사면을 단행했다. 아울러, 운전면허 취소 · 정지 · 벌점, 생계형 어업인의 어업면허 취소 · 정지 등 행정제재 대상자 총 1,652,691명에 대한 특별감면 조치를 함께 시행했다.

법무부는 2018년 신년 특별사면은 형사처벌이나 행정제재로 어려움을 겪고 있는 일반 서민들의 부담을 덜어주고, 정상적인 사회생활로 조기에 복귀할 수 있도록 기회를 부여하는 데 그 취지가 있다고 밝히고 있다. 이를 위해 경제인·

공직자의 부패범죄, 각종 강력범죄를 사면 대상에서 배제하고, 이주노동자 등 사회적 약자를 포함한 일반 형사범 다수가 혜택을 받을 수 있도록 조치하였고 한다. 또한, 인도주의적 배려 차원에서 고령자·중증질환자·유아대동 수형자·생계형 절도사범 등 어려운 여건의 수형자를 적극 발굴하여 사면대상에 포함시켰으며, 사회적 갈등 치유 및 국민통합 차원에서 수사 및 재판이 종결된 공안사건 중 대표적 사건인 용산 사건 철거민들의 각종 법률상 자격 제한을 해소시키는 사면·복권[81]을 실시하였다.

운전면허 행정제재 감면 대상에서 음주운전, 사망사고 야기자, 난폭·보복운전자 등을 제외하여 음주운전과 교통사고에 대한 경각심을 제고하고자 하였으며, 지방선거를 앞두고 선거사범에 대한 사면은 배제하되, 지난 사면에서 제외되었던 정봉주 前의원에 대해서는 장기간 공민권 제한을 받아온 점 등을 고려하여 복권 조치[82]하였다.

한편, 이번 사면에서는 사면심사위원회 논의 내용을 적극 반영하여 용산 사건 가담자 중 동종사건 재판 계속 중인 경우를 배제하는 등 심도있는 심사를 통해 대상자를 엄선하였음도 밝히고 있다.[83]

법무부는 이번 특별사면의 특징으로 ① 내실 있는 사면심사위원회를 통한 적정성 심사,[84] ② 불우수형자를 포함한 서민에게 재기의 기회 마련, ③「생계형

---

81) 용산 사건으로 처벌된 철거민 26명 중 현재 동종사건으로 재판 계속 중인 1명을 제외한 25명에 대해 특별사면 및 복권으로 선거권·공무담임권 회복, 각종 법률상 자격 제한사유 해소되었고, 사면 조치 내역을 보면, 형선고실효 및 특별복권(9명) : 징역형 집행종료 및 면제 후 10년 내 7명, 집행유예기간 중 2명, 특별복권(16명) : 집행유예기간 종료 후 10년 내이다.

82) 정봉주 前의원 특별복권 : 17대 대선 관련 공직선거법위반 등, 2012년 하반기 교육감 재보궐선거 관련 지방교육자치에관한법률위반 사건에 대해 특별복권하였다. ▲ 17대 대선 사건으로 복역 후 만기출소하였고 형기종료 후 5년 이상 경과한 점, ▲ 2010. 8. 15. 특별사면 당시 형 미확정으로 제외된 점, ▲ 제18·19대 대선, 제19·20대 총선 및 제5·6회 지방선거 등에서 상당기간 공민권 제한을 받은 점 등 고려함.

83) 사면심사위원회 위원들도 심의 결과가 사면 여부에 그대로 반영된 점을 근거로 사면 절차에 대한 신뢰감을 표현함.

절도」, 「지속적 폭력 피해자의 우발범행」 선별 사면, ④ 부패범죄 및 강력범죄, 반인륜범죄 등 철저 배제, ⑤사회적 갈등 치유·통합을 위한 공안 사범 사면[85] 등을[86] 들고 있다.

2. 2019년 3·1절 100주년 특별사면 실시

문재인 정부는 2019년 3·1절 100주년을 맞이하여, 2019년 2월 28일자로 강력범죄·부패범죄를 배제한 일반 형사범, 특별배려 수형자, 사회적 갈등 사건 관련자 등 4,378명에 대한 특별사면을 단행했다. 사회적 갈등 치유와 지역공동체 회복을 위해 국민적 공감을 얻을 수 있다고 판단되는 대표적인 7개 사회적 갈등 사건을 선정하고, 그 가운데 대상자를 엄선하여 사면·복권을 실시했다. 또한, 중증 질환자·고령자·어린 자녀를 둔 여성·지속적 폭력에 대한 우발범행 사범 등 특별한 배려가 필요한 수형자 25명을 신중하게 선정하여 포함시켰다(중증 환자 10명, 고령자 4명, 어린 자녀를 둔 여성 수형자 4명, 지속적 폭력에 대한 우발범행 사범 5명, 생계형 절도 사범 2명).

한편, 이번 3·1절 100주년 특별사면에서는 사면심사위원들의 의견을 적극 반영하여 중형 선고 등 죄질이 불량한 사범을 배제하는 등 심도 있는 심사를

---

84) 법무부는 보도자료(〈2018년 신년 특별사면 실시, 2017년 12월 29일〉)에서 사면심사위원회의 기능 및 절차 등에 대한 설명자료를 위원들에게 사전 제공함으로써 회의의 효율성 제고하여, 한 번의 회의에서 모든 심사를 마치던 관행에서 탈피하여 2회에 걸쳐 회의를 개최함으로써 심도 있는 심사 진행을 진행하였으며, 위원들의 의결을 개별대상자의 사면 여부 결정 등에 반영하여 동종재판 계속 중인 용산사건 가담자, 비교적 죄질이 중한 재산범죄를 사면 대상에서 배제하는 등 위원회의 심사기능 실질화하였다고 밝히고 있다.

85) 사회적 갈등 치유·통합을 위한 공안 사범 사면 : 2013. 1. 31. 이후 약 5년 만의 공안사범 사면으로, 수사 및 재판이 종결된 사건 중 대표적 사건을 엄선하여, 동종사건 재판 중인 1명을 제외한 용산 사건 철거민들에 대해 일체의 법률상 제한 해소하고, 삶의 터전을 잃은 철거민들과, 선거사범 중 과거 사면에서 제외되는 등 구제가 절실한 사안을 엄선하여 배려함으로써 사회적 갈등 치유 및 국민 통합의 계기를 마련함.

86) 법무부 보도자료 〈2018년 신년 특별사면 실시, 2017년 12월 29일〉.

통해 대상자를 엄선하였다 밝히고 있다. 이번 3·1절 100주년 특별사면은 부패범죄를 저지른 정치인·경제인·공직자나 각종 강력범죄자는 대상에서 배제하였고, 가급적 이주노동자 등 사회적 약자를 포함한 일반 형사범 다수가 혜택을 받을 수 있도록 조치하였음도 밝히고 있다. 아울러 음주운전 사범 이외에 무면허운전 사범도 대상에서 추가 배제하여 음주·무면허 운전에 대한 사회적 경각심을 제고하였다.

법무부는 3·1절 100주년 특별사면의 특징으로 ① 내실 있는 사면심사위원회를 통한 적정성 심사,[87] ② 부패범죄, 강력범죄, 음주운전 사범 등 배제,[88] ③ 특별배려가 필요한 수형자에 대한 선별 사면,[89] ④ 사회적 갈등 치유와 지역공동체 회복을 위한 사면[90]임을 들고 있다.[91]

---

87) 2018년 신년 사면에 이어 2회에 걸쳐 회의를 개최함으로써 심도 있는 논의를 할 수 있도록 집중심사 진행, 위원들의 의견을 개별대상자의 사면 여부 결정 등에 반영하여 중형 선고 등 죄질이 중한 범죄를 사면 대상에서 배제하고, 어린 자녀를 둔 여성 수형자를 추가 사면대상으로 검토하여 포함시켜 인도주의적 배려 차원의 심의도 하는 등 위원회의 심사 기능 실질화를 밝히고 있다.

88) 정치인·경제인·공직자의 부패범죄, 사익추구 비리 범죄를 엄정 배제하여 법질서 확립, 반인륜적 강력범죄 사범, 살인행위에 준하는 음주운전 사범 또한 대한민국의 국민의 안전을 침해하고, 국민 정서에도 반하므로 엄격히 제외 ※ 사면에서 무면허운전 사범도 추가로 배제하였음을 밝히고 있다.

89) 수형생활을 감내하기 힘든 중증 환자, 고령자에 대해 인도적 배려로 사회복귀를 앞당기고 실효적인 사회적 처우 제고, 소액의 생필품을 훔친 생계형 절도사범, 지속적인 폭력, 학대에 시달리다가 우발적으로 대항하는 과정에서 인명침해를 초래한 사범을 엄정한 요건하에 사면대상에 포함시키고 있다.

90) 사회적 갈등 치유와 지역공동체 회복을 위해 국민들이 공감할 수 있다고 판단되는 대표적 사건인 ▲광우병 촛불시위 관련 사건 ▲밀양 송전탑 공사 관련 사건 ▲제주해군기지 건설 관련 사건 ▲세월호 관련 사건 ▲한일 위안부 합의안 반대 관련 사건 ▲사드배치 관련 사건 ▲2009년 쌍용차 파업 관련 사건으로 처벌받은 관련자 중 107명을 엄선하여 특별사면 및 복권, 중한 상해의 결과가 발생하거나 화염병을 사용하여 직접 폭력 과격시위로 나아가는 등 국민들이 사면 대상으로 동의하기 어려운 경우는 원칙적으로 배제함. 특히, 사드배치 관련 사건은 찬반 관련자 모두를 사면복권 대상으로 하고, 2009년 쌍용차 파업 관련 질서유지 과정에서 직권남용 등 혐의로 처벌받은 경찰관도 사면복권 대상에 포함시킴으로

<표> 사회적 갈등 사건 관련자 특별사면

7개 사회적 갈등 사건 관련자	합계	형선고 실효 및 복권	형선고 실효	복권
광우병 촛불시위 관련 사건	13	–	–	13
밀양송전탑 공사 관련 사건	5	–	–	5
제주해군기지 건설 관련 사건	19	1	1	17
세월호 관련 사건	11	1	1	9
한일 위안부 합의안 반대 관련 사건	22	–	10	12
사드배치 관련 사건	30	2	1	27
2009년 쌍용차 파업 관련 사건	7	1	–	6
합 계	107	5	13	89

3. 2020년 신년 특별사면 실시

문재인 정부는 2020년 신년을 앞두고, 2019년 12월 31일자로 일반 형사범, 양심적 병역거부 사범, 특별배려 수형자, 선거사범 등 5,174명에 대한 특별사면을 단행하였다.[92] 아울러, 운전면허 취소 · 정지 · 벌점,[93] 생계형 어업인의 어

써 진정한 의미의 사회 통합과 화목한 지역사회 복원의 계기 마련함. 또한, 법률상 자격 제한 해소뿐만 아니라 대상자들의 실질적인 명예가 회복될 수 있도록, 벌금형을 선고받은 관련자에 대해서도 복권을 실시함으로써 상생과 화합의 계기가 되기를 기대함.

[91] 법무부 보도자료 〈2019년 3·1절 100주년 특별사면 실시, 2019.2.26〉

[92] 2020년 신년 특별사면 조치내역
- 일반 형사범 특별사면 · 감형 : 2,977명
- 양심적 병역거부 사범 특별사면 · 복권 : 1,879명
- 특별배려 수형자 특별사면 · 감형 : 27명
- 선거사범 복권 : 267명
- 사회적 갈등 사건 관련자 특별사면 · 복권 : 18명
- 정치인 및 노동계 인사 : 3명
- 국방부 관할 대상자 특별사면 · 복권 : 3명
- 운전면허 행정제재 특별감면 : 1,709,822명
- 생계형 어업인 행정제재 특별감면 : 2,600명

[93] 운전면허 행정제재 특별감면(1,709,822명)으로, 도로교통법규를 위반하여 벌점, 면허정지 · 취소 및 면허시험 응시 제한 조치를 부과 받은 자 ①도로교통법 위반으로 인한 벌점 일괄 삭제(1,661,035명) ②면허 정지 · 취소처분 집행철회 또는 잔여기간 면제 (5,097명)

업면허 취소·정지 등 행정제재 대상자 총 1,712,422명에 대한 특별감면 조치를 함께 시행하였다. 이번 특별사면은 형사처벌이나 행정제재로 어려움을 겪고 있는 일반 서민들의 부담을 덜어주고, 정상적인 사회생활로 조기에 복귀할 수 있도록 기회를 부여하는 데 그 취지가 있었다.

양심적 병역거부를 인정하는 대법원·헌법재판소의 판단, 대체복무제 도입 확정 등 제반 상황을 종합하여 종교·신념에 따른 병역거부사범의 제한된 자격을 회복시켜 주었다. 또한, 인도주의적 배려 차원에서 유아대동 수형자·부부 수형자 등 어려운 여건의 수형자를 적극 발굴하여 사면대상에 포함시켰다. 선거범죄로 처벌받은 정치인 등에 대한 사면을 통해 국민 통합을 도모하고 국가 발전에 다시 기여할 수 있는 기회를 부여하였다.[94] 지난 3·1절 100주년 특별사

---

③면허 재취득 결격기간 해제 (43,690명)이다. 이번 감면 대상자 선정 시, 음주운전의 경우 1회 위반자라도 위험성과 비난 가능성이 높은 점을 감안하여 감면대상에서 제외했다. 최근 대형 사망사고가 잇따라 발생하고 있어 경각심 고취 및 사고 예방차원에서 교통 사망 사고를 일으킨 운전자도 배제했으며, 또한, 교통사고 뺑소니, 난폭·보복운전, 약물사용 운전, 차량이용범죄, 단속 공무원 폭행 등 중대 위반행위도 감면대상에서 제외했다.

【운전면허 특별감면 주요 내용 및 제외대상】

구분	특별감면 효과	제외대상
면허벌점	△ 일괄 삭제	△ 음주운전(무면허음주, 음주교통사고, 측정불응 등 포함) △ 뺑소니(특가법도주) △ 난폭·보복운전 △ 단속경찰관 폭행 △ 차량이용범죄 △ 약물운전 △ 자동차등 강·절취 △ 허위·부정면허취득 △ 교통사망사고 △ 시행일 기준 과거 3년 내 정지·취소·결격기간 관련 특별감면 전력자
면허정지	△ 대상자 → 집행철회 △ 기간중 → 잔여기간 면제	
면허취소 (대상자)	△ 취소처분 철회	
면허취득 결격기간	△ 결격기간 해제	

94) 선거사범 267명에 대하여, 이미 동종 선거에서 두 차례 불이익을 받은, 제18대 총선(2008.), 제5회 전국동시지방선거(2010.) 관련 선거사범 267명 복권조치 하였다. 그러나 제18, 19대 대선, 제19, 20대 총선, 제6, 7회 전국동시지방선거는 사면 대상에서 제외했다. 선거범죄 전력이 1회라도 있는 경우, 별건으로 수배·재판 중인 경우, 벌금·추징금 미납자, 부패범죄의 성격이 있는 공천 관련 금품수수사범 역시 사면 대상에서 제외하였다. 주요 복권 대상자로는 신지호(제18대 총선 당선자), 곽노현(제5회 지방선거 서울교육감 당선자), 박형상(제5회 지방선거 서울중구청장 당선자), 전완준(제5회 지방선거 화순군수 당선자), 하성식(제5회 지방선거 함안군수 당선자), 이철우(제5회 지방선거 함양군수 당선자), 최완식(제5회 지방선거 함양군수 재보궐 당선자)이다.

면 이후 재판 확정된 7대 사회적 갈등 사건 관련자 중 대상자를 엄선, 추가 사면을 실시하여 사회적 갈등의 치유와 지역공동체의 회복을 도모하였다. 정치인과 노동계 인사 중 자격정지기간 경과율, 벌금·추징금 완납 여부 등 사정을 종합적으로 고려하여 3명[95]을 사면하였다.

법무부는 「2020년 신년 특별사면」의 특징으로 ① 내실 있는 사면심사위원회를 통한 적정성 심사,[96] ② 특별배려가 필요한 대상자에 대한 선별 사면,[97] ③ 양심적 병역거부 사범 사면[98], ④ 국민통합을 위한 선거사범 사면[99], ⑤ 사회적

---

[95] 정치인 및 노동계 인사(3명)는 중대 부패범죄의 사면을 제한하는 대통령 공약에 따라 엄격한 사면 배제기준을 기존과 같이 유지하고, 부패범죄가 아닌 정치자금법위반사범 중 장기간 공무담임권 등의 권리가 제한되었던 소수의 정치인 이광재, 공성진 前국회의원 2명 복권하였고, 2015년 민중총궐기 집회를 주도한 혐의로 징역 3년의 실형을 선고받고 이미 형 집행을 종료한 한상균 前민주노총 위원장에 대해 노동이 존중받는 사회의 실현을 위한 노력과 화합의 차원에서 복권하였다.

[96] 문재인 정부 들어 3회에 걸친 사면을 실시하면서 매 회 2일에 걸쳐 회의를 개최함으로써 심도 있는 논의를 할 수 있도록 집중심사 진행, 위원들의 의견을 반영하여 비교적 죄질이 중한 재산범죄를 사면 대상에서 배제하는 등 위원회의 심사기능 실질화하고 있음.

[97] 유아를 대동한 수형자나 미성년 자녀가 있는 부부 수형자 등에 대해 인도적 배려로 안정된 가정생활을 할 수 있도록 조기 석방, 신체가 불편한 수형자, 생활고를 벗어나지 못하고 소액의 식료품 등을 훔치다가 적발된 생계형 절도범 등을 엄정한 요건 하에 사면대상에 포함시켰다.

[98] 소수자에 대한 관용과 포용이 필요하다는 자유민주주의 원리, 양심적 병역거부를 인정한 사법당국의 판단 등을 종합하여 종교·신념에 따른 병역거부 사범을 사면대상에 포함시켰다.

[99] 우리 사회의 대립과 갈등을 극복하고 소통과 화합의 계기를 마련하기 위해 2010년 이후 첫 대규모 선거사범에 대한 사면을 실시하여, 여·야 정치적 입장에 따른 차등없이 엄격하고 일관된 기준에 따라 사면함으로써 공정하고 균형있는 사면권 행사하였다. 선거사범 사면 기준 관련, ① 기존 '동종선거 1회 불이익 원칙'을 '동종선거 2회 불이익 원칙'으로 강화하고, ② 선거범죄 전력자, 별건 수배·재판 중인 자, 벌금·추징금 미납자, 부패범죄 성격이 있는 공천 관련 금품수수사범은 일괄 제외하여 사면을 통한 사회 통합 뿐 아니라 법질서 확립과의 조화를 도모하였다.
'동종선거 1회 불이익 원칙'은 '선거사범은 동종의 다음 선거를 1회 이상 치른 후에만 사면한다는 원칙'인데, 이번 사면은 '2회 불이익 원칙'으로 강화→이미 2회 동종선거가 치러진 18대 총선(2008년), 5회 지방선거(2010년)가 사면 대상이었다.

갈등 사건 관련자 추가 사면[100], ⑥ 법질서 확립과 조화되는 운전면허 제재조치 감면, ⑦ 영세 어민에 대한 어업면허·허가 등 제재 특별감면을 들고 있다.[101]

4. 2021년 신년 특별사면 실시

문재인 정부는 2021년 신년을 앞두고, 2020년 12월 31일 자로 중소기업인·소상공인 등 서민생계형 형사범, 특별배려(불우) 수형자, 사회적 갈등 사범 등 3,024명에 대한 특별사면을 단행했다. 아울러, 서민들의 사회활동에 필수적인 운전면허 취소·정지·벌점, 생계형 어업인의 어업면허 취소·정지 등 행정제재 대상자 총 1,119,608명에 대한 특별감면 조치를 함께 시행했다.[102] 2021년 신년 특별사면은 코로나19 확산으로 국민들의 어려움이 가중되고 있는 상황에서 일반 서민들의 부담을 덜어주고, 국민 화합 및 위기 극복을 위한 전기를 마련하고자 하는데 그 취지가 있음을 정부는 밝혔다. 이번 사면에서는 경제범죄

---

100) 사회적 갈등 치유와 지역공동체 회복을 위해, 〈2020년 3·1절 100 주년 특별사면〉 이후에 재판이 확정된 사회적 갈등 사건 관련자 가운데 18명을 엄선하여 추가 특별사면을 실시하였다. ※ 2019년 3·1절 100주년 특별사면에서 ▲광우병 촛불시위 관련 사건 ▲밀양 송전탑 공사 관련 사건 ▲제주해군기지 건설 관련 사건 ▲세월호 집회 관련 사건 ▲한일 위안부 합의안 반대 관련 사건 ▲사드배치 관련 사건 ▲2009년 쌍용차 파업 관련 사건을 '7대 사회적 갈등 사건'으로 선정하고, 대상자를 엄선하여 107명을 특별사면 및 복권한 바 있다. 법률상 자격 제한 해소뿐만 아니라 대상자들의 실질적인 명예가 회복될 수 있도록, 벌금형을 선고받은 관련자에 대해서도 복권을 실시함으로써 상생과 화합의 계기가 될 것으로 기대하였다.

101) 법무부 보도자료 〈2020년 신년 특별사면 실시, 2019년 12월 30일〉

102) 2021년 신년 특별사면 조치 내역
- 일반 형사범 특별사면·감형·복권 : 2,920명
- 중소기업인·소상공인 특별사면·감형 : 52명
- 특별배려 수형자 특별사면·감형 : 25명
- 사회적 갈등 사건 관련자 특별사면·복권 : 26명
- 국방부 관할 대상자 특별사면·복권 : 1명
- 운전면허 행정제재 특별감면 : 1,118,923명
- 생계형 어업인 행정제재 특별감면 : 685명

등으로 처벌받았으나 참작할 만한 사정이 있는 중소기업인·소상공인들을 적극 발굴하여 사면함으로써[103], 이들이 재기하여 민생경제 회복에 기여할 수 있도록 하였다. 또한, 인도주의적 배려 차원에서 유아대동 수형자·부부 수형자 등 어려운 여건의 수형자를 사면대상에 포함시켰다(특별배려 수형자 총 25명: 중증환자 2면, 장애 수형자 1명, 유아 대동 수형자 1명, 부부 수형자 1명[104], 생계형 절도 사범 12명, 고령자 7명, 지속적 폭력 피해자의 우발 범죄 1명). 아울러, 일반 서민들의 운전면허, 어업면허 관련 제재를 감면하여 생계형 운전자 및 영세 어업인들이 다시 생업에 복귀할 수 있도록 배려하였다. 그리고 지난 2020년 신년 특별사면 이후 재판 확정된 7대 사회적 갈등 사건 관련자 중 대상자를 엄선[105], 추가 사면을 실시하여 사회적 갈등의 치유와 지역공동체의 회복을 도모하였다.

2021년 신년 특별사면은 오로지 민생 및 경제회복, 서민층 배려에 집중하였고, 정치인, 선거사범 등은 사면대상에서 제외되었다. 정부는 이번 특별사면을

---

103) 중소기업인·소상공인 52명 : 중소기업을 운영하였거나 소규모 자영업을 영위하던 중 경제범죄를 저지른 수형자·가석방자 가운데 전과, 정상관계 등을 고려하여 사면 대상자 52명 선별하였다. 장기간 정상적으로 사업체를 운영하다가 사업부진으로 인해 채무가 누적되어 거래상대방에게 피해를 입힌 사안으로 ①피해금액을 개인 용도가 아닌 사업 용도에 소비한 사안, ②피해자와 합의되거나 피해 회복을 위해 상당한 노력을 한 사안 등이다.

104) 법률상 혼인한 부부 수형자로서 미성년 자녀가 있는 등 가정생활 유지가 필요한 수형자를 말한다.

105) 사회적 갈등 사건 관련자 : 26명

　ㅇ 제주해군기지·사드배치 관련자 26명 특별사면·복권
　　- 형선고 실효 및 복권 : 집행유예 기간 중인 자 16명
　　- 형선고 실효 : 선고유예 기간 중인 자 2명
　　- 복권 : 벌금 선고 후 2년이 경과되지 않은 자 8명
　ㅇ 사안별 분류

사회적 갈등 사건	합계	형선고 실효 및 복권	형선고 실효	복권
제주해군기지 건설 관련 사범	18	10	2	6
사드배치 관련 사범	8	6	-	2
합 계	26	16	2	8

통하여 새해를 맞는 우리 국민들이 더욱 화합하여 코로나19로 야기된 서민 경제의 어려움을 함께 극복하는 계가가 되기를 기대하냐고 정부는 밝히고 있다.

법무부는 2021년 신년 특별사면의 특징으로 ① 서민 수형자, 불우 수형자 위주의 민생 사면[106], ② 사면심사위원회의 내실 있는 심사[107], ③ 사회적 갈등 사건 관련자 추가 사면, ④ 법질서 확립과 조화되는 운전면허 제재조치 감면[108], ⑤ 생계형 어업인에 대한 어업면허·허가 등 제재 특별감면[109]을 들고 있다.[110]

---

[106] 코로나19 확산으로 국민들의 어려움이 가중되고 있는 상황임을 감안하여, 오로지 국민들의 민생 및 경제활동, 서민층 배려에 도움이 되는 방향으로 사면 대상자 선정했음과 일시적 자금난 또는 채무누적 등으로 처벌받은 중소기업인이나 소상공인을 적극적으로 발굴하여 사면이며, 생활고로 인해 소액의 식료품 등을 훔치다가 적발된 생계형 절도범, 말기암 진단으로 수형생활이 불가능한 수형자, 유아 대동 수형자 등을 사면대상에 포함하여 인도적 배려하였고, 공직부패·성폭력·음주운전·보이스피싱 등 죄질이 불량한 중대 범죄자는 사면대상에서 배제, 민생사면이라는 사면의 취지를 고려하여 정치인 및 선거사범은 사면대상에서 제외함을 들고 있다.

[107] 문재인 정부 들어 3회에 걸친 사면을 실시하면서 매 회 2일에 걸쳐 회의를 개최하여 사면대상자의 적정성 여부를 심도 있게 논의, 법학 교수, 변호사 등으로 구성된 외부 위원들의 심사 의견을 적극 반영하여, 피해가 회복되지 않은 고액 재산범죄자, 대규모 인명사고 사범, 어린이 보호구역에서 교통사고를 야기한 사범들을 사면대상에서 제외하는 등 투명하고 공정한 사면권 행사임을 들고 있다.

[108] 일상생활에 필수적인 운전면허의 행정제재를 감면하여 국민들의 불편을 덜어주고, 생계형 운전자 등의 경제활동 조기 복귀에 기여가 목적이다. 다만, 음주운전자, 사망사고 야기자, 난폭운전자 등을 사면 대상에서 배제하여 음주운전 등 중대위반 행위에 대한 경각심 제고하고 있다.

[109] 중대 위반행위자를 제외한 어업면허·허가 등 행정제재에 대해 경고·정지 및 취소처분 기록을 삭제하는 등의 특별 감면조치를 단행한 사면임을 들고 있다.

[110] 법무부 보도자료 〈2021년 신년 특별사면 실시, 2020.12.31자〉

5. 2022년 신년 특별사면 실시

정부는 2022년 신년을 앞두고, 2021년 12월 31일자로 중소기업인·소상공인 등 서민생계형 형사범, 특별배려 수형자, 전직대통령 등 주요 인사, 선거사범, 사회적 갈등 사범 등 3,094명에대한 특별사면을 단행하였다. 아울러, 건설업면허 관련 정지 처분 및 입찰제한, 서민들의 사회활동에 필수적인 운전면허 취소·정지·벌점, 생계형 어업인의 어업면허 취소·정지 등 행정제재 대상자 총 983,051명에 대한 특별감면 조치를 단행하였다.[111]

2022년 신년 특별사면은 코로나19 상황이 지속되면서 국민들이 어려움을 겪고 있는 점을 고려하여 서민들의 부담을 덜어주고, 국민 대화합과 위기 극복을 위한 전기를 마련하고자 하는데 그 취지가 있음을 밝히고 있다. 2022년 신년 특별사면에서는 경제범죄 등으로 처벌받았으나 참작할 만한 사정이 있는 중소기업인·소상공인들을 적극 발굴하여 사면함으로써, 이들이 재기하여 민생경제 회복에 기여할 수 있도록하고, 건설업면허 관련 행정제재를 감면하여 경제활성화를 도모하였다. 한편, 국민통합의 관점에서, 장기간 수형생활 중인 전직대통령 등 주요 인사 2명을 사면 복권 대상에 포함하였다. 그리고 선거범죄로 처벌받은 정치인 등에 대한 사면을 통해 국가 발전에 다시 기여할 수 있는 기회를 부여하고[112], 사회적 갈등 사건 관련자[113] 중 대상자를 엄선해 사면을 실시하

---

111) 〈2022년 신년 특별사면 조치 내역〉

- 일반 형사범 특별사면·감형·복권 : 2,650명
- 중소기업인·소상공인 특별사면·감형 : 38명
- 특별배려 수형자 특별사면·감형 : 21명
- 전직 대통령 등 주요 인사 특별사면·복권 : 2명
- 선거사범 복권 : 315명
- 사회적 갈등 사건 관련자 특별사면·복권 : 65명
- 노동계 인사 및 시민운동가 특별사면·복권 : 2명
- 낙태사범 복권 : 1명
- 건설업면허 행정제재 특별감면 : 1,927명
- 운전면허 행정제재 특별감면 : 980,780명
- 생계형 어업인 행정제재 특별감면 : 344명

112) 선거사범(315명) : 직전 선거에 대해서는 사면을 실시하지 아니하고, 피선거권 제한으로

여 사회적 갈등의 치유와 지역공동체의 회복을 도모하였음도 밝히고 있다. 나아가, 노동 존중 사회 실현을 위한 노력과 화합의 차원에서 노동계 인사, 시민운동가 중 2명을 사면하였고, 낙태죄 관련 헌법불합치 결정의 취지를 고려하여 낙태죄로 처벌받았던 대상자를 엄선하여 1명을 복권 대상에 포함하고 있다. 또한, 인도주의적 배려 차원에서 중증질환 수형자, 생계형 절도사범 수형자 등 어려운 여건의 수형자를 사면대상에 포함시키고 있으며, 이와 아울러, 일반 서민들의 운전면허, 어업면허 관련 제재를 감면하여 생계형 운전자 및 영세 어업인들이 다시 생업에 복귀할 수 있도록 배려하고 있다.

법무부는 「2022년 신년 특별사면」의 특징으로 ① 코로나19 여파로 인한 경제

이미 동종 선거에서 1~2차례 불이익을 받은 제18대 대통령선거, 제5·6회 지방선거, 제19·20대 총선 선거사범 315명 복권조치하였다. ※ 다만, 제18대 대통령선거, 제6회 지방선거, 제20대 총선 선거사범에 대해서는 피선거권 제한기간 등을 고려하여 벌금형을 선고받은 자에 한해 복권하였으며, 선거범죄 전력이 1회라도 있는 경우, 별건으로 수배·재판 중인 경우, 벌금·추징금 미납자, 부패범죄의 성격이 있는 공천 관련 금품수수사범 역시 사면 대상에서 제외했다. 주요 복권 대상자로는 최명길(제20대 총선 당선자), 박찬우(제20대 총선 당선자), 최민희(제20대 총선 낙선자), 이재균(제19대 총선 당선자), 우제창(제19대 총선 낙선자), 최평호(제6회 지방선거 고성군수 재보궐 당선자) 등이다.

113) 사회적 갈등 사건 관련자(65명) : 사회적 갈등 사건 관련자 65명 특별사면·복권
  – 형선고 실효 및 복권 : 집행유예 기간 중인 자 12명
  – 형선고 실효 : 선고유예 기간 중인 자 2명
  – 복권 : 집행유예 기간 도과 후 2년이 경과되지 않은 자 8명, 벌금선고 후 2년이 경과되지 않은 자 43

〈사회적 갈등 사건 사안별 분류〉

사회적 갈등 사건	합계	형선고 실효 및 복권	형선고 실효	복권
제주해군기지 건설 관련 사건	2			2
사드배치 관련 사건	4	2		2
밀양송전탑 공사 관련 사건	1			1
세월호 관련 사건	3	2		1
희망버스 관련 사건	3			3
공무원연금법 개정 관련 사건	15		2	13
최저임금법 개정 관련 사건	34	8		26
장기간 노사분쟁 업체(AOO)관련 사건	3			3
합 계	65	12	2	51

적 어려움을 배려한 사면[114], ② 대국민 화합을 위한 사면, ③ 코로나19 및 부동산 투기 관련 사범 제외[115], ④ 법질서 확립과 조화되는 운전면허 제재조치 감면[116], ⑤ 생계형 어업인에 대한 어업면허 · 허가 등 제재 특별감면[117]을 들고 있다.[118]

대국민 화합을 위한 사면을 위한 사면의 내용으로는 (가) 국민 대화합을 위한 전직 대통령 등 주요인사 사면을 들 수 있다. 과거의 불행한 역사를 딛고 온 국민이 대화합을 이루어, 통합된 힘으로 코로나19 확산과 그로 인한 범국가적 위기를 극복하고, 미래를 향해 새로운 걸음을 내딛는 계기를 마련하기 위해 박근혜 前대통령을 특별사면 및 복권하고, 한명숙 前국무총리를 복권조치 했다. (나) 국민통합을 위한 선거사범 사면 내용으로, 2020년 신년사면에 이어 우리

---

114) (가) 중소기업인 · 소상공인 적극 사면으로, 코로나19 여파로 대다수의 중소기업인, 자영업자 등 소상공인들이 경제활동에 큰 어려움을 겪고 있는 실정에서 일시적 채무누적 등 자금난 등으로 인하여 처벌받은 중소기업인, 소상공인에 대한 적극적 사면을 통해 이들이 재기 후 우리 사회의 구성원으로 복귀할 수 있도록 배려하였다. (나) 건설업면허 관련 행정제재 감면으로 건설업체에게 부과된 행정처분 중 입찰에 제약이 되고 있는 부분에 한정하여 선별적으로 해제함으로써 내수 · 고용에서 큰 비중을 차지하는 건설산업을 정상화하고 우리경제의 안정적 성장을 지원하는 내용이다. 다만, 건설산업의 고질적인 병폐로 지적되고 있는 담합, 불법하도급, 부실시공, 등록기준 미달, 자격증대여, 중대재해, 산업안전보건법 위반, 환경법령 위반 등에 따른 처분 등은 수혜대상에서 제외했다.

115) 코로나19 확산 상황에서 국민의 건강권을 침해하고 사회질서를 어지럽힌 역학조사 방해, 보건용품 유통질서 저해사범 등 감염병 관련 중대 범죄를 엄격히 심사하여 사면대상에서 제외했으며, 서민의 주거권을 침해하고 사회 분열과 국민적 공분을 초래한 내부정보이용 투기 사범, 기획부동산 사기 사범 등 주요 부동산 투기 관련 범죄를 엄격히 심사하여 사면대상에서 제외했다.

116) 일상생활에 필수적인 운전면허의 행정제재를 감면하여 국민들의 불편을 덜어주고, 생계형 운전자 등의 경제활동 조기 복귀에 기여한 조치이다. 다만, 음주운전자, 사망사고 야기자, 난폭운전자, 보호구역 내 교통법규위반 등을 대상에서 배제하여 중대위반 행위에 대한 경각심 제고하였다.

117) 중대 위반행위자 및 최근 3년 내 감면 받은 사람을 제외한 어업면허 · 허가 등 행정제재에 대해 경고 정지 및 취소처분 기록을 삭제하는 등의 특별 감면조치를 실시했다.

118) 법무부 보도자료 〈2022년 신년 특별사면 실시, 2021.12.24〉

사회의 대립과 분열을 극복하고 소통과 화합의 계기를 마련하기 위한 선거사범 사면 실시하였다. 여·야 정치적 입장에 따른 구분없이 엄격하고 일관된 기준에 따라 사면함으로써 공정하고 균형있는 사면권 행사했으며 선거범죄 전력자, 별건 수배·재판 중인 자, 벌금·추징금 미납자, 부패범죄 성격이 있는 공천 관련 금품수수사범은 일괄 제외하여 사면을 통한 사회통합과 함께 법질서 확립과의 조화를 도모하였음을 밝히고 있다. (다) 사회적 갈등 사건 관련자 사면으로는 사회적 갈등 치유와 지역공동체 회복을 위해, 사회적 갈등 사건 관련자 가운데 65명을 엄선하여 특별사면을 실시하였다. 법률상 자격 제한 해소뿐만 아니라 대상자들의 실질적인 명예가 회복될 수 있도록, 벌금형을 선고받은 관련자에 대해서도 복권을 실시함으로써 상생과 화합의 계기가 될 것으로 기대하고 있다. (라) 자기낙태 사범 복권조치로 낙태죄에 대한 헌법불합치 결정을 존중하여, 자기낙태죄로 처벌 받은 여성에 대해 법률상 자격제한 회복을 위한 복권조치를 단행하였다.

V. 윤석열 정부 특별사면

1. 2022년 광복절 특별사면 실시

윤석열 정부는 2022년 광복절을 맞이하여, 2022년 8월 15일자로 중소기업인·소상공인 등 서민생계형 형사범, 주요 경제인, 노사관계자, 특별배려 수형자 등 1,693명 에 대한 특별사면을 단행했다. 이와 더불어 건설업, 자가용화물차·여객운송업, 공인중개업, 생계형 어업인 어업면허·허가, 운전면허 등 행정제재 대상자 총 593,509명에 대한 특별감면 조치를 함께 시행하고, 아울러 모범수 649명을 가석방하여 조기 사회복귀를 도모했다.

윤석열 정부의 첫 사면으로 광복절을 맞이하여 중소기업·소상공인 등 일반 형사범(특별배려 수형자 등 포함) 및 주요 경제인과 노사 관계자에 대한 특별사면 및 복권을 실시했다. 코로나19로 인해 국민 대다수가 경제적 어려움을 겪어

온 점을 고려, 중소기업인·소상공인들을 적극 발굴하여 사면 대상에 포함함으로써 민생경제 저변의 활력 제고했으며, 또한, 서민생계형 형사범, 장애인·중증환자·유아 대동 수형자 등 온정적 조치가 필요한 대상자들에 대한 사면으로 사회적 약자를 포용하고 배려한 사면임을 밝히고 있다. 특히, ① 현재 범국가적 경제위기 극복이 절실한 상황인 점을 고려, 적극적인 기술투자와 고용창출로 국가의 성장동력을 주도하는 주요 경제인들을 엄선하여 사면 대상에 포함함으로써 경제 분야의 국가경쟁력을 증진시키고, ② 집단적 갈등 상황을 극복하고 노사 통합을 통한 사회발전의 잠재역량을 극대화하기 위해 주요 노사 관계자를 대상에 포함했다. 아울러, 운전면허 취소·정지·벌점, 건설업, 자가용 화물차 운송업, 여객 운송업, 공인중개업, 생계형 어업인에 대한 각종 행정제재 감면조치도 함께 실시하여 서민 경제의 역동성을 부여하고자 했으며 이를 통해 국력을 통합하고, 하나 된 힘으로 경제위기를 극복하는 전기로 삼고자 했다[119]고 밝혔다.

2022년 광복절 특별사면의 내용을 구체적으로 살펴보면 다음과 같다.

(1) 일반 형사범

일반 형사범 1,638명을 대상으로 특별사면·감형·복권을 단행했다. 수형자·가석방자 538명(새터민 2명 포함)을 대상으로 살인·강도·조직폭력·성폭력·뇌물수수 등 제외범죄에 해당하지 않는 재산범죄 위주의 일반 형사범이며 형기의 2/3 이상을 복역한 465명은 남은 형의 집행을 면제하고, 형기의 1/2 ~ 2/3을 복역한 73명은 남은 형의 절반을 감경 조치했다.

집행유예자·선고유예자 1,100명을 대상으로 도로교통법위반, 수산업법위반 등 8개 생계형 행정법규 위반 사범 및 교통사고처리특례법위반, 부정수표단속법위반 사범[120]이며, 집행유예 기간 중인 1,099명은 형 선고의 효력을 상실시키

119) 법무부 보도자료, 「2022년 광복절 특별사면 실시-경제위기 극복 및 사회통합을 위한 특별사면 단행」, 2022년 8월 12일.

120) 부정수표단속법 중 수표 위조사범 등을 제외한 순수한 수표 부도사범(중소·영세상공인

고 그에 따른 임원 결격, 공무원 임용 제한 등 각종 자격 제한을 해제했으며 선고유예 기간 중인 1명에 대하여 형 선고의 효력을 상실시켰다.

(2) 중소기업인 · 소상공인

수형자 · 가석방자 중, 중소기업을 운영하였거나 소규모 자영업을 영위하던 사람으로서 전과, 정상관계 등을 고려하여 사면 대상자 32명 선별하여 특별사면 · 감형했다.

장기간 정상적으로 사업체를 운영하다가 일시적 경제력 악화로 범행에 이른 경우나 거래업체의 부도 등 연쇄적인 자금난으로 인해 거래상대방에게 피해를 입힌 사안, 피해자와 합의되거나 피해 회복을 위해 상당한 노력을 한 사안 등이 특별사면 등에 고려되었다.

(3) 특별배려 수형자

특별배려 수형자 11명을 특별사면 감형했다. 중증 질병으로 형집행정지 중이고 정상적인 수형생활이 곤란한 수형자 중 수형 태도가 양호하고 재범위험성이 낮은 모범 수형자인 중증환자(형집행정지자) 2명, 장애가 범행 동기로 작용한 일반 형사범 중 모범 수형자인 장애 수형자 1명, 생활고로 식품·의류 등 생필품을 훔치다가 적발된 생계형 절도 사범으로 절취금액이 100만원 미만인 모범 수형자 7명, 수형 중 출산하여 유아를 양육 중인 여성 수형자로서 수형 태도가 양호하고 재범위험성이 낮은 모범 유아 대동 수형자 1명이다.

(4) 경제인

경제 활성화를 통한 경제위기 극복을 위해, 최근 형 집행을 종료한 이재용 삼성전자 부회장을 복권하고, 집행유예 기간 중인 신동빈 롯데그룹 회장을 특별사면(형선고실효) 및 복권 조치했다. 그 외 회사운영 관련 범행으로 복역하였으나 집행유예가 확정 되거나 피해회복, 회사성장의 공로 등 참작할 사정이 있

의 경제활동 복귀 지원) 6명 포함.

어, 다시금 경제발전에 동참하는 기회를 부여하기 위해 장세주 동국제강 회장과 강덕수 前STX그룹 회장도 사면 대상에 포함됐다.

(5) 노사관계자

집단적 갈등 상황을 극복하고 노사 통합을 통한 사회발전을 도모하기 위해, 주요 노사 범죄 사범 8명을 사면대상에 포함되었다. 주요 사면 대상자로는 조상수(前 민노총 공공운수노조위원장), 허권(한국노총 상임부위원장), 한영석(현대중공업 대표)이다.

(6) 건설분야 행정제재 감면 : 807명(社)

건설분야 행정제재 감면에는 807명(社)으로, 국가계약법에 따른 입찰참가 제한 처분, 건설관련 개별법에 따른 영업정지·자격정지 처분 등을 받은 자를 대상으로 하였다. 다만 불법하도급, 담합, 부실시공, 사망사고 등 중대재해 사안, 산업안전보건법위반(보고의무 등 과태료위반 사안 등은 포함), 환경법령위반 등 건설산업의 대표적 문제로 지적되는 사유로 인한 처분은 감면대상에서 제외되었다.

(7) 자가용화물차·여객운송업 행정제재 감면

자가용화물차·여객운송업 행정제재 감면대상은 4명(社)이다. 이들은 자가용 화물차로 허가 받지 않고 유상운송하여 자동차 운행정지(6개월 이하) 처분을 받은 자, 여객자동차운수사업법 상 신고를 하지 않고 휴업기간이 지난 후에도 사업을 재개하지 아니하여 운행정지 조치를 부과 받은 운송사업자이다. 다만 음주운전·사망사고·무면허·도주차량 등 중대 교통법규 위반행위자, 과거 3년 이내 사면을 받았던 전력자는 제외했다.

(8) 공인중개업 행정제재 감면

공인중개사법을 위반(중개대상물 확인·설명서에 서명·날인을 하지 않는 경우 등)하여 업무정지(6개월 이하) 된 개업 공인중개사 92명을 대상으로 행정제재 특별감면을 단행했다. 다만 공인중개사법 위반으로 최근 1년 이내 2회 이상 업무정지 처분을 받은 경우는 제외했다.

(9) 운전면허 행정제재 특별감면

도로교통법규를 위반하여 벌점, 면허정지·취소 및 면허시험 응시 제한 조치를 부과 받은 592,037명에 대해 행정제재 특별감면을 단행했다. 도로교통법 위반으로 인한 벌점 일괄 삭제 (517,739명), 면허 정지·취소처분 집행철회 또는 잔여기간 면제 (3,510명), 면허 재취득 결격기간 해제 (70,788명)했다. 다만, 음주운전의 경우 위험성과 비난 가능성이 높은 점을 감안하여 1회 위반자라도 감면대상에서 제외했다.[121]

(10) 어업인 면허·허가어업 및 해기사면허 제재 감면

중대위반 행위자를 제외한 어업인 면허·허가어업 및 양식업과 해기사 면허 행정제재에 대해 경고·정지 처분 기록을 삭제하는 등 569명을 대상으로 특별감면조치를 단행했다.

| 면허·허가어업 및 양식업 경고·정지 처분 기록 삭제 | 264명 |
| 해기사면허 정지 처분 기록 삭제 | 305명 |

2. 2023년 신년 특별사면·복권 실시

윤석열 정부는 2023년 새해를 앞두고, 2022년 12월 28일자로 정치인·공직자, 선거사범, 특별배려 수형자 등 1,373명에 대한 특별사면을 단행했다. 2022년 광복절 사면에서는 대상에 포함하지 않았던 ① 정치인·주요 공직자를 엄선하여 사면함으로써 국가 발전에 다시 기여할 수 있는 기회를 부여하고, ② 기준에 따른 선거사범 사면을 통해 국민 통합과 나라 발전의 계기를 마련했다고 밝혔다.

---

121) 사망사고에 대한 경각심 고취 및 사고 예방차원에서 사망사고 운전자는 배제, 또한 교통사고 후 도주차량, 난폭·보복운전, 약물사용 운전, 차량이용범죄, 보호구역 내 법규위반 등 행위도 감면대상에서 제외함.

새 정부 출범 첫해를 마무리하며, 범국민적 통합으로 하나된 대한민국의 저력을 회복하는 계기를 마련하는 의미에서 이명박 前 대통령을 비롯한 정치인들을 사면대상에 포함하였고, 아울러, 잘못된 관행으로 직무상 불법행위에 이른 공직자들을 선별하여 사면 대상에 포함함으로써 과거 경직된 공직문화를 청산하고자 했으며, 이와 함께, 일반 형사범 중에서 임산부, 생계형 절도사범, 중증 질환으로 정상적인 수감생활이 불가능한 수형자를 대상으로 온정적 조치를 실시하여 사회구성원들의 상생과 화합을 도모했다고 밝혔다.

법무부는 2023년 신년 특별사면의 특징으로 ① '폭넓은 국민통합'을 위한 사면,[122] ② 사회적 약자 배려를 위한 사면[123]을 들고 있다.

2023년 신년 특별사면 및 복권의 내용을 구체적으로 살펴보면 다음과 같다.

(1) 전직 대통령 등 정치인(9명)

폭넓은 국민통합의 관점에서, 고령 및 수형생활로 건강이 악화되어 형집행정

---

122) 폭넓은 국민통합을 위한 사면으로 (가) 전직 대통령 등 주요인사 사면을 통하여 '화해'와 '포용'을 통해 범국민적 통합된 힘으로 미래를 지향하는 전기를 마련하기 위해, 이명박 前 대통령 및 주요 정치인들을 사면 대상에 포함시켰고, 아울러, 과거 이른바 '국정농단 사태'라는 국가적 불행을 극복하고 하나로 통합된 대한민국으로 나아가기 위해, 국정수행 과정에서 직책 직무상 관행에 따라 범행에 이른 주요 공직자들을 사면했다고 밝히고 있다. (나) 국민 통합을 위한 대규모 선거사범 사면으로, 치열한 선거과정 국면에서 저지른 범죄로 처벌받은 정치인 등에게 국가발전에 다시 기여할 수 있는 기회를 부여하고, 정치발전과 국민통합으로 나아가기 위해, 대규모 선거사범 사면을 실시했다. 정당이나 정파와 관계없이, 수배·재판 중인 자, 벌금·추징금 미납자, 공천 대가 수수사범은 사면 대상에서 일괄 제외하여 일관성 있는 사면권 행사를 들고 있다(법무부 보도자료, 「2023년 신년 특별사면·복권 실시」, 2022.12.27, 총괄부서 : 법무부 형사기획과).

123) 사회적 약자 배려를 위한 사면으로 우리 사회의 온정적 조치가 필요한 수형자를 신중하게 선정하여 사회구성원들의 '상생'과 '화합'을 도모하며, 민생 경제의 어려움 속에서 생활고로 인해 소액의 식료품 등을 훔친 생계형 절도범을 엄격한 요건 하에 사면대상에 포함, 중증 질환으로 정상적인 구금생활을 지속하기 불가능한 수형자, 임신 상태에서 수형생활 중 출산이 임박한 수형자에 대해 엄격한 검토를 통해 사면대상에 포함했다(법무부 보도자료, 「2023년 신년 특별사면·복권 실시」, 2022.12.27, 총괄부서 : 법무부 형사기획과).

지 중인 이명박 前대통령을 특별사면(잔형 집행면제) 및 복권을 실시하고, 아울러 국민적 통합을 위해 범죄의 경중, 국가에 기여한 공로, 형 확정 후 기간, 형 집행률, 추징금·벌금 납부 여부 등을 고려하여, 정치인 8명에 대해 특별사면 실시했다.

〈대상자〉

잔형 집행면제 및 복권	이명박(前 대통령)	
형선고 실효 및 복권	김성태(前 국회의원)	전병헌(前 국회의원)
복권	신계륜(前 국회의원) 이완영(前 국회의원) 강운태(前 광주광역시장)	이병석(前 국회의원) 최구식(前 국회의원) 홍이식(前 화순군수)

(2) 주요 공직자 : 66명

국정수행 과정에서 당시 직책·직무와 관련하여 잘못된 관행에 따라 불법행위를 저질러 법의 심판을 받은 주요 공직자 66명을 특별사면하여 다시 국가발전에 기여할 수 있는 기회를 부여했으며, 특정 정당·정파에 유리한 방향으로 민의를 왜곡하였던 사안으로 수형 중인 원세훈 前국가정보원장에 대해 잔형 감형, 김경수 前경남도지사에 대하여 잔형 집행을 면제했다.

〈주요 대상자〉

잔형 집행면제 및 복권	최경환(前 경제부총리) 배득식(前 기무사령관) 민병환(前 국정원 2차장)	이헌수(前 국정원 기조실장) 이병호(前 국정원장)
잔형 집행면제	김경수(前 경남도지사)	
잔형 감형	원세훈(前 국정원장)	
형선고 실효 및 복권	이채필(前 고용노동부장관) 박승춘(前 국가보훈처장)	서천호(前 국정원 2차장) 최윤수(前 국정원 2차장)
형선고실효	김태효(前 청와대기획관)	
복권	남재준(前 국정원장) 조윤선(前 정무수석) 김해수(前 비서관) 이재만(前 비서관) 이종명(前 국정원 3차장) 옥도경(前 사이버사령관)	김기춘(前 비서실장) 조원동(前 경제수석) 안봉근(前 비서관) 정관주(前 비서관) 유성옥(前 국정원 단장) 이제영(前 검사)

	이병기(前 국정원장)	박준우(前 정무수석)
	우병우(前 민정수석)	김진모(前 비서관)
	신동철(前 비서관)	오도성(前 비서관)
	장석명(前 비서관)	정호성(前 비서관)
	민병주(前 국정원 단장)	연제욱(前 사이버사령관)
	장호중(前 검사)	

(3) 선거사범

이미 동종 선거에서 한차례 이상 출마 제한 불이익을 받은 제18·19대 대통령선거, 제20대 국회의원선거, 제6·7회 전국동시지방선거 사범 1,273명 복권, 1명 형선고 실효 및 복권을 실시하였다.[124] 수배·재판 중인 자, 벌금·추징금 미납자, 부패범죄 성격의 공천대가 수수사범은 대상에서 제외하고, 선거범죄 전력 등도 고려하여 선거사범 1,274명을 대상으로 로 복권 등을 실시하였다.

〈주요 대상자〉

복권	권석창(前 국회의원)	황천모(前 상주시장)
	유영훈(前 진천군수)	이선두(前 의령군수)
	윤종서(前 부산중구청장)	이규택(前 국회의원)
	우석제(前 안성시장)	이경일(前 고성군수)
	이윤행(前 함평군수)	

(4) 특별배려 수형자(8명)

임신 중인 상태에서 출산이 얼마 남지 않은 수형자로서 수형태도가 양호하고 범행 내용 등 참작할 만한 사유가 있는 수형자 1명, 노숙 등 경제적 곤궁 상태에서 식료품 등을 훔치다가 적발된 생계형 절도사범으로, 절취금액이 100만 원 미만인 모범 수형자 생계형 절도 사범 4명, 중증 질병으로 형집행정지 중이고 정상적인 수형생활이 곤란한 수형자 중 수형 태도가 양호하고 재범위험성이 낮은 모범 수형자인 중증환자(형집행정지자) 3명에 대하여 사면으로 잔형의 집행을 면제했다.

---

124) 직전 선거사범에 대해서는 사면을 실시하지 아니함.

3. 2023년 광복절 특별사면

정부는 2023년 광복절을 맞이하여, 2023년 8월 15일자로 중소기업인 · 소상공인 등 서민생계형 형사범, 특별배려 수형자, 경제인, 정치인, 기업임직원 등 2,176명에 대한 특별사면을 단행했다. 이와 더불어 소프트웨어업, 정보통신공사업, 여객 · 화물 운송업, 생계형 어업인, 운전면허 등 행정제재 대상자 총 811,978명에 대한 특별감면 조치를 함께 시행하고, 아울러 모범수 821명을 가석방하여 조기 사회복귀를 도모했다.

윤석열 정부는 2023년 광복절 사면을 통해 '사회를 통합'하고 '국력을 집중'하여 경제에활력을 불어넣는 전기로 삼고자 했다고 밝혔다.

법무부는 2023년 광복절 특별사면의 특징으로 ① 경제 살리기를 위한 사면,[125] ② 정치 · 사회 통합을 위한 사면,[126] ③ 사회적 약자 배려를 위한 사면,[127]

---

125) (가) 코로나19 팬데믹의 여파로 초래된 경기침체의 지속과 물가상승 등으로 인해 서민 경제의 어려움은 심각한 상황, 자금상황 악화 등으로 인하여 처벌받은 중소기업인, 소상공인에 대한 적극적 사면을 통해 이들이 재기 후 경제활동에 복귀하여 서민경제 활력 제고에 기여할 수 있도록 배려한 중소기업인 · 소상공인 적극 사면이며, (나) 기후 · 에너지 위기, 국제적 경제질서 변화 등 복잡 · 다변한 국내외 상황에서 경제위기 극복 및 국가경쟁력 제고를 위한 경제인들의 진취적인 노력이 절실한 상황으로 적극적인 기술투자와 고용창출로 국가의 지속적인 성장동력을 주도하는 주요 경제인들에 대한 사면을 통해 대한민국의 글로벌 경쟁력 강화에 기여할 수 있는 기회 제공하는 주요 경제인 사면, (다) 소프트웨어 사업자에게 부과된 입찰 참가자격 제한에 대하여 선별적으로 해제함으로써 수혜기업의 대부분을 차지하는 중소기업에게 경영개선 기회를 제공, 고물가 · 고금리로 불확실성이 확대되고 경기회복이 더딘 가운데 디지털 경제의 핵심기반인 SW산업에 활력 제고 및 사기를 진작하는 소프트웨어업 행정제재 특별감면, (라) 정보통신공사업자에게 부과된 행정처분 중 입찰에 제약이 되는 부분에 한정하여 선별적으로 해제함으로써 중소기업이 대부분인 정보통신공사업자에게 경영개선 기회를 제공하고 정보통신공사업의 안정적 성장을 지원하는 것을 들고 있다.

126) 정치 · 사회적 갈등 해소를 위해 범죄의 경중과 경위 등을 고려하여, 주요 정치인, 前 고위공직자 및 국방부 소관 군 관계자 등에 대한 특별사면 실시했다고 설명하고 있다.

127) 민생 경제의 어려움 속에서 생활고로 인해 소액의 식료품 등을 훔친 생계형 절도범, 고령자 등을 엄격한 요건 하에 사면대상에 포함하였고, 지병이 있는 가족에 대한 장기간 간병

④ 국민 생활에 밀접한 행정제재 감면을 들고 있다. [128]

2023년 광복절 특별사면의 내용을 구체적으로 살펴보면 다음과 같다.

(1) 일반 형사범 : 2,127명

수형자·가석방자는 451명으로 살인·강도·조직폭력·성폭력·뇌물수수 등 제외범죄에 해당하지 않는 재산범죄 위주의 일반 형사범으로서 형기의 2/3 이상을 복역한 373명은 남은 형의 집행을 면제하고, 형기의 1/2 ~ 2/3를 복역한 78명은 남은 형의 절반을 감경했다.

집행유예자·선고유예자는 1,676명으로 도로교통법위반, 수산업법위반 등 8개 생계형 행정법규 위반 사범 및 교통사고처리특례법위반, 부정수표단속법위반, 감염병의 예방 및 관리에 관한 법률 위반사범[129] 대상으로 집행유예 기간 중인 1,670명은 형 선고의 효력을 상실시키고 그에 따른 임원 결격, 공무원 임용 제한 등 각종 자격 제한을 해제하고, 선고유예 기간 중인 6명에 대하여 형 선고의 효력을 상실시켰다.

수형자·가석방자 중 중소기업을 운영하였거나 소규모 자영업을 영위하던 사람으로서 범죄전력, 정상관계 등을 고려하여 사면 대상자 74명 선별했다. 즉 장기간 정상적으로 사업체를 운영하다가 일시적 경제력 악화로 범행에 이른 경우나 계속적 거래관계에서의 경영 악화 등으로 인해 범행에 이른 사안, 피해자와 합의되거나 피해 회복을 위해 상당한 노력을 한 사람 등을 대상으로 특별사면을 실시하여 잔형의 집행을 면제했다.

에 지쳐 우발적으로 범행한 간병살인 사범을 사면대상에 포함하여 사회적 약자 배려를 위한 사면임을 밝히고 있다.

128) 법무부 보도자료 「2023년 광복절 특별사면 실시 - 경제 살리기 및 사회 통합을 위한 특별사면 단행 -」 2023년 8월 14일.

129) 감염병의예방및관리에관한법률 중 의료·방역물품 무단 국외반출, 무허가 고위험병원체 관련 사범 등을 제외한 경미한 방역수칙 위반 사범(코로나19 종식 후 일상으로의 복귀 지원) 17명 포함.

(2) 특별배려 수형자

특별배려 수형자 5명을 특별사면하여 잔형을 감형하거나 집행을 면제했다. 70세 이상의 고령인 수형자 중 수형 태도가 양호하고 재범 위험성이 낮은 모범 수형자 1명[130]을 사면하여 잔형 감형했고, 생계형 절도 사범 : 3명 생활고로 식품·의류 등 생필품을 훔치다가 적발된 생계형 절도사범으로, 절취금액이 100만 원 미만인 모범 수형자 3명에 대한 사면으로 잔형의 집행 면제했고, 지병 있는 남편인 피해자를 장기간 돌봐오다가 우발적으로 범행한 수형자로서 수형 태도가 양호하고 재범 위험성이 낮은 모범 수형자 즉 간병살인 사범 1명[131]에 대한 특별사면으로 잔형 감형 조치했다.

(3) 경제인

경제위기 극복 및 국가경쟁력 제고를 위해 기업 운영 관련 등 범죄로 집행유예 확정되거나, 고령·피해회복 등 참작할 사정이 있는 경제인 12명을 사면 대상에 포함했다.

<주요 경제인 대상자>

형선고 실효 및 복권	박찬구(금호석유화학 명예회장) 신영자(前 롯데장학재단 이사장)
복권	이중근(前 부영그룹 회장) 강정석(前 동아쏘시오홀딩스 회장) 김정수(삼양식품 부회장) 이호진(前 태광그룹 회장) 이장한(종근당 회장) 김기문(중소기업중앙회장, 제이에스티나 대표)

---

130) 72세(남), 교통사고로 이륜차 운전자에게 중상해를 입혀 금고 1년형 확정되어 수형 중 [교통사고처리특례법위반(치상)], 72세의 고령, 자동차종합보험으로 피해회복, 사면으로 잔형 감형

131) 75세(여), 파킨슨병, 위암, 백내장, 저나트륨혈증 등 진단받은 남편을 7년간 간병해오다가 우발적으로 살해, 징역 3년 확정되어 수형 중 [살인], 초범, 대상자 우울증, 자살시도, 자녀들 선처 호소, 사면으로 잔형 감형.

(4) 정치인 및 고위공직자

정치·사회적 갈등 해소를 위해 범죄의 경중과 경위 등을 고려하여, 정치인 등 4명, 前 고위공직자 3명을 특별사면을 실시했다.

형선고 실효 및 복권	김태우(前 강서구청장) 조광한(前 남양주시장) 정용선(前 경기남부지방경찰청장)
복권	강만수(前 기획재정부 장관) 박재기(前 경남개발공사 사장) 임성훈(前 나주시장)

(5) 기업 임직원 및 국방부 관할 대상자 특별사면

업무방해, 노조법위반 등 사건 주요 기업 임직원 19명(책임자급은 제외) 특별사면·복권조치했다. 형선고실효 및 복권은 7명이며, 복권은 12명이다.

국방부 관할 대상자로 직무 관련 불법행위로 인하여 처벌받은 6명(잔형 집행 면제 및 복권 : 2명 / 복권 : 4명)을 특별사면·복권했다. 국방부 관할 대상자로 복권된 사람 중에는 소강원(前 기무사령부 참모장)이 포함되었다.

(6) 소프트웨어업 행정제재 감면 : 92명(社)

소프트웨어 사업자 중 국가계약법, 지방계약법에 따른 입찰 참가자격 제한 처분을 받은 자 92명(社)에 대하여 행정제재 감면조치를 단행하였다. 다만 소프트웨어 산업의 투명성, 공정성 등을 저해할 수 있는 뇌물수수, 담합행위, 사기·부정행위, 지방자치단체장 또는 지방의회의원 관련 위반사항에 대한 처분은 감면 대상에서 제외했다.

(7) 정보통신공사업 행정제재 감면

「정보통신공사업법」에 따른 영업정지·과징금·과태료 처분 등을 받은 자 3,303명(社)에 대하여 행정제재 감면조치를 단행하였다. 다만 불법 하도급, 거짓신고, 자격증 대여 등 정보통신공사업의 신뢰성, 공정성 등을 저해할 수 있는 사항으로 인한 처분은 감면 대상에서 제외했다.

(8) 여객 운송업 행정제재 감면

허가받지 않고 비영업용(자가용) 자동차로 유상 운송하여 자동차 운행정지 처분을 받은 자, 일시적 등록기준 미달 · 차령초과 운행 · 휴업기간 경과후 사업 미개시 사유로 사업 일부정지 등의 처분을 받은 여객 운송사업자 3명(社)에 대하여 행정제재 감면조치를 단행하였다. 다만 음주운전 · 사망사고 · 무면허 · 도주차량 등 중대 교통법규 위반행위자, 과거 3년 이내 사면을 받았던 전력자는 제외했다.

(9) 화물 운송업 행정제재 감면

허가받지 않고 비영업용(자가용) 화물차로 유상 운송하여 자동차 운행정지 처분을 받은 자, 화주에게 부당한 운송조건을 제시하거나 운임 · 운송약관을 게시하지 않아 사업 일부정지 처분을받은 화물 운송사업자 6명(社)에 대하여 행정제재 감면조치를 단행하였다. 다만 음주운전 · 사망사고 · 무면허 · 도주차량 등 중대 교통법규 위반행위자, 과거 3년 이내 사면을 받았던 전력자는 제외했다.

(10) 연근해 어업 면허 · 허가 및 해기사면허 행정제재 감면

중대위반 행위자를 제외한 558명을 대상으로 연근해 어업 면허 · 허가 및 해기사면허 관련 행정제재에 대해 행정처분 기록을 삭제하는 등의 감면조치를 실시했다.

연근해어업 면허·허가의 경고·정지 처분 기록 삭제	425명
해기사면허의 정지 처분 기록 삭제	133명

(11) 운전면허 행정제재 특별감면 : 808,016명

도로교통법규를 위반하여 벌점, 면허정지 · 취소 및 면허시험 응시 제한 조치를 부과 받은 자 808,016명에 대하여 운전면허 행정제재 특별감면을 실시했다. 도로교통법 위반으로 인한 벌점 일괄 삭제(679,506명), 면허 정지 · 취소처분 집행철회 또는 잔여기간 면제(9,608명), 면허 재취득 결격기간 해제(118,902명)이다. 다만 음주운전의 경우 위험성과 비난 가능성이 높은 점을 감안하여 1

회 위반자라도 감면대상에서 제외했다. 특히, 사망사고에 대한 경각심 고취 및 사고 예방차원에서 사망사고 운전자는 배제했다. 또한 교통사고 후 도주차량, 난폭·보복운전, 약물사용 운전, 차량 이용범죄, 보호구역 내 법규위반 등 행위도 감면대상에서 제외했다.

제6장

한국헌정과 대통령 하야사(下野史)

제1절 대통령 하야사(下野史)

　대한민국 헌정에서 임기를 채우지 못하고 물러나거나 중도 하차한 대통령으로는 이승만, 윤보선, 박정희, 최규하, 박근혜 전 대통령이다. 이유를 떠나 본인 스스로 대통령직을 물러난 사람은 이승만, 윤보선, 최규하 대통령 3명이다.
　박정희 대통령은 임기 중 심복부하가 쏜 총탄에 의해 피살되었으며, 그의 딸인 박근혜 대통령은 탄핵(彈劾)에 의해 대통령직에서 쫓겨난 것이다. 따라서 그 성격이 다르다.

　이승만 대통령은 1948년 대한민국 정부수립과 함께 국회에서 초대대통령에 선출되었고, 철저한 반공주의자로서 국내 공산주의 분쇄에 앞장섰다. 6.25전쟁 중인 1952년 부산에서 발췌개헌으로 헌법을 개정하여 대통령으로 재선되었고, 1954년에는 종신대통령(終身大統領) 개헌안이라고 할 수 있는 사사오입개헌(四捨五入改憲)을 통해 3선 대통령이 되었다. 이승만 자유당 정권은 영구집권을 꿈꾸며 1960년 3월 15일에 실시된 제4대 정·부통령 선거에서 사상 유례없는 4할 사전투표, 3인조 5인조 9인조 공개투표, 유령유권자 조작, 투표함 바꿔치기, 기권강요와 기권자의 대리투표, 개표시 혼표와 환표, 득표수 조작발표[1] 등의 방법으로 부정선거를 자행하였다. 부정선거의 결과는 민주당 후보 조병옥(趙炳玉)의 죽음으로 이승만이 독주하여 92%의 득표로 제4대 대통령으로 당선되고, 자유당의 부통령 후보인 이기붕(李起鵬)은 민주당의 장면을 압도적 표차로 누르고 부통령에 당선된다. 이후 부정선거 규탄시위가 마산을 중심으로 전국적으로 확산되자 이기붕이 부통령직을 1960년 4월 24일 사퇴하고 이승만은

---

1) 개표가 진행되면서 일부 지역에서 이승만 이기붕의 득표수가 총유권자수를 초과하여 내무부장관(內務部長官) 최인규로 하여금 득표수를 하향조정하도록 하는 지시를 하기도 하였다. 득표수 조작 발표의 촌극은 사전투표와 환표(換票), 투표함 바꿔치기의 허술함으로 인해 발생한 것이다.

마산 부정선거 규탄시위가 공산당이 개입한 혐의가 있다고 발표하면서 부정선거의 모든 책임을 자유당에 전가하면서 자유당 총재직을 사임함으로서 정권을 유지하려 발버둥 쳐보았지만 국민들의 지속적인 하야(下野)요구에 1960년 4월 26일 하야성명을 발표하고, 1960년 4월 28일 12년 폭정(暴政)과 학정(虐政)의 산실이었던 경무대를 떠나 이화장(梨花莊)으로 거처를 옮기고 5월 29일 하와이로 망명하는 불행한 대통령의 모습을 최초로 헌정사에 기록하고 있다.[2]

윤보선 대통령은 대한민국 정부 수립 후 초대 서울시장으로 발탁되었으며, 1949년 상공부장관으로 임명되었다. 제3대·5대·6대 국회의원을 지내며, 1959년 민주당 최고위원으로 선출되었다. 윤보선 전 대통령은 4·19혁명으로 출범한 제2공화국의 민주당(民主黨)정권과 5·16 쿠데타이후의 박정희 군사정권 아래서 도합 1년 9개월간 대통령직을 수행했다. 그는 비록 내각책임제와 군정(軍政)이라는 상극적 체제하의 실권(實權)없는 상징적 국가원수였지만 정치적 격변기에 국운을 가름하는 중요한 역할을 했다.[3] 윤보선 전 대통령은 자신이 남긴 거대한 족적 때문에 정치사적으로도 다양한 평가를 받아왔다. 우선 가장 논란을 불러일으켜 온 것은 제2공화국의 붕괴와 5·16쿠데타의 「완성(完成)」에 이르기까지 대통령으로서 행한 역할이다. 그는 쿠데타 세력들이 서울을 장악한 1961년 5월 16일 장면 총리가 피신, 행방불명된 가운데 쿠데타수습의 결단을 내렸다. 그는 당시 매그루더 유엔군 사령관과 마셜 그린 주한미(駐韓美)대리대사의 쿠데타무력진압 제의에 대해 동족살상의 유혈 사태 초래와 북한의 남침위협 등을 이유로 반대했다. 당시 민주당구파(舊派)를 이끌던 윤보선이 취한 일련의 태도는 5·16 이후 당시의 장면총리와 현석호(玄錫虎)국방장관 등 신파(新派)측으로부터 「군사혁명에 협조했다」는 공격을 받았고, 5·16주체들이 사전내통설(說)을 들고 나와 더욱 치열한 공방이 전개되기도 했다. 이 같은 주장은 윤보선이 박정희 소장 등 쿠데타 군지도부가 들이닥치자 「올것이 왔구면」이라고 무심결에 내뱉은 수수께끼 같은 말이 근거가 됐으나 윤보선은 이를 중상모략이

2) 이철호,《헌법과 인권》, 21세기사(2018), 204-205면.
3) 이철호,《전직대통령의 예우와 법》, 21세기사(2021), 43면.

라고 일축했다. 윤보선 전 대통령은 이렇게 회고했다. "쿠데타를 일으킨 군인을 지지해서가 아니었다. 민주당 정권을 반대해서도 아니었다. 대통령으로서 그 길 외에 다른 길이 없었기 때문이다. 지금 그런 입장이라도 당시 결단을 되풀이 할 수 밖에 없다"(회고록 「구국을 위한 가시밭길」). 군정 하에서 명목상의 대통령 자리를 지켰던 행위는 박정희장군의 최고회의와 심한 갈등 끝에 정치정화법에 서명하고 1962년 3월 하야(下野)를 결행, 야인으로 돌아가 군정반대와 민정이양운동에 나섰다. 야당세력구합에 나선 그는 과거 민주당 구파세력을 재건한 민정당(民政黨)의 대통령후보로 나서 1963년 제5대 대통령선거에서 박정희 후보와 열띤 사상논쟁을 벌여 야당 바람을 불러 일으켰으나 15만6천여표 차이로 패했다.[4]

최규하는 1975년 국무총리에 기용되어 1979년 10·26이후 대통령 권한대행 직을 맡은데 이어 같은 해 대통령에 취임했으나 1980년 5·17비상계엄확대조치 이후 일련의 과정 속에서 대통령직을 사임했다. 최규하 전 대통령은 〈10.26 박정희 대통령 시해사건〉과 〈12·12군사반란〉, 〈5·18광주민주화운동〉 당시 국정의 최고책임자였다. 따라서 최규하를 빼놓고는 1980년대를 전후한 한국의 현대사를 논할 수 없다. 그러나 그는 10·26이후 시대가 역사적, 법적 증언을 요구할 때마다 침묵으로 일관했다. 헌정(憲政)을 제대로 수호하지 못한 부끄러움 때문인지, 내란(內亂)을 방조·묵인한 죄값 때문인지, 아니면 신군부의 보복이 두려워서인지 모르지만 하여튼 그는 국민과 역사를 기만하였다.[5]

최규하 대통령은 1980년 8월 16일 오전 10시 청와대 영빈관에서 제10대 대통령직을 사임하면서 특별성명을 발표했다. 즉 하야(下野)성명이다. 하야 성명은 다음과 같다. "…전략… 우리나라에 있어서의 책임정치의 구현으로 불신풍조를 없애고 불행했던 우리 헌정사에 평화적인 정권이양의 선례를 남기며 또한 국민 모두가 심기일전하여 화합과 단결을 다짐으로써 시대적 요청에 따른 안정

---

4) "現代史와 榮辱함께 한 政治巨木 他界한 尹 前대통령 政治歷程", 「경향신문」 1990년 7월 19일, 2면.

5) 이철호,《전직대통령의 예우와 법》, 21세기사(2021), 47-48면

과 도의와 번영의 결코 새로운 사회를 건설하는 역사적 전기를 마련하기 위하여 애국충정과 대국적인 견지에서 나 자신의 거취에 관한 중대한 결심을 하기에 이르렀습니다. 즉 나는 오늘 대통령직에서 물러나 헌법 규정에 의거한 대통령 권한대행권자에게 정부를 이양하기로 결정한 것입니다. 민주국가의 평화적인 정권이양에 있어서는 국정의 최고 책임자가 국위우선에 국가적인 견지에서 임기 전에라도 스스로의 판단과 결심으로 합헌적인 절차에 따라 정부를 승계권자에게 이양하는 것도 확실히 정치발전의 하나라고 생각합니다. …중략… 오늘 대통령직을 떠나면서 나는 다시 한번 국민 여러분에게 대립과 분열이 아닌 이해와 화합으로 대동단결하고 불퇴전의 의지와 용기로 부강한 민주국가를 건설하여 대한민국의 민족사적 전통성에 입각한 평화통일의 기반을 확실히 구축해 나가도록 간곡히 당부 드리고자 합니다. 그리하여 우리 후손들에게 번영되고 자랑스러운 조국을 물려줄 수 있도록 국민 각자가 최선의 노력을 다해나가야 하겠습니다. 끝으로 그간 나에게 보내 주신 국민 여러분의 깊은 이해와 아낌없는 협조에 심심한 사의를 표하며, 우리 대한민국과 국민의 앞날에 평화와 안정 그리고 영광과 융성이 함께 있기를 기원하는 바입니다. 1980년 8월 16일 대통령 최규하".

대통령직 사임(下野) 성명을 발표한 이틀 후인 1980년 8월 18일 오전에 최규하 대통령은 청와대를 떠나 서울특별시 마포구 서교동의 자택으로 이사했다. 1981년 4월 국정자문회의 의장이 되었으며, 1987년 6·29선언 이후 광주민주화운동과 제5공화국 출범과정에 대한 진상규명을 위한 국회청문회에 출석·증언하라는 야당과 국민여론의 압력을 받았으나 끝내 거부했다.[6][7]

---

6) 고위공직자로서 그는 자신이 누린 특권적 경험에 대한 증언과 기록의 직분은 철저히 외면했다. 1988년 5공화국 국회청문회 출석·서면 증언을 거부했고, 1995년 전두환·노태우 내란죄 조사 검찰 서면조사에도 불응했다. 1996년 구인장을 받고 법정에 서서도 그는 입을 열지 않았고, 알려진 바, 끝내 회고록 형식의 어떤 기록도 남기지 않았다. 그는 대통령으로서 불운했지만, 재임 중에도 퇴임 후에도 도의적 책무를 다하지도 않았다(최윤철, "[기억해야 할 오늘] 최규하", 「한국일보」 2017년 8월 16일, 30면).

7) 최규하 전 대통령의 역사적 법적 증언 거부사(史)에 대해서는 이철호,《전직대통령의 예우와 법》, 21세기사(2021), 49-54면 참조.

I. 이승만 대통령 하야 성명

나는 해방 후 본국에 돌아 와서 우리 여러 애국 애족하는 동포들과 더불어 잘 지내 왔으니 이제는 세상을 떠나도 한이 없으나 나는 무엇이든지 국민이 원하는 것만이 있다면 민의를 따라서 하고자 할 것이며, 또 그렇게 하기를 원했던 것이다.

보고를 들으면 우리 사랑하는 청소년 학도들을 위시해서 우리 애국 애족하는 동포들이 내게 몇 가지 결심을 요구하고 있다 하니 내가 아래서 말하는 바대로 할 것이며, 한가지 내가 부탁 하고자 하는 것은 우리 동포들이 지금도 38선 이북에서 우리를 침입코자 공산군이 호시탐탐하게 기다리고 있다는 것을 명심하고, 그들에게 기회를 주지 않도록 힘써 주기를 바라는 바이다.

첫째, 국민이 원한다면 대통령직을 사임하겠다.

둘째, 3 · 15 정부통령 선거에 많은 부정이 있었다 하니 선거를 다시 하도록 지시하였다.

셋째, 선거로 인연한 모든 불미스러운 것을 없게 하기 위하여 이미 이기붕 의장에게 공직에서 완전히 물러나도록 하였다.

넷째, 내가 이미 합의를 준 것이지만 만일 국민이 원한다면 내각책임제 개헌을 하겠다.

1960년 4월 26일 대통령 이 승 만

Ⅱ. 윤보선 대통령 하야 성명

친애하는 국민 여러분!

나는 오늘 대통령직에서 완전히 물러날 것을 성명하는 바입니다.

원래 덕이 없는 이 사람이 국가원수 직에 있었던 1년 8개월 동안에 일어났던 모든 일에 대해, 나는 그 책임을 느끼는 바입니다.

회고하면 1960년 4월 혁명으로 자유당 독재정권이 무너지고, 작년 1961년 5월 군사혁명을 연거푸 겪지 않으면 안 될, 조국의 불행한 사태를 나는 극히 유감스럽게 여겨 왔으며, 또한 이러한 사태가 나의 대통령재임 중에 발생하여, 국민들에게 더욱 송구하게 느끼는 바입니다.

군사혁명 이후, 나는 한때 대통령직에서 물러날 결심을 한 바 있으나 내가 이 뜻을 꺾고 그대로 머무르고 있었던 것은, 나의 개인의 생각보다 국가장래의 형편을 보아야겠다는 뜻 이외에는 없었던 것입니다.

그렇지만 언제까지나 내가 대통령직에 머물러 있어야 할 명분이 있는 것도 아니요, 이 사람이 언제까지나 필요한 존재가 아니라는 것도, 내 스스로 잘 알고 있었기 때문에, 나는 항상 물러갈 시기를 택해 왔던 것입니다. 이 시기는 오늘에야 이르렀습니다. 모든 일은 안정되고 회복이 되었습니다. 이리하여 나는 물러날 결심을 하게 된 것입니다.

한 가지 유감스럽게 생각했던 것은 정치정화법(政治淨化法)에 관한 것입니다.

내가 군사 정권과 정치정화법에 관해 생각을 달리했던 것도, 이로 말미암아 인화단결을 저해하지 않나 하는 것이었습니다.

그렇지만 이것이 나의 불필요한 기우(杞憂)에 지나지 않았음을 입증한다면, 나는 오히려 다행스럽게 생각하는 바입니다.

반공 민주 통일이 우리 민족에게 부여된 최대의 지상명령이라면, 우리 민족은 이를 완수하기 위해 총력을 경주해야 하겠습니다.

1962년 3월 22일 대통령 윤보선

Ⅲ. 최규하 대통령 하야 성명

친애하는 국민 여러분!

작년 10월 26일 국가원수의 돌연한 서거로 나는 헌법의 정하는 바에 따라 대통령권한대행의 중책을 맡게 되었으며, 이어 국가의 보위와 정치적 사회적 안정을 염원하는 대다수 국민의 여망과 합의의 바탕 위에서 제10대 대통령에 선출되어 국정의 최고책임자로서의 대임을 수행하여 왔습니다.

「10·26사태」 후의 황망한 중에서도 국민 여러분께서 애국심과 단합으로 어려운 고비를 넘기고 국가의 안전보장과 국민의 생존권 수호를 위해 적극적으로 협조하여 주신데 대해 나는 항시 깊은 감사의 염을 간직하여 왔습니다.

이와 아울러 나는 국군통수권자로서 국가적 난국에 대처하여 철통같은 방위태세로 북한공산집단의 무력도발을 억지하여 온 우리 국군장병 여러분의 노고를 다시 한 번 높이 치하하는 바입니다.

나는 작년 11월 10일자 「국가비상시국에 관한 특별담화」, 12월 21일의 대통령 취임사, 그리고 지난 6월 12일자 「국가기강확립에 관한 담화」 등 일련의 성명을 통하여 시국에 대처하는 나의 소신을 천명한 바 있습니다.

즉, 우리가 비상시국에 처하여 국가의 보위와 국민의 생존권수호를 제일의 과제로 삼아 공공의 안녕질서와 사회안정을 유지하여 국민생활의 안정과 경제의 안정적 성장을 기하고, 이 바탕위에서 헌법의 개정과 선거를 포함, 시대적 요청에 따른 정치발전을 착실하게 추진함으로써 평화적인 정권이양의 전통을 확립할 결의임을 밝혔던 것입니다.

그리하여 나는 특히 작년 11월 이후 북한공산집단의 심상치 않은 일련의 움직임에 비추어 국방태세를 더욱 공고히 하여 한반도에서의 전쟁재발을 억지하는 한편 헌정중단의 사태를 방지하고 국가의 계속성을 유지하면서 당면과제를 해결하는 등 국가의 위기를 관리, 극복하는 데 혼신의 노력을 경주하여 온 것은 국민 여러분께서 잘 아시는 일이라 생각합니다.

이같은 과업을 수행하기 위하여는 무엇보다도 국민 모두의 자제와 화합을 통한 대동단결이 요청되기 때문에 나는 국민 여러분에게 기회있을 때마다 이를 되풀이 강조하고 호소하는 한편, 국민적 단합의 기반을 다지기 위해 대통령긴급조치 제9호의 해제 등을 비롯한 일련의 조치를 취하였던 것입니다.

국민 여러분!

그러나 불행하게도 정치발전을 추구하는 과정에서 우리 나라의 특수한 안보적 상황과 시국의 중대성을 외면한 일부의 정치과열작태, 폭력화한 노사분규와 학생들의 불법적인 교외집단시위 등이 일어나고, 또 이를 이용하려는 일부 정치인들의 무분별한 언동 등으로 서울을 위시한 주요도시에서 집단시위와 소요가 유발된 데 이어, 마침내 광주사태라는 가슴아픈 국가적 불상사마저 야기되었던 것입니다.

이 사태는 우리 계엄군의 적절한 치안회복노력과 대다수 광주시민 여러분의 슬기와 협조, 그리고 성숙된 문화국민으로서의 국민 여러분의 냉철한 이성으로 법과 질서를 되찾을 수 있었습니다.

이 사태의 뒷 수습과 상처를 아물게 하기 위해 군 관 민의 긴밀한 협조가 이루어져 많은 성과를 올릴 수 있었던 것은 다행한 일이라 생각합니다.

우리는 국법질서의 교란과 사회안정의 파괴가 국가의 안위와 직결될 뿐만 아니라 질서와 안정없는 국민 생활의 안정이나 경제성장 또는 정치발전도 이를 기대할 수 없다는 것을 값비싼 대가를 치르고 다시 한 번 뼈아프게 깨달았던 것입니다.

나는 국정의 고위책임자인 대통령으로서 그 같은 사태로 국민 여러분에게 많은 우려를 끼치게 된 데 대한 정치도의상의 책임을 통감하면서도 우선 국가를 보위해야 하겠다는 일념으로 「5·17조치」를 취하고 이어서 발족된 국가보위비상대책위원회는 내각 및 계엄군당국과의 긴밀한 협조로 그 기능을 효율적으로 발휘하여 정치적 사회적 풍토의 정화와 서정의 개혁과 쇄신 등 국가기강의 확립을 위한 노력을 경주하고 있습니다.

또한 정부 각기관과 계엄군당국도 소관분야에 관한 임무와 제반시책을 착실하게 집행하고 있습니다.

한편 세계경제의 침체, 특히 원유가의 앙등으로 불황을 면치 못했던 우리 경제는 설상가상으로 사회혼란의 영향을 받아 큰 타격을 입게 되었던 것은 국민 여러분께서 잘 아실 줄 믿습니다.

그간 나의 중동산유국 방문을 비롯한 다각적인 외교적 노력으로 우리 경제가 필요로 하는 원유의 물량확보가 가능하게 되고, 또 국내치안과 사회질서의 회복에 따라 경제활동이 점차 호전되기 시작함으로써, 물가는 비교적 안정되고 수출도 상향세를 보이고 있으며 실업률도 차츰 저하되고 있습니다.

헌법개정작업에 있어서는 정부의 헌법개정심의위원회의 「요강작성소위원회」에서 진지한 토론을 통하여 개헌안의 골격이 잘 잡혀가고 있는 단계이며, 따라서 개헌작업과 이에 따른 정치발전계획도 앞으로 순조롭게 진행될 것으로 전망됩니다.

친애하는 국민 여러분!

이제 우리가 「10 · 26사태」 후의 국가적 위기를 일단 극복하고 질서와 안정을 되찾아 국기가 다시 다져지기 시작한 이 시점이야말로 나 자신을 포함하여 국민각자가 차분히 지난 날을 반성하고 국가발전을 위한 재도약을 설계해야 할 일대 전환기라 하지 않을 수 없습니다.

여전히 어려운 내외정세 아래 우리의 앞길에는 해결해야 할 많은 과제들이 가로놓여 있습니다.

우리가 계속 국가의 안전을 수호하면서 사회적 경제적 안정과 성장을 기하는 한편 이에 상응하는 정치발전을 추구해 나가자면 다시는 국민적 단결의 균열과 국법질서의 혼란 등의 현상이 있어서는 안되겠습니다.

나는 이 같은 인식하에서 우리 나라에 있어서의 책임정치의 구현으로 불신풍조를 없애고 불행했던 우리 헌정사에 평화적인 정권이양의 선례를 남기며 또한 국민 모두가 심기일전하여 화합과 단결을 다짐으로써 시대적 요청에 따른 안정과 도의와 번영의 밝고 새로운 사회를 건설하는 역사적 전기를 마련하기 위하여 애국충정과 대국적인 견지에서 나 자신의 거취에 관한 중대한 결심을 하기에 이르렀습니다.

즉 나는 오늘 대통령의 직에서 물러나 헌법의 규정에 의거한 대통령권한대행 권자에게 정부를 이양하기로 결정한 것입니다.

민주국가의 평화적인 정권이양에 있어서는 국정의 최고책임자가 국익우선의 국가적 견지에서 임기 전에라도 스스로의 판단과 결심으로 합헌적인 절차에 따라 정부를 계승권자에게 이양하는 것도 확실히 정치발전의 하나라고 생각합니다.

그 동안 우리 국민이 땀흘려 이룩한 국가발전의 성과와 되찾은 사회안정의 토대 위에서 비록 내가 대통령의 직을 사임하더라도 국가적 안정이 흔들리거나 국정의 운영에 차질을 초래하는 일은 없을 것입니다.

또한 우리의 맹방인 미국과의 상호방위체제가 굳건히 유지될 것임을 물론 일본을 포함한 그 밖의 우방각국과의 우호협력관계도 아무런 변동없이 계속 발전되어 나갈 것으로 확신합니다.

국민 여러분께서는 나의 충정과 결심을 충분히 이해하여 주실 것으로 기대하며 앞으로 나는 비록 야에 있더라도 국민의 한 사람으로서 국가와 국민을 위한 충성심에는 추호의 변함도 없을 것임을 굳게 다짐하는 바입니다.

국민 여러분!

이제 우리 국민 모두가 합심협력하여 질서와 안정을 유지하면서 헌법에 규정된 절차에 의거하여 선출될 대통령을 중심으로 굳게 뭉쳐 당면한 제반시책을 추진해 나갈 때 지속적인 국가의 발전은 물론 민주국가로서의 우리 나라의 장래는 매우 밝고 희망찬 것이라 확신합니다.

또한 나는 1980년대를 내다보면서 깨끗하고 명랑한 정치적 여건의 조성을 위한 이 중요한 전환기에, 특히 정치인들과 사회지도층인사들이 지난날의 적폐를 일소하여 참신하고 건전한 정치적 사회적 풍토를 이룩하는 데 솔선하여 협력하실 것을 바라 마지 않습니다.

오늘 대통령직을 떠나면서 나는 다시 한 번 국민 여러분에게 대립과 분열이 아닌 이해와 화합으로 대동단결하고, 불퇴전의 의지와 용기로 부강한 민주국가를 건설하여 대한민국의 민족사적 정통성에 입각한 평화통일의 기반을 착실히 구축해 나가도록 간곡히 당부드리고자 합니다.

그리하여 우리 후손들에게 번영되고 자랑스러운 조국을 물려줄 수 있도록 국민 각자가 최선의 노력을 다해나가야 하겠습니다.

끝으로 그간 나에게 보내 주신 국민 여러분의 깊은 이해와 아낌없는 협조에 심심한 사의를 표하며 우리 대한민국과 국민의 앞날에 평화와 안정, 그리고 영광과 융성이 함께 있기를 기원하는 바입니다.

1980년 8월 16일

대통령 최규하

제7장

대통령과 대통령기록물

I. 대통령기록물 관리에 관한 법률의 제·개정사

1. 「대통령기록물 관리에 관한 법률」의 제정

대통령기록물에 대한 철저한 보존 및 보호 방안을 마련하고, 대통령기록관의 설치·운영에 관한 사항을 규정하여 대통령기록 관리의 독립성을 확보하는 등 종합적인 대통령기록 관리체계를 구축함으로써 대통령 국정운영의 투명성과 책임성을 강화하기 위해 법률 제8395호, 2007년 4월 27일 제정하고, 2007년 7월 28일부터 시행하였다.

「대통령기록물 관리에 관한 법률」의 주요내용을 살펴보면, (1) 대통령기록물의 범위와 생산기관을 구체화했으며(동법 제2조), 대통령기록물을 대통령의 직무수행과 관련하여 대통령과 그 보좌기관·자문기관·경호기관 및 대통령직인수기관이 생산·접수한 기록물과 대통령상징물로 규정했다. 또한 대통령의 직무에 따라 대통령기록물의 생산기관 및 범위를 구체적으로 정함으로써 대통령기록물 관리의 투명성을 확보할 수 있도록 한 것이다.

(2) 대통령기록물 관리의 기본정책, 폐기 및 이관시기 연장 승인 등을 심의하기 위하여 국가기록관리위원회 소속의 특별위원회 형태로 대통령기록관리위원회를 두고, 동 위원회의 위원은 국가기록관리위원회 위원, 대통령기록관의 장, 대통령기록물 관리에 학식과 경험이 있는 외부전문가 등 9인 이내로 구성하도록 했다. 대통령기록물 관리에 관한 주요 사항 등을 과반수 이상이 외부전문가로 구성되는 대통령기록관리위원회에서 심의함으로써 대통령기록물 관리의 전문성과 정치적 중립성을 확보할 수 있도록 한 것이다(동법 제5조).

(3) 대통령기록물 이관 등 관리체계를 규정하고 있다(동법 제10조부터 제14조까지). 대통령기록물의 원활한 수집·이관 및 관리 등을 위하여 대통령기록

물의 생산단계에서부터 폐기단계에 이르기까지 단계별로 관리체계를 정립하고, 대통령기록물 생산기관은 대통령기록물의 생산현황을 매년 소관 기록물관리기관의 장에게 통보하고, 대통령기록물은 대통령의 임기종료 6월 전부터 이관 준비를 하여 임기종료 시까지 중앙기록물관리기관으로 이관하도록 하며, 대통령기록물이 유출되었거나 이관되지 아니한 경우에는 회수 및 이관받기 위한 필요한 조치를 하도록 규정하고 있다. 대통령기록물의 단계별 관리절차를 정함으로써 대통령기록물 관리의 투명성을 확보하고, 안전한 후대 전승이 가능하도록하기 위한 것이다.

(4) 대통령기록물의 적극적 공개·활용 강화하는 내용을 규정하고 있다(동법 제16조). 이는 대통령기록물에 대한 국민의 알 권리 충족을 위하여 대통령기록물의 공개·활용에 관한 사항을 규정하려는 것이다. 대통령기록물은 공개를 원칙으로 하고, 소관 기록관으로 이관할 때에는 공개여부를 분류하여 이관하도록하며, 비공개 대통령기록물은 2년마다 재분류를 실시하고, 생산종료 후 30년이 경과하면 공개하는 것을 원칙으로 한다. 대통령기록물의 공개원칙, 비공개 대통령기록물의 주기적 재분류 실시원칙 및 생산 후 30년 경과시 공개원칙 등 공개관련 제도를 규정함으로써 대통령기록물에 대한 국민의 알권리를 보장하고있다.

(5) 대통령지정기록물의 보호체계 구축을 규정하고 있다(동법 제17조). 이는 대통령기록물의 특수성을 감안하여 대통령이 특별히 지정한 대통령지정기록물을 보호할 수 있는 제도적 장치를 마련하는 것이다. 공개될 경우 국가안전보장에 중대한 위험 초래, 국민경제의 안정 저해 등이 우려되는 기록물을 대통령지정기록물로 지정하여 15년 범위 안에서 열람·사본제작 등을 허용하지 아니하되, 국회재적의원 3분의 2 이상의 찬성의결이 이루어진 경우, 관할 고등법원장이 해당 대통령지정기록물이 중요한 증거에 해당한다고 판단하여 발부한 영장이 제시된 경우와 대통령기록관 직원이 기록관리 업무수행상 필요에 따라 대통령기록관의 장의 사전 승인을 받은 경우에는 열람·사본제작 등을 허용하고, 다른 법률에 의한 자료제출의 요구 대상에 포함되지 아니하도록 규정하였다.

이는 외교적 · 정치적으로 민감한 대통령지정기록물에 대하여 일정기간 철저한 보호 장치를 마련함으로써 대통령기록물의 원활한 생산을 보장하고, 무단파기 · 반출 및 정치적 · 사회적 혼란을 방지하기 위한 것이다.

(6) 대통령기록관 설치 · 운영 근거를 마련하고 있다(동법 제21조부터 제25조까지). 이는 대통령기록관 및 기부채납에 의한 개별대통령기록관의 설치, 대통령기록관장의 권한 · 임기 규정 등 대통령기록관의 운영에 관한 근거를 마련하려는 것이었다. 중앙기록물관리기관 소속으로 대통령기록관을 설치하여 대통령기록물 관리의 기본계획 수립 · 시행, 대통령기록물 수집 · 보존 · 공개열람 등의 업무를 수행하게 하고, 대통령기록관의 장의 임기를 5년으로 하며, 개인 또는 단체가 대통령기록물 관리를 위한 시설을 건립하여 국가에 기부채납 하는 경우에는 개별대통령기록관으로 보아 필요한 경비의 일부를 지원할 수 있도록 했다. 또한 대통령기록관을 설치하여 대통령기록물의 수집 · 평가 · 공개 · 열람 · 전시 · 교육 및 연구활동 지원 등 대통령기록물의 전문적인 관리와 대통령기록관의 장의 임기를 보장함으로써 대통령기록관이 독립적으로 운영될 수 있도록 하였다.

2. 제1차 「대통령기록물 관리에 관한 법률」 개정

대통령기록물 관리에 관한 법률의 1차 개정은 법률 제10009호, 2010년 2월 4일 일부개정하여 2010년 2월 4일부터 시행했다.

대통령기록물 관리에 관한 법률 제1차 개정이유를 보면, 국가기록관리위원회에 별도로 두도록 하였던 대통령기록관리위원회의 명칭을 대통령기록관리전문위원회로 명확히 하고, 대통령이 외국정부 수반 등으로부터 받은 선물도 대통령기록물에 포함되도록 하여 전시 등에 활용할 수 있는 근거를 마련하며, 전직 대통령이 기록물 열람과 관련하여 대리인을 지정할 수 있는 명확한 근거 규정을 두도록 하고, 전직 대통령에게 지정 및 비밀기록물을 제외한 그 밖의 기록물에 대하여 통신망을 이용한 온라인 열람을 위한 편의를 제공할 수 있도록 하는 등 현행 제도상의 일부 미비점을 개선 · 보완하려는 것이다.

제1차 개정된 대통령기록물 관리에 관한 법률의 주요내용으로는 (1) 대통령기록물에 대통령이 외국정부 수반 등으로부터 받은 선물도 포함되도록 하여 전시 등 활용의 근거를 마련했다(동법 제2조 제1호, 동법 제2조 제1호의2 신설). (2) 국가기록관리위원회에 두는 대통령기록관리위원회의 명칭을 대통령기록관리전문위원회로 명확히 했다(동법 제2장 제목 및 제5조). (3) 비공개로 분류된 대통령기록물은 이관된 날부터 5년이 경과한 후 1년 내에 공개 여부를 재분류하고, 그 첫 번째 재분류 시행 후 매 2년마다 재분류하도록 규정했다(동법 제16조 제3항). (4) 대통령기록관의 장은 전직 대통령의 기록물 열람에 필요한 편의 제공에 관한 협의 진행상황 및 편의 제공의 내용 등을 문서로 기록하여 별도로 관리하도록 했다(동법 제18조 제1항). (5) 열람과 관련하여 전직 대통령은 대리인을 지정할 수 있도록 명시하고, 아울러 대리인의 요건 및 필요절차 등을 규정했다(동법 제18조 제2항 신설). (6) 대통령기록관의 장은 전직대통령이 생산한 기록물 중 지정 및 비밀기록물을 제외한 그 밖의 기록물에 대하여 정보통신망을 이용한 온라인 열람을 위한 편의를 제공할 수 있도록 했다(동법 제18조 제3항 신설).

3. 제2차 「대통령기록물 관리에 관한 법률」 개정

대통령기록물 관리에 관한 법률의 제2차 개정은 법률 제17573호로 2020년 12월 8일 일부개정하여 2021년 3월 9일부터 시행하였다. 대통령기록물 관리에 관한 법률의 제2차 개정은 대통령기록물의 효율적 보존 · 열람 및 활용을 위하여 중앙기록물관리기관의 장 소속으로 설치 · 운영하던 대통령기록관을 행정안전부장관 소속으로 변경하고, 종전에 중앙기록물관리기관의 장이 수행하던 대통령기록물의 수집 · 관리 · 공개 · 활용 및 이관시기 연장 등의 업무를 대통령기록관의 장이 직접 수행하도록 하며, 대통령지정기록물의 보호기간은 기록물별로 정하는 세부기준에 따라 지정하는 등 대통령지정기록물 보호에 관한 사항을 보완하고, 대통령이 궐위된 경우 대통령기록물 관리에 관한 사항을 신설하는 등 현행 제도의 운영상 나타난 일부 미비점을 개선 · 보완하려는 것이었다.

Ⅱ. 대통령기록물 관리에 관한 법률의 내용

제1장 총칙

1. 대통령기록물 관리에 관한 법률의 목적

대통령기록물 관리에 관한 법률은 대통령기록물의 보호 · 보존 및 활용 등 대통령기록물의 효율적 관리와 대통령기록관의 설치 · 운영에 관하여 필요한 사항을 정함으로써 국정운영의 투명성과 책임성을 높이는 것을 목적으로 한다(대통령기록물 관리에 관한 법률 제1조).

2. 대통령기록물 관리에 관한 법률과 정의

대통령기록물 관리에 관한 법률에서 사용하는 용어의 정의는 다음과 같다(대통령기록물 관리에 관한 법률 제2조).

1. "대통령기록물"이란 대통령(「대한민국 헌법」 제71조에 따른 대통령권한대행과 「대한민국 헌법」 제67조 및 「공직선거법」 제187조에 따른 대통령당선인을 포함한다)의 직무수행과 관련하여 다음 각 목의 기관이 생산 · 접수한 기록물 및 물품을 말한다.
   가. 대통령
   나. 대통령의 보좌기관 · 자문기관 및 경호업무를 수행하는 기관
   다. 「대통령직인수에 관한 법률」 제6조에 따른 대통령직인수위원회(이하 "대통령직인수기관"이라 한다)
1의2. 제1호의 기록물 및 물품이란 다음 각 목에 해당하는 것을 말한다.
   가. 「공공기록물 관리에 관한 법률」 제3조 제2호에 따른 기록물(이하 "기록물"이라 한다)
   나. 국가적 보존가치가 있는 대통령상징물(대통령을 상징하는 문양이 새겨진 물품 및 행정박물 등을 말한다)
   다. 대통령선물[대통령의 직무수행과 관련하여 국민(국내 단체를 포함한다)으로부터 받은 선물로서 국가적 보존가치가 있는 선물 및 「공직자윤리법」 제15조에 따른 선물을 말한다]
2. "대통령기록관"이란 대통령기록물의 영구보존에 필요한 시설 및 장비와 이를 운영하기 위한 전문인력을 갖추고 대통령기록물을 영구적으로 관리하는 기관을 말한다.

3. "개인기록물"이란 대통령의 사적인 일기·일지 또는 개인의 정치활동과 관련된 기록물 등으로서 대통령의 직무와 관련되지 아니하거나 그 수행에 직접적인 영향을 미치지 아니하는 대통령의 사적인 기록물을 말한다.

3. 대통령기록물과 소유권

대통령기록물의 소유권은 국가에 있으며, 국가는 대통령기록물을 대통령기록물 관리에 관한 법률로 정하는 바에 따라 관리하여야 한다(대통령기록물 관리에 관한 법률 제3조).

4. 대통령기록물 관리에 관한 법률과 타법과의 관계

대통령기록물의 관리에 관하여는 다른 법률에 우선하여 대통령기록물 관리에 관한 법률을 적용하되, 대통령기록물 관리에 관한 법률에 규정되지 아니한 사항에 관하여는 「공공기록물 관리에 관한 법률」을 적용한다(대통령기록물 관리에 관한 법률 제4조).

제2장 대통령기록관리전문위원회

1. 대통령기록관리전문위원회

대통령기록물의 관리에 관한 사항을 심의하기 위하여 공공기록물법 제15조 제1항에 따른 국가기록관리위원회에 대통령기록관리전문위원회를 둔다(대통령기록물관리에 관한 법률 제5조 제1항).

(1) 대통령기록관리전문위원회의 심의 사항

대통령기록관리전문위원회는 다음 각 호의 사항을 심의한다(대통령기록물관리에 관한 법률 제5조 제2항).

1. 대통령기록물의 관리 및 전직 대통령의 열람에 관한 기본정책
2. 대통령기록물의 폐기 및 이관시기 연장의 승인
3. 제18조 제3항[1]에 따른 대리인 또는 열람 등을 할 수 있는 사람의 지정
4. 제18조의2[2]에 따른 대통령지정기록물의 보호조치 해제
5. 비밀기록물 및 비공개 대통령기록물의 재분류
6. 개별대통령기록관의 설치에 관한 사항
7. 대통령기록관의 운영에 관한 주요 사항
8. 그 밖에 대통령기록물의 관리와 관련한 사항

(2) 대통령기록관리전문위원회의 구성

대통령기록관리전문위원회는 위원장 1명을 포함한 9명 이내의 위원으로 구성하며, 위원은 다음 각 호에 해당하는 사람 중에서 국가기록관리위원회 위원장이 임명 또는 위촉한다. 다만, 위원의 2분의 1 이상은 제3호에 규정된 사람 중에서 위촉하여야 한다(대통령기록물관리에 관한 법률 제5조 제3항).

---

[1] 대통령기록물관리에 관한 법률 제18조(전직 대통령에 의한 열람 등) ③ 대통령기록관의 장은 전직 대통령이 사망이나 그 밖에 의식불명 등의 사유로 대리인을 지정할 수 없는 경우로서 미리 제2항에 따른 대리인을 지정하지 못한 경우에는 대통령령으로 정하는 바에 따라 전직 대통령 가족(「민법」 제779조에 따른 가족을 말한다)의 추천을 받아 전문위원회의 심의를 거쳐 대리인(전직 대통령이 의식불명 등의 사유로 대리인을 지정할 수 없는 경우로 한정한다)을 지정하거나 제1항 각 호에 따른 열람 등을 할 수 있는 사람(전직 대통령이 사망한 경우로 한정한다)을 지정할 수 있다.

[2] 대통령기록물관리에 관한 법률 제18조의2(전직 대통령에 의한 대통령지정기록물 지정 해제 요구) ① 전직 대통령은 대통령지정기록물이 보호의 필요성이 없어졌다고 판단되는 경우에는 대통령령으로 정하는 바에 따라 대통령기록관의 장에게 대통령지정기록물의 보호기간 지정 해제를 요구할 수 있다. 이 경우 대통령기록관의 장은 전문위원회의 심의를 거쳐 보호기간 지정을 해제할 수 있다. ② 대통령기록관의 장은 전직 대통령이나 제18조제2항 또는 제3항에 따라 지정된 대리인 또는 열람 등을 할 수 있는 사람이 같은 조 제1항 각 호에 따라 열람 등을 한 내용 중 비밀이 아닌 내용을 출판물 또는 언론매체 등을 통하여 공표함으로써 사실상 보호의 필요성이 없어진 대통령지정기록물에 대해서는 전문위원회의 심의를 거쳐 보호기간 지정을 해제할 수 있다.

1. 국가기록관리위원회의 위원
2. 대통령기록관의 장
3. 대통령기록물에 관한 학식과 경험이 풍부한 자

(3) 대통령기록관리전문위원의 임기

대통령기록관리전문위원회의 위원장은 제3항에 따른 위원 중에서 국가기록관리위원회 위원장이 지명한다(대통령기록물관리에 관한 법률 제5조 제4항). 공무원이 아닌 위원의 임기는 3년으로 한다(대통령기록물관리에 관한 법률 제5조 제5항).

(4) 대통령기록관리전문위원의 해임과 해촉

국가기록관리위원회 위원장은 대통령기록관리전문위원회의 위원이 다음 각 호의 어느 하나에 해당하는 경우에는 해임 또는 해촉(解囑)할 수 있다(대통령기록물관리에 관한 법률 제5조 제6항).

1. 심신장애로 직무를 수행할 수 없게 된 경우
2. 직무와 관련한 형사사건으로 기소된 경우
3. 위원 스스로 직무를 수행하는 것이 곤란하다고 의사를 밝히는 경우
4. 직무태만, 품위손상이나 그 밖의 사유로 인하여 위원으로 적합하지 아니하다고 인정되는 경우

(5) 대통령기록관리전문위원회 간사 등

대통령기록관리전문위원회의 사무를 지원하기 위하여 전문위원회에 간사 1인을 두되, 간사는 대통령기록관의 소속 공무원 중에서 대통령기록관리전문위원회의 위원장이 지명하는 자가 된다(대통령기록물관리에 관한 법률 제5조 제7항).

대통령기록물관리에 관한 법률 제5조 제2항 제2호부터 제8호까지의 사항에 대하여 대통령기록관리전문위원회의 심의를 거친 사항은 공공기록물법 제15조에 따른 국가기록관리위원회의 심의를 거친 것으로 본다(대통령기록물관리에 관한 법률 제5조 제8항).

(6) 대통령기록관리전문위원회의 운영

(가) 대통령기록관리전문위원회의 위원장의 임무

「대통령기록물 관리에 관한 법률」 제5조에 따른 대통령기록관리전문위원회의 위원장은 대통령기록관리전문위원회의 업무를 총괄하고 회의의 의장이 된다(대통령기록물 관리에 관한 법률 시행령 제2조 제1항).

(나) 대통령기록관리전문위원회의 회의의 소집과 의결

대통령기록관리전문위원회의 회의는 분기별로 개최한다. 다만, 대통령기록관리전문위원회 위원장이 필요하다고 인정하거나 재적위원 3분의 1 이상의 요구가 있을 때에는 회의를 소집할 수 있다(대통령기록물 관리에 관한 법률 시행령 제2조 제2항). 대통령기록관리전문위원회의 회의는 재적위원 과반수의 출석으로 개의하고, 출석위원 과반수의 찬성으로 의결한다(대통령기록물 관리에 관한 법률 시행령 제2조 제3항).

(다) 자료제출과 의견 청취

대통령기록관리전문위원회 위원장은 대통령기록물 관리에 관한 법률 제5조 제2항 각 호의 사항을 심의하기 위하여 필요하다고 인정하는 경우에는 대통령기록물 관리에 관한 법률 제2조 제1호 나목 및 다목의 기관(이하 "대통령기록물생산기관"이라 한다), 대통령기록물 관리에 관한 법률 제9조제1항에 따른 대통령기록물생산기관의 기록관(이하 "관할 기록관"이라 한다) 및 대통령기록관의 장에게 관련 대통령기록물 관리에 필요한 자료의 제출을 요청하거나 관계 공무원, 이해관계인, 그 밖의 참고인 등을 출석하게 하여 의견을 들을 수 있다(대통령기록물 관리에 관한 법률 시행령 제2조 제4항).

(라) 수당·여비 등의 지급

대통령기록관리전문위원회의 위원에게 예산의 범위에서 수당·여비, 그 밖에 필요한 경비를 지급할 수 있다. 다만, 공무원인 위원이 그 소관업무와 직접 관련하여 대통령기록관리전문위원회에 참석하는 경우에는 그러하지 아니하다(대통령기록물 관리에 관한 법률 시행령 제2조 제5항).

대통령기록물 관리에 관한 법률 시행령에서 규정한 사항 외에 대통령기록관리전문위원회의 운영에 필요한 사항은 대통령기록관리전문위원회의 의결을 거쳐 위원장이 정한다(대통령기록물 관리에 관한 법률 시행령 제2조 제6항).

(마) 대통령기록관 책임자의 지원 사항

대통령기록관의 장은 대통령기록관리전문위원회를 효율적으로 운영하기 위하여 다음 각 호의 사항을 지원하여야 한다(대통령기록물 관리에 관한 법률 시행령 제2조 제7항).

1. 대통령기록관리전문위원회의 운영에 필요한 예산, 인력 및 사무에 관한 사항
2. 대통령기록관리전문위원회의 회의 준비와 안건 작성에 관한 사항
3. 대통령기록관리전문위원회의 기능과 관련된 업무의 조사 및 연구에 관한 사항
4. 그 밖에 대통령기록관리전문위원회의 업무 지원과 관련하여 위원장이 요청하는 사항

2. 대통령기록관리전문위원의 정치적 중립성 유지 등

대통령기록관리전문위원회의 위원은 그 권한에 속하는 업무를 수행함에 있어서 정치적 중립성과 업무의 독립성 및 객관성을 유지하여야 한다(대통령기록물관리에 관한 법률 제6조).

제3장 대통령기록물의 관리

1. 대통령기록물의 생산·관리원칙

대통령과 대통령의 보좌기관 · 자문기관 및 경호업무를 수행하는 기관과 대통령직인수위원회의 장은 대통령의 직무수행과 관련한 모든 과정 및 결과가 기록물로 생산 · 관리되도록 하여야 한다(대통령기록물관리에 관한 법률 제7조 제1항). 또한 대통령기록관의 장은 대통령기록물을 철저하게 수집 · 관리하고, 충

분히 공개·활용될 수 있도록 하여야 한다(대통령기록물관리에 관한 법률 제7
조 제2항).

2. 대통령기록물의 전자적 생산·관리

대통령의 보좌기관·자문기관 및 경호업무를 수행하는 기관과 대통령직인수
위원회의 기관(이하 "대통령기록물생산기관"이라 한다), 대통령기록물생산기관
의 기록관 및 대통령기록관의 장은 대통령기록물이 전자적으로 생산·관리되도
록 하여야 하며, 전자적 형태로 생산되지 아니한 기록물에 대하여도 전자적으
로 관리되도록 하여야 한다(대통령기록물관리에 관한 법률 제8조).

3. 대통령기록물생산기관의 기록관

대통령기록물생산기관의 장은 대통령기록물의 체계적 관리를 위하여 대통
령으로 정하는 바에 따라 기록관을 설치·운영하여야 한다. 다만, 기록관 설치
가 곤란한 대통령기록물생산기관에 대하여는 대통령보좌기관이 설치한 기록관
이 제2항 제1호부터 제3호까지, 제5호 및 제6호의 업무를 수행한다(대통령기록
물관리에 관한 법률 제9조 제1항).

(1) 대통령기록물생산기관의 기록관의 장의 업무

대통령기록물생산기관의 기록관의 장은 다음 각 호의 업무를 수행한다(대통
령기록물관리에 관한 법률 제9조 제2항).

1. 해당 기관의 대통령기록물 관리에 관한 기본계획의 수립·시행
2. 해당 기관의 대통령기록물 수집·관리·활용 및 폐기
3. 대통령기록관으로의 대통령기록물의 이관
4. 해당 기관의 대통령기록물에 대한 정보공개의 접수
5. 관할 대통령기록물생산기관의 대통령기록물 관리에 대한 지도·감독 및 지원
6. 그 밖에 대통령기록물의 관리에 관한 사항

(2) 대통령기록물 기록관리 전문인력 파견

대통령기록관의 장은 대통령기록물관리 등에 따른 업무가 효율적으로 수행될 수 있도록 대통령기록물생산기관에 기록관리 전문인력 파견 등 필요한 지원을 할 수 있다(대통령기록물관리에 관한 법률 제9조 제3항).

4. 대통령기록물 생산현황의 통보

대통령기록물생산기관의 장은 대통령기록물의 원활한 수집 및 이관을 위하여 매년 대통령기록물의 생산현황을 관할 기록관의 장에게 통보하고, 관할 기록관의 장은 대통령기록관의 장에게 통보하여야 한다. 다만, 대통령의 임기가 종료되는 해와 그 전년도의 생산현황(이관 대상 대통령기록물의 목록으로 대체할 수 있다)은 대통령의 임기가 종료되기 전까지 통보하여야 한다(대통령기록물관리에 관한 법률 제10조 제1항).

(1) 대통령기록물 생산현황의 확임·점검 및 인터넷 홈페이지 공고

대통령기록관의 장은 대통령기록물생산기관의 대통령기록물 생산현황 및 관리상태를 확인·점검할 수 있으며, 대통령기록물생산기관 관할 기록관의 장이 통보한 대통령기록물 생산현황을 인터넷 홈페이지에 공고하여야 한다(대통령기록물관리에 관한 법률 제10조 제2항).

(2) 대통령기록물 생산현황의 통보방법, 시기 및 공고

대통령기록물생산기관의 장은 대통령기록물관리에 관한 법률에 따라 매년 5월 31일까지 관할 기록관의 장에게, 관할 기록관의 장은 매년 8월 31일까지 대통령기록관의 장에게 전년도의 대통령기록물 생산현황을 통보해야 한다(대통령기록물 관리에 관한 법률 시행령 제4조 제1항). 대통령기록물 생산현황에는 대통령기록물의 생산부서, 생산연도, 기능명, 기능별 생산수량 등의 정보가 적혀 있는 목록이 포함되어야 한다(대통령기록물 관리에 관한 법률 시행령 제4조 제2항).

대통령기록관의 장은 대통령기록물관리에 관한 법률에 따라 관할 기록관의 장이 통보한 대통령기록물 생산현황을 매년 12월 31일까지 대통령기록관의 인터넷 홈페이지에 공고해야 한다(대통령기록물 관리에 관한 법률 시행령 제4조 제3항).

5. 대통령기록물의 이관

대통령기록물생산기관의 장은 대통령령으로 정하는 기간 이내에 대통령기록물을 관할 기록관으로 이관하여야 하며, 관할 기록관은 대통령의 임기가 종료되기 전까지 이관대상 대통령기록물을 대통령기록관으로 이관하여야 한다. 다만, 대통령직인수기관의 기록물은 「대통령직인수에 관한 법률」 제6조[3]에 따른 존속기한이 경과되기 전까지 대통령의 보좌기관 관할 기록관(이하 이 조에서 "대통령 보좌기관 기록관"이라 한다)으로 이관하여야 한다(대통령기록물관리에 관한 법률 제11조 제1항).

대통령기록물을 이관받은 대통령 보좌기관 기록관의 장은 이관받은 기록물의 현황을 대통령기록관의 장에게 통보하여야 한다(대통령기록물관리에 관한 법률 제11조 제2항).

(1) 대통령기록물의 이관시기의 연장

대통령의 보좌기관·자문기관 및 경호업무를 수행하는 기관에 따른 대통령의 자문기관 및 경호업무를 수행하는 기관(이하 이 조에서 "대통령 자문기관 및 경호기관"이라 한다)의 장이 대통령기록물을 업무수행에 활용할 목적으로 대통령지정기록물을 제외한 대통령기록물의 이관시기를 연장하려는 때에는 대통령령으로 정하는 바에 따라 대통령기록관의 장에게 이관시기의 연장을 요청할 수 있다. 이 경우 대통령기록관의 장은 대통령 자문기관 및 경호기관의 장과 협의하여 대통령 임기 종료 후 10년의 범위에서 이관시기를 따로 정할 수 있다(대통

---

[3] 대통령직 인수에 관한 법률 제6조(대통령직인수위원회의 설치 및 존속기한) ① 대통령당선인을 보좌하여 대통령직 인수와 관련된 업무를 담당하기 위하여 대통령직인수위원회를 설치한다. ② 위원회는 대통령 임기 시작일 이후 30일의 범위에서 존속한다.

령기록물관리에 관한 법률 제11조 제3항).

(2) 대통령기록물생산기관의 기록관의 장의 조치

대통령기록물생산기관의 기록관의 장은 대통령 임기종료 1년 전부터 이관대상 대통령기록물의 확인·목록작성 및 정리 등 이관에 필요한 조치를 강구하여야 한다. 이 경우 대통령기록관의 장은 기록물정리인력 등 대통령기록물의 이관에 관하여 필요한 사항을 지원할 수 있다(대통령기록물관리에 관한 법률 제11조 제4항).

6. 대통령기록물 회수 및 추가 이관 등

대통령기록물생산기관의 장 및 대통령기록관의 장은 대통령기록물이 유출되었을 경우 대통령령[4]으로 정하는 바에 따라 대통령기록물의 보존 및 회수를 위한 조치를 즉시 시행하여야 한다(대통령기록물관리에 관한 법률 제12조 제1항).

대통령기록물생산기관의 장은 전직 대통령 임기 동안 생산된 대통령기록물 중 이관되지 아니한 대통령기록물이 있는 경우에는 이를 즉시 대통령기록관으로 이관하여야 한다(대통령기록물관리에 관한 법률 제12조 제2항).

수사기관은 업무수행 과정에서 대통령기록물을 획득한 경우 그 목록을 대통령기록관의 장에게 제출하여야 하며, 수사가 종료되었을 때에는 해당 대통령기

---

[4] 대통령기록물 관리에 관한 법률 시행령 제6조(대통령기록물의 이관시기 연장 등) ① 법 제2조 제1호 나목에 따른 자문기관 및 경호업무 수행 기관(이하 "대통령자문·경호기관"이라 한다)의 장은 법 제11조제3항에 따라 대통령지정기록물을 제외한 대통령기록물의 이관시기를 연장하려는 경우에는 대통령의 임기가 끝나기 6개월 전에 대상 대통령기록물의 목록, 연장시기 및 사유 등을 적은 문서로 대통령기록관의 장에게 이관시기 연장을 요청해야 한다. ②제1항에 따라 이관시기의 연장을 요청받은 대통령기록관의 장은 전문위원회의 심의를 거쳐 이관시기의 연장 여부 및 이관시기 등을 정해야 한다. ③ 대통령자문·경호기관의 장은 제2항에 따라 대통령기록물의 이관시기가 연장된 경우에는 연장되는 기간 동안 대통령기록물과 그 목록을 철저히 관리해야 한다. ④ 대통령자문·경호기관의 장은 제2항에 따라 연장된 이관시기가 끝나기 전까지 대통령기록물과 그 목록을 대통령기록관으로 이관해야 한다.

록물을 즉시 대통령기록관에 인계하여야 한다(대통령기록물관리에 관한 법률 제12조 제3항).

7. 대통령기록물의 폐기

대통령기록물생산기관의 장은 보존기간이 경과된 대통령기록물을 폐기하려는 때에는 대통령기록관리전문위원회의 심의를 거쳐 폐기하여야 한다(대통령기록물관리에 관한 법률 제13조 제1항).

(1) 폐기 결정된 대통령기록물 목록의 고시

대통령기록물생산기관의 장은 대통령기록물을 폐기하려는 경우에는 폐기대상 목록을 대통령기록관의 장에게 보내야 하며, 대통령기록관의 장은 대통령기록관리전문위원회의 심의를 거쳐 그 결과를 대통령기록물생산기관의 장에게 통보하여야 한다. 이 경우 대통령기록물 생산기관의 장은 폐기가 결정된 대통령기록물의 목록을 지체 없이 관보 또는 인터넷 홈페이지에 고시하여야 한다(대통령기록물관리에 관한 법률 제13조 제2항).

대통령기록관의 장은 보존기간이 경과된 대통령기록물을 폐기하려는 경우에는 대통령기록관리전문위원회의 심의를 거쳐야 한다. 이 경우 대통령기록관의 장은 폐기가 결정된 대통령기록물의 목록을 지체 없이 관보 또는 인터넷 홈페이지에 고시하여야 한다(대통령기록물관리에 관한 법률 제13조 제3항).

(2) 대통령기록물의 평가

대통령기록관의 장은 보존기간이 30년 이하인 대통령기록물의 보존기간이 만료된 때에는 해당 기록물의 보존가치를 평가하여 보존기간을 재책정하거나 폐기로 구분해야 한다(대통령기록물 관리에 관한 법률 시행령 제7조 제1항).

대통령기록관의 장은 보존기간이 준영구인 대통령기록물에 대해서는 보존기간 기산일부터 70년 경과 시 해당 기록물의 보존가치를 평가하여 보존기간을 영구로 재책정하거나 폐기로 구분해야 한다(대통령기록물 관리에 관한 법률 시행령 제7조 제2항).

(3) 대통령기록물의 폐기절차

대통령기록물생산기관의 장은 대통령기록관의 장에게 폐기 대상 대통령기록물의 목록을 보내는 경우에는 목록별 주요 내용과 폐기에 관한 의견 등을 함께 통보하여야 한다(대통령기록물 관리에 관한 법률 시행령 제7조 제3항).

대통령기록물생산기관 및 대통령기록관의 장은 폐기가 결정된 대통령기록물의 목록을 10일 이상 고시한 후에 녹이거나 부수는 등의 방법으로 폐기하고, 전자적으로 생산된 대통령기록물은 저장장치에서 복원을 할 수 없도록 삭제하여야 한다(대통령기록물 관리에 관한 법률 시행령 제7조 제4항).

8. 대통령기록물 무단 반출 등의 금지

누구든지 무단으로 대통령기록물을 손상 · 은닉 · 멸실 또는 유출하거나 국외로 반출해서는 아니 된다(대통령기록물관리에 관한 법률 제14조).

9. 대통령기록물에 대한 보안 및 재난대책

대통령기록물생산기관의 장 및 대통령기록관의 장은 관할 대통령기록물의 보호 및 안전한 관리를 위하여 대통령령으로 정하는 바에 따라 대통령기록물에 대한 보안 및 재난대책을 수립 · 시행하여야 한다(대통령기록물관리에 관한 법률 제15조). 따라서 대통령기록물생산기관 및 대통령기록관의 장은 관할 대통령기록물의 보관 · 보존시설에 대한 다음 각 호의 보안 및 재난대책을 수립 · 시행해야 한다(대통령기록물 관리에 관한 법률 시행령 제8조).

1. 출입자 관리 · 잠금장치 및 전산장비 등에 대한 보안대비책
2. 화재 및 수해 등에 의한 재난이 발생할 경우에 대통령기록물의 대피 우선순위와 근무자 안전규칙 등의 재난대비책

제4장 대통령기록물의 공개 열람

1. 대통령기록물의 공개

대통령기록물은 공개함을 원칙으로 한다. 다만, 「공공기관의 정보공개에 관한 법률」 제9조 제1항 [5]에 해당하는 정보를 포함하고 있는 경우에는 이를 공개

---

5) 공공기관의 정보공개에 관한 법률 제9조(비공개 대상 정보) ① 공공기관이 보유·관리하는 정보는 공개 대상이 된다. 다만, 다음 각 호의 어느 하나에 해당하는 정보는 공개하지 아니할 수 있다.

   1. 다른 법률 또는 법률에서 위임한 명령(국회규칙·대법원규칙·헌법재판소규칙·중앙선거관리위원회규칙·대통령령 및 조례로 한정한다)에 따라 비밀이나 비공개 사항으로 규정된 정보
   2. 국가안전보장·국방·통일·외교관계 등에 관한 사항으로서 공개될 경우 국가의 중대한 이익을 현저히 해칠 우려가 있다고 인정되는 정보
   3. 공개될 경우 국민의 생명·신체 및 재산의 보호에 현저한 지장을 초래할 우려가 있다고 인정되는 정보
   4. 진행 중인 재판에 관련된 정보와 범죄의 예방, 수사, 공소의 제기 및 유지, 형의 집행, 교정(矯正), 보안처분에 관한 사항으로서 공개될 경우 그 직무수행을 현저히 곤란하게 하거나 형사피고인의 공정한 재판을 받을 권리를 침해한다고 인정할 만한 상당한 이유가 있는 정보
   5. 감사·감독·검사·시험·규제·입찰계약·기술개발·인사관리에 관한 사항이나 의사결정 과정 또는 내부검토 과정에 있는 사항 등으로서 공개될 경우 업무의 공정한 수행이나 연구·개발에 현저한 지장을 초래한다고 인정할 만한 상당한 이유가 있는 정보. 다만, 의사결정 과정 또는 내부검토 과정을 이유로 비공개할 경우에는 제13조제5항에 따라 통지를 할 때 의사결정 과정 또는 내부검토 과정의 단계 및 종료 예정일을 함께 안내하여야 하며, 의사결정 과정 및 내부검토 과정이 종료되면 제10조에 따른 청구인에게 이를 통지하여야 한다.
   6. 해당 정보에 포함되어 있는 성명·주민등록번호 등 「개인정보 보호법」 제2조 제1호에 따른 개인정보로서 공개될 경우 사생활의 비밀 또는 자유를 침해할 우려가 있다고 인정되는 정보. 다만, 다음 각 목에 열거한 사항은 제외한다.
      가. 법령에서 정하는 바에 따라 열람할 수 있는 정보
      나. 공공기관이 공표를 목적으로 작성하거나 취득한 정보로서 사생활의 비밀 또는 자유를 부당하게 침해하지 아니하는 정보
      다. 공공기관이 작성하거나 취득한 정보로서 공개하는 것이 공익이나 개인의 권리 구제를 위하여 필요하다고 인정되는 정보

하지 아니할 수 있다(대통령기록물관리에 관한 법률 제16조 제1항).

(1) 대통령기록물의 공개 여부와 분류·이관

대통령기록물생산기관의 장은 관할 기록관으로 대통령기록물을 이관하려는 때에는 해당 대통령기록물의 공개 여부를 분류하여 이관하여야 한다(대통령기록물관리에 관한 법률 제16조 제2항).

(2) 대통령기록물의 공개 여부의 재분류

대통령기록관의 장은 비공개로 분류된 대통령기록물에 대하여는 이관된 날부터 5년이 경과한 후 1년 내에 공개 여부를 재분류하고, 그 첫 번째 재분류 시행 후 매 2년마다 대통령기록관리전문위원회의 심의를 거쳐 공개 여부를 재분류하여야 한다. 다만, 대통령기록관의 장이 「공공기관의 정보공개에 관한 법률」 제9조 제1항 제6호[6]에 해당하여 비공개로 재분류한 대통령기록물에 대해서

    라. 직무를 수행한 공무원의 성명·직위

    마. 공개하는 것이 공익을 위하여 필요한 경우로서 법령에 따라 국가 또는 지방자치단체가 업무의 일부를 위탁 또는 위촉한 개인의 성명·직업

7. 법인·단체 또는 개인(이하 "법인등"이라 한다)의 경영상·영업상 비밀에 관한 사항으로서 공개될 경우 법인등의 정당한 이익을 현저히 해칠 우려가 있다고 인정되는 정보. 다만, 다음 각 목에 열거한 정보는 제외한다.

    가. 사업활동에 의하여 발생하는 위해(危害)로부터 사람의 생명·신체 또는 건강을 보호하기 위하여 공개할 필요가 있는 정보

    나. 위법·부당한 사업활동으로부터 국민의 재산 또는 생활을 보호하기 위하여 공개할 필요가 있는 정보

8. 공개될 경우 부동산 투기, 매점매석 등으로 특정인에게 이익 또는 불이익을 줄 우려가 있다고 인정되는 정보

[6] 공공기관의 정보공개에 관한 법률 제9조(비공개 대상 정보) ① 공공기관이 보유·관리하는 정보는 공개 대상이 된다. 다만, 다음 각 호의 어느 하나에 해당하는 정보는 공개하지 아니할 수 있다.

6. 해당 정보에 포함되어 있는 성명·주민등록번호 등 「개인정보 보호법」 제2조제1호에 따른 개인정보로서 공개될 경우 사생활의 비밀 또는 자유를 침해할 우려가 있다고 인정되는 정보. 다만, 다음 각 목에 열거한 사항은 제외한다.

는 대통령기록관리전문위원회의 심의를 거쳐 재분류 후 30년까지는 2년마다 실시하는 재분류를 실시하지 아니할 수 있다(대통령기록물관리에 관한 법률 제16조 제3항).

(3) 비공개 대통령기록물의 공개

비공개 대통령기록물은 생산연도 종료 후 30년이 경과하면 공개함을 원칙으로 한다(대통령기록물관리에 관한 법률 제16조 제4항). 그러나 대통령기록관의 장은 공개될 경우 국가안전보장에 중대한 지장을 초래할 것이 예상되는 대통령기록물에 대하여는 전문위원회의 심의를 거쳐 해당 대통령기록물을 공개하지 아니할 수 있다. 이 경우 대통령의 보좌기관·자문기관 및 경호업무를 수행하는 기관의 장의 의견을 들을 수 있다(대통령기록물관리에 관한 법률 제16조 제5항).

2. 대통령지정기록물의 보호

대통령은 다음 각 호의 어느 하나에 해당하는 대통령기록물(이하 "대통령지정기록물"이라 한다)에 대하여 열람·사본제작 등을 허용하지 아니하거나 자료제출의 요구에 응하지 아니할 수 있는 기간(이하 "보호기간"이라 한다)을 따로 정할 수 있다(대통령기록물관리에 관한 법률 제17조 제1항).

가. 법령에서 정하는 바에 따라 열람할 수 있는 정보
나. 공공기관이 공표를 목적으로 작성하거나 취득한 정보로서 사생활의 비밀 또는 자유를 부당하게 침해하지 아니하는 정보
다. 공공기관이 작성하거나 취득한 정보로서 공개하는 것이 공익이나 개인의 권리구제를 위하여 필요하다고 인정되는 정보
라. 직무를 수행한 공무원의 성명·직위
마. 공개하는 것이 공익을 위하여 필요한 경우로서 법령에 따라 국가 또는 지방자치단체가 업무의 일부를 위탁 또는 위촉한 개인의 성명·직업

1. 법령에 따른 군사 · 외교 · 통일에 관한 비밀기록물로서 공개될 경우 국가안전보장에 중대한 위험을 초래할 수 있는 기록물
2. 대내외 경제정책이나 무역거래 및 재정에 관한 기록물로서 공개될 경우 국민경제의 안정을 저해할 수 있는 기록물
3. 정무직공무원 등의 인사에 관한 기록물
4. 개인의 사생활에 관한 기록물로서 공개될 경우 개인 및 관계인의 생명 · 신체 · 재산 및 명예에 침해가 발생할 우려가 있는 기록물
5. 대통령과 대통령의 보좌기관 및 자문기관 사이, 대통령의 보좌기관과 자문기관 사이, 대통령의 보좌기관 사이 또는 대통령의 자문기관 사이에 생산된 의사소통기록물로서 공개가 부적절한 기록물
6. 대통령의 정치적 견해나 입장을 표현한 기록물로서 공개될 경우 정치적 혼란을 불러일으킬 우려가 있는 기록물

(1) 대통령지정기록물의 지정 절차 등

대통령지정기록물의 보호기간은 기록물별로 세부기준을 수립하여 지정하되, 대통령기록관으로 이관하기 전까지 지정을 완료하여야 한다(대통령기록물관리에 관한 법률 제17조 제2항).

대통령기록물생산기관의 장은 대통령기록물이 법령에 따른 군사 · 외교 · 통일에 관한 비밀기록물로서 공개될 경우 국가안전보장에 중대한 위험을 초래할 수 있는 기록물 등 대통령기록물관리에 관한 법률 제17조 제1항 각 호의 어느 하나에 해당된다고 판단되는 경우에는 제5조에 따라 그 대통령기록물을 관할 기록관으로 이관할 때에 대통령지정기록물의 지정 여부 및 보호기간 지정에 대한 의견을 첨부하여야 한다(대통령기록물 관리에 관한 법률 시행령 제9조 제1항).

대통령은 대통령기록물을 대통령기록관으로 이관하기 전에 대통령지정기록물의 지정 여부 및 보호기간 지정에 대한 첨부된 의견을 참고하여 대통령지정기록물을 지정하고 보호기간을 정해야 한다(대통령기록물 관리에 관한 법률 시행령 제9조 제2항).

(2) 대통령지정기록물의 보호기간

대통령지정기록물 보호기간은 15년의 범위 이내에서 정할 수 있다. 다만, 개인의 사생활과 관련된 기록물의 보호기간은 30년의 범위 이내로 할 수 있다(대

통령기록물관리에 관한 법률 제17조 제3항). 대통령지정기록물 보호기간의 기산일은 대통령의 임기가 끝나는 날의 다음 날로 한다(대통령기록물관리에 관한 법률 시행령 제9조 제3항).

(3) 대통령지정기록물 보호기간 중의 열람, 사본제작, 자료제출의 허용

대통령지정기록물 보호기간 중에는 다음 각 호의 어느 하나에 해당하는 경우에 한하여 최소한의 범위 내에서 열람, 사본제작 및 자료제출을 허용하며, 다른 법률에 따른 자료제출의 요구 대상에 포함되지 아니한다(대통령기록물관리에 관한 법률 제17조 제4항).

1. 국회재적의원 3분의 2 이상의 찬성의결이 이루어진 경우
2. 관할 고등법원장이 해당 대통령지정기록물이 중요한 증거에 해당한다고 판단하여 발부한 영장이 제시된 경우. 다만, 관할 고등법원장은 열람, 사본제작 및 자료제출이 국가안전보장에 중대한 위험을 초래하거나 외교관계 및 국민경제의 안정을 심대하게 저해할 우려가 있다고 판단하는 경우 등에는 영장을 발부하여서는 아니 된다.
3. 대통령기록관 직원이 기록관리 업무수행상 필요에 따라 대통령기록관의 장의 사전 승인을 받은 경우

대통령기록물관리에 관한 법률 제17조 제4항 제1호 또는 제2호에 따라 대통령지정기록물의 사본을 제작하거나 자료를 제출받은 자는 같은 항 제1호 또는 제2호에 따른 목적에 한정하여 이를 활용하여야 하며, 목적이 달성된 후에는 지체 없이 이를 대통령기록관의 장에게 반납하여야 한다. 이 경우 대통령기록관의 장은 돌려받은 사본 또는 자료를 즉시 폐기하여야 한다(대통령기록물관리에 관한 법률 제17조 제5항).

(4) 대통령지정기록물의 열람 등의 방법과 절차

열람, 사본제작 및 자료제출의 방법과 절차 등에 관하여 필요한 사항은 대통령령으로 정한다(대통령기록물관리에 관한 법률 제17조 제6항).

(가) 국회의장과 고등법원장의 열람 등

국회의장은 국회재적의원 3분의 2 이상의 찬성의결이 이루어진 경우 대통

령지정기록물의 열람, 사본제작 및 자료제출(이하 이 조에서 "열람등"이라 한다)을 요구하는 경우에는 대통령기록관의 장에게 국회재적의원 3분의 2 이상의 찬성 의결이 이루어졌다는 증거자료를 제시하고, 열람등을 하려는 대통령지정기록물과 열람등의 방법(열람, 사본제작 및 자료제출 중 선택한다)을 밝혀야 한다(대통령기록물 관리에 관한 법률 시행령 제10조 제1항). 관할 고등법원장이 영장을 발부하는 경우에는 해당 대통령지정기록물과 열람등의 방법(열람, 사본제작 및 자료제출 중 선택한다)을 밝혀야 한다(대통령기록물 관리에 관한 법률 시행령 제10조 제2항).

(나) 열람 및 사본제작 등의 방법

대통령기록관의 장은 국회의장의 요구가 있거나 관할 고등법원장이 발부하는 영장이 제시된 경우에는 10일 이내에 열람등에 응하여야 한다. 이 경우 열람등의 방법은 다음 각 호와 같다(대통령기록물 관리에 관한 법률 시행령 제10조 제3항).

1. 열람의 경우에는 대통령기록관의 장이 정하는 별도의 장소에서 열람하게 할 것
2. 사본제작 및 자료제출의 경우에는 제4항에 따라 승인 받은 직원이 사본을 제작하고, 송달은 대통령기록관의 장이 지정하는 직원이 직접 전달하는 방법을 원칙으로 할 것

(다) 대통령기록관 직원의 기록관리 업무수행과 사전승인

대통령기록관의 장은 대통령기록관 직원이 기록관리 업무수행상 필요에 따라 대통령기록관의 장의 사전 승인을 받은 경우(대통령기록물 관리에 관한 법률 제17조 제4항 제3호), 다음 각 호의 어느 하나에 해당하는 업무의 수행에 필요한 경우에만 소속 직원에게 열람등을 승인해야 한다(대통령기록물 관리에 관한 법률 시행령 제10조 제4항).

1. 법 제8조에 따른 대통령기록물의 전자적 관리업무
1의2. 법 제11조에 따른 대통령기록물의 이관업무
1의3. 법 제15조에 따른 대통령기록물의 보안 및 재난대책의 수립·시행에 관한 업무
2. 법 제17조 제1항에 따른 보호기간의 만료에 따른 보호조치 해제업무
3. 법 제17조 제4항 제1호 및 제2호에 따른 대통령지정기록물의 열람, 사본제공 및 자료제출에 관한 업무
4. 법 제18조에 따라 전직 대통령, 같은 조 제2항에 따른 대리인(이하 "평시대리인"이라 한다) 또는 같은 조 제3항에 따른 대리인 등(이하 "유고시대리인등"이라 한다)이 열람 등을 하는 경우에 필요한 편의제공 업무
5. 법 제18조의2에 따른 보호조치 해제업무
6. 대통령지정기록물의 보존 및 관리를 위하여 필요하다고 인정하여 실시하는 대통령지정기록물과 그 보존매체에 대한 상태검사나 상태검사 결과 복원 또는 보존매체 수록 등에 관한 업무
7. 「공공기록물 관리에 관한 법률 시행령」 제48조 제2항에 따른 서고 배치 및 같은 조 제3항에 따른 정수점검에 관한 업무

대통령기록관의 장이 대통령기록관 직원에게 열람등을 승인하는 경우에는 그 내용에 직원의 인적 사항, 수행업무의 내역·장소 및 앞으로의 계획 등이 포함되어야 한다(대통령기록물 관리에 관한 법률 시행령 제10조 제5항).

(라) 국회 등에 제출된 대통령지정기록물의 사본 등 관리

대통령기록관의 장은 대통령지정기록물의 사본을 제공하거나 자료를 제출하는 경우에는 해당 목적에 한정하여 활용될 수 있도록 사본제작 또는 자료제출을 요구한 자와 사본 또는 자료의 보관 장소 및 열람 인원 등을 미리 협의해야 한다(대통령기록물 관리에 관한 법률 시행령 제10조의2 제1항). 대통령기록관의 장은 대통령지정기록물의 사본 또는 자료를 반납받은 경우에는 사본 또는 자료의 누락 여부를 확인해야 한다(대통령기록물 관리에 관한 법률 시행령 제10조의2 제2항).

3. 전직 대통령에 의한 열람

전직 대통령은 대통령당선인 및 대통령 재임 시 생산·접수한 대통령기록물에 대하여 다음 각 호에 따른 열람 등을 할 수 있으며, 대통령기록관의 장은

이에 적극 협조하여야 한다. 이 경우 대통령기록관의 장은 편의 제공에 관한 협의 진행상황 및 편의 제공의 내용 등을 문서로 기록하여 별도로 관리하여야 한다(대통령기록물관리에 관한 법률 제18조 제1항).

1. 열람
2. 「정보통신망 이용촉진 및 정보보호 등에 관한 법률」 제2조 제1항 제1호[7]에 따른 정보통신망을 이용한 열람. 이 경우 대통령지정기록물 및 비밀기록물은 제외한다.
3. 사본·복제물로 대통령기록물을 제공받거나 그 밖에 이에 준하는 방법으로 대통령기록물을 확인하는 것

(1) 전직 대통령의 대통령기록물 열람과 대리인 지정

전직 대통령은 당선인 및 재임시 생산·접수된 대통령기록물 열람 등을 하기 위하여 대리인을 지정할 수 있다(대통령기록물관리에 관한 법률 제18조 제2항).

(2) 전직 대통령 사망 등 유고시대리인 등의 지정

대통령기록관의 장은 전직 대통령이 사망이나 그 밖에 의식불명 등의 사유로 대리인을 지정할 수 없는 경우로서 미리 대리인을 지정하지 못한 경우에는 대통령령으로 정하는 바에 따라 전직 대통령 가족(「민법」 제779조[8]에 따른 가족을 말한다)의 추천을 받아 대통령기록관리전문위원회의 심의를 거쳐 대리인(전직 대통령이 의식불명 등의 사유로 대리인을 지정할 수 없는 경우로 한정한다)을 지정하거나 제1항 각 호에 따른 열람 등을 할 수 있는 사람(전직 대통령이 사망한 경우로 한정한다)을 지정할 수 있다(대통령기록물관리에 관한 법률 제18조 제3항).

---

7) 정보통신망 이용촉진 및 정보보호 등에 관한 법률 제2조(정의) ① 이 법에서 사용하는 용어의 뜻은 다음과 같다. 1. "정보통신망"이란 「전기통신사업법」 제2조 제2호에 따른 전기통신설비를 이용하거나 전기통신설비와 컴퓨터 및 컴퓨터의 이용기술을 활용하여 정보를 수집·가공·저장·검색·송신 또는 수신하는 정보통신체제를 말한다.
8) 민법 제779조(가족의 범위) ①다음의 자는 가족으로 한다. 1. 배우자, 직계혈족 및 형제자매 2. 직계혈족의 배우자, 배우자의 직계혈족 및 배우자의 형제자매 ② 제1항 제2호의 경우에는 생계를 같이 하는 경우에 한한다.

(가) 전직 대통령 사망 등의 경우 유고시대리인등의 지정 방법 및 절차

전직 대통령의 가족이 유고시대리인등을 추천하는 경우에는 대통령기록관의 장이 정하는 유고시대리인등 지정 요청서를 대통령기록관의 장에게 서면으로 제출해야 한다. 이 경우 유고시대리인등 지정 요청서에는 추천 목적, 유고시대리인등의 지정기간이 포함돼야 한다(대통령기록물 관리에 관한 법률 시행령 제10조의6 제1항).

(나) 유고시대리인의 추천과 대리인의 순서

전직 대통령의 가족이 유고시대리인등을 추천하는 경우, 전직 대통령의 가족 간 합의에 따라 1명을 추천한다. 다만, 합의가 되지 않으면 다음 각 호의 순서에 따라 추천하되, 같은 순위의 사람이 여럿인 경우에는 연장자가 추천한다(대통령기록물 관리에 관한 법률 시행령 제10조의6 제2항).

1. 배우자
2. 직계혈족
3. 형제자매
4. 직계혈족의 배우자 중 전직 대통령과 생계를 같이 하는 사람
5. 배우자의 직계혈족 중 전직 대통령과 생계를 같이 하는 사람
6. 배우자의 형제자매 중 전직 대통령과 생계를 같이 하는 사람

(다) 유고대리인의 지정과 통보

대통령기록관의 장은 유고시대리인등 지정 요청서를 제출받은 경우에는 대통령기록관리전문위원회의 심의를 거쳐 유고시대리인등 지정 요청서를 제출받은 날부터 45일 이내에 유고시대리인등을 지정하고 그 결과를 전직 대통령의 가족과 지정된 유고시대리인등에게 통보해야 한다. 다만, 대통령기록관리전문위원회의 심의 등에 필요한 경우 45일의 범위에서 한차례만 그 기간을 연장할 수 있다(대통령기록물 관리에 관한 법률 시행령 제10조의6 제3항).

(라) 유고대리인의 지정 철회

대통령기록관의 장은 유고시대리인등이 다음 각 호의 어느 하나에 해당하

는 경우에는 전문위원회의 심의를 거쳐 지정을 철회할 수 있다(대통령기록물 관리에 관한 법률 시행령 제10조의6 제4항).

1. 유고시대리인등을 추천한 전직 대통령의 가족이 추천을 철회한 경우
2. 형사사건으로 금고 이상의 실형을 선고받고 그 형기(刑期) 중에 있는 경우
3. 심신쇠약 등으로 장기간 직무를 수행할 수 없는 경우
4. 유고시대리인등이 스스로 직무를 수행하는 것이 곤란하다고 의사를 밝힌 경우
5. 그 밖에 유고시대리인등이 법령을 위반한 경우로서 위반행위의 종류나 위반의 내용·정도 등을 고려할 때 지정 철회가 불가피하다고 인정되는 경우

(3) 전직 대통령 사망 등의 경우 지정된 유고시대리인등의 열람 범위 및 방법

유고시대리인등은 해당 전직 대통령의 대통령당선인 및 대통령 재임 시 생산·접수한 대통령기록물(비밀기록물은 제외한다)에 대하여 대통령기록물관리에 관한 법률에 따른 열람 등을 할 수 있다. 다만, 대통령지정기록물(비밀기록물은 제외한다)은 다음 각 호의 어느 하나에 해당하는 경우에만 열람 등을 할 수 있다(대통령기록물 관리에 관한 법률 시행령 제10조의7).

1. 전직 대통령 및 그 가족 관련 개인정보로서 해당 대통령지정기록물이 아니면 관련 정보의 확인이 불가능하다고 인정되는 경우
2. 전직 대통령 및 그 가족의 권리구제를 위하여 열람 등을 신청한 경우로서 해당 대통령지정기록물이 아니면 관련 정보의 확인이 불가능하다고 인정되는 경우
3. 전직 대통령의 전기(傳記) 출판을 위한 목적으로 열람 등을 신청한 경우로서 해당 대통령지정기록물이 아니면 관련 정보의 확인이 불가능하다고 인정되는 경우

(4) 전직 대통령 등의 방문 열람

대통령기록관의 장은 전직 대통령이 대통령기록물을 열람하려는 경우에는 열람을 위한 전용 장소 및 시설이나 그 밖에 열람에 필요한 편의를 제공하여야 한다. 이 경우 열람을 위한 전용 장소 및 시설은 대통령기록관 내에 두거나 「공공기록물 관리에 관한 법률」 제3조 제5호[9]에 따른 영구기록물관리기관의 장과

---

9) 공공기록물 관리에 관한 법률 제3조(정의) 이 법에서 사용하는 용어의 뜻은 다음과 같다.
   5. "영구기록물관리기관"이란 기록물의 영구보존에 필요한 시설 및 장비와 이를 운영하기

협의하여 해당 영구기록물관리기관 내의 장소 및 시설을 활용할 수 있다(대통령기록물 관리에 관한 법률 시행령 제10조의3 제1항).

(가) 열람신청서의 제출

전직 대통령, 평시대리인 또는 유고시대리인등이 열람을 하려는 경우에는 대통령기록관의 장이 정하는 열람신청서를 대통령기록관의 장에게 제출해야 한다. 이 경우 평시대리인은 대리 권한을 증명하는 서면을 대통령기록관의 장에게 제출해야 한다(대통령기록물 관리에 관한 법률 시행령 제10조의3 제2항).

(나) 대리인의 열람신청

대통령기록관의 장은 유고시대리인등이 열람을 신청하는 경우에는 열람이 가능한 대통령기록물을 지체 없이 유고시대리인등이 열람할 수 있도록 해야 한다. 다만, 대통령지정기록물의 경우에는 대통령기록관리전문위원회의 심의를 거쳐 열람신청서를 제출받은 날부터 30일 이내에 열람 가능 여부를 통보해야 하며, 대통령기록관리전문위원회의 심의 등에 필요한 경우 30일의 범위에서 한차례만 그 기간을 연장할 수 있다(대통령기록물 관리에 관한 법률 시행령 제10조의3 제3항).

(다) 열람 방법

열람의 방법은 다음 각 호와 같다(대통령기록물 관리에 관한 법률 시행령 제10조의3 제4항).

1. 전자적 형태로 보유 또는 관리하는 대통령기록물은 대통령기록관의 장이 정한 시스템으로 열람
2. 전자적 형태로 보유 또는 관리하지 않는 대통령기록물은 사본 또는 복제물 등으로 열람

위한 전문인력을 갖추고 기록물을 영구적으로 관리하는 기관을 말하며, 중앙기록물관리기관, 헌법기관기록물관리기관, 지방기록물관리기관 및 대통령기록관으로 구분한다.

(라) 대통령기록물의 사본 또는 복제물의 폐기

대통령기록관의 장은 전직 대통령, 평시대리인 또는 유고시대리인등이 열람한 대통령기록물의 사본 또는 복제물 등을 열람 후 즉시 폐기해야 한다(대통령기록물 관리에 관한 법률 시행령 제10조의3 제5항).

(5) 전직 대통령의 정보통신망을 이용한 열람

대통령기록관의 장은 전직 대통령이 법 제18조 제1항 제2호에 따라 「정보통신망 이용촉진 및 정보보호 등에 관한 법률」 제2조 제1항 제1호[10]에 따른 정보통신망을 이용한 열람(이하 "정보통신망이용열람"이라 한다)을 요구하는 경우에는 전용회선 및 열람 전용 개인용 컴퓨터나 그 밖에 정보통신망이용열람에 필요한 장비(이하 "열람장비"라 한다)를 설치할 수 있다. 이 경우 열람장비의 설치 장소는 전직 대통령의 사저(私邸) 또는 사무실 중 대통령기록관의 장이 전직 대통령과 협의하여 정한 한 곳으로 한정한다(대통령기록물 관리에 관한 법률 시행령 제10조의4 제1항).

대통령기록관의 장은 열람장비를 설치하려는 경우에는 열람장비의 관리, 대리인의 지정 및 그 밖에 정보통신망이용열람에 필요한 사항 등을 전직 대통령과 협의해야 한다(대통령기록물 관리에 관한 법률 시행령 제10조의4 제2항).

대통령기록관의 장은 열람장비를 설치하여 정보통신망이용열람 서비스를 제공하는 경우에 열람장비에 대한 불법 접근 차단, 서버 침해 방지, 사용자 식별 및 인증 강화 등 대통령기록물의 위조, 변조, 훼손 또는 유출을 방지하기 위한 보안대책을 수립·시행해야 한다(대통령기록물 관리에 관한 법률 시행령 제10조의4 제3항).

대통령기록관의 장은 제3항에 따른 보안대책을 수립·시행하기 위하여 「전자정부법」 제56조 제3항[11]에 따라 국가정보원장이 안전성을 확인한 보안조치를

---

10) 정보통신망 이용촉진 및 정보보호 등에 관한 법률 제2조(정의) ① 이 법에서 사용하는 용어의 뜻은 다음과 같다. 1. "정보통신망"이란 「전기통신사업법」 제2조제2호에 따른 전기통신설비를 이용하거나 전기통신설비와 컴퓨터 및 컴퓨터의 이용기술을 활용하여 정보를 수집·가공·저장·검색·송신 또는 수신하는 정보통신체제를 말한다.

하여야 하고, 국가정보원장은 그 이행 여부를 확인할 수 있다(대통령기록물 관리에 관한 법률 시행령 제10조의4 제4항).

(6) 전직 대통령 등에 대한 사본 또는 복제물의 제공

전직 대통령, 평시대리인 또는 유고시대리인등이 열람 등을 하려는 경우에는 대통령기록관의 장이 정하는 열람신청서를 대통령기록관의 장에게 제출해야 한다. 이 경우 평시대리인은 대리 권한을 증명하는 서면을 대통령기록관의 장에게 제출해야 한다(대통령기록물 관리에 관한 법률 시행령 제10조의5 제1항).

대통령기록관의 장은 유고시대리인등이 열람 등을 신청하는 경우에는 열람 등이 가능한 대통령기록물을 지체 없이 유고시대리인등이 열람 등을 할 수 있도록 해야 한다. 다만, 대통령지정기록물의 경우에는 대통령기록관리전문위원회의 심의를 거쳐 열람신청서를 제출받은 날부터 30일 이내에 법 제18조 제1항 제3호에 따른 열람 등의 가능 여부를 통보해야 하며, 대통령기록관리전문위원회의 심의 등에 필요한 경우 30일의 범위에서 한차례만 그 기간을 연장할 수 있다(대통령기록물 관리에 관한 법률 시행령 제10조의5 제2항).

대통령기록관의 장은 전직 대통령, 평시대리인 또는 유고시대리인등에게 대통령지정기록물 또는 비밀기록물의 사본 또는 복제물을 제공하는 경우에는 그 제공 상대방과 사본 또는 복제물의 제공 방법, 제공 기간 및 관리방안 등을 미리 협의하여 정해야 한다(대통령기록물 관리에 관한 법률 시행령 제10조의5 제3항).

전직 대통령, 평시대리인 또는 유고시대리인등은 대통령지정기록물 또는 비밀기록물의 사본 또는 복제물의 열람 목적을 달성한 경우에는 지체 없이 이를 대통령기록관의 장에게 반납해야 한다(대통령기록물 관리에 관한 법률 시행령

---

11) 전자정부법 제56조(정보통신망 등의 보안대책 수립 · 시행) ③ 행정기관의 장은 정보통신망을 이용하여 전자문서를 보관 · 유통할 때 위조 · 변조 · 훼손 또는 유출을 방지하기 위하여 국가정보원장이 안전성을 확인한 보안조치를 하여야 하고, 국가정보원장은 그 이행 여부를 확인할 수 있다.

제10조의5 제4항). 대통령기록관의 장은 대통령지정기록물 또는 비밀기록물의 사본 또는 복제물을 반납받은 경우에는 이를 즉시 폐기해야 한다(대통령기록물 관리에 관한 법률 시행령 제10조의5 제5항).

(7) 전직 대통령 사망 등의 경우 지정된 유고시대리인등의 열람 범위 및 방법

유고시대리인등은 해당 전직 대통령의 대통령당선인 및 대통령 재임 시 생산·접수한 대통령기록물(비밀기록물은 제외한다)에 대하여 열람 등을 할 수 있다. 다만, 대통령지정기록물(비밀기록물은 제외한다)은 다음 각 호의 어느 하나에 해당하는 경우에만 열람 등을 할 수 있다(대통령기록물 관리에 관한 법률 시행령 제10조의7).

1. 전직 대통령 및 그 가족 관련 개인정보로서 해당 대통령지정기록물이 아니면 관련 정보의 확인이 불가능하다고 인정되는 경우
2. 전직 대통령 및 그 가족의 권리구제를 위하여 열람 등을 신청한 경우로서 해당 대통령지정기록물이 아니면 관련 정보의 확인이 불가능하다고 인정되는 경우
3. 전직 대통령의 전기(傳記) 출판을 위한 목적으로 열람 등을 신청한 경우로서 해당 대통령지정기록물이 아니면 관련 정보의 확인이 불가능하다고 인정되는 경우

4. 전직 대통령에 의한 대통령지정기록물 지정 해제 요구

전직 대통령은 대통령지정기록물이 보호의 필요성이 없어졌다고 판단되는 경우에는 대통령령으로 정하는 바에 따라 대통령기록관의 장에게 대통령지정기록물의 보호기간 지정 해제를 요구할 수 있다. 이 경우 대통령기록관의 장은 전문위원회의 심의를 거쳐 보호기간 지정을 해제할 수 있다(대통령기록물관리에 관한 법률 제18조의2 제1항).

(1) 전직 대통령에 의한 대통령지정기록물의 지정 해제 요구 절차

전직 대통령은 법 제18조의2 제1항에 따라 대통령지정기록물의 보호기간 지정 해제를 요구하는 경우에는 대통령기록관의 장이 정하는 지정 해제 요구서에 해당 대통령지정기록물의 목록 및 해제 사유를 적어 대통령기록관의 장에게 제출해야 한다(대통령기록물관리에 관한 법률 시행령 제10조의8 제1항).

대통령기록관의 장은 지정 해제 요구서를 제출받은 경우에는 제출받은 날부터 30일 이내에 전문위원회의 심의를 거쳐 지정 해제 여부를 결정하고 그 결과를 전직 대통령에게 통보해야 한다(대통령기록물관리에 관한 법률 시행령 제10조의8 제2항).

(2) 출판물 등의 공표와 대통령지정기록물의 보호기간 지정 해제

대통령기록관의 장은 전직 대통령이나 지정된 대리인 또는 열람 등을 할 수 있는 사람이 열람 등을 한 내용 중 비밀이 아닌 내용을 출판물 또는 언론매체 등을 통하여 공표함으로써 사실상 보호의 필요성이 없어진 대통령지정기록물에 대해서는 대통령기록관리전문위원회의 심의를 거쳐 보호기간 지정을 해제할 수 있다(대통령기록물관리에 관한 법률 제18조의2 제2항).

5. 대통령기록물생산기관에 의한 열람

대통령기록관의 장은 대통령령으로 정하는 경우에 한정하여 대통령기록물생산기관의 장에게 대통령기록물(대통령지정기록물은 제외한다)에 대하여 열람 등을 하게 할 수 있다(대통령기록물관리에 관한 법률 제18조의3).

(1) 대통령기록물생산기관에 대한 열람 등의 지원

대통령기록물관리에 관한 법률에서 "대통령령으로 정하는 경우"란 대통령기록물생산기관의 장이 대통령 직무 보좌, 경호 또는 자문을 위하여 필요하다고 판단되는 경우로서 대통령기록물에 대한 열람 등 외에는 관련 정보를 확인할 수 없는 경우를 말한다(대통령기록물 관리에 관한 법률 시행령 제10조의9 제1항).

(2) 대통령기록물생산기관에 의한 열람과 사전 협의

대통령기록관의 장은 대통령기록물생산기관의 장이 열람을 하는 경우에는 열람 방법 및 기간 등을 대통령기록물생산기관의 장과 미리 협의하여 정해야 한다(대통령기록물 관리에 관한 법률 시행령 제10조의9 제2항).

6. 대통령기록물 비공개정보 누설 등의 금지

누구든지 대통령기록물에 포함된 비공개정보(「공공기관의 정보공개에 관한 법률」 제9조 제1항 각 호에 해당하는 정보로서 공개하지 아니하기로 결정한 정보를 말한다)[12]를 누설해서는 아니 된다(대통령기록물관리에 관한 법률 제19조

---

[12] 공공기관의 정보공개에 관한 법률 제9조(비공개 대상 정보) ① 공공기관이 보유·관리하는 정보는 공개 대상이 된다. 다만, 다음 각 호의 어느 하나에 해당하는 정보는 공개하지 아니할 수 있다.

1. 다른 법률 또는 법률에서 위임한 명령(국회규칙·대법원규칙·헌법재판소규칙·중앙선거관리위원회규칙·대통령령 및 조례로 한정한다)에 따라 비밀이나 비공개 사항으로 규정된 정보

2. 국가안전보장·국방·통일·외교관계 등에 관한 사항으로서 공개될 경우 국가의 중대한 이익을 현저히 해칠 우려가 있다고 인정되는 정보

3. 공개될 경우 국민의 생명·신체 및 재산의 보호에 현저한 지장을 초래할 우려가 있다고 인정되는 정보

4. 진행 중인 재판에 관련된 정보와 범죄의 예방, 수사, 공소의 제기 및 유지, 형의 집행, 교정(矯正), 보안처분에 관한 사항으로서 공개될 경우 그 직무수행을 현저히 곤란하게 하거나 형사피고인의 공정한 재판을 받을 권리를 침해한다고 인정할 만한 상당한 이유가 있는 정보

5. 감사·감독·검사·시험·규제·입찰계약·기술개발·인사관리에 관한 사항이나 의사결정 과정 또는 내부검토 과정에 있는 사항 등으로서 공개될 경우 업무의 공정한 수행이나 연구·개발에 현저한 지장을 초래한다고 인정할 만한 상당한 이유가 있는 정보. 다만, 의사결정 과정 또는 내부검토 과정을 이유로 비공개할 경우에는 제13조제5항에 따라 통지를 할 때 의사결정 과정 또는 내부검토 과정의 단계 및 종료 예정일을 함께 안내하여야 하며, 의사결정 과정 및 내부검토 과정이 종료되면 제10조에 따른 청구인에게 이를 통지하여야 한다.

6. 해당 정보에 포함되어 있는 성명·주민등록번호 등 「개인정보 보호법」 제2조 제1호에 따른 개인정보로서 공개될 경우 사생활의 비밀 또는 자유를 침해할 우려가 있다고 인정되는 정보. 다만, 다음 각 목에 열거한 사항은 제외한다.

가. 법령에서 정하는 바에 따라 열람할 수 있는 정보

나. 공공기관이 공표를 목적으로 작성하거나 취득한 정보로서 사생활의 비밀 또는 자유를 부당하게 침해하지 아니하는 정보

다. 공공기관이 작성하거나 취득한 정보로서 공개하는 것이 공익이나 개인의 권리 구제를 위하여 필요하다고 인정되는 정보

제1항).

대통령기록물 관리업무를 담당하거나 담당하였던 자 또는 대통령기록물에 접근·열람하였던 자는 그 과정에서 알게 된 비밀 및 보호기간 중인 대통령지정기록물에 포함되어 있는 내용을 누설해서는 아니 된다. 다만, 전직 대통령 또는 전직 대통령이 지정한 대리인이 열람한 대통령지정기록물에 포함되어 있는 내용 중 비밀이 아닌 사실에 대해서는 그러하지 아니하다(대통령기록물관리에 관한 법률 제19조 제2항).

7. 비밀기록물의 재분류

대통령기록관의 장은 보존 중인 비밀기록물에 대하여 비밀을 해제하거나 보호기간 등을 연장하려는 경우에는 대통령령으로 정하는 바에 따라 대통령기록 관리전문위원회의 심의를 거쳐 재분류를 실시하여야 한다. 이 경우 관계 기관의 의견을 들을 수 있다(대통령기록물관리에 관한 법률 제20조 제1항). 그 대통령지정기록물이 비밀기록물인 경우에는 그 보호기간이 종료된 후에 재분류를 실시하여야 한다(대통령기록물관리에 관한 법률 제20조 제2항).

라. 직무를 수행한 공무원의 성명·직위

마. 공개하는 것이 공익을 위하여 필요한 경우로서 법령에 따라 국가 또는 지방자치단체가 업무의 일부를 위탁 또는 위촉한 개인의 성명·직업

7. 법인·단체 또는 개인(이하 "법인등"이라 한다)의 경영상영업상 비밀에 관한 사항으로서 공개될 경우 법인등의 정당한 이익을 현저히 해칠 우려가 있다고 인정되는 정보. 다만, 다음 각 목에 열거한 정보는 제외한다.

가. 사업활동에 의하여 발생하는 위해(危害)로부터 사람의 생명·신체 또는 건강을 보호하기 위하여 공개할 필요가 있는 정보

나. 위법·부당한 사업활동으로부터 국민의 재산 또는 생활을 보호하기 위하여 공개할 필요가 있는 정보

8. 공개될 경우 부동산 투기, 매점매석 등으로 특정인에게 이익 또는 불이익을 줄 우려가 있다고 인정되는 정보

(1) 비밀기록물의 해제 및 보호기간의 연장

대통령기록관의 장은 비밀기록물의 비밀 보호기간이 끝나면 대통령기록관리전문위원회의 심의를 거쳐 그 보호기간이 끝나는 날이 속하는 해의 12월 31일까지 그 비밀을 해제하여야 한다(대통령기록물 관리에 관한 법률 시행령 제11조제1항). 그러나 대통령기록관의 장은 그 비밀을 해제하여야 함에도 불구하고 계속해서 비밀로 보호할 필요가 있다고 판단되는 비밀기록물은 보호기간이 끝나기 전에 대통령기록관리전문위원회의 심의를 거쳐 그 비밀기록물의 보호기간을 연장할 수 있다. 이 경우 대통령기록관의 장은 보호기간이 연장되는 날부터 5년마다 전문위원회의 심의를 거쳐 보호기간의 연장 여부를 정하여야 한다(대통령기록물 관리에 관한 법률 시행령 제11조 제2항).

(2) 30년이 넘는 비밀기록물의 재분류

대통령기록관의 장은 보호기간이 30년이 넘는 비밀기록물은 대통령기록관리전문위원회의 심의를 거쳐 최초로 보호기간을 지정한 날부터 30년이 되는 날이 속하는 해의 12월 31일까지 재분류를 하여야 한다. 이 경우 다음 각 호의 어느하나에 해당하는 기록물에 대해서는 비밀을 해제하지 아니한다(대통령기록물 관리에 관한 법률 시행령 제11조 제3항).

1. 유효한 전시계획 또는 비상대비계획
2. 국방·외교 또는 통일 등의 국가안전보장에 치명적인 위험을 초래할 수 있는 사항
3. 신원정보를 포함한 정보활동의 출처·수단 또는 기법에 관한 사항
4. 국가 암호체계에 관한 사항
5. 비밀의 해제로 인하여 법률·조약 또는 국제협약을 위반하게 될 수 있는 사항

(3) 대통령기록관리전문위원회의 심의와 보호기간의 재지정

대통령기록관의 장은 비밀이 해제되지 아니한 기록물에 대하여는 대통령기록관리전문위원회의 심의를 거쳐 보호기간을 재지정하여야 한다. 이 경우 대통령기록관의 장은 보호기간을 재지정한 날부터 5년마다 전문위원회의 심의를 거쳐 그 비밀기록물의 비밀의 해제 또는 보호기간의 연장 여부를 정하여야 한다(대통령기록물 관리에 관한 법률 시행령 제11조 제4항).

8. 대통령 궐위 시 대통령기록물 관리 및 조치

대통령기록물생산기관의 장은 대통령이 궐위된 경우 즉시 이관 대상 대통령기록물을 확인하여 목록을 작성하는 등 이관에 필요한 조치를 하여야 하며, 「공직선거법」 제14조 제1항 단서[13]에 따라 차기 대통령의 임기가 개시되기 전까지 이관을 완료하여야 한다. 이 경우 대통령기록관의 장은 인력 지원 등 대통령기록물의 이관을 위하여 필요한 사항을 지원할 수 있다(대통령기록물관리에 관한 법률 제20조의2 제1항).

대통령기록관의 장은 대통령이 궐위된 경우 대통령기록물생산기관에 대하여 대통령기록물의 이동이나 재분류 등의 금지를 요구하고 현장점검을 하는 등 즉시 필요한 조치를 하여야 한다. 이 경우 대통령기록물생산기관의 장은 이에 적극 협조하여야 한다(대통령기록물관리에 관한 법률 제20조의2 제2항).

대통령기록관의 장은 대통령이 궐위된 경우에는 대통령기록물생산기관에 대하여 다음 각 호의 조치를 해야 한다(대통령기록물관리에 관한 법률 시행령 제11조의2).

1. 대통령기록물의 이동 또는 재분류 등의 금지 요구
2. 현장점검
3. 서고, 전산실 등 기록물 관리장소에 대한 접근제한 및 출입통제 강화 요구
4. 이관 대상 대통령기록물의 목록 작성 및 제출 요구

---

13) 공직선거법 제14조(임기개시) ① 대통령의 임기는 전임대통령의 임기만료일의 다음날 0시부터 개시된다. 다만, 전임자의 임기가 만료된 후에 실시하는 선거와 궐위로 인한 선거에 의한 대통령의 임기는 당선이 결정된 때부터 개시된다.

제5장 대통령기록관의 설치·운영

1. 대통령기록관의 설치

대통령기록물의 효율적 보존·열람 및 활용을 위하여 행정안전부장관 소속으로 대통령기록관을 설치하여야 한다(대통령기록물관리에 관한 법률 제21조).

2. 대통령기록관의 기능

대통령기록관은 다음 각 호의 업무를 수행한다(대통령기록물관리에 관한 법률 제22조).

1. 대통령기록물의 관리에 관한 기본계획의 수립·시행
2. 대통령기록물의 수집·분류·평가·기술(記述)·보존·폐기 및 관련 통계의 작성·관리
3. 비밀기록물 및 비공개 대통령기록물의 재분류
4. 대통령지정기록물의 보호조치 해제
5. 대통령기록물의 공개열람·전시·교육 및 홍보
6. 대통령기록물 관련 연구 활동의 지원
7. 대통령기록물생산기관의 대통령기록물 관리에 관한 지원 및 지도·점검
8. 제26조에 따른 개인기록물의 수집·관리
9. 그 밖에 대통령기록물의 관리에 관하여 필요한 사항

3. 대통령기록관장의 임무와 임기

대통령기록관의 장은 대통령기록물의 관리 및 대통령기록관의 운영과 관련한 제반 사무를 통할하고, 소속 직원을 지휘·감독한다(대통령기록물관리에 관한 법률 제23조 제1항). 대통령기록관의 장의 임기는 5년으로 한다(대통령기록물관리에 관한 법률 제23조 제2항).

4. 대통령기록관의 운영

대통령기록관의 장은 대통령기록관의 운영에 관한 주요 사항을 결정하려는

경우에는 전문위원회의 심의를 거쳐야 하며, 대통령기록관리전문위원회의 심의 결과를 존중하여야 한다(대통령기록물관리에 관한 법률 제24조 제1항). 대통령기록관의 장은 대통령기록물에 대한 효율적 활용 및 홍보를 위하여 필요한 때에는 대통령기록관에 전시관·도서관 및 연구지원센터 등을 둘 수 있다(대통령기록물관리에 관한 법률 제24조 제2항).

(1) 대통령기록관의 다양한 전시·교육프로그램을 운영과 교류

대통령기록관의 장은 전시관·도서관 및 연구지원센터 등을 두는 경우에는 다양한 전시·교육프로그램을 운영하고, 국내외 대통령기록물 관리와 관련된 기관과의 교류를 통하여 대통령기록물을 연구·활용하거나 이를 지원할 수 있다(대통령기록물 관리에 관한 법률 시행령 제12조 제1항).

대통령기록관의 장은 전시관 등을 운영하는 경우에는 이관·수집 및 기증된 전직 대통령 기록물의 수량에 따라 전시 공간 등을 달리 할 수 있다(대통령기록물 관리에 관한 법률 시행령 제12조 제3항).

(2) 이관 대통령기록물의 구분 배치

대통령기록관의 장은 대통령기록물을 이관 받아 서고에 배치할 때에는 대통령별, 기록물 형태별, 출처별 등으로 구분하여 배치하여야 한다(대통령기록물 관리에 관한 법률 시행령 제12조 제2항).

(3) 전자적·비전저작 대통령지정기록물의 구분 관리

대통령기록관의 장은 대통령지정기록물이 전자적으로 생산된 경우에는 별도의 저장장소에서, 비전자적으로 생산된 경우에는 별도의 전용서고 및 시설 등에서 보존·관리하여야 한다(대통령기록물 관리에 관한 법률 시행령 제12조 제4항).

(4) 대통령기록관리전문위원회의 주요업무현황 보고 등

대통령기록관의 장은 대통령기록관리전문위원회가 개최되는 경우에는 대통

령기록관의 주요 업무현황에 대하여 대통령기록관리전문위원회에 보고하여야
한다(대통령기록물 관리에 관한 법률 시행령 제12조 제5항). 대통령기록관의
장은 대통령기록관을 효율적으로 운영하기 위한 세부운영계획을 수립·시행하
여야 한다(대통령기록물 관리에 관한 법률 시행령 제12조 제6항).

5. 개별대통령기록관의 설치

대통령기록관의 장은 특정 대통령의 기록물을 관리하기 위하여 필요한 경우
에는 개별대통령기록관을 설치할 수 있다(대통령기록물관리에 관한 법률 제25
조 제1항).

개인 또는 단체가 대통령령으로 정하는 기준에 따라 특정 대통령의 기록물을
관리하기 위한 시설을 건립하여 「국유재산법」 제13조[14]에 따라 국가에 기부채납
하는 경우에는 대통령기록관리전문위원회의 심의를 거쳐 이를 개별대통령기록
관으로 본다(대통령기록물관리에 관한 법률 제25조 제2항).

(1) 개인 또는 단체의 대통령기록관 설치와 지원

대통령기록관의 장은 개인 또는 단체가 국가에 기부채납할 목적으로 특정 대
통령의 기록물을 관리하기 위한 시설을 건립하고자 하는 경우에는 대통령기록
관리전문위원회의 심의를 거쳐 필요한 경비의 일부를 예산의 범위 안에서 지원

---

[14] 국유재산법 제13조(기부채납) ① 총괄청이나 중앙관서의 장(특별회계나 기금에 속하는 국
유재산으로 기부받으려는 경우만 해당한다)은 제5조제1항 각 호의 재산을 국가에 기부하
려는 자가 있으면 대통령령으로 정하는 바에 따라 받을 수 있다. ② 총괄청이나 중앙관서
의 장은 제1항에 따라 국가에 기부하려는 재산이 국가가 관리하기 곤란하거나 필요하지 아
니한 것인 경우 또는 기부에 조건이 붙은 경우에는 받아서는 아니 된다. 다만, 다음 각 호
의 어느 하나에 해당하는 경우에는 기부에 조건이 붙은 것으로 보지 아니한다.
1. 행정재산으로 기부하는 재산에 대하여 기부자, 그 상속인, 그 밖의 포괄승계인에게 무
상으로 사용허가하여 줄 것을 조건으로 그 재산을 기부하는 경우
2. 행정재산의 용도를 폐지하는 경우 그 용도에 사용될 대체시설을 제공한 자, 그 상속인,
그 밖의 포괄승계인이 그 부담한 비용의 범위에서 제55조제1항제3호에 따라 용도폐지
된 재산을 양여할 것을 조건으로 그 대체시설을 기부하는 경우

할 수 있다(대통령기록물관리에 관한 법률 제25조 제3항).

(2) 전직대통령의 개별대통령기록관장의 추천

개별대통령기록관을 설치하는 경우에 해당 전직 대통령은 그 개별대통령기록관의 장의 임명을 추천할 수 있다(대통령기록물관리에 관한 법률 제25조 제5항).

제6장 보칙

1. 개인기록물의 수집·관리

대통령기록관의 장은 역대 대통령(제25조에 따른 개별대통령기록관의 경우에는 해당 전직 대통령을 말한다)이 재임 전·후 및 재임 당시에 생산한 개인기록물에 대하여도 국가적으로 보존할 가치가 있다고 인정되는 경우에는 해당 대통령 및 해당 기록물 소유자의 동의를 받아 이를 수집·관리할 수 있다(대통령기록물관리에 관한 법률 제26조 제1항).

대통령기록관의 장은 개인기록물을 수집하는 때에는 대통령 및 이해관계인과 해당 기록물의 소유권·공개 및 자료제출 여부 등 관리조건에 관한 구체적 사항을 협의하여 정하여야 한다(대통령기록물관리에 관한 법률 제26조 제2항). 대통령기록관의 장은 개인기록물을 수집하기 위하여 필요한 경우에는 보상을 할 수 있으며, 보상 금액 및 절차 등에 관하여 필요한 사항은 대통령령으로 정한다(대통령기록물관리에 관한 법률 제26조 제3항).

(1) 개인기록물의 보상기준과 평가

대통령기록관의 장은 개인기록물을 수집하는 과정에서 해당 대통령 및 이해관계인이 수집에 따른 보상을 요구하는 경우에는 관련 분야의 전문 감정평가인 2명 이상에게 가격 산정에 관한 평가를 의뢰하여야 한다. 이 경우 그 대통령 또는 이해관계인이 추천하는 전문 감정평가인 1명을 선정할 수 있다(대통령기록물 관리에 관한 법률 시행령 제15조 제1항).

(2) 개인기록물의 보상액과 대통령기록관리전문위원회의 심의

개인기록물 보상액은 각 전문 감정평가인이 평가한 평가액의 산술평균치를 기준으로 산정하되, 대통령기록관리전문위원회의 심의를 거쳐 결정한다(대통령기록물 관리에 관한 법률 시행령 제15조 제2항). 전문 감정평가인이 없는 경우에는 대통령기록관리전문위원회의 심의를 거쳐 대통령기록관의 장이 정한다(대통령기록물 관리에 관한 법률 시행령 제15조 제3항).

2. 대통령기록물 연구활동 등 지원

대통령기록관의 장은 대통령기록관리전문위원회의 심의를 거쳐 대통령기록물의 연구를 수행하는 교육연구기관 등에 대하여 연구비용의 일부를 예산의 범위 안에서 지원할 수 있다(대통령기록물관리에 관한 법률 제28조).

3. 벌칙 적용에서의 공무원 의제

대통령기록관리전문위원회의 위원 중 공무원이 아닌 위원 및 제18조 제2항 또는 제3항에 따라 지정된 대리인 또는 열람 등을 할 수 있는 사람은 「형법」 제129조부터 제132조까지의 규정에 따른 벌칙의 적용에서는 공무원으로 본다(대통령기록물관리에 관한 법률 제29조).

제7장 대통령기록물과 벌칙

1. 대통령기록물의 폐기 등과 처벌

다음 각 호의 어느 하나에 해당하는 자는 10년 이하의 징역 또는 3천만원 이하의 벌금에 처한다(대통령기록물관리에 관한 법률 제30조 제1항).[15]

---

15) "대통령기록물 관리에 관한 법률(이하 '대통령기록물법'이라 한다)은 대통령기록물의 보호 · 보존 및 활용 등 대통령기록물의 효율적 관리와 대통령기록관의 설치 · 운영에 관하여

필요한 사항을 정함으로써 국정운영의 투명성과 책임성을 높이는 것을 목적으로 한다(제1조). 대통령기록물법 제2조는 '대통령기록물'이란 대통령의 직무수행과 관련하여 대통령 등 기관이 생산·접수하여 보유하고 있는 기록물 및 물품을 의미하고(제1호), '기록물'이란 공공기록물 관리에 관한 법률(이하 '공공기록물법'이라 한다) 제3조 제2호에 따른 기록물을 의미한다[제1호의2 (가)목]고 규정하고 있다. 공공기록물법 제3조 제2호는 '기록물'이란 공공기관이 업무와 관련하여 생산하거나 접수한 문서·도서·대장·카드·도면·시청각물·전자문서 등 모든 형태의 기록정보 자료와 행정박물(行政博物)을 말한다고 규정하고 있다. 대통령기록물법은, 대통령과 대통령의 보좌기관·자문기관의 장 등은 대통령의 직무수행과 관련한 모든 과정 및 결과가 기록물로 생산·관리되도록 하여야 함을 원칙으로 규정하고(제7조 제1항), 생산된 대통령기록물을 중앙기록물관리기관으로 이관하는 절차와 대통령기록물을 폐기하는 절차 등에 관하여도 구체적인 규정을 두고 있다(제11조, 제13조). 나아가 누구든지 무단으로 대통령기록물을 파기·손상·은닉·멸실 또는 유출하거나 국외로 반출하여서는 아니 된다고 규정하면서(제14조), 이를 위반하여 대통령기록물을 무단으로 파기·손상·은닉·멸실 또는 유출하거나 국외로 반출한 자를 처벌하도록 규정하고 있고(제30조 제1항, 제2항), 이와 별도로 대통령기록물 관리업무를 담당하거나 담당하였던 자 또는 대통령기록물에 접근·열람하였던 자는 그 과정에서 알게 된 비밀 및 보호기간 중인 대통령지정기록물에 포함되어 있는 내용을 누설하여서는 아니 된다고 규정하면서(제19조 본문) 이를 위반한 자를 처벌하도록 규정하고 있다(제30조 제3항). 대통령기록물법 제4조는 대통령기록물의 관리에 관하여는 다른 법률에 우선하여 이 법을 적용하되, 이 법에 규정되지 아니한 사항에 관하여는 공공기록물법을 적용하도록 하고 있다. 공공기록물법 제21조 제1항은 영구보존으로 분류된 기록물 중 중요한 기록물은 복제본을 제작하여 보존하거나 보존매체에 수록하는 등의 방법으로 이중보존하는 것을 원칙으로 하고, 제48조는 기록물관리기관이 대통령령으로 정한 기준과 절차에 따라 보존매체에 수록한 기록물은 원본과 같은 것으로 추정한다고 규정하고 있다. 이와 같은 법령의 규정 및 체계에다가, 대통령기록물법은 대통령기록물의 효율적 관리를 통한 국정운영의 투명성과 책임성 강화를 목적으로 입법된 것으로 사본 자체를 원본과 별도로 보존할 필요가 있다는 등의 특별한 사정이 없는 이상 원본 문서나 전자파일 이외에 그 사본이나 추가 출력물까지 모두 대통령기록물로 보존할 필요는 없는 점, 대통령기록물법은 대통령기록물 자체를 파기, 손상, 유출하는 등의 행위와 그 내용을 누설하는 행위를 구별하여 규정하고 있는 점, 공공기록물법 제21조는 영구보존으로 분류된 기록물 중 중요한 기록물에 대한 복제본 제작 등에 관하여 별도의 규정을 두고 있는 점 등을 종합적으로 고려하면, 대통령기록물법 제30조 제2항 제1호, 제14조에 의해 유출이 금지되는 대통령기록물에 원본 문서나 전자파일 이외에 그 사본이나 추가 출력물까지 포함된다고 해석하는 것은 죄형법정주의 원칙상 허용되지 아니한다."(대법원 2021.1.14, 2016도7104).

1. 제13조를 위반하여 심의를 거치지 아니하거나 절차를 준수하지 아니하고 대통령기록물을 폐기한 자
2. 제14조를 위반하여 대통령기록물을 국외로 반출한 자

2. 대통령기록물을 손상·은닉·멸실 등과 처벌

대통령기록물을 손상·은닉·멸실 또는 유출한 자는 7년 이하의 징역 또는 2천만원 이하의 벌금에 처한다(대통령기록물관리에 관한 법률 제30조 제2항).

3. 비공개정보 및 비밀 누설의 금지 위반과 처벌

비공개정보 및 비밀 누설의 금지 등을 위반한 자는 3년 이하의 징역이나 금고 또는 7년 이하의 자격정지에 처한다(대통령기록물관리에 관한 법률 제30조 제3항).

4. 중대 과실로 인한 대통령기록물을 멸실 등과 처벌

중대한 과실로 대통령기록물을 멸실하거나 일부 내용이 파악되지 못하도록 손상시킨 자는 1천만원 이하의 벌금에 처한다(대통령기록물관리에 관한 법률 제30조 제4항).

제2절 10 · 4 남북정상회담 대화록 초본 삭제 사건

I. 사건의 발단과 전개

남북정상회담 회의록 폐기 논란은 18대 대통령 선거를 앞둔 2012년 10월 8일 당시 새누리당 정문헌 의원이 국정감사에서 "노무현 전 대통령이 남북정상회담 당시 서해 북방한계선(NLL) 포기 발언을 했다"고 주장하면서 시작되었다. 이 발언 진위를 놓고 정치권이 공방을 벌였고, 결국엔 대통령 기록물을 열람하는 사태로 확산했다.

2013년 6월 20일 국가정보원은 2007년 남북정상회담 회의록 발췌본을 국회 정보위원회에 제공했고, 동년 6월 21일 민주당 문재인 의원이 2007년 남북정상회담 회의록과 녹음테이프 등 녹취자료를 공개할 것을 제의했다. 2013년 6월 23일 민주당 문재인 의원이 국정원 회의록이 원본과 같은 내용인지 알 수 없다며 국가기록원 원본을 열람 · 검증할 것을 제의했다. 이에 2013년 6월 24일 국가정보원은 '2007 남북정상회담 회의록' 전문을 공개했다. 2013년 7월 2일 국회에서 여야 합의로 의결을 거쳐 7월 15일-7월 22일 대통령기록관에서 회의록 열람을 시도하였으나 회의록을 찾는 데 실패했다. 이러다 보니 정치권 논란은 나중엔 대통령 기록물 삭제 문제로 옮아갔다.

2013년 7월 25일 새누리당은 노무현 전 대통령이 'NLL 포기' 발언을 감추기 위해 백종천 전 청와대 외교안보실장 등에게 회의록을 이관하지 말라고 지시했고, 실제 회의록 초본이 삭제됐다는 의혹이 제기하면서 고발장을 제출했다.[16]

---

16) 검찰은 고발장 접수 직후, 사안의 중대성을 감안하여 공안2부장을 주임검사로 지정하고 검사 7명과 검찰수사관 9명 등 총 17명으로 수사팀을 구성하여 본격적인 수사에 착수했다. 참여정부 청와대 근무자 등 총 49명을 소환 조사하는 한편, 2013년 8월 16일부터 11월 14일까지 역대 최장기간인 총 91일 동안 수사팀과 디지털 전문 수사요원 12명을 투입하여 대

결국 이 문제는 검찰이 일일이 대통령 기록물을 열어보는 수사로 이어졌다. 당시 검찰에선 이 사건을 아무도 맡고 싶어 하지 않았다. 극도로 예민한 정치적 사안을 수사할 경우 어느 쪽으로 결론이 나더라도 한쪽은 승복하지 않을 것이고, 수사 검사에겐 '정치 검사' 딱지가 붙을 가능성이 높았다. 이 사건을 잘 아는 한 전직 부장검사는 "정치적 사건이 아니라, 수사하는 자체가 정치가 되어버린 사건"이라고 표현했다. 이 사건은 서울중앙지검 공안2부에 배당됐다. 사건을 맡았던 김광수 부장검사는 대검 연구관, 법무부 공안기획과장 등을 지낸 '공안통' 검사였다. 실제 남북정상회담회의록 초본이 삭제됐는지 여부를 가리기 위해선 수백만 건의 기록물을 일일이 뒤져야 했다. 보안 문제 때문에 파일명과 실제 문서 내용이 다른 경우가 적지 않았다. 비밀번호가 걸려 있는 문서도 많았기 때문에 디지털 분야 기술지원도 필요했다. 무엇보다 중요한 건 보안이었다. 수사를 위해 대통령 기록물을 일일이 다 열어 내용을 들여다볼 수 밖에 없었다. 정치적, 외교적으로 민감한 사항이 담긴 내용이 외부로 유출되지 않도록 극도로 보안을 신경쓰는 상황에서 수사가 이뤄졌다. 결국 수사팀은 백종천 전 외교안보실장 등이 회의록 초본을 삭제했다고 보고 2013년 11월 불구속기소 했다.[17]

2007년 「대통령 기록물 관리법」 제정 후 해당 법률 위반 혐의로 기소된 첫 사례였다.

통령기록관에 대한 압수수색검증 진행했으며, 압수수색 결과, 정식 이관된 기록물 중에는 '회의록'이 존재하지 아니하였고, '봉하e지원'에서 회의록의 삭제 흔적을 발견하여 이를 복원하였으며, 또한 별도의 회의록도 발견했다(남북정상회담 회의록 폐기의혹 관련 고발사건 수사결과, 쿠키뉴스 2013.11.15).

17) 남북정상회담 회의록 폐기의혹 관련 고발사건 수사결과 발표 전문은 「국민일보」 2013년 11월 15일 참조.

Ⅱ. 검찰의 남북정상회담 회의록 폐기의혹 관련 고발 사건 수사결과[18]

1. 수사 결과

대통령기록물 관련 법령에 의하면, 대통령의 직무수행과 관련된 모든 과정 및 결과는 반드시 기록물로서 생산·관리되어야 하고, 생산·접수된 대통령기록물은 대통령기록관으로 이관되어 역사적 기록물로 보존됨으로써 평가·공개·연구의 자료가 되어야 함에도 불구하고, 역사상 두 번째로 개최된 2007년 남북정상회담의 회의록이 대통령의 지시에 의하여 의도적으로 삭제·파쇄되어 대통령기록관으로 이관되지 아니함으로써 역사적 기록물로서 보존되지 아니하였고, 오히려 노무현 前대통령의 봉하마을 사저로 유출된 사실이 확인되었다.

(1) 회의록 삭제·파쇄 및 미이관 경위

2007년 10월 9일 조명균 前통일외교안보정책비서관은 e지원시스템을 통해 '2007 남북정상회담 회의록'을 보고하였고, 백종천 前통일외교안보정책실장의 중간 결재를 거쳐 10월 21일 노무현 前대통령의 최종 결재를 받았다. 조명균은 대통령의 지시에 따라 회의록을 수정·변경하여 1급비밀 형태의 회의록 문건을 작성한 후, 2007년 12월 하순~2008년 1월 초순 백종천을 거쳐 대통령에게 보고하자, 당시 노무현 前대통령은 「2000년 남북정상회담 회의록」을 2급비밀로 관리하던 전례와 달리 보안성을 강화하여, '회의록은 국정원에서 1급비밀로 보관하도록 하라'는 취지의 지시와 함께 'e지원시스템에 있는 회의록 파일은 없애도록 하라. 회의록을 청와대에 남겨두지 말라'는 취지의 지시를 하였다. 백종천·조명균은 대통령의 위 지시에 따라 2008년 1월 2일 국정원에 회의록 사본

---

18) 검찰의 남북정상회담 회의록 폐기의혹 관련 고발사건 수사결과는 쿠키뉴스를 참고하여 서술하였다. 「남북정상회담 회의록 폐기의혹 관련 고발사건 수사결과」, 쿠키뉴스 2013.11. 15(https://www.kukinews.com/newsView/kuk201311150096).

과 함께 지시사항을 전달하여 국정원에서 회의록을 1급비밀로 생산하는데 참고 하도록 하는 한편, 조명균이 별도로 보관하고 있던 위 회의록 문건은 파쇄하고, 이미 결재되어 대통령기록물로 생산된 '2007 남북정상회담 회의록' 파일은 2008년 1월 30일-2월 14일 e지원시스템 관리부서인 업무혁신비서관실을 통하여, 당시 테스트문서·중복문서·민감한 문서 등의 삭제에 이용된 '삭제매뉴얼'에 따라 비정상적인 방법으로 삭제하여 파기하였다.

(2) 회의록 유출 경위

참여정부 임기종료를 앞두고 대통령기록물 이관 작업 및 '봉하e지원' 제작을 위하여, 2008년 2월 14일 11:30경부터 대통령비서실 일반 사용자들의 e지원시스템 접속이 차단(shut-down)된 상태에서, 조명균은 업무혁신비서관실의 협조를 받아 e지원시스템에 접속한 다음, '메모보고'에 위 수정·변경된 회의록 파일을 첨부하여 등재한 후 '봉하e지원'에 복제되어 봉하마을 사저로 유출되도록 하였다.

2. 주요 쟁점별 수사결과

(1) 노무현 前 대통령의 회의록 삭제 지시 여부

조명균은 회의록 파일을 삭제하고 회의록 문건을 파쇄한 행위에 대해 모두 대통령의 지시에 따른 것이라는 취지로 일관되게 진술하고, 압수수색 결과, 대통령이 결재한 e지원시스템상의 회의록은 실제 비정상적인 방법으로 삭제된 사실이 확인되었으며, 삭제 이후 조명균이 대통령에게 보고한 2008. 2. 14.자 '메모보고'에도 회의록 삭제 사실이 명기되어 있다.

(2) 문재인 의원의 회의록 생산 등 관여 여부

문재인 의원이 회의록 관련 입장을 스스로 밝혀왔고, 남북정상회담 준비위원장 및 청와대 비서실장으로서 남북정상회담 관련 업무를 총괄하였으며, 회의록 생산 과정에서 보고를 받았다는 관계자의 진술 및 전산 자료가 있고, 또한 참여

정부 기록물 이관 과정에서 등록되어서는 안되는 문서 등의 처리 논의에 관여하였다는 관계자의 진술 및 자료가 있어, 문재인 의원에 대한 소환 조사는 불가피하였다. 다만, 문재인 의원이 회의록 삭제 또는 '봉하e지원'을 통한 회의록 유출에 관여하였음을 인정할 직접적인 증거는 발견되지 않았다.

(3) '삭제매뉴얼'에 의한 다수의 대통령기록물 삭제 확인

일부 사건 관계자들은 이 사건 초기에 e지원시스템에 삭제 기능이 없어서 문서의 삭제는 아예 불가능하다고 주장하였으나, 압수수색 과정에서 업무혁신비서관실 요청으로 e지원시스템 개발업체가 작성해 준 e지원시스템 문서 '삭제매뉴얼'이 발견되었으며, 회의록 이외에 다수의 대통령기록물이 위 삭제매뉴얼에 따라 삭제된 사실이 확인되었다.

(4) 실무자의 단순 실수로 회의록이 이관되지 않은 것인지 여부

백종천·조명균은 노무현 前대통령의 지시를 이행하기 위하여, e지원시스템에서 대통령 결재가 완료되어 대통령기록물로 생산된 회의록을 정상적으로 '종료'처리하지 않고 삭제하였으며, 수정·변경된 회의록 문건은 문서파쇄기로 파쇄하고, 조명균은 '메모보고'가 금지되고 e지원시스템이 shut-down된 시기에 '메모보고'하면서 회의록 파일을 첨부하여 '봉하e지원'에만 등재되도록 함으로써 회의록을 이관하지 않은 것이다.

(5) 삭제된 회의록이 초본에 불과한 것인지 여부

남북정상회담 회의록은 초본에 해당하여 이관대상이 아니므로 삭제가 당연하다는 주장이 제기되기도 하나, 삭제된 회의록과 유출된 회의록은 모두 완성된 형태의 회의록이고 내용면에 있어서도 어느 한쪽이 더 사료로서의 가치가 있다고 단정하기 어려우며, 또한, 다른 외국 정상과의 회담에서는 수정 전후 회의록이 모두 대통령지정기록물로 지정되어 대통령기록관으로 이관되어 보존된 사례도 있다.

(6) 국정원 회의록 존재가 회의록 미이관을 정당화할 수 있는지 여부

국정원 회의록이 있으므로 '회의록이 멀쩡하게 잘 있다'는 취지의 주장이 제기되기도 하나, 이 사건 수사는 당연히 대통령기록관으로 이관되어야 할 역사적 기록물인 회의록이 이관되지 않았다는 의혹에서 시작된 것이며, 대통령기록관의 문서 보존과 국정원의 문서 관리는 그 취지 및 절차 등에 있어 근본적으로 차원을 달리하기 때문에 '회의록이 국정원에 있으니 문제가 없다'는 주장은 이치에 맞지 않다.

(7) 회의록이 표제부만 삭제된 것인지 여부

본건 회의록 삭제는 '삭제 매뉴얼'에 의하여 데이터베이스(DB)의 '메인테이블'에서 문서 정보 자체를 인식할 수 없도록 한 것으로 정상적인 방법으로는 문서 이용뿐만 아니라 존재 자체의 확인도 불가능하므로 단순 표제부 삭제라고 볼 수 없다.

(8) 회의록 '복구'가 아닌 단순 '발견'에 불과한지 여부

검찰은 고가의 희소 장비와 데이터베이스(DB) 재구축, 다양한 암호의 분석·해독 등 고도의 복잡한 과정을 통하여 삭제된 회의록을 찾아 복구한 것으로, 단순 '발견' 주장은 디지털포렌식 분석에서의 '복구' 또는 '복원' 개념에 대한 오해에서 비롯된 것이다.

3. 사건 처리

남북정상회담 회의록을 삭제하고 파쇄하는 일련의 행위들이 비록 대통령의 지시에 의한 것이라 하더라도, 역사적 기록물로 보존되어야 하는 남북정상회담 회의록을 대통령기록관으로 이관하지 아니하고 비정상적인 방법으로 무단 삭제한 행위는 중대한 범죄에 해당하고, 특히 백종천 前통일외교안보정책실장과 조명균 前통일외교안보정책비서관은 남북정상회담 회의록을 생산·보존하여야 할 책임자들임에도, 회의록 파기 행위를 주도적으로 실행하였으며, 본건과 관련하여 실체적 진실에 대한 진술을 의도적으로 회피하는 등 죄질 또한 결코 가볍지 아니하다. 이에 검찰은 대통령기록물인 2007년 10월 9일자 문서관리카드에 첨부된 '2007 남북정상회담 회의록'의 삭제행위에 대하여, 백종천과 조명균을 대통령기록물관리에관한법률위반죄 및 공용전자기록등손상죄로 불구속 기소하고, 나머지 관련자들에 대하여는 상부의 지시 또는 관련 부서 요청에 따라 실무적인 차원에서 삭제 행위에 가담한 점 등을 감안하여 별도로 입건하지 아니한다.[19]

Ⅲ. 사법부의 판단

1. 1심 재판

대통령기록물에 관한 법리 판단 선례가 없던 사건에서 쟁점이 된 것은 삭제된 회의록이 대통령기록물에 해당하는지 여부였다. 피고인 측은 해당 문서가 추후 최종본을 작성하는 데 사용된 단순 초본에 불과하므로 대통령기록물로 볼 수 없다고 주장했다. 반면 검찰은 삭제된 회의록이 애초부터 대통령의 결재를 위해 올려진 문서였고, 정상회담 당시 실제 사용된 호칭·말투 등이 생생하게 반영돼있는 등 그 자체로 역사적 의미가 있으므로 대통령 기록물로 봐야 한다고 대립했다.

「대통령기록물 관리에 관한 법률」상 '대통령기록물'을 대통령이나 대통령 보좌기관·자문기관 및 경호기관·대통령직 인수위원회 등이 대통령의 직무수행과 관련해 생산·접수를 완료한 문서·도서·대장·카드·도면·시청각물·전

---

19) 검찰은 남북정상회담 회의록 폐기의혹 관련 고발사건 수사결과를 발표하면서 말미에, "검찰은 그 어떤 정치적 입장과도 상관없이 역사적 진실을 규명하겠다는 자세로 이 사건 수사에 임하였고, 객관적인 증거에 근거하여 있는 그대로의 사실을 밝히기 위하여 최선을 다하였으며, 남북정상회담 회의록 폐기 의혹과 관련된 역사적 진실에 대한 논란이 더 이상 지속되지 않고 이번 수사결과 발표를 계기로 종식되기를 기대한다." 밝히고 있다(남북정상회담 회의록 폐기의혹 관련 고발사건 수사결과, 쿠키뉴스 2013.11.15).

자문서 등 모든 형태의 기록정보자료 또는 대통령상징물(행정박물)이라고 규정했다. 이어 삭제된 회의록이 첨부된 문서관리카드는 결재가 예정된 문서일 뿐, 실제 최종 결재가 이뤄진 것은 아니므로 '생산이 완료된 문서' 요건을 충족하지 않는다고 판단했다. 1심 재판부는 무죄를 선고했다. 백종천 전 외교안보실장이 삭제한 회의록 초본을 '대통령 기록물'로 볼 수 없다는 판단이었다. 남북정상회담회의록 초본을 노무현 전 대통령이 결재하지 않았다는 이유였다. 검찰은 판결에 불복해 항소했다. 노무현 전 대통령은 기록을 중시하는 대통령이었다. 메모지 한 장을 함부로 버리지 않았고 재직 시절 '이지원(e-知園)' 시스템을 구축해 기록을 보존했다.

2. 항소심 재판

2심 재판부 또한 피고인들에게 모두 무죄를 선고했다. "결재권자의 결재가 예정된 문서는 결재권자의 결재가 있을 때 비로소 대통령기록물로 생산된 것으로 볼 수 있다"며 "이 사건 회의록 파일은 초본임이 명백하고, 문서관리카드는 결재가 예정돼 있는 문서이기 때문에 대통령기록물로 볼 수 없다"고 밝혔다. 또한 "노무현 전 대통령은 문서관리카드에 첨부된 이 사건 회의록을 다듬어 정확하고 완성도가 높은 대화록으로 정리해 달라는 의견을 낸 것 뿐이므로 문서관리카드와 그에 첨부된 회의록 파일을 공문서로 승인하지 않았다는 점이 명백하다"며 "공무소에서 사용하는 전자기록이라고 보기 어렵다"면서 1심을 유지했다.[20]

3. 대법원 판결과 서울고법 파기환송심 판결

(1) 대법원 판결

2020년 12월 9일 대법원 형사2부는 "회의록 파일이 첨부된 문서관리 카드는

---

20) 대법원 "2007년 남북정상회담 'NLL 회의록'은 대통령기록물 해당", 「법률신문」 2020년 12월 10일.

노 전 대통령의 결재를 거쳐 대통령기록물로 생산됐다"며 사건을 서울고법으로 파기환송 했다(대판 2020.12.9, 2015도19296).

대법원은 회의록 파일이 첨부된 문서관리카드는 노무현 전 대통령의 결재를 거쳐 대통령 기록물로 생산됐고, 문서관리 카드에 수록된 정보들은 후속 업무 처리 근거가 되는 등 공무소에서 사용하는 전자기록으로 봐야 한다고 결론 냈다. 사실상 유죄 판단이었다.

대법원 형사2부는 노무현 전 대통령이 회의록을 '열람'했을 때 결재를 한 것이고, 이에 따라 문서관리카드가 대통령기록물로 생산됐다고 판단했다. 대법원 재판부는 "결재권자의 결재가 있었는지 여부는 결재권자가 서명을 했는지 뿐만 아니라 문서에 대한 결재권자의 지시사항, 결재의 대상이 된 문서의 종류와 특성, 관련 법령의 규정 및 업무 절차 등을 종합적으로 고려해야 한다"고 밝혔다. 이어 "회의록은 개최된 회의의 일시, 장소 및 회의에서 이루어진 발언 내용 등 객관적인 정보를 담은 문서로서 이에 대한 결재의사는 그 내용을 열람하고 확인하는 의사로 봐야 하는데, 노 전 대통령은 이 사건 회의록의 내용을 열람하고 그 내용을 확인했다는 취지로 '문서처리' 및 '열람' 명령을 선택해 전자문서서명 및 처리일자가 생성되도록 했다"고 설명했다. 재판부는 또 "노무현 전 대통령이 서명 생성 과정에서 '대화의 내용을 한자 한자 정확하게 확인하고, 각주를 달아서 정확성, 완성도 높은 대화록으로 정리한 뒤 e지원시스템에 등재해, 해당 분야 책임자들에게 공유하도록 하라'는 지시를 했다는 사정이 결재의사를 부정할 근거가 되지 않는다"고 지적했다. 그러면서 "'공무소에서 사용하는 서류 기타 전자기록'에는 공문서로서의 효력이 생기기 이전의 서류라거나, 정식의 접수 및 결재 절차를 거치지 않은 문서, 결재 상신 과정에서 반려된 문서 등이 포함된다"며 "회의록이 첨부된 이 사건 문서관리카드는 노 전 대통령이 결재의 의사로 서명을 생성함으로써 대통령기록물로 생산되었고, 첨부된 '지시사항'에 따른 후속조치가 예정되어 있으므로 '공무소에서 사용하는 전자기록'에 해당한다"고 판시했다.[21]

---

21) 대법원 "2007년 남북정상회담 'NLL 회의록'은 대통령기록물 해당", 「법률신문」 2020년 12

(2) 서울고법 파기환송심 판결

2022년 2월 9일 서울고등법원 형사8부 파기환송심 재판부는 백종천 전 외교안보실장과 조명균 전 청와대 안보비서관의 혐의를 유죄로 판단해 각각 징역 1년에 집행유예 2년을 선고했다(2020노2272).[22][23]

2022년 2월 24일 백종천 전 청와대 외교안보실장과 조명균 전 청와대 안보비서관 측은 서울고법 형사8부(배형원 강상욱 배상원 부장판사)에 상고장을 제출했다.

4. 대법원 재상고심 판결

대법원 2부(주심 천대엽 대법관)는 2022년 7월 28일 대통령기록물법 위반과 공용전자기록 등 손상 혐의로 기소된 백종천 전 청와대 외교안보실장과 조명균 전 청와대 안보비서관(문재인 정부 초대 통일부 장관)의 재상고심에서 징역 1년에 집행유예 2년을 선고한 원심을 확정했다(대판 2022.7.28, 2022도2332).

월 10일.

[22] "무죄→무죄→파기환송→유죄 … '9년공방' 남북정상회담 회의록 폐기 사건", 「헤럴드경제」 2022년 2월 24일, 31면.

[23] 장기간 재판이 이어지는 9년 동안 법정 공방을 벌였던 양측은 문재인 정부가 출범하면서 희비가 엇갈렸다. 수사를 책임졌던 김광수 부장검사는 대전지검 형사2부장, 법무부 대변인, 부산지검 차장검사 등을 거쳤지만 검사장 승진 길목에서 고배를 마시고 2017년 변호사로 개업해 지금은 김앤장법률사무소에서 활동하고 있다. 법무부 감찰담당관실 검사, 대검 범죄정보2담당관 등을 지낸 한정화 전 부장검사도 2018년 옷을 벗고 법무법인 광장에서 일하고 있다. 반면 기소된 조명균 전 비서관은 통일부 장관에 발탁됐다. 이 사건 변호를 맡았던 이광철 변호사는 청와대 민정수석실 행정관과 민정비서관을 지내며 청와대 핵심 인사로 꼽혔다("무죄→무죄→파기환송→유죄…'9년공방' 남북정상회담 회의록 폐기 사건", 「헤럴드경제」 2022년 2월 24일, 31면).

제3절 정상회담 선물과 대통령기록물

Ⅰ. 서론

국가원수(國家元首)간 정상회담(頂上會談)에서는 외교적 관례로 선물을 주고받는다. 정상 간에 선물을 주고받는 것은 상대방에 대한 고마움의 표시이면서 동시에 자신의 마음과 정성을 전달하는 중요한 수단이기 때문이다.[24] 선물은 이론적으로는 자발적이지만 실제로는 강제적으로 주고받는 것이다. 또한 선물은 외관상으로는 자유롭고 무상인 것처럼 보이지만, 실은 강제적이며 타산적인 것이다. 모든 선물은 많은 것이 한 번에 이루어지는 일련의 사건들 속에서 답례 선물을 유발한다. 말하지만 물건들은 뚜렷한 상품 시장을 갖지 않는 사회에서 교환되고 재분배되며, 이로써 평화가 유지되고, 때로는 결속력과 우정이 유지되기도 한다.[25]

개는 말 못하는 동물이지만 일선 정치현장에서 정치인과 운명을 같이하는 존재이다. 미국 '대통령 반려동물 박물관' 홈페이지를 보면, 역대 미국 대통령 46명 중 43명이 관저(官邸)인 백악관(白堊館)에서 반려동물을 키웠다. 미국 대통령의 네 발 달린 친구인 대통령의 반려견(first dog)은 백악관을 나온 후에도 수명(壽命)을 다하는 순간까지 대통령 부부와 함께 생활했다. 정치인들과 반려동물인 개와의 특별한 유대 관계는 동물인 개가 정치인에게 선거운동과 지지율 관리 등에서 긍정적 이미지를 줄 수 있는 매개체라는 것이다.[26] 정치인, 특히 대통령들이 퍼스트 도그(first dog)인 반려견을 가까이 하는 이유는 국가권력

---

24) 정상들의 선물, 「세계일보」 2007년 10월 1일.

25) 나탈리 제먼 데이비스, 「선물의 역사」, 서해문집, 2004, 22면.

26) "美 대통령 46명 중 43명이 그들을 '백악관 핵심 보직'으로 뒀다 '풍산개 파양' 둘러싼 공방 정치인에게 개란 뭐길래?", 「조선일보」 2022년 11월 19일, B4면.

을 장악하고 이를 행사하는 과정에서 받는 스트레스를 줄여주는 효과가 있기 때문일 것이다.

미국 건국의 아버지들은 250년 전 미국정부 공무원들이 유럽 귀족들로부터 값비싼 선물을 받고 그들의 회유에 넘어갈 것을 우려해 연방헌법에 외국인으로부터 값나가는 선물 받는 일을 불법으로 규정했다.[27] 1966년 미국의회는 미국정부 고위관리가 받을 수 있는 선물의 가치(현재 415달러)를 규정한 법을 통과시켰고, 행정부는 매년 해외에서 받은 선물 목록과 감정가격을 공개하도록 했다. 외국에서 415달러 이상의 선물을 받을 경우, 이를 정부에 제출 이관하거나 그에 상당하는 금전적 대가를 지불한 후 공무원 개인이 소유하도록 규정한 것이다.[28] 우리 「공직자윤리법」도 '선물신고' 규정(동법 제3장 제15조 및 제16조)을 명문화 하여 대통령을 비롯한 공직자들이 외국 정부 등으로부터 받은 선물의 신고를 통하여 선물로 인한 여러 가지 문제를 사전에 예방 차단하고 있다.

대통령기록물은 한 국가의 역사의 일부로서 후대의 평가를 넘어 사후 공개를 통하여 역사적 교훈을 얻는 금전으로 평가할 수 없는 문화적 유산이다.

문재인 전 대통령은 2018년 9월 남북정상회담을 위해 방북했을 당시, 풍산개 한 쌍을 개인이 아닌 '국가 원수 자격'으로 북한 김정은 국무위원장으로부터 선물 받았다. 풍산개 한 쌍은 대통령이 직무수행 중 받은 선물이기 때문에 현행법상 대통령기록물에 해당된다.

대통령이 재임 기간 중 받은 선물은 대통령기록물로 분류돼 국가가 소유하도록 돼 있다. 이에 따라 남북정상회담과정에서 받은 풍산개도 대통령기록물로

---

27) 미합중국 헌법 제1조 제9절 제8항에서 "No Title of Nobility shall be granted by the United States: And no Person holding any Office of Profit or Trust under them, shall, without the Consent of the Congress, accept of any present, Emolument, Office, or Title, of any kind whatever, from any King, Prince or foreign State" (미합중국은 어떠한 귀족의 칭호도 수여하지 아니한다. 미합중국에서 유급직 또는 위임에 의한 관직에 있는 자는 누구라도 연방의회의 승인 없이는 어떠한 국왕, 왕족 또는 외국으로부터도 종류 여하를 막론하고 선물, 보수, 관직 또는 칭호를 받을 수 없다)규정하고 있다.
28) 정숙희, "대통령의 선물들", 「미주한국일보」 2021년 10월 27일.

분류된다. 문재인 전 대통령은 현 윤석열 대통령의 당선자시절 만남을 통해 사전 양해 하에 정부와 협의를 거쳐 퇴임 이후에 풍산개를 양산집[29]으로 데려가 키워 왔다. 당시 대통령기록관은 '사육 및 관리에 필요한 물품 및 비용을 예산의 범위 내에서 지급할 수 있다'는 내용의 협약을 맺은 것으로 전해졌다. 이는 형식상으로는 퇴임한 문재인 전 대통령이 위탁(委託)받아 키우는 형태가 됐다.

문재인 전 대통령이 남북정상회담에서 선물로 받은 풍산개를 정부에 반환한 것을 두고 논란이 되고 있다. 이 논란에는 살아있는 생명체로서 대통령기록물인 개에 대한 인식의 차이에서 비롯된 것이다. 현 윤석열 대통령은 문재인 전 대통령을 개 주인으로 인식하는 반면에 문재인 전 대통령은 대통령기록물인 개들을 부탁받아 키우는 것으로 인식하는 것에서 문제가 되고 있다.[30]

법리적으로는 「대통령 기록물 관리에 관한 법률」에 대통령기록물이 살아있는 생명일 경우에 대한 명확한 규정이 없으며, 별도의 관리 규정이 명문화되어 있지 않아 발생한 해석상의 문제인 것이다.

Ⅱ. 정상회담 선물과 대통령기록물

1. 대통령기록물의 개념과 범위

'대통령기록물'(Presidential Records)이란 대통령의 직무수행과 관련하여, 대통령, 대통령의 보좌기관·자문기관 및 경호업무를 수행하는 기관, 대통령직인수위원회가 생산·접수한 기록물 및 물품을 말한다(대통령 기록물 관리에 관한 법률 제2조 제1호).

---

29) 전직대통령의 집(자택)을 신문 방송에서 '사저(私邸)'라고 말하고 활자화 한다. 그냥 '자택'이라고 하면 되는 것을 '사저'라는 권위적인 표현으로 한사람의 자연인에 불과한 전직대통령을 미화하고 신성시하여 일반 국민과 구별 짓고 있다. 이는 전직대통령을 특별한 존재로 표현하는 것으로 민주공화국의 용어로는 적절하지 않다고 하겠다.

30) "'김정은 선물' 풍산개 파양의 진실", 「일요시사」 제1401호(2022년 11월 14일).

「대통령 기록물 관리에 관한 법률」에서 규정하고 있는 대통령의 개념에는 대통령권한대행(헌법 제71조), 대통령당선인(헌법 제67조 및 공직선거법 제187조)을 포함한다(대통령기록물 관리에 관한 법률 제2조 제1호).

「대통령 기록물 관리에 관한 법률」에서 '대통령 기록물 및 물품'은 ① 공공기관이 업무와 관련하여 생산하거나 접수한 문서·도서·대장·카드·도면·시청각물·전자문서 등 모든 형태의 기록정보 자료와 행정박물(行政博物)[31]이나, ② 대통령을 상징하는 문양이 새겨진 물품 및 행정박물 등과 같은 국가적 보존가치가 있는 대통령상징물, ③ 대통령선물[32]을 말한다(대통령기록물 관리에 관한 법률 제2조 제1의2호).[33) 34)] 따라서 현행 「대통령기록물 관리에 관한 법률」상 대통령이 재임 기간 중 받은 선물은 생물·무생물, 동물·식물 등을 가리지 않고 '대통령기록물'로 분류된다(동법 제2조 제1의2호 참조).

---

31) 공공기록물 관리에 관한 법률 제3조 제2호

32) 대통령의 직무수행과 관련하여 국민이나 국내 단체로부터 받은 선물로서 국가적 보존가치가 있는 선물 및 「공직자윤리법」 제15조에 따른 선물을 말한다. 공직자윤리법 제15조(외국 정부 등으로부터 받은 선물의 신고) ① 공무원(지방의회의원을 포함한다. 이하 제22조에서 같다) 또는 공직유관단체의 임직원은 외국으로부터 선물(대가 없이 제공되는 물품 및 그 밖에 이에 준하는 것을 말하되, 현금은 제외한다. 이하 같다)을 받거나 그 직무와 관련하여 외국인(외국단체를 포함한다)에게 선물을 받으면 지체 없이 소속 기관·단체의 장에게 신고하고 그 선물을 인도하여야 한다. 이들의 가족이 외국으로부터 선물을 받거나 그 공무원이나 공직유관단체 임직원의 직무와 관련하여 외국인에게 선물을 받은 경우에도 또한 같다. ② 제1항에 따라 신고할 선물의 가액은 대통령령으로 정한다.

33) 「대통령기록물 관리에 관한 법률」은 개인기록물에 대해서도 정의하고 있다. "개인기록물"이란 대통령의 사적인 일기·일지 또는 개인의 정치활동과 관련된 기록물 등으로서 대통령의 직무와 관련되지 아니하거나 그 수행에 직접적인 영향을 미치지 아니하는 대통령의 사적인 기록물을 말한다(동법 제2조 제3호).

34) 대통령 등 공무원이 신고한 선물은 국유재산(國有財産)이다. 국유재산의 소유권은 국가에 있고, 국가가 관리한다. 대통령기록물 또한 소유권(所有權)은 국가에 있으며, 국가는 대통령기록물을 「대통령기록물 관리에 관한 법률」이 정하는 바에 따라 관리하여야 한다(대통령기록물 관리에 관한 법률 제3조).

한편, 대통령 기록물에 식물이나 동물을 포함할지 여부를 입법적으로 다시 검토할 필요가 있다. 대통령기록물 관리의 모국(母國)이라 할 수 있는 미국 대통령기록물법(Presidential Records Act, 44 U.S.C. Chapter22)은 '대통령 기록물'이란 "대통령, 대통령 직속 비서 또는 대통령에게 조언 및 지원하는 대통령실의 부서나 개인이 대통령의 헌법상, 법률상 또는 기타 공무의 의전 임무 수행에 관련되거나 이에 영향을 주는 행위를 하는 과정에서 생성하거나 수령한 문서 자료 또는 적절히 분리할 수 있는 문서자료의 일부를 의미한다."(44 U.S.C. Chapter22 §2201 (2))[35]라고 규정하고 있는 바, 미국의 대통령기록물은 문서 자료나 문서자료의 일부를 의미한다.[36] 따라서 살아있는 동·식물 선물

---

[35] 44 United States Code Chapter22 §2201. Definitions As used in this chapter --(2) The term "Presidential records" means documentary materials, or any reasonably segregable portion thereof, created or received by the President, his immediate staff, or a unit or individual of the Executive Office of the President whose function is to advise and assist the President, in the course of conducting activities which relate to or have an effect upon the carrying out of the constitutional, statutory, or other official or ceremonial duties of the President. Such term--(A) includes any documentary materials relating to the political activities of the President or members of his staff, but only if such activities relate to or have a direct effect upon the carrying out of constitutional, statutory, or other official or ceremonial duties of the President; but (B) does not include any documentary materials that are (i) official records of an agency (as defined in section 552(e) of title 5, United States Code; (ii) personal records; (iii) stocks of publications and stationery; or (iv) extra copies of documents produced only for convenience of reference, when such copies are clearly so identified.

[36] 미국 대통령기록물법에서 사용하는 "'문서 자료'란 모든 책, 서신, 메모, 서류, 논문, 소책자, 예술 작품, 모형, 그림, 사진, 도면, 지도, 필림 그리고 영화를 의미한다. 여기에는 아날로그, 디지털 또는 기타 전자적이거나 기계적 기록이 포함되며 이에 국한되지 않는다."(§2201. Definitions As used in this chapter--(1) The term "documentary material" means all books, correspondence, memoranda, documents, papers, pamphlets, works of art, models, pictures, photographs, plats, maps, films, and motion pictures, including, but not limited to, audio and visual records, or

은 미국 대통령기록물에 포함되지 않는다.

우리 대통령기록관은 「공공기록물 관리에 관한 법률」에서 규정하고 있는 '영구기록물관리기관'이다(공공기록물 관리에 관한 법률 제3조 제5호). 남북정상회담 과정에서 선물로 받은 풍산개는 유한한 수명을 가진 생명체다. 살아있는 동물인 개(dog)는 일관된 정보와 객관적 증거를 제시해주기 어려운 존재이다. 다만, 남북 간의 특수한 상황에서 대통령이 풍산개를 선물로 받으면서 '역사적 의미'를 두고, 이를 기록으로 남기는 일은 의미가 있다. 그런데 그 기록은 영상, 이미지와 관련된 문서들이지, 생명이 유한한 살아있는 '개' 자체를 관리하고 보존하겠다는 것은 문제가 있다.[37] 따라서 정상회담에서 선물로 받은 살아있는 동물과 식물은 사진이나 이미지로 기록하여 대통령기록물로 관리하고, 살아있는 동·식물 선물 그 자체는 문서 등의 대통령 기록물과 별도로 규정할 필요가 있다.

2. 정상회담 선물의 법적 성격과 사례

(1) 정상회담 선물의 법적 성격

「대통령기록물 관리에 관한 법률」상 대통령이 재임 기간 중 받은 선물은 생물·무생물, 동물·식물 등을 가리지 않고 '대통령기록물'로 분류된다(대통령기록물 관리에 관한 법률 제2조 제1의2호). 따라서 남북정상(南北頂上)간 선물로 받은 풍산개 또한 그 법적 성격은 '대통령기록물'이라 하겠다.

(2) 정상회담과 살아있는 동물선물 사례

2000년 6월 남북정상회담 당시 김대중 대통령은 진돗개 한 쌍을, 김정일 국방위원장은 풍산개 '우리'와 '두리' 두 마리를 서로 선물했다. 김대중 대통령은 청와대 관저에서 선물 받은 두 마리 개를 5개월 정도 기른 뒤 2000년 11월 서울대공원에 위탁해 관리했으며 두 마리 개는 2014년 자연사했다.

---

other electronic or mechanical recordations, whether in analog, digital, or any other form.)(44 U.S.C. Chapter22 §2201 (1))규정하고 있다.

[37] 정기애, '풍산개'는 대통령 기록물인가, 「대한경제신문」 2022년 11월 24일.

이명박 전 대통령이 2011년 블라디미르 푸틴(Vladimir Putin) 러시아 대통령으로부터 기증 받은 시베리아 호랑이 두 마리는 서울대공원에서 사육 · 관리되고 있다.

박근혜 정부 시절이었던 2014년 중국 시진핑(習近平) 국가주석이 방한 선물로 한국에 보낸 자이언트 판다 한 쌍인 아이바오(愛寶)와 러바오(樂寶)[38]는 경기도 용인에 위치한 에버랜드에서 현재까지 사육 관리되고 있다.

3. 대통령기록물과 「공직자윤리법」의 관계

(1) 「대통령기록물 관리에 관한 법률」 제정과 개정

「대통령기록물 관리에 관한 법률」은 대통령기록물에 대한 철저한 보존 및 보호 방안을 마련하고, 대통령기록관의 설치 · 운영에 관한 사항을 규정하여 대통령기록 관리의 독립성을 확보하는 등 종합적인 대통령기록 관리체계를 구축함으로써 대통령 국정운영의 투명성과 책임성을 강화하고자 2007년 4월 27일 법률 제8395호로 제정하여 2007년 7월 28일부터 시행하고 있다.

'대통령 선물'은 「대통령기록물 관리에 관한 법률」이 2007년 처음 제정됐을 때는 별도 규정 없이 「공직자윤리법」에 따라 다른 공직자들이 외국에서 받는 선물처럼 중앙기록물관리기관에서 맡아 관리하도록 규정했다. 그러다 2010년

---

38) 중국은 1980년대부터 모든 판다를 오로지 대여 형식으로만 해외에 보내고 있다. 당시 장쩌민(江澤民) 국가주석 주도로 상대국에 우호를 표시하는 일환으로 '판다 외교'를 펼친 것이다. 한국을 비롯하여 18국 22개 동물원에 자이언트 판다가 임대 형식으로 보내져 있다. 임대한 판다와 그 판다들이 해외 현지에서 낳은 새끼도 소유권은 중국에 있다. 판다가 현재 1,800마리 정도밖에 남아 있지 않은 멸종 위기종이다 보니 중국이 특별 관리하고 있는 것이다. 2016년 중국 시진핑(習近平) 국가주석이 한중 교류를 상징하는 의미로 한국에 방한(訪韓) 선물한 판다 아이바오(愛寶, 암컷 · 2013년생)와 러바오(樂寶, 수컷 · 2012년생)도 한국과 중국이 당초 합의한 대여 기간이 15년이기 때문에 오는 2031년 3월에 중국으로 돌아간다. 판다 평균 수명이 25살 정도이기 때문에 그때 가서 건강 상태를 보고 반환 시기가 결정될 것으로 보인다("하동産 댓잎 날라 정성껏 키워놨더니…1년 뒤엔 한국서 볼 수 없답니다", 「조선일보」 2023년 3월 18일, B9면).

「대통령기록물 관리에 관한 법률」 개정 때 대통령이 직무수행 중 외국정부 수반 등으로부터 받은 선물도 대통령기록물에 포함되도록 하여 전시 등에 활용할 수 있는 근거를 마련하였으나, 대통령 선물에 대한 관리 규정을 따로 규정하지는 않았다. [39] 대통령기록물 선물 관리 규정이 마련된 것은 2022년 「대통령기록물 관리에 관한 법률 시행령」을 개정하면서부터이다. [40]

---

[39] 2010년 2월 4일부터 개정되어 시행된 「대통령기록물 관리에 관한 법률」 개정이유를 보면, 국가기록관리위원회에 별도로 두도록 하였던 대통령기록관리위원회의 명칭을 '대통령기록관리전문위원회'로 명확히 하고, 대통령이 외국정부 수반 등으로부터 받은 선물도 대통령기록물에 포함되도록 하여 전시 등에 활용할 수 있는 근거를 마련하며, 전직 대통령이 기록물 열람과 관련하여 대리인을 지정할 수 있는 명확한 근거 규정을 두도록 하고, 전직 대통령에게 지정 및 비밀기록물을 제외한 그 밖의 기록물에 대하여 통신망을 이용한 온라인 열람을 위한 편의를 제공할 수 있도록 하는 등 현행 제도상의 일부 미비점을 개선·보완하려는 것이다. 주요내용을 살펴보면, ①대통령기록물에 대통령이 외국정부 수반 등으로부터 받은 선물도 포함되도록 하여 전시 등 활용의 근거를 마련하며(법 제2조 제1호, 법 제2조 제1호의2 신설), ②국가기록관리위원회에 두는 대통령기록관리위원회의 명칭을 대통령기록관리전문위원회로 명확히 규정했으며(법 제2장 제목 및 제5조), ③비공개로 분류된 대통령기록물은 이관된 날부터 5년이 경과한 후 1년 내에 공개 여부를 재분류하고, 그 첫 번째 재분류 시행 후 매 2년마다 재분류하도록 규정하고(법 제16조 제3항), ④대통령기록관의 장은 전직 대통령의 기록물 열람에 필요한 편의 제공에 관한 협의 진행상황 및 편의 제공의 내용 등을 문서로 기록하여 별도로 관리하도록 했다(법 제18조 제1항). ⑤열람과 관련하여 전직 대통령은 대리인을 지정할 수 있도록 명시하고, 아울러 대리인의 요건 및 필요 절차 등을 규정했다(법 제18조 제2항 신설). ⑥대통령기록관의 장은 전직대통령이 생산한 기록물 중 지정 및 비밀기록물을 제외한 그 밖의 기록물에 대하여 정보통신망을 이용한 온라인 열람을 위한 편의를 제공할 수 있도록 했다(법 제18조 제3항 신설).

[40] 대통령령 제32558호로 2022년 3월 29일 일부개정 시행된 「대통령기록물 관리에 관한 법률 시행령」의 개정이유를 보면, 대통령기록물을 보다 체계적이고 효율적으로 관리하기 위하여, 이관(移管)시기가 연장된 대통령기록물에 대한 관리를 강화하고, 대통령선물의 관리 방법을 세부적으로 규정하며, 대통령기록물의 보존기간과 책정기준을 공공기록물과 달리 정할 때에는 대통령기록관의 장과 협의하도록 하려는 것이다. 동 시행령의 주요 개정 내용 중에서 대통령선물의 관리 방법 명확화(제6조의3 신설) 조항을 신설했다. 대통령기록물생산기관의 장이 대통령선물을 관리하는 경우에는 대통령기록관의 장이 정하는 바에 따라 등록정보를 생산하도록 하고, 동물 또는 식물 등이어서 다른 기관에서 관리하는 것이 효율적이라고 인정되는 대통령선물은 다른 기관의 장에게 이관하여 관리할 수 있도록 하는 등

2022년 3월 신설된 「대통령기록물 관리에 관한 법률 시행령」 제6조의3은 '대통령기록물 생산기관의 장은 대통령선물의 등록정보를 생산해 관리하되(제1항), 대통령선물이 동물 또는 식물 등이어서 다른 기관에서 더욱 효율적으로 관리할 수 있다고 인정될 경우 다른 기관의 장에게 이관해 관리하게 할 수 있다(제2항)'고 규정하고 있다.

「대통령기록물 관리에 관한 법률 시행령」상의 대통령선물의 관리(제6조의3 제2항)규정을 문리해석(文理解釋)하면, '대통령이나 대통령비서실장 등'은 선물로 받은 물품이 동물이나 식물인 경우 대통령기록관이 아닌 다른 기관에 이관해 관리하게 할 수 있다는 의미이다. 다시 말해서, 대통령선물도 대통령기록물에 해당하므로 대통령 퇴임 전에 대통령기록관에 넘겨야지만 동·식물은 더 잘 관리할 수 있는 다른 기관에 맡길 수도 있다는 의미이다.

(2) 「대통령기록물 관리에 관한 법률」과 「공직자윤리법」의 관계

「공직자윤리법」은 공무원(지방의회의원을 포함한다) 또는 공직유관단체의 임직원이 외국 정부 등으로부터 받은 선물의 신고, 선물의 귀속 등을 규정하고 있다.

공무원 또는 공직유관단체의 임직원은 외국으로부터 선물[41]을 받거나 그 직

대통령선물의 체계적 관리를 위하여 필요한 사항을 법령에 명확히 규정하기 위함이었다.

41) "「공직자윤리법」 제15조 제1항에서는 신고 대상이 되는 "선물"의 의미에 대하여 별도로 정의하거나 그 범위 등에 관하여 특별히 규정하고 있지 않은데, 해당 법령에서 용어의 의미를 별도로 정의하거나 의미와 내용을 제한·확대하여야 할 특별한 규정을 두고 있지 않는 등 그 용어의 의미가 불명확한 경우에는 그 법령의 규정 내용과 입법 취지는 물론 입법 취지가 유사한 다른 법령과의 관계, 사회에서 일반적으로 통용되는 의미 등을 종합적으로 고려하여 보충될 수 있는 것으로 보아야 할 것입니다(법제처 2014.10.10. 회신 14-0572 해석례 참조). 이에 따라, "선물"의 사전적 의미를 살펴보면, "선물"은 남에게 어떤 물건 따위를 선사함 또는 그 물건을 의미하고, "물건"은 일정한 형체를 갖춘 모든 물질적 대상을 의미한다는 점에서(국립국어원 표준국어대사전 참조) 일반적으로 "선물"은 일정한 형체를 갖춘 물품을 의미한다고 할 것이므로 사전적인 의미상으로 보면 일정한 가치를 표시하는 "금전"은 선물에 포함되지 않는다고 할 것입니다. 그리고 「공직자윤리법」은 공직자의 부정

한 재산 증식을 방지하고, 공무집행의 공정성을 확보하는 등 국민에 대한 봉사자로서 가져야 할 공직자의 윤리를 확립함을 목적으로 하고 있고(제1조), 「공무원 행동강령」은 공직자의 청렴의무에 따라 공무원이 준수하여야 할 행동기준을 규정하는 것을 목적으로 하고 있는바(제1조), 두 법령은 모두 궁극적으로 공무원의 청렴성을 확보하기 위한 취지의 법령이라고 할 것인데, 입법목적이 유사한 「공무원 행동강령」에서는 같은 영 제2조 제3호에서 "선물"에 관하여 대가 없이 제공되는 물품 또는 유가증권, 숙박권, 회원권, 입장권, 그 밖에 이에 준하는 것을 말한다고 규정하면서, 같은 영 제14조 제1항에서는 공무원은 직무관련자로부터 금전, 부동산, 선물 또는 향응을 받아서는 아니 된다고 규정하여 문언상 "금전"과 "선물"을 구분하여 규정하고 있습니다. 또한, 「공직자윤리법」 제16조 제2항에서는 신고된 선물의 관리·유지 등에 관한 사항은 대통령령으로 정한다고 규정하고 있고, 같은 법 시행령 제29조 제2항에서는 같은 조 제1항에 따라 선물을 이관 받은 기관의 장은 ⅰ) 선물의 직접 관리·유지, ⅱ) 문화적·예술적 가치가 있어 영구보존할 필요가 있는 선물은 「공공기록물 관리에 관한 법률」 제9조에 따른 중앙기록물관리기관의 장에게 이관, ⅲ) 다른 기관에서 관리·유지하는 것이 더욱 효율적이라고 인정되는 선물은 그 기관의 장에게 이관하도록 규정하고 있으며, 「공직자윤리법 시행령」 제30조 제1항 및 「공직자윤리법 시행규칙」 제15조 제1항에서는 「공직자윤리법 시행령」 제29조에 따라 선물을 이관 받은 기관의 장은 그 중 국유재산으로 계속 관리·유지할 필요가 없다고 인정되는 선물은 외교부장관과의 협의를 거쳐 조달청장에게 이관하여 처분하게 할 수 있고, 조달청장에게 이관하여 처분하게 하였을 때에는 이를 「물품관리법」 제37조(불용품 매각의 요청 등)에 따라 조달청장에게 처분을 요청한 것으로 본다고 규정하고 있는데, 「물품관리법」 제2조 제1항 제1호에 따르면 "현금"은 같은 법에 따른 "물품"에 해당하지 않는다고 규정하고 있으며, 「공직자윤리법 시행규칙」 제14조 제1항 및 별지 제16호 서식에 따른 선물수령 신고 서식의 선물 내역란에서는 "품명", "규격", "수량" 등을 신고사항으로 규정하고 있고, "금전"과 관련되는 사항은 신고사항으로 규정하고 있지 아니한 점에 비추어 볼 때, 위와 같은 규정은 「공직자윤리법」 제15조 제1항에 따른 "선물"에는 금전이 포함되지 않음을 전제로 하고 있는 규정이라고 할 것인바, 「공직자윤리법」 제15조 제1항에 따른 "선물"에는 금전이 포함되지 않는다고 해석하는 것이 공직자윤리 관련 법령의 규정 체계 및 내용에 부합하는 해석이라고 할 것입니다. 나아가, 「공직자윤리법」 제22조 제15호에서는 공직자윤리위원회는 공무원이 같은 법 제15조를 위반하여 외국에서 받은 선물 또는 외국인에게 받은 선물을 신고 또는 인도하지 아니한 경우에는 이를 사유로 해임 또는 징계의결을 요구할 수 있다고 규정하고 있는데, 단순한 징계뿐만 아니라 그 직위를 박탈하는 극단적 징계인 해임에 관한 사항이라는 측면에서 이를 확장해석하거나 유추해석해서는 안 된다고 할 것인바(법제처 2015. 7. 31. 회신 16-0352 해석례 참조), 명시적인 규정이 없는 한 같은 법 제15조에 따른 "선물"에 금전이 포함된다고 보기는 어렵다고 할 것입니다(인사혁신처-외국의 민간단체로부터 상을 무와 관련하여 외국인이나 외국단체에게 선물을 받으면 지체 없이 소속 기관·단체의 장에게 신고하고 그 선물을 인도하여야 한다. 공무원 또는 공직유관단체의 임직원의 가족이 외국으로부터 선물을 받거나 그 공무원이나 공직유관단체 임직원의 직무와 관련하여 외국인에게 선물을 받은 경우에도 지체 없이 소속 기관·단체의 장에게 신고하고 그 선물을 인도하여야 한다(공직자윤리법 제15조 제1항). 공직자윤리법 제15조에서 '외국으로부터 선물'은 대가 없이 제공되는 물품 및 그 밖에 이에 준하는 것을 말하되, 현금은 제외한다(동법 제15조 제1항 본문).

대통령을 비롯한 공직자 등이 신고하여야 할 선물은 그 선물 수령 당시 증정한 국가 또는 외국인이 속한 국가의 시가로 미국화폐 100달러 이상이거나 국내 시가로 10만원 이상인 선물로 한다(공직자윤리법 제15조 제2항 및 동법 시행령 제28조 제1항). 소속 기관·단체의 장은 시장가격을 확인하기 어려운 선물의 가액을 산정하기 위하여 선물평가단을 구성·운영할 수 있으며, 선물평가단의 구성·운영 등에 필요한 사항은 인사혁신처장이 정한다(공직자윤리법 시행령 제28조 제2항 및 제3항).

신고된 선물은 신고 즉시 국가 또는 지방자치단체에 귀속된다(공직자윤리법 제16조 제1항). 신고된 선물의 관리·유지 등에 관한 사항은 대통령령 또는 조례로 정한다(공직자윤리법 제16조 제2항).

공무원이나 공직유관단체의 임직원의 선물 신고를 받은 소속기관 또는 공직유관단체의 장은 분기별로 총리령으로 정하는 바에 따라 선물신고 관리상황을 등록기관의 장에게 통보하여야 하고, 해당 선물이 상반기에 신고된 선물의 경우에는 해당 연도 7월 1일부터 7월 31일까지, 하반기에 신고된 선물의 경우에는 다음 연도 1월 1일부터 1월 31일까지 등록기관의 장에게 이관하여야 한다. 다만, 정부의 등록기관 및 부·처·청이 감독하는 공직유관단체의 장은 인사혁

수여받으면서 받은 부상인 상금이 신고 대상인 "선물"에 해당하는지 여부(「공직자윤리법」 제15조 제1항 관련)[법제처 16-0448, 2016.8.29., 인사혁신처])".

신처장에게 이관하여야 한다. 군인과 군무원의 경우에는 국방부장관에게 이관하여야 한다(공직자윤리법 시행령 제29조 제1항). 공직자가 신고한 선물을 이관(移管)받은 기관의 장은 그 선물을 관리·유지하되, 그 중 문화적·예술적 가치가 있어 영구보존할 필요가 있는 선물은 관할 영구기록물관리기관[42]의 장에게 이관하고, 다른 기관에서 관리·유지하는 것이 더욱 효율적이라고 인정되는 선물은 그 기관의 장에게 이관해야 한다(공직자윤리법 시행령 제29조 제2항). 선물을 이관받은 기관의 장은 그 중 국유재산으로 계속 관리·유지할 필요가 없다고 인정되는 선물은 외교부장관과의 협의를 거쳐 조달청장에게 이관하여 처분하게 할 수 있다(공직자윤리법 시행령 제30조 제1항). 조달청장은 선물을 처분할 때 그 선물의 수령을 신고한 사람이 그 선물의 매수를 원하는 경우에는 그 사람에게 조달청장이 전문기관에 의뢰하여 감정한 가액으로 우선하여 매도하여야 한다(공직자윤리법 시행령 제30조 제2항).

문재인 전 대통령이 2008년 남북정상회담에서 받은 풍산개 선물 반환 논란 문제를 「대통령기록물 관리에 관한 법률」이 아닌 「공직자윤리법」을 적용하여 해결할 수 있다는 견해[43]도 있다. 그러나 이는 「대통령기록물 관리에 관한 법률」과 「공직자윤리법」의 관계를 간과한 견해라고 하겠다.

공직자가 받은 선물은 공직윤리법의 적용을 받는다. 한편 「대통령기록물 관리에 관한 법률」은 대통령기록물을 규정하고 있고, 그 대통령기록물에 "대통령선물이란 대통령의 직무수행과 관련하여 국민이나 국내 단체로부터 받은 선물로서 국가적 보존가치가 있는 선물 및 「공직자윤리법」에 따른 선물을 말한다."

---

42) 영구기록물관리기관이란, 기록물의 영구보존에 필요한 시설 및 장비와 이를 운영하기 위한 전문인력을 갖추고 기록물을 영구적으로 관리하는 기관을 말한다. 영구기록물관리기관은 중앙기록물관리기관, 헌법기관기록물관리기관, 지방기록물관리기관 및 대통령기록관으로 구분한다(공공기록물 관리에 관한 법률 제3조 제5호 참조).

43) "풍산개 해법, '대통령기록물법' 아닌 '공직자윤리법' 적용하면?", 「이뉴스투데이」 2022년 11월 9일.

(대통령기록물 관리에 관한 법률 제2조 1의2 다목)고 대통령선물을 따로 규정하고 있다. 또한 "대통령기록물의 관리에 관하여는 다른 법률에 우선하여 「대통령기록물 관리에 관한 법률」을 적용한다."(동법 제4조 전단)[44]고 규정하고 있다.

대통령선물과 관련해서는 「대통령기록물 관리에 관한 법률」과 「공직자 윤리법」의 관계는 일반법과 특별법의 관계라고 하겠다. 공무원의 선물의 신고, 선물의 귀속 등을 규정하고 있는 공직자윤리법이 이에 대한 일반법이라면, 대통령의 선물을 규정하고 있는 「대통령기록물 관리에 관한 법률」은 특별법이라고 하겠다. 따라서 이미 「대통령기록물 관리에 관한 법률」에 따라 대통령의 직무수행의 일환으로서 남북정상회담(南北頂上會談) 과정에서 받은 선물인 '풍산개'는 대통령기록물에 해당하기 때문에 공직자윤리법에 따라 처리할 수는 없다.

또한 「공직자윤리법」과 동법 시행령의 공무원 선물관련 규정은 대통령기록관에 이미 이관된 대통령선물의 처리에는 적용할 수 없는 규정이라고 하겠다. 달리 말해 대통령기록관이 이미 이관(移管)받은 동·식물을 다른 기관에 이관할 수 있는 법적 근거가 될 수는 없다.

---

44) 대통령기록물 관리에 관한 법률 제4조(다른 법률과의 관계) 대통령기록물의 관리에 관하여는 다른 법률에 우선하여 이 법을 적용하되, 이 법에 규정되지 아니한 사항에 관하여는 「공공기록물 관리에 관한 법률」을 적용한다.

Ⅲ. 대통령기록물로서 살아있는 동물 선물의 관리·처분의 문제

1. 문재인 대통령 재임시 풍산개 문제

대통령 기록물은 대통령 재임 시 국정 전반에 영향을 미친 여러 정책들의 성공(success)과 실패(tragedy), 문제점(problem), 그리고 정책의 진화 과정(evolution)을 담고 있는 역사적인 자료들이다.[45] 남북정상회담에서 오고간 선물로서의 풍산개는 한두 마리의 단순한 선물이 아니라는 것이다. 한반도에서 분단국가라는 남북한의 특수성을 고려하여 본다면 그 상징성(象徵性)은 매우 크다고 하겠다.

「대통령기록물 관리에 관한 법률」상 대통령이 재임 기간 중 받은 선물은 생물·무생물, 동물·식물 등을 가리지 않고 '대통령기록물'로 분류돼 대통령 퇴임 시 대통령기록관으로 이관하는 것이 원칙이다.

「대통령기록물 관리에 관한 법률」에 따르면, 문재인 대통령이 재임중 정상회담 과정에서 받은 '송강이'와 '곰이'라 불리는 풍산개는 '대통령기록물'에 해당하므로 대통령기록관에서 관리하는 게 법리(法理)에 맞다. 이 때문에 문재인 전 대통령은 퇴임 전까지만 해도 풍산개를 대통령의 직무수행과정에서 '개인이 아닌 국가원수(國家元首) 자격으로 받았기 때문에 퇴임 후에 자택으로 데리고 갈 수 없다'는 입장이었다. 그러나 대통령기록관은 동식물을 관리·사육할 시설을 갖추고 있지 않고, 키우던 주인과 사는 것이 동물 복지 차원에서도 바람직하다는 의견이 대두되면서 문재인 전 대통령에게 풍산개를 맡기는 것으로 결론을 도출했다. 이에 따라서 문재인 전 대통령 측에서는 오종식 비서관과 정부 측에서는 심성보 대통령기록관장 사이에 「곰이와 송강이 관련 위탁협약서」가 작성되었다. 이 위탁협약서에 따르면, 2018년 남북정상회담 때 선물로 받은 풍산개

---

45) 이홍환, 「대통령의 욕조」, 삼인, 2015, 114면.

를 효율적으로 관리하기 위해 ①정부는 풍산개를 관리하는 데 필요한 경비를 예산으로 지원할 수 있으며, ②행정안전부는 위탁 대상의 사육과 관리에 필요한 물품·비용을 일반적인 위탁 기준에 따라 합의에 따라 예산의 범위 내에서 지급할 수 있다는 내용이 담겼다. 지원 대상에는 김정은 위원장으로부터 선물받은 '송강이'와 '곰이'뿐만 아니라, 풍산개 암컷인 '곰이'의 새끼인 '다운이'도 포함돼 있었다.[46]

2. 살아있는 대통령기록물의 위탁(委託)과 법령의 정비

대통령기록물로서 '살아있는 동물'이지만, 대통령기록물이 개인에게 위탁되는 경우는 전례가 없던 일인 만큼 정부는 법적 근거를 마련할 필요가 있었다. 행정안전부는 2022년 6월 대통령 선물 중 살아있는 동·식물 대통령 기록물의 경우, 개인 또는 기관에 위탁 관리하고, 관리에 필요한 물품 및 비용도 지원할 수 있도록 「대통령기록물관리에 관한 법률 시행령 개정안」을 입법예고하였다.[47]

법제처는 "이에 대한 대안으로 법제처는 관리주체인 대통령기록관이 동물인 대통령기록물의 관리에 필요한 경우, 그 사육 등 보조적 행위를 다른 개인 등이 할 수 있게 하는 방안을 제시했다"고 말했다. 그러면서 "다만, 대안으로 변경하는 경우 입법예고안의 중요한 내용이 변경되는 것이므로 재(再)입법예고가 필요하다. 이에 따라 소관부처에서는 시행령 개정 방식과 내용에 대해 추가 검토 중이었던 것으로 알고 있다"며 "법제처는 「대통령기록물관리에 관한 법률 시행령」개정을 위한 입법절차 진행에 성실히 협조할 예정"이라고 말했다.

법제처는 "대통령기록관이 기록물을 개인에게 위탁한다는 것은 그 개인이 관리의 주체가 되고, 권한과 책임이 발생하는 것"이라며 "관리 주체는 대통령기록

---

46) '김정은 선물' 누가 키워야 하나⋯ 신구 권력 감정싸움 번진 풍산개 논란, 「한국일보」 2022년 11월 18일.

47) 법제처는 「보도설명자료」에서 "행정안전부가 지난(2022년) 6월 입법예고한 시행령 개정안과 관련해 시행령에서는 동물인 대통령기록물 관리를 '위탁'하는 방식으로 규정했는데 상위법인 법률에 위탁에 대한 근거가 없어 법체계상 문제가 있었다."고 말했다.

관으로 두되 사육 등 보조 행위만 개인이 할 수 있게 하는 대안을 제시한 것"이
라고 말했다.

(1) 「대통령기록물 관리에 관한 법률 시행령」 제6조의3 제2항의 취지

「대통령기록물 관리에 관한 법률 시행령」 제6조의3 제2항의 취지는 대통령기
록물 생산기관에서 대통령선물이 동·식물인 경우, 일반 기록물들과는 달리 대
통령기록관으로 이관하지 않고 동물원이나 식물원 같은 기관에 이관할 수 있게
법적 근거를 마련한 것이다. 이는 이 조항이 동물이나 식물 등과 같은 대통령선
물이 대통령기록관으로 이관되기 전 단계를 규정한 것이다.

따라서 대통령기록관에 이미 이관된 대통령선물의 처리에는 적용할 수 없는
규정이라고 하겠다. 대통령기록관이 이미 이관(移管)받은 동·식물을 다른 기
관에 이관할 수 있는 법적 근거가 될 수는 없다.

(2) 대통령선물의 관리와 법령의 문제

「대통령기록물 관리에 관한 법률 시행령」은 대통령선물의 관리를 규정하고
있다. 대통령기록물생산기관의 장은 대통령기록물 관리에 관한 법률 제2조 제1
의2호 다목의 대통령선물을 관리하는 경우에는 대통령기록관의 장이 정하는 바
에 따라 등록정보를 생산하여 관리해야 한다. 또한 대통령기록물생산기관의 장
은 등록정보를 생산·관리하고 있는 대통령선물이 동물 또는 식물 등이어서 다
른 기관에서 더욱 효율적으로 관리할 수 있다고 인정되는 것인 경우에는 다른
기관의 장에게 이관하여 관리하게 할 수 있다(대통령기록물 관리에 관한 법률
시행령 제6조의3 제1항 및 제2항).

이 「대통령기록물 관리에 관한 법률 시행령」 규정은 모법(母法)으로부터 구체
적인 위임이 필요한데, 모법인 「대통령기록물 관리에 관한 법률」 제2조 제1의2
호 다목에는 아무런 위임이 없다.

대통령을 비롯한 공직자가 외국으로부터 받는 선물에 대해서는 이미 「공직자
윤리법」과 동법 시행령에 자세한 규정이 있다. 그런데도 2010년 「대통령기록물
관리에 관한 법률」을 개정하면서 동법에 대통령 선물 조항이 들어간 것 자체가

입법체계상 문제가 있다. 물론 당시 「대통령기록물 관리에 관한 법률」의 개정이유는 대통령기록물의 전시 등을 목적으로 개정했던 것이다.

「대통령기록물 관리에 관한 법률」은 문서와 음성 형태의 대통령 기록물을 어떻게 지정, 해제, 관리하느냐를 규정하고 있다. 그런데 대통령기념물의 전시를 제외한 특별한 이유 없이 2010년 대통령 선물 규정이 추가된 것이다.[48] 이 문제와 관련하여 문헌정보학을 전공한 전문가의 문제제기도 동일하다고 하겠다.

보존 대상 대통령기록물은 정보적·증거적·역사적 가치가 평가된 기록물을 선별 후 이관(移管)받아 관리할 책임이 있다. '정보적 가치'란 기록물 자체가 표현하거나 기술하고 있는 내용이 정보로서 일관되게 제시될 수 있어야 함을 의미한다. '증거적 가치'는 해당 기록물의 내용을 통해 업무 과정 혹은 의사결정 과정의 '증거(Evidence)'를 제시할 수 있어야 한다는 의미이다. 또한 '역사적 가치'는 후세대에 문화적 유산으로서 전승할 가치가 있어야 한다는 뜻이다. 기록관리학이나 문헌정보학 관점에서 보면, 대통령 기록물은 이러한 여러 가지 특징을 가지고 있는데, 수명이 정해져 있는 살아있는 동물을 대통령 기록물로 규정한 것 자체가 법률적으로 문제가 있다.

문재인 전 대통령 퇴임 전날인 2022년 5월 9일 행정안전부 대통령기록관과 대통령 비서실은 '위탁협약서'를 작성했다.[49] 대통령기록관은 풍산개들의 효율적인 관리를 위해 문재인 전 대통령 비서실에 사육 및 관리를 위탁했다. 작성된 '위탁협약서'의 핵심쟁점은 행정안전부 대통령기록관과 문재인 대통령 간에 작성된 '위탁협약서'가 법적 효력을 가지는지 여부이다. 다시 말해서, 「대통령기록

---

48) 장부승, "누가 곰이와 송강이를 고아로 만들었는가? 문재인 前 대통령이 파양한 풍산개 주인 찾기의 해법", 「조선일보」 2022년 11월 19일, B11면.

49) 윤석열 대통령은 당선자 시절 문재인 대통령과의 면담에서 청와대에서 기르던 풍산개들을 문재인 대통령이 퇴임 후에도 직접 키우는 게 좋겠다는 뜻을 밝혔다. 그러나 신임 대통령의 이런 양해에도 불구하고 퇴임한 문재인 전 대통령에게 풍산개를 위탁할 법적 근거가 명문화되어 있지 않아서 대통령기록관장의 재량권으로 문재인 전 대통령 측과 위탁계약을 맺었고, 나중에 「대통령기록물 관리에 관한 법률 시행령」을 개정해 법적 근거를 마련하려 했다는 게 대통령기록관의 설명이다.

물 관리에 관한 법률 시행령」 제6조의3 제2항이 규정하고 있는 '다른 기관'에 퇴임하게 되는 전직대통령이 포함되는지 여부를 검토해야 한다.

2022년 3월 29일 개정 신설된 「대통령기록물 관리에 관한 법률 시행령」을 보면, '대통령기록물생산기관의 장은 등록정보를 생산·관리하고 있는 대통령 선물이 동물 또는 식물 등이어서 다른 기관에서 더욱 효율적으로 관리할 수 있다고 인정되는 것인 경우에는 다른 기관의 장에게 이관하여 관리하게 할 수 있다.'(동법 시행령 제6조의3 제2항)고 규정하여 대통령선물인 동물 또는 식물을 '다른 기관' 및 '다른 기관의 장'에게 이관할 수 있음을 명시하고 있다. 하지만 「대통령기록물 관리에 관한 법률 시행령」이 규정하고 있는 '다른 기관' 및 '다른 기관의 장'이 어떤 기관인지 그 범위는 명확하게 규정하고 있지는 않다.

「대통령기록물 관리에 관한 법률」 제2조 제1호 나목에 따라 현직 대통령의 비서실은 '대통령의 보좌 기관'에 해당한다. 그러나 전직 대통령의 경우 비서실이 있는 것이 아니라, 「전직 대통령 예우의 관한 법률」에 따라 비서관을 둘 수 있게 규정되어 있다. 전직 대통령의 재임 중의 비서관을 '다른 기관'에 해당하다고 해석할 수는 없다. 「대통령기록물 관리에 관한 법률 시행령」(동시행령 제6조의3)이 규정하고 있는 다른 기관에 퇴임한 대통령은 해당되지 않는다고 하겠다. 또한 「전직대통령 예우에 관한 법률」의 입법목적은 전직 대통령에게 법상 권한을 부여하는 게 아니라 퇴임 대통령 개인에 대한 예우를 규정하고 있을 뿐이기 때문에 전직 대통령을 '기관'으로 볼 수도 없다(동법 제1조 참조). 「전직대통령 예우에 관한 법률」은 전직 대통령이 공무원에 취임한 경우 예우를 중단한다고 규정하고 있다(동법 제7조 제1항).[50] 이 조항의 취지를 반대해석(反對解釋)해 보면, 전직 대통령은 공무원이 아니라고 해석된다. 임기를 마치고 대통령직에서 퇴임한 전직대통령은 일상의 평범한 시민이며 한사람의 자연인 신분에 불과하다.[51]

---

50) 전직 대통령 예우에 관한 법률 제7조(권리의 정지 및 제외 등) ① 이 법의 적용 대상자가 공무원에 취임한 경우에는 그 기간 동안 제4조 및 제5조에 따른 연금의 지급을 정지한다.

「대통령기록물 관리에 관한 법률」(제2조)과 「전직대통령 예우에 관한 법률」(동법 제1조 및 제7조)을 종합적으로 해석하면, 전직 대통령은 국가나 지방자치단체의 기관(機關)이라고 볼 수는 없다. 따라서 대통령기록물 생산기관이 선물로 받은 동·식물을 대통령기록관 이외의 다른 기관에 이관해 관리할 수 있게 한 현행 「대통령기록물 관리에 관한 법률 시행령」 제6조의3 제2항 중 '다른 기관'에 전직 대통령도 포함되기 때문에 문재인 전 대통령의 풍산개 위탁관리에 대한 법적 근거가 이미 마련돼 있다고 보는 견해는 타당하지 않다.

(3) 대통령기록물 관리에 관한 법률 시행령 개정 논의

대통령기록관이 이관 받은 동·식물을 제3자에게 맡겨 관리하게 할 명문화된 법적 근거는 없는 상태이며, 이를 마련하고자 주무부처인 행정안전부가 시행령 개정을 추진해왔다고 하겠다.

윤석열 정부 출범 후 행정안전부가 2022년 6월 입법예고한 「대통령기록물 관리에 관한 법률 시행령 개정안」은 「대통령기록물 관리에 관한 법률 시행령」 제6조의3(대통령선물의 관리)의 '제3항'을 신설하는 내용이다.

「대통령기록물 관리에 관한 법률 시행령 개정안」 제6조의3 제3항(대통령선물의 관리)에는 '제2항에도 불구하고 동물 또는 식물 등인 대통령선물이 대통령기록관으로 이관된 경우에는 대통령기록관의 장이 효율적으로 관리할 수 있다고 인정되는 기관 또는 개인에게 위탁하여 관리하게 할 수 있다'고 돼 있으며, 위탁 시 예산의 범위 내에서 필요한 물품 및 비용을 지원할 수 있게 한 내용도 포함하고 있다. 이는 대통령기록물 생산기관이 재임중 대통령이 받은 선물인 동·식물을 대통령기록관에 이미 이관한 상황에서, 대통령기록관이 동·식물원을 비롯한 기관이나 개인에게 다시 이를 맡겨 관리할 수 있도록 하기 위함인 것이다.

---

51) 이철호, 「전직대통령 예우와 법」, 21세기사, 2021, 14면.

〈대통령기록물 관리에 관한 법률 시행령 신·구조문대비표〉

현 행	개 정
제6조의3(대통령선물의 관리) ① · ② (생략) 〈신설〉	**제6조의3(대통령선물의 관리)** ① · ② (현행과 같음) ③ 제2항에도 불구하고 동물 또는 식물 등인 대통령선물이 대통령기록관으로 이관된 경우에는 대통령기록관의 장이 효율적으로 관리할 수 있다고 인정되는 기관 또는 개인에게 위탁하여 관리하게 할 수 있다. 이 경우 대통령기록관의 장은 수탁받은 기관 또는 개인에게 예산의 범위 내에서 필요한 물품 및 비용을 지원할 수 있다.

행정안전부의 당초 「대통령기록물 관리에 관한 법률 시행령 개정안」은 법제처의 이의 제기로 국무회의에 상정되지 못한 것으로 알려졌다. 이에 법제처는 2022년 11월 9일 「보도설명자료」에서, "입법예고된 「대통령기록물 관리에 관한 법률 시행령」에서는 동물인 대통령기록물 관리를 "위탁"하는 방식으로 규정하였는데, 법률상 위탁에 대한 근거가 없어 법체계상 문제가 있으므로, 이에 대한 대안으로 법제처는 관리주체인 대통령기기록관이 동물인 대통령기록물의 관리에 필요한 경우 그 사육 등 보조적 행위를 다른 개인 등이 할 수 있게 하는 방안을 제시하였고, 다만 대안으로 변경하는 경우 입법예고안의 중요한 내용이 변경되는 것이므로 재(再)입법예고가 필요하다며 이에 따라 소관부처에서는 시행령 개정 방식과 내용에 대한 추가 검토 중이었던 것으로 알고 있다"[52]고 설명했다.

모법(母法)인 「대통령기록물 관리에 관한 법률」에 법적 근거가 없는 '위탁'을 동법 시행령으로 규정하는 것은 입법체계상 문제가 있다는 법제처의 이의제기는 타당하다고 하겠다.

---

52) 법제처(행정법제국) 「보도설명자료」 2022년 11월 9일.

Ⅳ. 결론

1972년 2월 리처드 닉슨(Richard Milhous Nixon) 미국 제37대 대통령은 중국 방문에서 마오쩌둥(毛澤東) 국가주석과 정상회담을 할 때, 알래스카에서 자란 사향소(musk-ox)를 선물하고 판다 두 마리를 선물로 받았다. 작은 곰같이 생긴 이 판다는 워싱턴의 한 동물원에 공개된 첫날 무려 2만 명이 몰렸고, 그해 100만 명이 관람했다고 한다. 당시 정상회담 선물인 판다 곰은 미·중 관계 개선과 데탕트(détente) 시대의 상징처럼 여겨졌다. 1974년 중국을 방문한 에드워드 히스(Edward Richard George Heath) 영국 총리도 판다를 선물로 요청했다. 중국은 장막을 걷으면서 각국에 판다를 선물하며 '판다 외교'를 펼쳤다. 판다는 외교적 동물의 상징이 되었다.[53] 우리에게는 풍산개와 진돗개가 남북정상 회담의 대표적인 선물로 상징되고 있다.

서구에서 개는 권력자의 벗이자 상징이었다. 프랑스 부르봉 왕조와 오스트리아 합스부르크 왕가(The House of Habsburg)는 개 기르는 것을 전통으로 여겼다. 영국 빅토리아 여왕도 개 수십 마리를 길렀다. 우리 역사에서 신라의 왕족들도 동경이라고 불린 경주 개를 길렀다고 전해지고 있다. 역대 미국 대통령들은 자신이 기르던 개를 데리고 백악관에 입성했다. 이른바 퍼스트 도그(first dog)라 불리는 대통령 반려견이다. 대통령 반려견인 '퍼스트 도그'는 대통령 행사에 단골로 등장했다. 루스벨트(Franklin Delano Roosevelt)대통령 이후 100년간 대통령 반려견을 두지 않은 대통령은 트럼프(Donald John Trump)가 유일하다.[54] 이처럼 대통령이 재임 중 선물로 받은 반려견(伴侶犬)은 퇴임 후 자택으로 이동하여 여생을 함께하는 것이 자연스러운 문화로 자리 잡은 구미(歐美)의 관점에서는 이유를 불문하고, 우리의 퇴임한 전직 대통령이 개인 자택으로 데려갔던 반려견을 정부에 반납한다는 것이 이해할 수 없는 희한한 일

---

53) 정상들의 선물, 「세계일보」 2007년 10월 1일.

54) "돈 없다고 키우던 개 쫓아내는 前 대통령", 「조선일보」 2022년 11월 8일, A34면.

로 비칠 법도 하다.[55]

대통령기록물 생산기관이 대통령 재임 중 선물로 받은 동·식물을 대통령기록관 이외의 다른 기관에 이관해 관리할 수 있게 한 현행 「대통령기록물 관리에 관한 법률 시행령」 제6조의3 제2항 중 '다른 기관'에 전직 대통령도 포함되기 때문에 문재인 전 대통령의 풍산개 위탁관리에 대한 법적 근거가 이미 마련돼 있다고 보는 견해는 타당하지 않다. 이는 「대통령기록물 관리에 관한 법률」과 「전직대통령 예우에 관한 법률」을 종합적으로 해석하면, 전직 대통령을 국가나 지방자치단체의 기관이라고 볼 수 없고, 전직 대통령 재임 중의 비서관을 다른 기관에 해당한다고 해석할 수도 없기 때문이다.

문재인 대통령이 북한 김정은 국무위원장으로부터 정상회담(Summit) 선물로 받은 풍산개를 청와대 안에서 키우다가 퇴임할 때 마땅한 법적 근거가 없는 상황에서 대통령기록관과 퇴임을 앞둔 대통령(비서실)이 풍산개 관리 위탁을 체결하여 전직대통령이 퇴임 후 개인자택에서 키워왔고, 「대통령기록물 관리에 관한 법률 시행령」의 개정이 수개월이 지나도록 법령 보완이 이뤄지지 않아 관리 위탁하던 국가기록물인 풍산개를 다시 정부에 반환하게 됐다는 것이 그 동안 전개양상이다.

이는 정치(精緻)하지 않은 입법적 공백에서 빚어진 논란이다. 이 문제가 국민들 눈에는 신구권력간 권력 다툼으로 비춰지고 있다. 여야(與野)가 하루라도 빨리 「대통령기록물 관리에 관한 법률」을 개정하여 위탁의 법적 근거를 마련하면 해결될 일이다. 그리고 관련부처는 '동물 또는 식물 등 살아있는 대통령선물이 대통령기록관으로 이관된 경우에는 대통령기록관의 장이 효율적으로 관리할 수 있다고 인정되는 기관 또는 개인에게 위탁하여 관리하게 할 수 있다'는 내용으로 시행령을 고치면 된다. 「대통령기록물 관리에 관한 법률」과 동법 시행령을 개정하여 해결하는 방법이 가장 합리적이라고 하겠다.

---

55) 장부승, 앞의 글, B11면.

제8장

대통령 배우자의 법적 지위

Ⅰ. 서론

미국이나 유럽에서 대통령의 배우자가 여성인 경우 First Lady이라는 호칭을 사용하며, 대통령의 배우자가 남성인 경우 First Gentleman이라는 호칭을 사용한다.[1] 나라에 따라서는 영부인(令夫人)이라는 호칭을 사용하기도 한다. 내각제 국가인 일본에서는 총리 부인을 '영부인'으로 통칭(通稱)하고 있다. 대통령제 국가인 미국 연방법(United States Code)은 대통령 부인을 '배우자'(spouse)로 표기하고 있다.[2][3]

---

1) 퍼스트레이디(the First Lady)는 선출직 대통령의 부인을 이르는 말로 미국에서 유래된 표현이다. 그 유래는 미국 제4대 대통령 제임스 매디슨(James Madison)의 부인 돌리 매디슨(Dolley Madison)이 퍼스트레이디로 불린 시작이라고 전해진다. 1849년 돌리 매디슨의 국장(國葬) 때 장례식 조사(弔辭)를 작성한 재커리 테일러(Zachary Taylor) 당시 미국 12대 대통령이 그렇게 지칭하면서 처음으로 사용됐다고 한다(http://www.womentimes.co.kr/news/articleView.html?idxno=54896(검색일 2023.9.13). 또한 러더퍼드 헤이스(Rutherford Birchard Hayes) 미국 제19대 대통령 취임 때 한 기자가 그의 부인(Lucy Ware Webb Hayes)을 '퍼스트레이디'라고 처음 부른데서 대중화되었다고 한다.

2) 대통령제 국가인 미국에서 대부분은 대통령의 아내가 퍼스트레이디(First Lady)가 되지만, 대통령이 미혼으로 아내가 없거나 사망한 경우 대통령의 딸을 비롯한 조카, 누이, 며느리 등이 퍼스트레이디 역할을 담당한 경우가 있다. 미국 대통령으로 아내 없이 백악관 생활을 한 대통령으로는 토마스 제퍼슨(아내의 사망), 앤드류 잭슨(아내의 사망), 마틴 밴 뷰런(아내의 사망), 윌리엄 헨리 해리슨(아내가 워싱턴으로 오지 않음), 제임스 뷰캐넌(미혼), 체스터 아서(아내의 사망) 등을 들 수 있다(김형곤, 미국대통령의 초상, 도서출판 선인, 2003, 283면). 예를 들면, 미국 체스터 A. 아서 대통령의 배우자 앨런 아서(Ellen Arthur)가 사망하자, 대통령의 여동생 메리 아서 매킬로이(Mary Arthur McElroy)가 퍼스트레이디의 역할을 맡았고, W. H. 해리슨 대통령은 며느리(제인 해리슨)가, 마틴 밴 뷰런 대통령도 며느리(앤젤리카 밴 뷰런)가 백악관 여주인인 퍼스트레이디 역할을 맡았다. 토마스 제퍼슨 대통령은 딸(마사 랜돌프), 앤드류 잭슨 대통령의 경우는 조카 딸(에밀리 도넬슨)과 양녀(사라 잭슨)가 퍼스트레이디 역할을 담당했다. 제임스 뷰캐넌 대통령은 미혼이었는 바, 조카딸(해리엇 레인)이 퍼스트레이디 역할을 수행했다. 프랭클린 D. 루스벨트 대통령의 배우자 엘리너 루스벨트(Anna Eleanor Roosevelt)가 별거, 사실상 결혼생활이 끝나게 되자, 딸 애나 보엣타이저 루스벨트가 퍼스트레이디 역할을 맡았다(김형곤, 앞의 책, 295-296면 참조). 우리나라에서는 1974년 8월 15일 박정희 대통령의 부인인 육영수

우리 일상 언어생활에서 원래 영부인(令夫人)은 '남의 아내를 높여 이르는 말'로 보통명사(普通名辭)였다. 그런데 우리의 권위주의 정치문화로 인해 '영부인' 같은 보통명사가 특정인을 뜻하는 준(準)고유명사로 바뀌고, 아무나 쓰지 못하게 왜곡되는 결과를 가져왔다. 다시 말해서, '남의 아내를 높여 이르는 말'에서 '대통령 부인을 가리키는 말'로 한정돼 쓰이는 것이다. 우리말에 퍼스트레이디(First Lady)에 해당하는 단어가 없다는 점도 생각해볼 만하다. '대통령 부인' '대통령 배우자'로 충분하지만, 사람들은 자칫 그 말을 오해해 마치 대통령(大統領) 부인(夫人), 즉 영부인'(領夫人)'[4]이란 뜻으로 잘못 받아들이는 경향마저 있었다.[5][6]

대통령 배우자는 선거에 의해 선출되지 않고, 헌법이나 법률에 아무런 행동 규약이 제시되어 있지 않으며, 탄핵(impeachment)이나 파면조항의 대상자에 해당하지도 않는다. 그들은 다만 대통령과 결혼한 사실에 의해 First Lady 또는 First Gentleman이라는 지위를 얻는 존재이다.[7] 대통령 배우자의 활동기간은 대통령의 임기와 동일하다. 헌법을 비롯한 법률에 명확히 명시된 권한이

여사가 광복절 행사장에서 총상으로 사망하자, 대통령의 딸인 박근혜가 퍼스트레이디 역할을 대행했다.

3) 대통령제 국가에서 부통령(副統領)의 아내를 세컨드 레이디(Second Lady)라고 한다.

4) 영부인의 한자가 거느릴 령(領)과 부인(夫人)이 합해진 영부인('領夫人')인 것으로 잘못 알고 있는 경우도 있다. 하지만 '領夫人'(영부인)이란 이런 단어는 국립국어원 표준국어대사전에 존재하지 않는다.

5) 홍성호, '영부인'은 의미변화 중일까?, 「한국경제신문」(https://www.hankyung.com/article/검색일 2023.9.13). 대통령 배우자의 존칭 변화에 대한 자세한 내용은 이정복, "대통령 전용말 '영부인'과 '여사'의 쓰임 분석", 「한말연구」 제52호(2019.6), 205-234면 참조.

6) 우리 헌법재판소는 박근혜 대통령 탄핵심판 결정문에서 '영부인'이라는 용어를 사용하고 있다. "피청구인은 전 대통령 박정희와 영부인(밑줄은 필자 강조) 육영수의 장녀로 태어나 1974. 8. 15. 육영수가 사망한 뒤 1979. 10. 26. 박정희가 사망할 때까지 영부인 역할을 대신하였다. 피청구인은 육영수가 사망한 무렵…"(2017. 3. 10, 2016헌나1, 헌법재판소판례집 제29권 1집, 22면).

7) 함성득, 「영부인론」, 나남, 2001, 60면.

나 요구되는 임무는 없으나 통상적으로 대통령의 해외순방에 동행하며, 국내외 귀빈 방문시 접견 역할 등을 하는 것으로 알려져 있다. 대통령 배우자의 개인적 관심에 의해서 의료문제를 비롯한 교육·복지·문화 등의 분야에서 다양한 대외 활동을 수행하기도 한다.

대통령 배우자는 선거과정에서 대통령과 함께 나란히 투표용지에 씌어 있지 않다. 그리고 헌법을 비롯한 관련 법률에 규정된 법적 권한이나 부여된 역할이나 임무도 없고, 급여도 없다. 공식적으로 선출된 선거직 공무원에게 부여되는 책임으로부터도 벗어나 있다.[8)][9)] 국가수반의 부인으로서 의전과 예우, 경호만 존재한다. 대통령 배우자는 대통령에 대한 제1의 조언자로서 정책형성과 결정에 중요한 역할을 수행하며, 훌륭한 외교관의 역할을 수행하기도 한다. 미국에서 대통령의 배우자들은 미국의 오랜 역사 속에서 대통령의 국정운영 전반에 직·간접적으로 영향력을 행사했다.

오늘날 미국대통령의 배우자인 퍼스트레이디(First Lady)들이 백악관 내에서 힘과 영향력을 가지고 부통령, 고위직의 참모들을 능가하는 것은 기대가 아니라 하나의 규범이 되어 가고 있다.[10)]

대통령 배우자가 선거에 의해 선출되거나 임명되는 직책이 아니라 배우자의 대통령 당선여부에 따라 주어지는 자리이지만, 대통령의 정책결정을 비롯한 국정운영에 비공식적으로 영향력을 미치고 있음을 부인하기 어렵다. 즉, 대통령

---

8) 함성득, 앞의 책, 47면.

9) 프랑스 대통령인 에마뉘엘 마크롱(Emmanuel Jean-Michel Frederic Macron)은 2017년 대통령 선거 기간에 부인 브리지트 트로뇨(Brigitte Marie Claude Trogneux)에게 공식적으로 퍼스트레이디 자리를 주겠다는 대선 공약(公約)을 실행하려다 역풍을 맞았었다. 마크롱 대통령은 미국식 퍼스트레이디 지위를 공식화하려다 온라인 청원사이트의 반대 여론이 60%에 육박하는 등 거센 반발에 부딪혀 철회했다. 공식 지위를 부여하면 퍼스트레이디의 대외 활동에 추가 재정이 들어가는데 예산으로 대통령 부인을 지원해야 한다는 근거도 없고, 선출직도 아닌데 국고에서 별도 예산을 배정해야 할 이유가 없다는 여론이 강했기 때문이다. 프랑스 퍼스트 레이디에 대한 내용은 강경희, "프랑스 퍼스트레이디", 「이코노미조선」 vol. 198(2017.5.3), 63-63면 참조.

10) 함성득, 앞의 책, 106면.

의 배우자는 대통령과 가장 가까운 곳에서 가장 중요한 비공식적 '최측근 참모'임은 누구도 부인할 수 없다.

대통령의 국정수행과정에서 직·간접적으로, 공식·비공식적으로 절대적 영향력을 미치는 대통령 배우자에 대한 법적 지위는 어떠한지, 법치국가에서 법적 근거 없이 이루어지는 역할이나 임무는 없는지 또 책임의 한계나 활동 지원 등의 법적 근거 마련을 모색해야 할 시점이다.

Ⅱ. 대통령 배우자의 법적 지위와 법제

1. 미국 대통령 배우자의 법적 지위와 법제

(1) 미국 연방친족채용금지법과 대통령 가족 임명 문제

미국에서 초대 대통령인 워싱턴부터 39대 대통령 지미 카터까지 링컨, 가필드, 시어도어 루스벨트, 하딩, 쿨리지, 후버, 케네디, 린든 존슨을 제외한 모든 대통령들이 자신의 친자식이나 양자, 양녀, 조카와 조카의 자녀, 동생, 며느리, 사위, 사촌, 혹은 퍼스트레이디의 동생, 조카 등에게 백악관의 일자리를 주었다. 대통령 친인척의 백악관 일자리는 개인비서 내지 개인 보좌관이 가장 많았다. 또한 대통령의 친인척들이 대통령 주치의나 선거참모, 퍼스트레이디의 비서 등에 기용되어 활동했다.[11]

미국 연방친족채용금지법(federal anti-nepotism statute)은 존 F. 케네디 대통령이 자신의 친 동생인 로버트 케네디(Robert F. Kennedy)를 법무장관에 임명하면서 문제가 되자 1967년 이 같은 사태를 막기 위해 제정되었다고 알려져 있다. 그러나 당시 법안 발의에 참여했던 닐 스미스 전 민주당 하원의원은 이를 부인하면서 "지방정부의 소규모 조직이나 의회에서 부인과 자녀들을 일도 안 시키고, 급여명부에 올리는 것에 대한 견제가 목적이었다."고 설명한 바 있다.[12] [13]

---

11) 김형곤, 앞의 책, 297면.

연방친족채용금지법(federal anti-nepotism statute)은 "공직자(public official)는 자신이 관장하는 기관(Agency)에 친척(a relative)을 지명, 고용, 승진 시키지 않는다."(5 U.S. Code §3110)[14] 규정하고 있다. 공직자에는 대통

12) "대통령실은 원래 엽관제? 딸·사위도 대놓고 공직 맡은 백악관은 어땠나", 「한국일보」 2022년 7월 21일.

13) 과거 우리나라에서도 국회의원들 중에는 친딸 인턴비서, 친동생 5급 비서관 채용, 사촌 언니의 아들을 5급 비서관으로 1년, 자신의 동서를 4년간 인턴으로 채용, 자신의 처조카를 5급 비서관으로 채용했고, 자신의 동서를 4급 보좌관으로 기용해 '가족 채용'이라는 사회적 공분과 지탄을 받기도 했다. 이는 국민 정서에 반하고 도덕적으로도 공정하지 못한 행위로 국회의원 특권을 악용한 것이다. 또한 국회의원 중에는 후원자의 자녀를 인턴으로 등록만 해놓고 실제로는 근무하지 않는 이른바 '유령 보좌관' 채용사례도 있었다. 국회의원이 후원자의 자녀를 인턴으로 등록해주면 후원자의 자녀는 이력서 경력란에 한 줄을 추가할 수 있고, 그 대가로 국회의원은 후원금을 받는 상부상조(相扶相助) 구조였다(국회의원 보좌진 채용 백태…가족채용부터 유령비서까지, 「매일경제」 2016년 6월 30일자 참조). 이후 국회는 「국회의원윤리실천규범」(일부개정 2017.3.2 국회규칙 제200호)을 "국회의원은「국회의원수당 등에 관한 법률」제9조의2 제1항 제3호(국회의원의 배우자 또는 4촌 이내의 혈족·인척으로서 그 국회의원의 보좌직원으로 임용되고자 하는 사람)에 해당하는 사람을 보좌직원으로 임용요청 하여서는 아니 된다"(동 규범 제15조 제1항)고 개정하여, 이른바 가족채용의 불공성을 법적으로 차단했다.

14) 미국 연방 친족채용금지법(federal anti-nepotism statute) 제3110조의 원문은 다음과 같다. 5 us code § 3110 Employment of relatives; restrictions: (a)For the purpose of this section— (1)"agency" means— (A)an Executive agency; (B)an office, agency, or other establishment in the legislative branch; (C)an office, agency, or other establishment in the judicial branch; and (D)the government of the District of Columbia;

(2)"public official" means an officer (including the President and a Member of Congress), a member of the uniformed service, an employee and any other individual, in whom is vested the authority by law, rule, or regulation, or to whom the authority has been delegated, to appoint, employ, promote, or advance individuals, or to recommend individuals for appointment, employment, promotion, or advancement in connection with employment in an agency; and (3)"relative" means, with respect to a public official, an individual who is related to the public official as father, mother, son, daughter, brother, sister, uncle, aunt, first cousin, nephew, niece, husband, wife, father-in-law,

령이 포함되며, '친척'에는 부모, 양부모, 시부모, 배우자, 형제 · 자매, 자녀, 양자, 사위 · 며느리, 삼촌, 숙모, 동서, 이모, 고모 등도 그 대상이 된다.

빌 클린턴 전 대통령이 집권 초기인 1993년 1월 백악관 직속으로 '국가 의료개혁특별기구'(Taskforce on National Health Care Reform)를 6명의 내각 구성원, 고위 백악관 관리로 구성하고, 위원장은 자신의 배우자인 힐러리 클린턴을 임명했다. 대통령의 배우자인 힐러리 클린턴에게 미국 의료보험제도 개선을 위한 백악관의 특별개혁위원회 위원장을 맡겼을 당시에도 연방친족채용금지법(federal anti-nepotism statute) 저촉 여부가 논란이 됐다. 선출되지 않은 권력인 대통령의 배우자가 과도하게 국정에 개입한다는 비판이 나왔다. 대통령

---

mother-in-law, son-in-law, daughter-in-law, brother-in-law, sister-in-law, stepfather, stepmother, stepson, stepdaughter, stepbrother, stepsister, half brother, or half sister.

(b)A public official may not appoint, employ, promote, advance, or advocate for appointment, employment, promotion, or advancement, in or to a civilian position in the agency in which he is serving or over which he exercises jurisdiction or control any individual who is a relative of the public official. An individual may not be appointed, employed, promoted, or advanced in or to a civilian position in an agency if such appointment, employment, promotion, or advancement has been advocated by a public official, serving in or exercising jurisdiction or control over the agency, who is a relative of the individual.

(c)An individual appointed, employed, promoted, or advanced in violation of this section is not entitled to pay, and money may not be paid from the Treasury as pay to an individual so appointed, employed, promoted, or advanced.

(d)The Office of Personnel Management may prescribe regulations authorizing the temporary employment, in the event of emergencies resulting from natural disasters or similar unforeseen events or circumstances, of individuals whose employment would otherwise be prohibited by this section.

(e)This section shall not be construed to prohibit the appointment of an individual who is a preference eligible in any case in which the passing over of that individual on a certificate of eligibles furnished under section 3317(a) of this title will result in the selection for appointment of an individual who is not a preference eligible.

배우자인 힐러리의 의료보험제도 개혁 위원회에서 위원장 활동은 법정 소송으로 이어졌다.

연방자문위원회법(Federal Advisory Committee Act, FACA)은 "상근 연방 공무원 또는 직원이 아닌 사람이 최소 한 명 이상 포함된 자문기관은 공개회의를 개최하고, 공개 검사를 위해 기록을 공개해야 한다."(FACA 제8조, 제10조)[15] 규정하고 있다.

미국 의사협회 등은 연방자문위원회법에 따라 '국가 의료개혁특별기구' (Taskforce on National Health Care Reform) 회의를 일반에 공개해야 한다며 소송을 제기했다. 연방자문위원회법(FACA)은 연방정부의 상근 공무원이나 직원들로 구성된 위원회의 경우에만 회의를 비공개할 수 있도록 규정하고 있다(동법 제3조 (2)(iii)).[16] 대통령 배우자인 힐러리는 공무원이 아니기 때문에

---

15) U.S.C.A. Title 5. Government Organization and Employees Appendix 2. Federal Advisory Committee Act : § 8. Responsibilities of agency heads; Advisory Committee Management Officer, designa-tion (a) Each agency head shall establish uniform administrative guidelines and management controls for advisory committees established by that agency, which shall be consistent with directives of the Administrator under section 7 and section 10. Each agency shall maintain systematic information on the nature, functions, and operations of each advisory committee within its jurisdiction. ⋯⋯§ 10. Advisory committee procedures; meetings; notice, publication in Federal Register; regulations; minutes; certification; annual report; Federal officer or employee, attendance (a) (1) Each advisory committee meeting shall be open to the public. (2) Except when the President determines otherwise for reasons of national security, timely notice of each such meeting shall be published in the Federal Register, and the Administrator shall prescribe regulations to provide for other types of public notice to insure that all interested persons are notified of such meeting prior thereto. ⋯⋯.

16) U.S.C.A. Title 5. Government Organization and Employees Appendix 2. Federal Advisory Committee Act : § 3. Definitions For the purpose of this Act--(2) The term "advisory committee" means any committee, board, commission, council, conference, panel, task force, or other similar group, or any subcommittee or

연방자문위원회법상 예외조항의 적용 대상이 아니라고 원고인 미국 의사협회는 주장했다. 지방법원(district court)은 대통령의 배우자가 연방 정부의 상근 공무원이나 직원이 아니며 될 수도 없다며, Title 5에 있는 "임원" 및 "직원"의 정의가 FACA에 적용되며 대통령의 배우자는 이러한 정의 중 어느 것도 충족하지 않는다고 판결했다. 그러나 연방항소법원(the court of Appeals for the D.C. Circuit)은 연방자문위원회법에서 "정부의 정규직 공무원 또는 직원"이라는 문구에 대통령의 배우자가 포함될 수 있다고 판단하여 지방법원의 결정을 뒤집었다. 연방항소법원은 대통령의 배우자인 퍼스트레이디가 정규직 연방 직원(full-time federal employee)이므로 예외조항 적용대상이라고 판결[17]했다.[18] 즉, 퍼스트레이디는 공공서비스(public services)에 대한 오랜 전통이 있기 때문에 퍼스트레이디가 되는 시점에서 사실상 정규직 연방공무원 신분에 해당한다는 판결이었다.

연방친족채용금지법(federal anti-nepotism statute)에도 불구하고, 1993년 연방항소법원은 퍼스트레이디로서 힐러리는 실질적 면에서 정부의 정규직 연방공무원(full-time federal employee)이라 판결했다.[19][20] 당시 힐러리는

---

other subgroup thereof(hereafter in this paragraph referred to as "committee"), which is-(A) established by statute or reorganization plan, or(B) established or utilized by the President, or(C) established or utilized by one or more agencies, in the interest of obtaining advice or recommendations for the President or one or more agencies or officers of the Federal Government, except that such term excludes (i) any committee that is composed wholly of full-time, or permanent part-time, officers or employees of the Federal Government, and……

[17] Association of Am. Physicians & Surgeons, Inc. v. Clinton, 997 F.2d 898 (D.C. Cir. 1993), rev'g 813 F. Supp. 82 (D.D.C. 1993).

[18] Jay S. Bybee, "Advising the President: Separation of Powers and the Federal Advisory Committee Act", Yale Law Journal 104(1994-1995), p.54.

[19] 함성득, 앞의 책, 112면.

[20] 미국 빌 클린턴 행정부에서 대통령 부인 힐러리 로댐 클린턴이 '국가 의료개혁특별기구'(Taskforce on National Health Care Reform) 위원장을 맡았을 때 대통령 배우자의

미국의 의료보험제도 개선을 위한 특별위원회 위원장으로 5개 부처 장관과 5백 명이 넘는 상근공무원을 거느리는 당시 미국인들의 당면 과제인 의료보험제도 개선작업의 책임을 맡고 있는 공인(公人)이었다.[21][22] 대통령의 배우자인 힐러리는 백악관 특별위원장으로 임명된 후엔 의료보험을 확대하기 위한 연방정부 보건복지제도 개혁안 마련을 주도했다. 모든 미국인에게 의료보험을 제공하는 내용으로 구성된 힐러리의 의료보험 개혁안은 보험회사들과 공화당 등 보수파의 강한 반발에 부딪혔고, 지나치게 포괄적이고 방대한 내용으로 인해 민주당 내에서도 지지를 받지 못했다.[23] 힐러리가 주도한 의료보험 개혁은 끝내 의회의 승인을 받지 못했을 뿐만 아니라 1994년 중간선거에서 민주당이 상·하원 모두 공화당에 패배하는 원인이 됐다.[24]

정체성을 두고 법적 소송이 벌어졌다. 미국 역사상 처음으로 대통령 부인의 역할을 정의하려는 사법적 시도가 이뤄진 것이다. 미국 의사협회 등이 제기한 소송에서 법원은 대통령 부인을 사실상 연방정부의 공무원으로 볼 수 있다고 판결했다. 힐러리 클린턴은 변호사이자 정치인으로 경력을 착실히 쌓아온 전문가였음에도 이 판결은 억지라는 비판이 쏟아졌다. '대통령 배우자'는 가족일 뿐, 그 지위의 법적 근거가 없었기 때문이다(https://www.hani.co.kr/arti/politics/politics_general/1047426.html 검색일 2023.9.13).

21) 문창극, 「미국은 살아있다」, 고려원, 1994, 44면.

22) 미국 의료보험 개혁을 위한 힐러리의 활동에 대한 자세한 내용은 힐러리 로댐 클린턴(김석희 옮김), 「살아있는 역사」, 웅진지식하우스, 2007, 204-218면 참조.

23) 클린턴 행정부의 의료보험 개혁에 반대하는 의료계·보험회사들과 보수 진영이 가장 먼저 내세운 건, '국민은 대통령을 뽑았지, 퍼스트레이디를 뽑은 건 아니다'라는 논리였다. 의료회사들은 힐러리가 의료보험개혁특별위원회 위원장에 선임된 게 불법이라고 고소했다. 퍼스트레이디는 국가공무원이 아니므로 공직을 맡아선 안 된다는 주장이었다(박찬수, 「청와대 VS 백악관」, 개마고원, 2009, 146면).

24) 클린턴 정부의 의료보험제도 개혁의 실패 원인을 의료보험개혁안을 다루는 힐러리의 오만함에서 찾기도 한다. 힐러리는 의료보험개혁안을 검토하는 과정을 언론에 숨기고, 비밀회의를 여는 등의 문제 때문에 비난을 받았다. 그러나 이 의료보험개혁안 실패의 근본적인 원인은 미국 보험업계의 전면적 저항이었다. 클린턴은 의료보험개혁제도와 같은 거대한 정책과 맞닥뜨리자 보험업계를 어떻게 다뤄야 할지 전혀 알지 못했다. 그래서 점점 개혁안의 내용을 숨기기 시작했고, 결국에 처음 원했던 것과는 전혀 다르게 진행되고 말았다(Robert A. Wildon, 「대통령과 권력」, 나남출판, 2002, 172면).

2018년 미국 트럼프 대통령이 법적으로 자신의 딸인 이방카와 사위 재러드 쿠슈너에게 각각 공적 지위로 백악관 보좌관역과 백악관 선임고문역을 공식으로 부여한 것처럼, 미국 연방법은 대통령 가족의 공적 역할 부여의 법적 근거를 규정하고 있다.[25]

(2) 미국 대통령 배우자의 법적 지위와 퍼스트레이디 제도의 특징

(가) 미국 대통령 배우자의 법적 지위

미국은 대통령제의 모국(母國)이다. 미국 대통령제는 13개의 영국 식민지가 본국으로부터 독립한 후 미국헌법의 아버지라고 불리는 55인이 필라델피아 헌법제정회의(Philadelphia Convention)에서 만들어낸 독창적인 제도이다. 미국헌법의 아버지들은 식민지시대의 교훈, 몽테스키외(Montesquieu)의 권력분립이론, 영국 보통법의 기본원리 및 명예혁명의 자유주의정신 등을 바탕으로 독창적 정부형태인 대통령제를 창안해냈다.[26]

미국은 대통령제의 역사가 긴만큼 연방법에 대통령 배우자에 대한 법적 근거를 명시적으로 규정하고 있다. 미국 연방법(United States Code) 제3편 제105조에는 "대통령의 의무와 책임을 수행하는 데 대통령의 배우자가 대통령을 지원하는 경우 대통령에게 부여되는 지원 및 서비스가 대통령의 배우자에게도 부여된다. 대통령에게 배우자가 없을 경우에는 이러한 지원 및 서비스는 대통령이 지정하는 가족에게 제공되어 진다"[27]고 규정하고 있다. 이는

---

25) 채진원, "미국식 퍼스트 레이디 제도 법제화를", 「아시아경제」 2022년 8월 25일, 26면.

26) 남궁승태·이철호, 「헌법강의」, 21세기사, 2019, 453면.

27) 3 U.S. Code §105— Assistance and services for the President: (e)Assistance and services authorized pursuant to this section to the President are authorized to be provided to the spouse of the President in connection with assistance provided by such spouse to the President in the discharge of the President's duties and responsibilities. If the President does not have a spouse, such assistance and services may be provided for such purposes to a member of the President's family whom the President designates.

대통령에게 허락된 인력 등의 지원이 대통령 배우자에게도 필요하다면 동일하게 지원이 가능하다는 의미로 해석된다. 이처럼 미국은 대통령 배우자(spouse)에 대한 지원 범위가 포괄적이다. '지원과 서비스'라고 명확하게 규정하여 대통령 배우자에게도 포괄적이고 탄력적인 지원을 가능하게 하고 있다.

앞에서 보았듯이 대통령의 배우자는 법적으로 연방공무원 신분에 해당한다는 판례[28]도 존재한다. 또한 1978년 미국은 「Executive Accountability Act」를 통하여 대통령 배우자인 카터 여사가 대통령을 더욱 더 잘 보필(輔弼)할 수 있도록 퍼스트레이디만을 위한 '특별예산'을 마련하기도 하였다.[29]

따라서 미국 대통령의 배우자인 레이디퍼스트는 미국 연방법(United States Code) 제3편 제105조에 근거한 '임기제 연방공무원' 신분이라고 하겠다.

(나) 미국 퍼스트레이디 제도의 특징

미국의 퍼스트레이디 제도는 다른 나라에서 볼 수 없는 독특한 면이 있다. 미국연방헌법에도 미국 정부(政府)직제에도 존재하지 않는 역할이지만, 선거에 의해 선출된 대통령을 대신하기도 한다.

미국 대통령의 배우자는 선거에 의해 선출되지도, 법에 근거한 공식적인 절차에 의해 임명되지도 않지만, 대내외적으로 공식 업무를 수행한다. 첫째, 대통령 배우자의 모든 공적 활동은 제도권 안에서 다뤄진다는 것이다. 백악관 이스트 윙(East Wing)[30]에 있는 '퍼스트레이디실(室)'에 비서실장·대변인·홍보국장·정책 담당직원·행사비서관 등을 두고 업무를 관장한다. 행

---

28) Association of Am. Physicians & Surgeons, Inc. v. Clinton, 997 F.2d 898 (D.C. Cir. 1993), rev'g 813 F. Supp. 82 (D.D.C. 1993).

29) 함성득, 앞의 책, 108면.

30) 힐러리 클린턴은 대통령의 배우자로서는 미국 역사상 처음으로 대통령 집무실이 있는 '웨스트 윙(West Wing)'에 자신의 사무실을 마련했다. 미국에서 가장 활발히 활동한 대통령의 배우자는 힐러리 클린턴이었다. 힐러리의 존재감으로 클린턴 행정부 당시 미국에서 '공동 대통령(co-president)'이라는 말이 유행하기도 했다(대통령 부인, '국모 이미지'로부터 해방시킵시다. 「주간경향」 제1467호(2022.3.7)). 또한 힐러리는 매일 아침 백악관 비서실장이 주재하는 공식 비서실 회의에 꼬박꼬박 자신의 비서실장을 참석시켰다.

사담당과 홍보담당은 각종 연설을 비롯해, SNS 등 소셜미디어를 관리하고 각종 미디어 인터뷰, 홈페이지 제공 정보하나까지 관리하고 있다. 둘째, 퍼스트레이디는 백악관 홈페이지에도 행정부 공식 구성원으로 올라 있다. 셋째, 퍼스트레이디 공식 일정은 사전에 공개되며, 동행자 명단도 배포한다. 이를 바탕으로 백악관 풀(pool)기자단이 대통령 배우자인 퍼스트레이디의 하나하나의 동작이나 움직임(one's every action, every movement, everything one does)을 빠짐없이 취재하며, 행사 시작부터 종료까지 실시간으로 '풀 리포트'가 전송된다. 퍼스트레이디의 연설은 백악관 유튜브 채널을 통해 생중계한다. 한마디로, 현직 대통령과 똑같이 관리하고, 그 내용을 일반국민에게 모두 공개하고 있다.[31] 한편 미국은 이처럼 퍼스트레이디인 대통령 배우자의 공식적인 활동을 통해 대통령의 배우자의 혹시나 있지 모를 권력남용에 대해 투명하게 견제를 하고 있다.

2. 우리나라 '대통령 배우자'의 법적 지위와 역대 청와대의 제2부속실

(1) '대통령 배우자'의 법적 지위

우리 법제에서 '대통령 배우자'의 지위나 역할 등을 규정한 법률은 존재하지 않는다. '대통령 배우자'라는 표현이 등장하는 법률도 「대통령 등의 경호에 관한 법률」이 유일하다. 대통령 등의 경호에 관한 법률은 경호 대상으로 '대통령과 그 가족', '대통령 당선인과 그 가족', '퇴임 후 10년 이내의 전직 대통령과 그 배우자'로 규정하고 있다(대통령 등의 경호에 관한 법률 제4조 참조).[32]

---

31) "글로벌 아이: 백악관 퍼스트레이디 제도에서 배울 점", 「중앙일보」 2022년 6월 21일, 28면; "반복되는 '김건희 여사'논란에 다 이유가 있다"(https://raythep.mk.co.kr/newsView.php?cc=21000003&no=26502)(검색일 2023.9.13).

32) 「대통령 등의 경호에 관한 법률」은 경호처의 경호 대상으로, ① 대통령과 그 가족, ②대통령 당선인과 그 가족, ③본인의 의사에 반하지 아니하는 경우에 한정하여 퇴임 후 10년 이내의 전직 대통령과 그 배우자, ④대통령권한대행과 그 배우자를 규정하고 있다(대통령 등의 경호에 관한 법률 제4조 제1항). 「대통령 등의 경호에 관한 법률」 제4조 제1항 제1호 및

우리나라에서 대통령 배우자는 헌법이나 법률에 명시된 권한이나 임무·역할도 없고, 외교에 참여할 권리도 없는 대통령 경호처의 단순 경호 대상에 불과하다. 그러나 현실적으로 대통령의 해외 순방에 동행하며 국가 공식 행사에 참석하고, 대통령을 대신하여 외교 사절로 활동하며, 국가기관이나 지방자치단체 등과 함께 각종 사업을 진행하거나 행사를 주최하기도 한다. 또한 관행적으로 대통령 배우자의 관심사에 따라 여성·아동·장애인 등을 위한 대외 사업을 진행하며 대통령 직무를 직·간접적으로 돕고 있다.

한편, 대통령직(大統領職) 수행과정에서 대통령 배우자가 대통령에게 직·간접적으로 미치는 영향력은 수치로 계량할 수 없는 절대적인 지위에 있음에도 「대통령기록물 관리에 관한 법률」이나 「공공기록물 관리에 관한 법률」 어디에도 대통령 배우자의 활동에 대한 기록과 그 보존을 명시한 규정 또한 존재하지 않는다.[33]

미국에서 발전된 공인(公人, Public figure)이론은 우리나라에서도 헌법재판소 결정(헌법재판소 1999. 6. 24. 선고 97헌마265 결정) 및 대법원 판결(대법원 2002. 1. 22. 선고 2000다37524, 37531 판결)이 나온 이후 공인 및 공적사안에 대하여 위법성의 심사기준을 완화하여 언론의 자유를 폭넓게 보장하는 역할을 하고 있다.

공적 인물(Public figure)은 정치인, 고위 공무원, 대기업 회장, 운동선수, 배우 등과 같이 그 지위, 재능, 인기 등에 의해 자발적으로 유명인사가 된 경우

제2호에 따른 가족은 대통령 및 대통령당선인의 배우자와 직계존비속으로 한다(동법 시행령 제2조).

[33] "한국 대통령 부인에 대한 공적 논의나 활동 자료는 부족하다. 그나마 공적 사료로 남은 것이 〈노무현 대통령 부인 권양숙 여사 활동자료집〉(대통령 비서실 제2부속실 간행)인데, 후임자와 학계 연구 자료용으로 단 50권만 찍었다. 이 책에서 권양숙 여사는 대통령 부인의 역할을 "국가가 수립하는 일들이 원활하고 효율적으로 수행될 수 있도록 돕는 일"이라고 밝혔다. 대통령 배우자의 역할을 '그림자 내조' 정도의 기준으로 삼았던 셈이다 (https://www.hani.co.kr/arti/politics/politics_general/1047426.html 검색일 2023. 9.13).

와 범죄인과 그 가족, 그 피해자 등과 같이 비자발적으로 유명해진 인물을 말한다.[34] 공적 인물은 국가나 사회에서 공적으로 관계되는 일에 종사하거나 활동을 하는 공인(公人)이므로 사생활이 일반인에 비해서 제한될 수밖에 없고, 자신의 프라이버시 공개를 어느 정도 감수할 수밖에 없다.[35] 일단 공인이 되면 사생활의 일정 부분을 포기했다고 간주하기 때문이다.

대통령의 배우자는 우리 현행 법제에서 「대통령 등의 경호에 관한 법률」을 제외하고는 명확하게 규정하고 있지 않으므로, 공적 인물(Public figure)이론으로 접근 해석하는 것이 타당하다고 하겠다. 대통령 배우자는 「대통령 등의 경호에 관한 법률」에 의하여 대통령 경호처의 경호와 의전 등 공적 지원을 받는 아주 '특별한'(special) 공적 인물(Public figure)에 해당한다.

우리 헌법을 비롯하여 법제에 대통령 배우자의 역할이나 의무를 명확하게 규정한 법적 근거 규정이 없다. 따라서 대통령 배우자의 법적 지위는 특별한 (special) 공적 인물(Public figure)의 자연인(自然人)에 불과하다고 하겠다.

(2) 청와대 제2부속실

과거 청와대 부속실은 제1부속실과 제2부속실로 구분되었다. 제1부속실은 대통령의 일정을 보좌했으며, 제2부속실은 대통령 배우자인 퍼스트레이디의 보좌기구였다. 청와대 제2부속실은 박정희 전 대통령이 재임하던 1972년 7월 공식적으로 신설됐다.

청와대 제2부속실은 영부인의 공식 · 비공식 일정과 행사, 활동 수행, 관저 생활까지 보좌하는 역할이었다. 또한 주요 업무의 한 가지는 대통령이 미처 챙기기 어려운 민원에 대한 처리였다. 이처럼 청와대 제2부속실 비서관이 대통령의 배우자를 전담 지원했다.

---

34) 계희열, 「헌법학(중)」, 박영사, 2000, 352면.
35) 공적 인물의 경우에도 공적 이익과 관련이 없는 순수한 사생활은 존재하기 때문에 이것은 사생활의 비밀과 자유로 보호되어야 한다(계희열, 앞의 책, 352면; 이승우, 헌법학, 두남, 2009, 610면).

여성이면서 미혼이었던 박근혜 전 대통령도 소외 계층을 위한 민원 창구로 활용하겠다며 청와대 제2부속실을 그대로 운영했다. 박근혜 대통령 재임시 국정농단 사태 과정에서 민간인 최서원(개명 전 최순실)의 활동을 제2부속실이 지원한 정황이 드러나면서 논란이 되었다.[36) '정윤회 문건'사태 직후인 2015년 1월 제2부속실이 해체됐지만, 문재인 정부 출범 이후 다시 청와대 제2부속실이 복원됐다. 통상 외국정상간 다자회의(多者會議) 기간에는 대통령 배우자 프로그램이 이뤄지는데 대통령배우자를 보좌하는 조직이 없다면 이런 행사를 준비하는 것이 사실상 불가능하다는 이유에서였다.

대통령 제1·2부속실의 예산은 비서실 특수활동비에서 배정된다. 다만, 대통령 배우자가 참석하는 공식행사는 경비 일부를 해당 부처가 함께 부담하고, 선물 준비 등 경계가 모호한 경우에는 개인 비용으로 충당하는 경우도 많았다고 한다.[37)

현행 대통령비서실 직제(대통령령 제33393호, 2023.4.11)는 "대통령비서실에 두는 하부조직과 그 분장사무는 대통령비서실장이 정한다."(동 직제 제9조) 규정하고 있다. 현 대통령비서실에서 대통령 배우자를 전담하는 조직은 공식적으로 존재하지 않는다.

대통령실 부속 비서관실이 대통령 배우자를 보좌하는 지금의 기형적 시스템은 문제가 있다. 대통령실에 제2부속실을 설치하여 대통령 배우자로서 국민여론이 허용하는 공식적인 활동과 투명한 예산 집행이 되도록 해야 한다.

---

36) 박근혜 전 대통령 재임 당시 청와대 제2부속실은 비선 실세 의혹의 핵심 조직이었다. '문고리 3인방' 중 한명인 안봉근이 실장을 맡았고, 최서원(최순실)의 개인 비서처럼 활동한 것으로 밝혀진 이영선, 윤전추 행정관이 소속되어 근무했다.

37) "[유레카] 아내의 역할과 제2부속실", 「한겨레신문」 2022년 6월 21일, 26면.

Ⅲ. 대통령 배우자 법제의 쟁점과 개선방안

1. 대통령 배우자의 공적 활동의 법적 근거 마련

배우자가 대통령인 이상 퍼스트레이디(First Lady)이건 퍼스트 젠틀맨(First Gentleman)이건 대통령 배우자는 사실상 외교사절 역할을 수행하기 때문에 배우자의 외국 순방 경비 등도 국고(國庫)로 지원한다. 또한 관행적으로 교육·복지·외교·문화 등 여러 분야에 걸친 공적 활동을 피할 수 없다. 퍼스트레이디나 퍼스트 젠틀맨은 공인(公人)=공적 인물이므로 개인적 자유 등은 일정 부분 제약을 받는다.

우리의 대통령 배우자는 흔히 퍼스트레이디 또는 영부인, 여사라 불리고 있지만, 법적으로 공식 직책은 아니다. 그래서 국가원수의 배우자로서 의전과 예우는 받지만, 법적으로 권한도 책임도 없다. 지난 문재인 정부(政府)까지 대통령의 배우자를 지원해왔던 청와대 제2부속실도 '대통령령'(大統領令)인 「대통령비서실 직제」에 근거하여 운영되었다.

대통령제를 채택하고 있는 미국의 퍼스트레이디(First Lady)는 앞에서 기술한 바와 같이 대통령 배우자의 내조 역할을 넘어 공공외교관의 역할까지 수행하고 있다. 그 핵심에는 대통령 가족의 공직 부여와 관련한 명확한 법적 근거인 '미국 연방법'(USC 제3편 제105조)이 있다. 2018년 미국 트럼프 대통령이 법적으로 자신의 딸인 이방카(Ivana Marie Trump)와 사위 재러드 쿠슈너(Jared Kushner)에게 각각 공적 지위로 백악관 보좌관역과 백악관 선임고문역을 공식으로 부여한 것처럼, 미국 연방법은 대통령 가족의 공적 역할을 지원한다는 점에서 우리와 대조적이다.

대통령 배우자의 국내·외적 활동이 중요시 되고, 그 공적 활동 범위가 확장되고 있다. 대통령 배우자의 공적 활동 범위를 규정하거나 예산 지원 근거에 대한 명시적인 법적 근거가 없다. 대통령 배우자는 국민으로부터 직접 선출되지 않았음에도 관행적으로 공식 지위에서 공적 활동을 하고 있다. 대통령 배우자는 「대통령 등의 경호에 관한 법률」에 의하여 대통령 경호처의 경호와 예우

등 공적 지원을 받는 공적 인물(Public figure)이다.

국정 운영의 투명성과 국민의 신뢰를 얻기 위해서라도 대통령 배우자의 공식 활동을 관리하고 지원할 법적 근거를 마련할 필요성이 있다. 과거 우리 정치사에서 대통령 배우자들의 행보가 이를 증명하고 있다.[38] 따라서 대통령 배우자의 법적 지위를 법률에 명확히 규정할 필요가 있다. 즉 대통령 배우자인 퍼스트레이디는 대통령과 함께 해외순방에 동행하며 여성·장애인 등 소외계층을 위한 다양한 대외 활동을 하면서 대통령의 국정수행 업무를 돕고 있는 바, 그러한 역할과 임무·예산 지원 등을 명확히 규정하는 것이 법치주의 원칙에 부합한다.

2. 대통령 배우자의 활동에 대한 조직과 예산 지원의 법제화

(1) 대통령 배우자의 활동과 지원 조직의 필요성

배우자인 남편이 대통령이 되면, 그 배우자는 국내적으로나 외교적으로나 그에 걸맞은 역할과 행동을 요구받게 된다. 정상회담(summit)이 열리는 각국 외교에는 정상들의 역할이 있고, 대통령과 동행하는 배우자인 퍼스트레이디의 역할과 몫이 있다.

대통령 가까이에 있으면서 그의 최종 의사결정에 영향을 미치는 '지근거리 정책결정자'(PPM: proximate policy maker)들 가운데서도 퍼스트레이디(First Lady)는 첫 번째로 손꼽힌다. 공식·비공식적으로 국정운영과 관련한 최고급 정보의 상당 부분을 공유하기 마련이다. 따라서 엄격한 검증 절차를 거친 투철한 공직 윤리를 지닌 보좌진이 퍼스트레이디 활동의 보안과 투명성을 확보하는 전담기구는 선택이 아닌 필수이다.

---

[38] 역대 한국의 대통령 배우자들은 독자적으로 활동을 펼친 경우가 많다. 그러나 법적 근거 없는 대통령 배우자의 공적 활동이 부적절하다는 지적도 존재하고 있다. 전두환 전 대통령 부인 이순자는 재임 중 '새세대심장재단'을 만들어 활동했으나 퇴임 후 공금횡령 등 혐의로 검찰 조사를 받았고, 이명박 전 대통령 부인 김윤옥은 한식 세계화 사업을 추진하는 과정에서 정부 부처를 동원하여 비판받았다. 문재인 전 대통령 부인 김정숙도 2018년 대통령 전용기를 이용해 인도를 방문해 논란이 되기도 했다.

박근혜 전 대통령 재임 당시 '최순실 게이트'[39]에서 가장 본질적 문제는 아무런 법적 권한이나 책임이 없는 민간인 최순실(개명 후 최서원)이 청와대를 수시로 드나들며 막강한 지근거리 정책결정자로 활동했다는 점이다. 김건희 여사가 권양숙 여사를 방문할 때 공식 수행팀에 사적 지인을 포함해 비선 개입 논란이 일었다. 이후 윤석열 대통령 부부가 스페인에서 열린 북대서양조약기구(NATO) 정상회의에 참석할 때 대통령실 인사비서관의 배우자가 동행한 사실이 알려져, 대통령과 그 보좌진의 공직윤리관(公職倫理觀)을 의심하게 했다. 대통령실과 공적 관련이 없는 민간인이 대통령 전용기에 탑승하고 외국에서 대통령 부부와 일정을 함께한 것은 부적절한 행위였다.[40]

대통령 배우자는 특별한 공적 인물이지만, 법적으로 공직자는 아니다. 대통령 배우자에게는 공식적으로 급여나 활동비 등이 지급되지 않는다.[41] 대통령 배우자가 공무(公務)로 출장을 갈 경우 대통령 배우자를 보좌하는 비서진에게는 출장비 등의 수당이 지급되지만, 대통령 배우자에게 공식적인 비용이 지급되지 않는다. 대통령 배우자가 행사에서 사용된 경비만 영수증 처리를 해주는 것으로 알려져 있다.[42] [43]

---

39) 최순실 게이트에 대한 자세한 내용은 한겨레 특별취재반 지음, 「최순실 게이트-기자들, 대통령을 끌어내리다」, 돌베개, 2017 참조.

40) 안영섭, "왜냐면-대통령실에 퍼스트레이디 보좌 공조직을", 「한겨레신문」 2022년 7월 18일, 25면.

41) 한국의 대통령 배우자에겐 월급이나 활동비 품위유지비 등이 일절 지원되지 않는다. 대통령 배우자는 대통령을 대신해서 각종 행사에 참석하고, 사회복지시설이나 학교를 방문해 금일봉(金一封)이라는 대통령 하사금을 전달한다. 대통령실이 용산(龍山)으로 이전하기 전, 이러한 돈은 청와대 총무비서관실에서 지원했다. 대통령의 배우자인 영부인의 대외활동이나 모임은 모두 대통령을 대신해 하는 것으로 간주하여 대통령 판공비에서 지원한 것이다(박찬수, 「청와대 VS 백악관」, 개마고원, 2009, 149면).

42) 조은희, 대통령 배우자의 바람직한 역할과 자질, 한국행정학회 동계학술발표논문집, 2006, 14면.

43) 한국납세자연맹은 2019년 3월 문재인 전 대통령 부부의 의상, 구두, 액세서리 비용 등 특

국민의 대표기관인 국회의 국정감사 등을 불편하게 생각하여 공식적인 조직이 아닌 다른 조직을 통해서 대통령 배우자를 지원하는 것은 민주적인 국정 운영 원리에 어긋나는 것이다.[44] 대통령실(大統領室)에 대통령의 배우자를 전담하는 조직을 공식적으로 법제화하고 예산을 뒷받침해 줄 때, 국정이 더 투명해지고 과거 대통령 배우자들의 활동이 마치 부정적 이미지로 국민들 눈에 비쳐진 것을 극복할 수 있다.

⑵ 대통령 배우자의 「팻 프로젝트(Pet Project)」 예산 지원의 법제화

대통령 배우자에 대한 정치적 · 법적 지위가 확고하게 자리 잡고 있는 미국에서 퍼스트레이디가 주도하는 사업을 「팻 프로젝트(Pet Project)」라고 한다. 이 '팻 프로젝트'는 대통령의 국정수행 과정에서 필요에 의한 사업이라기보다는 대통령 배우자의 개인적 관심에 의해서 수행되는 사업이라고 할 수 있다.

미국은 대통령 배우자인 퍼스트레이디에게 사업 예산과 직원을 배정하도록 연방법으로 정하고 있다(USC 제3편 제105조). 이는 대통령의 배우자로서 이행해야 할 공적 역할과 책임에 대한 사회적 합의가 바탕이 됐다고 하겠다.

로널드 레이건(Ronald Wilson Reagan)전 미국 대통령의 부인 낸시 레이건(Nancy Davis Reagan)[45]은 미국 역사상 가장 유명한 마약 퇴치 캠페인으로

수활동비 지급 일자 · 금액 · 사유 · 수령자 · 방법 등을 공개해달라며 대통령 비서실장을 상대로 정보공개청구소송을 제기했다. 서울행정법원 행정5부(정상규 부장판사)는 2022년 2월 10일 청와대 특별활동비와 김정숙 여사의 의전 비용을 공개하라는 원고 일부 승소로 판결했다. 문재인 정부는 판결에 불복해 항소했다.

44) 현 윤석열 대통령은 대통령선거 과정에서 청와대 제2부속실을 폐지하겠다고 공약했고, 이는 제왕적 대통령제 종식을 위해 대통령 비서실을 작고 내실 있게 운영하겠다는 것이지만, 대통령선거 과정에서 배우자에 대한 부정적 여론을 의식한 면도 작용했음을 부인할 수 없다.

45) "백악관 시절 퍼스트레이디 낸시(Nancy Davis Reagan)는 '막후 실력자' 혹은 '퀸 낸시'로 통했다. 각료 부인들과의 모임을 주도하며 정부의 원활한 정책 추진을 위해 각자의 네트워크를 최대한 가동하라고 독려하기도 했다. 레이건 대통령이 최대 정치적 위기였던 '이란-콘트라 스캔들'(Iran-Contra Affair)을 겪을 때는 해결사로 나서기도 했다. '이란-콘트라 스캔들'은 미국이 비밀리에 이란에 무기를 지원하는 대가로 얻은 수익으로 니카라과 좌파

꼽히는 '아니라고만 말하라'(Just say no)운동에 앞장섰고, 백악관에서 나온 후에는 남편이 앓았던 알츠하이머에 대한 연구 지원에 헌신했다. 빌 클린턴(Bill Clinton)전 대통령의 재임 기간(1992~2000년) 그의 배우자인 힐러리 클린턴(Hillary Rodham Clinton)은 미국의 경제와 일자리 정책 등에 실제 관여하며 당시 부통령보다도 더 활발한 활동을 전개했다.

조지 W. 부시(George Walker Bush) 전 대통령의 부인 로라 부시(Laura Bush)는 조기 교육 및 청소년 문맹 퇴치를 위해 어린 나이부터 독서를 장려하는 '레디 투 리드, 레디 투 런'(Ready to Read, Ready to Learn)운동을 이끌었다. 버락 오바마(Barack Obama) 전 대통령 부인 미셸 오바마(Michelle LaVaughn Robinson Obama)는 교육, 빈곤, 여성·흑인 문제에 관심을 가졌고, 특히 전 세계 빈곤층 소녀들에게 교육의 기회를 제공하는 '렛 걸스 런'(Let Girls Learn)운동을 비롯하여 아동 비만과 학교 급식 개선 운동인 '레츠 무브'(Let's Move)캠페인을 대대적으로 전개한 바 있다.[46] 미국 36대 대통령의 부인인 버드 존슨(Bird Johnson)은 환경보호와 도시 재정비 운동에 헌신했고, 39대 대통령의 배우자 로잘린 카터(Rosalynn Carter)는 만성질환 퇴치, 캄보디아 난민 돕기 등 국제적인 구호 활동을 전개했다.[47]

우리나라에서도 대통령 배우자들이 미국의 퍼스트레이디들이 주도하는 '팻 프로젝트(Pet Project)'와 같은 사업들을 추진했다. 박정희 전 대통령의 부인인 육영수는 '육영재단'과 '양지회' 등을 꾸려 봉사활동을 하며 박정희 전 대통령의 부족한 부분을 채웠다는 평가를 받는다. 전두환 전 대통령의 배우자인 이순자

정권을 전복하려는 콘트라 반군을 지원한 사건이다. 낸시 여사는 사건이 폭로된 책임을 물어 백악관 비서실장이던 도널드 리건(Ronald Reagan)의 해임을 주도했고, 남편 레이건 대통령에게 '대 국민 사과'를 하도록 했다. 또 레이건 대통령에게 백악관 매파들의 반대에도 불구하고 냉전 중이던 옛 소련과 화해할 것을 촉구하기도 했다."(낸시 레이건 심장마비로 사망…향년 94세, 「중앙일보」 2016년 3월 7일 참조).

46) "퍼스트레이디의 영향력", 「세계일보」 2022년 6월 20일, A27면; "조용히 봉사, 적극 대외 활동…역대 영부인, 대통령에 막강 영향력", 「문화일보」 2022년 1월 24일, 17면.

47) 김우룡, "콩글리시 인문학: 성공한 대통령의 절반은 영부인 몫, 국정의 한 축 담당해야", 「중앙SUNDAY」 2022년 7월 2일, T16면.

는 '새세대 심장재단'을 설립하는 등 가장 활발하게 활동한 영부인으로 평가받는다. 김대중 전 대통령의 부인인 이희호는 대한민국 1세대 여성운동가로 꼽히며 김대중 전 대통령과 동지적 관계를 형성했다. 1998년 대통령 배우자가 되고 나서는 정부 부처의 하나인 여성부(女性部)의 신설에도 일조했다. 이명박 전 대통령의 부인인 김윤옥은 한식 세계화 등을 추진했다. 대한민국의 대통령 배우자들도 여러 분야에서 다양한 활동을 통하여 대통령의 부족한 부분을 메우며 민심을 아우르는 역할을 수행했다.

대통령 임기동안 대통령 배우자가 소외계층 등을 위한 대외 공적 활동을 하는 한, 대통령의 배우자로서 이행해야 할 공적 역할과 책임에 대한 사회적 합의를 바탕으로 법률에 근거한 공식적인 예산 편성과 지원을 통하여 투명한 활동을 하도록 해야 한다. 대통령이나 각 부처의 '특수 활동비'라는 불투명하고 모호한 예산집행으로 국민의 불신을 만들 필요는 없다.

3. 대통령 후보 배우자의 검증

대통령선거에서 출마한 후보들이 하나같이 유권자의 마음에 들지 않을 때는 그들의 아내를 잘 살펴보고, 그 중 가장 괜찮은 아내의 남편(후보자)에게 투표하라는 얘기가 있다.

매스컴의 발달과 여성의 지위 향상, 자유경선, 오픈 프라이머리(open primary) 등 선거운동방향이 바뀌면서 대통령 후보뿐만 아니라 대통령 후보자의 배우자도 '대통령 만들기' 즉 대통령 권력 형성·창출에 기여하는 동반자라는 인식이 확산되면서 대통령 후보의 배우자에 대한 검증도 중요해졌다.[48]

조지 W. 부시 연구소(George W. Bush Institute)의 '퍼스트레이디 이니셔티브'(First Ladies Initiative)와 '국제 여성 연구 센터'(International Center for Research on Women, ICRW)가 세계의 전·현직 퍼스트레이디 11명과의 인터뷰 등을 통해 펴낸 글로벌 퍼스트레이디(global First Ladies)의 영향력과

---

48) 조은희, 앞의 논문, 14면.

리더십 연구 보고서의 제목은 '규정집이 없는 역할'이라 해석되는 「A Role Without a Rulebook」이다. 대통령의 배우자인 퍼스트레이디의 역할은 다양한 가능성으로 가득 차 있지만, 수많은 제약과 모순 속에서 복잡한 리더십을 요구받는다고 분석하고 있다. 선출되지 않은 퍼스트레이디의 역할이 수시로 한계에 부딪히고, 정당성을 유지하기가 어렵다는 것이다. 하지만 퍼스트레이디의 역할은 점점 확대되고 있고, 또 확대될 필요성이 있다고 주장한다. 이 「A Role Without a Rulebook」 보고서는 퍼스트레이디의 역할을 확대하기 위해 시민사회 등과의 소통과 협력, 여성 리더(leader)로서 여성의 가치 증진 노력을 주문하고 있다.[49]

미국의 대통령 선거과정에서 대통령 당선에 후보의 배우자가 미치는 영향력이 매우 크다. 우리나라에서도 대통령 배우자, 즉 퍼스트레이디의 영향력이 점점 커지고 있다.[50]

대통령의 배우자는 대통령에 대한 제1의 조언자이며 지근거리 정책결정자(proximate policy maker)로서 비공식적으로 대통령의 정책형성과 최종 의사결정에 중요한 역할을 수행하며, 대통령직(職) 수행과정에서 직·간접적으로 절대적인 영향력을 미치고 있음을 부인하기 어렵다. 따라서 대통령 후보의 배우자에 대한 검증도 공개적이면서 체계적으로 해나가는 시스템을 만드는 것이 필요하다. 대통령의 입장에서 보면 대통령직 수행은 매 순간 선택과 결정을 해야 하는 고독한 싸움이라고 할 수 있다. 이 과정에서 대통령 배우자는 충성심(loyalty)을 의심할 필요가 없는 확실하고 절대적인 정신적(精神的) 동지라 할 수 있다. 또한 대통령 배우자는 공식·비공식적으로 국정운영과 관련한 최고급 중요 정보를 상당 부분 공유할 수밖에 없는 위치에 있다. 따라서 대통령에 대한 배우자의 영향력은 점점 막강해지고 대통령에게 절대적인 영향력을 미친다고 하겠다. 이런 점에서 대통령 배우자의 역할과 자질 검증은 아무리 강조해도 지

---

49) "퍼스트레이디의 영향력", 「세계일보」, 2022년 6월 20일, A27면.

50) Kati Marton, 「숨은 권력자, 레이디퍼스트」, 이마고, 2002, 548면.

나치지 않는다.[51)

대통령 후보자의 부인들도 선거결과에 따라 장차 퍼스트레이디라는 특별한 역할을 수행하기 위한 '전략적 비전'을 개발해야 한다.[52)] 대통령 후보의 배우자 검증과정에서 미국 대통령 배우자들의 '펫 프로젝트(Pet Project)'와 같이 향후 어떤 분야에서 어떤 활동을 할 것인지 등에 대한 프로그램을 준비하여 유권자들로부터 검증받을 필요가 있다.

Ⅳ. 결론

미국인이 가장 사랑하는 퍼스트레이디로 꼽히는 인물은 미국 역사상 유일하게 4선에 성공한 프랭클린 루스벨트(Franklin Delano Roosevelt) 제34대 대통령의 부인인 안나 엘리너 루스벨트(Anna Eleanor Roosevelt)이다. 그녀는 인권운동가이자 사회운동가로서 큰 발자취를 남겨 미국 역사상 최고의 영부인으로 평가받고 있다. 촉망받는 정치인이었던 남편 프랭클린 루스벨트가 1921년 소아마비 진단을 받아 인생 최대 위기를 맞았을 때, 그는 대통령 선거 유세장뿐 아니라 국제 외교 무대와 2차 세계대전 현장을 누비며 그의 지팡이이자 눈과 귀가 되어준 정치적 동반자였다. 남편을 대신해 시위하는 참전용사들의 천막에 들어가고, 2차 세계대전 중에는 배를 타고 남태평양 등지를 돌며 미군 장병 위문 활동을 펼쳤다. 또한 대공황(大恐慌, Great Depression)에 여성 기자들이 새로운 기삿거리를 찾지 못하면 곧바로 실직한다는 말을 듣고, 여성 기자들에게 기삿거리를 주기 위한 방편으로 정기적으로 여성 기자만을 위한 기자회견을 열었다.[53)]

---

51) 조은희, 앞의 논문, 16면.
52) "퍼스트레이디의 영향력", 「세계일보」 2022년 6월 20일, A27면.
53) 엘리너 루스벨트, 「영원한 퍼스트레이디 엘리너 루스벨트 자서전」, 히스토리아, 2023 참조; 美서 가장 사랑받는 퍼스트레이디, 「세계일보」 2023년 3월 4일, A12면.

대통령제의 모국인 미국사회에서 퍼스트레이디들을 "숨은 권력자들(Hidden Power)"이라고 불렀다. 그 자리가 비록 공식적인 권력이 주어지는 공직(公職)은 아니지만, 대통령인 남편에게 직·간접적으로 영향을 미칠 수 있는 막강한 자리인 것만은 분명하다. 대통령 주위에는 항상 눈에 보이지 않는 두터운 인(人)의 장막이 드리워지기 때문에, 대통령은 믿고 의지할 수 있는 사람이라곤 자기 아내밖에 없는 외로운 처지가 되기 십상이다. 그래서 대통령의 배우자인 퍼스트레이디 자리는 더욱 중요한 영향력을 지니게 된다.[54]

한편 배우자가 한 나라의 대통령인 이상 퍼스트레이디는 관행적으로 외교·복지·문화·교육 등 여러 분야에 걸친 공적 활동을 피할 수 없다. 대통령의 배우자는 대통령 임기동안 대통령만큼이나 사회에 많은 영향을 미친다. 우리 사회 곳곳에는 대통령을 비롯한 국정(國政)의 손길이 미치지 못하는 곳이나 분야가 많다. 저출산·초고령사회의 노인빈곤이나 노인자살 등의 사회문제, 기후 변화와 환경 문제, 여성지위 향상과 아동 인권, 다문화 가정과 가정폭력, 소수자의 인권 등 대통령 배우자로서 관심을 쏟아야 할 일은 헤아릴 수 없이 많다.[55] 대통령 배우자는 대통령이 국정업무 수행 중 세세(細細)하게 챙기지 못하는 장애인, 아동, 다문화 가정 등 사회적으로 어려운 소외계층을 위한 대외활동을 하면서 조용하게 대통령의 국정수행을 돕고 이를 통하여 민심을 아울러야 한다.

대통령 배우자는 공적 인물의 자연인이다. 하지만 최고 선출권력인 대통령과 함께 국내외 주요 행사에 참석하고, 때로는 대통령을 대신하여 대외 활동에 나서며 사실상 공직자 같은 역할도 수행한다. 법적으로 그 지위는 모호하면서 대통령의 권력을 대리 행사할 수 있어, 대통령실의 제2부속실과 같은 조직에 의한 공식적인 지원과 관리가 필요하다는 의견이 끊이지 않는다.[56]

---

[54] Kati Marton, 앞의 책, 547면.

[55] 대통령 배우자가 정치적으로 해석될 수 있는 발언이나 행보는 가급적 삼가고 자제하는 것이 선출되지 않은 대통령 배우자로서 올바른 처신이라 하겠다. 대통령이 국정수행과정에서 세세하게 챙길 수 없는 어렵고 소외된 사람들을 살펴주는 등 순수한 대통령 배우자로서 민심을 아우르는 역할에 그쳐야 한다고 본다.

대한민국은 법치국가이다. 오늘날의 법치주의(法治主義)는 국민의 권리·의무에 관한 사항을 법률로써 정해야 한다는 형식적 법치주의에 그치는 것이 아니라 그 법률의 목적과 내용 또한 기본권 보장의 헌법이념(憲法理念)에 부합되어야 한다는 실질적 적법절차(適法節次)를 요구하는 법치주의를 의미한다.[57] 대통령의 배우자가 사실상의 공적 역할을 수행하고 있음에도 법의 통제 밖에 두는 것은 민주공화국의 원리와 법치주의에 부합하지 않는다.

남편이 대통령이 되면 그 배우자는 관행적으로 정치적으로나 외교적으로나 그에 걸맞은 역할과 행동을 요구받게 된다. 대통령의 배우자가 나라를 책임지고 국정을 이끌어 나가는 대통령의 최측근이자 비공식적인 제1참모라고 할 때, 대통령의 배우자로서 이행해야 할 공적 역할과 책임에 대한 사회적 합의를 바탕으로 법적으로 그에 상응하는 역할과 임무가 부여되어야 한다고 본다. 따라서 대통령비서실법과 같은 법률에 퍼스트레이디의 역할과 임무, 예산 지원 등을 규정하여 명문화할 필요가 있다.

56) "사설: 김건희 여사 잇단 정치적 발언 부적절하다", 「한겨레신문」 2023년 4월 14일, 23면.
57) 1994. 6. 30. 93헌바9 헌법재판소 전원재판부, 헌법재판소판례집 제6권 1집, 631면.

제9장

대통령과 무궁화대훈장

헌법 제80조는 "대통령은 법률이 정하는 바에 의하여 훈장 기타의 영전을 수여한다."고 규정하고 있고, 이에 따라 상훈법 및 같은 법 시행령은 훈장, 포장의 종류와 서훈의 기준, 절차 등에 관하여 규정하고 있다.

영전을 수여한다는 것은 신분제사회에서 귀족작위의 부여 등과 달리 특권이나 신분을 창설하기 위한 것이 아니며 국민평등원칙에 의하여 어떠한 특권부여도 인정되지 않는다. 영전은 이를 받은 자에게만 효력이 있다(헌법 제11조 제3항). 다만 부상(副賞)은 같이 줄 수 있다(상훈법 제32조).[1]

I. 대통령의 영전수여권

헌법이 대통령에게 영전수여권(榮典授與權)을 부여한 것은 행정부수반으로서의 권한인 동시에 국가원수로서의 권한이라 하겠다.[2] 대통령이 외국인에 대하여 훈장이나 기타 영전을 수여하는 경우에는 국가원수의 지위에서 대한민국을 대표하여 행하는 것이다.[3]

영전의 수여는 기본적으로 대통령의 재량에 달려 있는 사항이며, 헌법은 국민에게 영전을 수여할 것을 요구할 권리를 부여하고 있지 않다. 따라서 대통령에게 특정인에 대한 영전수여를 하여야 할 헌법상 작위의무가 있는 것은 아니다.[4] 따라서 당사자가 서훈추천 신청을 했다고 해서 자동적으로 서훈추천이 이루어지는 것은 아니다.

---

1) 법제처, 『헌법주석서(Ⅲ)』, 582면.
2) 대통령의 영전수여권(榮典授與權) 권한에 대하여, 대통령이 국가원수의 지위를 갖기 때문이라 보는 견해(김철수 외, 『주석헌법』, 법원사, 1992, 433면; 문광삼, 한국헌법학, 삼영사, 2010, 982면)와 대통령은 국가원수 내지 국정의 최고책임자인 동시에 행정부의 수반으로서 갖는 권한(남궁승태 · 이철호, 『헌법강의』, 21세기사, 2019, 547면; 허영, 『한국헌법론』, 박영사, 2013, 1001면; 이승우, 헌법학, 두남, 2009, 1039면)으로 보는 견해가 있다.
3) 정종섭, 『헌법학원론』, 박영사(2006), 1006면.
4) 헌재 2005.6.30. 2004헌마859

Ⅱ. 헌법상 영전수여의 원칙

대통령은 영전을 수여함에 있어 '영전일대의 원칙'[5]과 영전에 따른 '특권불인정 원칙'(헌법 제11조 제3항)을 지켜야 한다.

헌법상 국민평등의 원칙에 의거 영전수여를 통해 사회적 특수계급의 제도를 설정하거나, 영전을 받은 자에게 어떠한 특권을 부여하는 법률을 제정할 수 없고, 또한 영전수여의 효과를 이를 받지 않은 자에게까지 확대하는 것도 헌법위반이 된다.[6] 다만 국가는 국가사회발전에 공헌한 사람 및 이 과정에서 희생한 사람의 생활안정을 위하여 노력하여야 하며, 특히 이들에 대한 고용보호는 헌법에 명시적으로 보장되어 있다. 이러한 헌법적 요청은 국가유공자 등 예우에 관한 법률, 그리고 독립유공자 예우에 관한 법률 등에 의하여 실현되고 있다.[7]

Ⅲ. 서훈 수여 절차

서훈은 대한민국 국민이나 우방국민으로서 대한민국에 뚜렷한 공적을 세운 자에게 수여하는 바(상훈법 제2조), 각 중앙행정기관의 장 등 서훈 추천권자가 각 부처 공적심사위원회의 심사를 거쳐 행정안전부에 서훈을 추천하면(상훈법 제5조), 국무회의의 심의를 거쳐(헌법 제89조 제8호) 대통령이 서훈대상자를 결정하게 된다(상훈법 제7조).

대통령이 훈장과 영전을 수여하는 데는 국무총리와 관계국무위원의 부서(副署)가 있어야 한다(헌법 제82조). 또한 서훈을 취소하고, 훈장 또는 포장 등을 환수하거나 외국 훈장 또는 포장의 패용을 금지하려는 경우에는 국무회의 심

---

5) '영전일대의 원칙'이라는 표현과 관련하여, "영전은 서훈을 받은 당사자에게 한정되는 것이므로 영전 '일대'라는 표현도 정확한 것은 아니다."(송기춘, 헌법 제80조, 법제처, 『헌법주석서(Ⅲ)』, 581면 각주2) 참조)라는 의견도 있다.

6) 김철수 외, 『주석헌법』, 법원사(1992), 437면.

7) 전광석, 『한국헌법론』, 법문사(2004), 474면.

의를 거쳐야 한다(상훈법 제8조 제2항). 서훈된 자에게 서훈취소사유가 발생한 때에는 행정안전부장관은 그 서훈의 취소에 관한 의안을 국무회의에 제출하여야 한다. 이 경우 당해 서훈을 추천한 중앙행정기관의 장 등도 행정안전부장관에게 그 서훈의 취소에 관한 의안을 국무회의에 제출할 것을 요청할 수 있다.[8]

IV. 대통령과 무궁화대훈장

상훈법은 우리나라 최고 훈장으로 '무궁화대훈장'을 규정하고 있다(동법 제10조). 무궁화대훈장은 대통령에게 수여하며, 대통령의 배우자, 우방원수 및 그 배우자 또는 우리나라의 발전과 안전보장에 이바지한 공적이 뚜렷한 전직(前職) 우방원수 및 그 배우자에게도 수여할 수 있다(상훈법 제10조).

서훈은 서훈대상자의 공적(功績)내용, 그 공적이 국가사회에 미친 효과의 정도 및 지위 기타 사항을 참작하여 결정하며(상훈법 제3조), 대한민국에 대한 공로에 따라 수여하는 것이 원칙이다. 그런데 공적에 상관없이 대통령만을 대상으로 수여하고 대통령이 아닌 국민은 공적에 무관하게 무궁화대훈장 대상이 될 수 없도록 하는 것은 상훈법의 기본원칙에 어긋난다고 할 수 있다. 대통령만이 대상이 되는 훈장을 최고훈장으로 하는 것은 대통령 역시 공무원의 하나로서 국민전체에 봉사하는 것(헌법 제7조 제1항)[9]이라고 하는 점을 고려하면 정당화의 근거가 마땅치 않다고 생각한다.[10] 또한 대통령 당선자에게 무궁화대훈장 수여를 결정하고, 취임 후 바로 무궁화대훈장을 수여하는 것은 상훈법 규정에도 반한다. 대통령이 퇴임 직전 자신에 대한 서훈을 결정하는 것은 공적의 심사가 객관적으로 이뤄지기 힘들다는 점에서 서훈대상에서 배제된다고 해석하여야 할 것이다.[11]

---

8) 법제처, 『헌법주석서(Ⅲ)』, 583면.
9) 헌법 제7조 ①공무원은 국민전체에 대한 봉사자이며, 국민에 대하여 책임을 진다.
10) 송기춘, 헌법 제80조, 법제처, 『헌법주석서(Ⅲ)』, 584면.

대통령의 배우자라는 이유만으로 무궁화대훈장이라는 최고훈장을 수여하는 것도 문제가 있다. 대통령선거에서 선출된 공무원은 대통령이지, 그 배우자를 선출한 것이 아니다. 국가의 원수가 왕조시대의 유산처럼 부부동반으로 의전(儀典)을 행하는 경우가 많다고 해도 대통령의 배우자에 대한 상훈의 수여도 그 공적에 따르는 것이어야 하며 대통령의 배우자라는 지위에서만 비롯되는 것이어서는 안 된다.[12]

우리 사회에 대통령은 하늘이 낸다고 하는 속신(俗信)은 아직도 의외로 뿌리가 깊다. 민주주의 국가라고 하면서 여전히 부지불식간에 대통령을 「최고통치권자(最高統治權者)」라고 해서 법에도 없는 말을 써서 그 권위를 절대화하고 있다.[13] 봉건의식(封建意識)에 물든 사람들은 종종 권력을 신비로운 것으로 여겨 하늘의 뜻이 있어야 권력을 얻을 수 있다고 생각했고, 지금도 그러한 사고(思考)는 통용되고 있다. 수천 년간 이어진 군주의 권력은 하늘이 내렸다는 사상이 사람들의 인식에 뿌리박혀 사람과 세상을 살피는데 알게 모르게 쓰였다. 공화국 체제를 선택하고 헌법에 의하여 헌정이 운영되고 있음에도 지금도 우리들의 의식 속에는 대통령을 왕조시대 상왕처럼 예우하는 봉건의식이 자리 잡고 있다. 올바른 헌정운영이 되기 위해서는 권위주의와 관료주의를 배제해야 한다. '최고통치권자'라는 단어 속에 감추어진 상징조작의 의식을 청산해야 한다. 그러한 내용으로 지적될 수 있는 사안이 전직대통령에 대한 과도한 예우[14]와 대통령에 대한 무궁화대훈장 수여 문제라 하겠다.

대통령을 동료 국민으로서가 아니라 입헌군주제의 군주처럼 간주하려는 상훈법의 태도는 대통령제 정부형태의 대통령 지위를 과대 해석하여 대통령직을 국민전체에 대한 봉사자의 지위가 아니라 통치자의 지위로 인식하는 '독재적'

---

11) 송기춘, 헌법 제80조, 582면.

12) 송기춘, 헌법 제80조, 585면.

13) 한상범, "한국의 입헌주의와 유교통치문화",『現代公法의 諸問題』(서주실 박사 화갑기념논문집), 1992, 401면.

14) 이철호,『전직대통령 예우와 법』, 21세기사(2021), 143면.

대통령제의 유산일 수 있다.[15]

상훈법 제10조가 규정하고 있는 무궁화대훈장에 대한 근본적인 입법적 개정 검토가 필요하다.

15) 김종철, 국가장과 대통령의 헌법상 지위, 「경향신문」 2021년 10월 29일, 27면.

제10장

대통령과 취임사

제1절 역대 대통령 취임사 고찰

"대통령 취임사는 한 개인의 메시지 차원을 넘어 한 시대를 마감하고 새 시대를 여는 의식이다. 취임사에는 대통령 자신의 약점을 포장하는 두툼한 껍데기로서의 「레토닉(rhetoric)」과 시대를 이끌고 희망을 불어넣는 「마법의 언어」들이 교차한다."

-박성희, '역대 대통령 취임사 분석' 중에서-

대통령 취임식장에서 이루어지는 취임연설 즉 취임사(就任辭)는 새로 출범하는 정부의 집권기간 동안의 국정목표를 밝히는 것으로 국정운영의 청사진이라고 할 수 있다. 역대 대통령들은 취임사를 통해 국정 최고책임자로서 국정목표와 원칙을 밝히며, 과거 정부와 차별화된 정권의 목표를 제시했다. 또한 대통령을 선출한 국민의 뜻이 반영된 산물이기도 하다.

대통령의 취임사는 임기동안 대통령의 국정운영 방향을 제시하기 때문에 매우 중요하다. 특히, 대한민국처럼 대통령에게 권력이 집중되어 있는 나라는 미래 국정운영 방안을 알아보는 바로미터가 대통령 취임사이다.[1]

역대 대통령들 공히 취임사에서 가장 많이 사용한 단어는 '우리'와 '국민'이다. 박정희 전 대통령은 이들 단어를 41번이나 썼다. "존경하는 국민 여러분"으로 말문을 연 이명박 대통령의 취임사 또한 '국민'을 23회 수없이 반복했다.[2]

역대 대통령 취임사에서 '민주주의'만큼 과용(過用)내지는 남용(濫用)된 단어도 드물다. 이승만 초대 대통령도 '민주정부'를 이야기했고, 모든 대통령들이 어떤 형태로든 민주주의를 이야기했다. 그러다 보니 정작 민주화가 진행된 후의 대통령들은 「문민(文民) 민주주의」(김영삼)로 부연 설명하거나 「국민이 주인이

---

1) 김학용, 네트워크 기반 대한민국 대통령 취임사 분석, 한국콘텐츠학회 2013년도 춘계 종합학술대회 논문집(2013), 67면.
2) "대통령 취임사, 믿는 도끼에 발등 찍힌다?", 「경향신문」 2009년 4월 10일.

되는 정치」(김대중)라고 길게 풀어 말하거나, 「참여민주주의」(김대중·노무현)라는 신조어를 만들어 내야만 했다.[3]

1987년 문민정부 이후 기준으로 보면 취임사 분량은 이명박 전 대통령의 취임사가 8,688자로 가장 길었고, 문재인 전 대통령이 3,121자로 가장 짧았다. 다만 문재인 전 대통령의 경우 탄핵 국면에서 약식 취임식을 치른 상황이었다. 윤석열 대통령의 취임사는 총 3,440자로 역대 대통령과 비교해 상당히 짧은 편이다. 나머지 역대 대통령의 취임사 분량은 노태우 전 대통령의 취임사는 6,857자, 김영삼 전 대통령의 취임사는 4,722자, 김대중 전 대통령의 취임사는 7,170자, 노무현 전 대통령의 취임사는 5,103자, 박근혜 전 대통령의 취임사는 5,196자였다. 실제 연설 시간으로 비교하면 김대중 전 대통령 약 25분, 노무현 전 대통령 약 20분, 이명박 전 대통령 약 27분, 박근혜 전 대통령 20분, 문재인 전 대통령 11분이었고, 윤석열 대통령의 취임연설은 16분이었다.[4]

대한민국 헌법은 제헌헌법부터 명문으로 국교 부인과 정교분리 원칙을 규정(제헌헌법 제2조)하고 있음에도 역대 대통령 취임사에서 특정종교의 '하느님'을 언급하고 있다는 것이다. 역대 대통령 중에서 취임사에서 하느님을 언급한 이는 이승만, 박정희, 전두환 세 명이다. 이승만 대통령은 연설 서두에 '하느님의 은혜'를, 박정희 대통령은 연설 말미에 '하느님의 가호'를 빌었고, 전두환 대통령은 '거룩하신 하느님의 축복'을 빌어 주었다.[5][6]

---

3) 박성희, "역대 대통령 취임사 분석", 「월간조선」 2008년 2월호, 165면.
4) "역대 대통령 취임사와 비교해보니", 「연합뉴스」 2022년 5월 10일.
5) 박성희, 역대 대통령 취임사 분석, 169면.
6) 1948년 5월 31일 제헌국회 제1차 본회 임시의장 이승만은 먼저 하나님께 기도하자고 제의하여 이윤영 목사의 기도로 국회에서 기도를 올리기도 했다. 이는 민주공화국 헌정에 위배되는 행위라 하겠다.

<表1> 역대 대통령 취임사 비교

대통령	국정목표	공 약	주제 및 특징
이승만 (1948.7)	민주주의	▲정부구성 완료 ▲평화적 남북통일	국부(國父)인상을 강하게 풍기면서 동포라는 용어를 자주 사용. 정책제시 보다 국민화합 호소
박정희 (1963.12)	주체적 민주민족주의	▲견실한 경제 사회적 토대 구축 ▲부정부패 청산 ▲평화적 정권교체 ▲신사적 정책대결	새로운 정치풍토 조성 강조. 경제 근대화. 부패척결.
최규하 (1979.12)	민생정치	▲정치권력 남용과 국론 분열 방지위한 개헌 ▲과학기술진흥	과도기 상황 탓으로 정책제시 없음. 자유에 대한 책임 강조.
전두환 (1980.9)	정의복지 사회구현	▲정치과열 방지 및 평화적 정권교체 ▲민간주도 경제 ▲과외폐지 ▲중화학공업 육성	부정부패 척결과 의식구조 개혁을 강조.
노태우 (1988.2)	권위주의 청산	▲지도층의 솔선수범으로 신뢰받는 정부 ▲반대세력 비판 수용 ▲지역갈등 해소 ▲폭력.투기 방지	민주주의 실현을 유난히 강조. '보통사람들의 위대한 시대'
김영삼 (1993.2)	신한국창조	▲부정부패 척결 및 위로부터의 개혁 ▲경제회생 ▲국가기강.권위 회복	변화와 개혁 강조. 고통의 분담 호소. 문민시대 개막을 선언. '우리 다함께 신한국으로'
김대중 (1998.2)	국난극복과 국민화합	▲정치보복.지역차별 금지 ▲작지만 강한 정부 ▲물가안정 · 기업개혁 ▲교육개혁 ▲자주적 집단안보 ▲대북3원칙 ▲이산가족 교류제의 ▲남북정상회담 특사교환제의	국민의 정부 선언. '국난극복과 재도약의 시대를 열자' 국민에 의한 정치. 국난극복을 위한 단합 강조. 민주주의와 시장경제의 동시 발전. 각 분야의 총체 개혁 강조

노무현 (2003.2)	국민과 함께하는 민주주의, 더불어 사는 균형발전 사회, 평화와 번영의 시대	▲국민주인정치 ▲교육혁신, 부정부패 근절 ▲지방분권, 국가균형발전 ▲지역 · 계층 · 노사 · 남 녀 통합 · 협력 ▲동북아물류와 금융중 심지화 ▲한반도 평화증진과 공 동번영 ▲한미동맹 발전 및 호혜 평등 관계	개혁과 통합 강조. '평화와 번영과 도약의 시대로' 참여정부 선언. 대북 '평화번영정책' 및 4원칙 천 명. 북한 핵개발 불용(不容) 강조. 정치 · 과학기술 · 교육 · 경제 · 중앙과 지방 등 분야별 개혁방향 제시. 사회 각 분야별 불균형 해소
이명박 (2008.2)	선진화 원년	▲작은정부, 큰시장 ▲공무원 수 점진적 감소 및 불필요한 규제 혁파 ▲능동적 · 예방적 복지 ▲대학자율화 등 교육개혁 ▲과학기술 개발에 국가 적 차원 지원 ▲한미동맹, 미래지향 적 · 전략적 동맹관계 로 발전 · 강화	산업화와 민주화를 뛰어 넘은 선 진화의 원년 주창. '선진화의 길, 다 함께 열어갑시 다' 남북관계를 포함, '이념의 시대' 를 넘어 '실용의 시대'로의전환 제안. 원활한 기업활동을 위한 시장. 제도개선과 일자리 창출을 통한 경제 살리기 최우선
박근혜 (2013.2)	국민행복, 희망의 새 시대 경제부흥. 문화융성	▲일자리 중심의 창조경 제 ▲맞춤형 고용 · 복지 ▲창의교육과 문화가 있 는 삶 ▲안전과 통합의 사회 ▲행복한 통일시대의 기 반구축	'행복한 국민→행복한 한반도→ 신뢰받는 모범국가' 통합형 · 소통형 정부 창조경제를 통한 고용 창출과 공 정한 시장경제 구현. 튼튼한 국방력과 국제협력을 바 탕으로 주권보호와 한반도 신뢰 프로세스 구축 세계의 모범이 될 수 있는 성숙 한 국가로 발전. 국민안전 제일주의
문재인 (2017.5)	국민의 나라, 정의로운 대한민국	▲일자리를 책임지는 대 한민국 ▲국민이 주인인 대한민국 ▲공정하고 정의로운 대 한민국	○ 취임사에 '많은 양의 단문과 우리말 표현' ○ 고 노무현 전 대통령이 즐겨 쓰 던 표현들이 들어간 점이 특징- '특권과 반칙이 없는 세상' '상식

		▲강하고 평화로운 대한민국 ▲청년의 꿈을 지켜주는 대한민국 ▲성 평등한 대한민국 ▲어르신이 행복한 9988 대한민국 ▲아이 키우기 좋은 대한민국 ▲농어민·자영업자·소상공인의 소득이 늘어나는 활기찬 대한민국 ▲안전하고 건강한 대한민국	대로 해야 이득을 보는 세상' '차별 없는 세상' '서러운 눈물을 닦아드리는' 등
윤석열 (2022.5)	〈다시 대한민국 새로운 국민의 나라〉 ●상식이 회복된 반듯한 나라 ●민간이 끌고 정부가 미는 역동적 경제 ●따뜻한 동행, 모두가 행복한 사회 ●자율과 창의로 만드는 담대한 미래 ●자유, 평화, 번영에 기여하는 글로벌 중추국가 ●대한민국 어디서나 살기 좋은 지방시대	▲코로나 극복 긴급구조 및 포스트 코로나 플랜 ▲지속가능한 좋은 일자리 창출 ▲주택 250만호 이상 공급 ▲디지털플랫폼 정부 구현과 대통령실 개혁 ▲원천기술 선도국가 ▲출산 준비 산후조리 양육까지 국가책임 강화 ▲여성가족부 폐지 ▲당당한 외교, 튼튼한 안보 ▲탄소중립 원천 최강국 건설 ▲공정한 교육과 미래인재 육성	○ 자유민주주의와 공정한 시장 경제를 최우선 가치로 삼아 국정 운영 ○ 번영과 풍요, 경제적 성장은 바로 자유의 확대 ○ 양극화와 사회 갈등을 해소하기 위한 돌파구로 '빠른 성장' 제안

* 출처 : 연합뉴스, 2013.2.25. 및 필자 추가

1. 이승만 대통령 취임사

이승만 전 대통령의 취임사는 해방 이후 독립국가 건설을 위한 정부 구성에 초점을 맞춰 해방과 독립 등에 중점을 뒀다.

이승만 대통령의 취임사는 표현부터가 감상적이다. "여러번 죽었던 이 몸이 하나님의 은혜와…"로 시작되는 취임사는 국부(國父)의 인상을 강하게 풍기면서 동포라는 표현을 자주 쓴다. 정부가 구성되는 시기라 정부조직 등 정부구성에 관한 언급이 많다. 또 구체적인 어떤 정책의 제시보다는 국민화합을 호소하는 것으로 일관한 것이 초대 이승만 대통령 취임사의 특징이라고 할 수 있다.[7]

또한 취임사(1948년 7월 24일)에서 자신을 '나'로 지칭하며 서구식 사고방식을 드러낸 이승만 초대 대통령은 국민을 '백성', '민중', '애국남녀', '나의 사랑하는 3000만 남녀'로 부르며 대놓고 국민 위에 군림하고자 했다. 당시엔 시대적인 화두가 아니었던 탓에 취임사에서 '경제'라는 말은 단 한 번 등장한다. 대신 '반공' 이데올로기가 취임사 전반에 나타나며, 북한 공산당을 '민족의 원수'와 '매국주의'로 규정하는 등 이승만의 취임사는 새 정부수립에 중점을 둔 취임사로 평가된다.[8]

2. 윤보선 대통령 취임사

국회에 의해 대통령으로 선출된 윤보선 대통령의 취임식은 1960년 8월 13일 당시 국회의사당(지금의 서울시의회 건물)에서 국회양원 합동회의에서 거행되었다. 대통령 취임사를 '대통령 인사'로 명명한 것도 특이하다고 하겠다.

윤보선 대통령의 취임사에서 특별한 것은 '4·19혁명'에 관해 언급하고 있으며, 꽃병속의 물과 꽃에 비유하여 경제적 자유에 뿌리를 박지 않은 정치적 자유는 곧 시들어 버린다고 하면서 경제적 자유와 정치적 자유를 동시에 강조하고

---

7) 김광웅, "역대 대통령의 취임사에서 밝혀진 이념과 정책", 「행정논총」 제31권 제1호(1993. 6), 서울대학교행정대학원, 61-62면.

8) "대통령 취임사, 믿는 도끼에 발등 찍힌다?", 「경향신문」 2009년 4월 10일.

있다. 또 짧은 취임사에서 끝머리까지 외교정책에 관한 입견을 표명하고 있다. 그러나 정책에서는 외교정책을 지나치게 강조한 느낌이 들고 따라서 다른 정책에 관한 언급이 미약하여 균형을 크게 잃은 것으로 평가하고 있다.[9]

한편 윤보선 대통령의 취임사는 문어체 한 문장으로 된 긴 첫 문장은 호소력을 잃고, 이어지는 나열식 내용은 연설의 긴장감을 현저하게 떨어뜨리고, 그의 취임사가 인사로 들리는 이유는 단순히 「인사말씀으로 대신하겠다」고 해서가 아니라 그의 연설문 즉 취임사에는 역사적 좌표(座標)가 생략되어 있기 때문이라고 하는 견해[10]도 있다.

3. 박정희 대통령 취임사

박정희 전 대통령의 취임사는 5 · 16 쿠데타로 집권한 군사정권의 혁명(?)정신이 취임사 곳곳에 드러난다. 새로운 정치풍토 조성을 유난히 강조하고, 경제 근대화와 부정부패 척결에 역점을 둔 것이 특징이다. 이후 취임사에서도 5 · 16의 정당화와 경제개발을 강조하고 있다고 하겠다.[11]

"단군 성조가 천혜의 이 강토 위에 국기를 닦으신 지 반만년, 연면히 이어 온 역사와 전통 위에, 이제 새 공화국을 바로 세우면서…." 박정희 전 대통령은 1963년 12월 17일 제5대 대통령 취임사에서 5 · 16 쿠데타를 역사적 과업의 하나로 자평하며 자신의 자리를 "새 공화국의 성전"이라고 비유했다.[12] 특히 5대 대통령 취임사에 대하여 '자주적 주체의식', '자조 자립의 정신', '민족적 주체성'

---

9) 김광웅, 앞의 논문, 62–63면.

10) 박성희, 역대 대통령 취임사 분석, 159면.

11) 대통령 취임사의 수사학적 관점에서 "박정희 대통령은 당시의 시대적 상황이나 정권의 정당성 문제를 취임사에 담아내면서 자신에게 유리한 방향으로 이끌어 나가기 위해 전략적으로 커뮤니케이션을 하고 있다"고 분석하고 있다(이범수 외, 대통령 취임사의 수사학적 분석: 박정희 대통령 취임사를 중심으로, 한국소통학회 2006년 가을학술대회자료집 (2006.12), 215면).

12) "대통령 취임사, 믿는 도끼에 발등 찍힌다?", 「경향신문」 2009년 4월 10일.

등의 표현으로 미루어 이념적으로 민주주의는 물론 민족주의의 색깔을 강하게 띠고 있다[13] 분석하고 있다.

박정희 대통령은 집권 횟수가 거듭할수록 민주주의 언급 횟수는 줄어드는 양상을 보였다. 5대와 6대 취임 당시에는 공히 11번씩, 7대 취임사에는 7번, 8대 취임사에는 2번 언급하다가 9대에 이르러서는 단 한 번도 '민주주의'를 언급하지 않았다.[14]

4. 최규하 대통령 취임사

최규하 전 대통령의 취임사는 10 · 26 이후 과도기적 정치상황을 반영하듯 정치권력 남용과 국론분열 방지를 위한 개헌(改憲)을 공약하기도 했다.

최규하 대통령 취임사의 한 특색은 헌법개정의 필요성을 역설하고 있다는 사실이다. 또한 어떤 정책적 처방이나 약속을 적극적으로 하지 않았던 것도 대통령 취임사로서의 한 특징이자 시대사의 한 반영이라고 할 수 있다.[15]

5. 전두환 대통령 취임사

'12 · 12 군사반란'과 '5 · 17쿠데타'로 정권을 장악하고 집권한 전두환 전 대통령의 취임사는 비리 · 정쟁 · 부정부패를 해소 과제로 제시하며 구시대 청산과 의식구조 개혁을 강조했다.

한국 대통령 취임사의 특징은 과거 정권을 부정함으로써 자신의 정당성을 획득하는 논리구조이다. 이 특징을 가장 적나라하게 보여주는 것이 전두환 전 대통령의 취임사이다. 그는 취임사를 통해 유신정권을 강도 높게 비판했다. 취임사에서 미소갈등을 극대화시켜 국가적 위기의식을 강조한 것도 정권획득의 정당성을 알리기 위한 방편이었다.[16]

---

13) 김광웅, 앞의 논문, 64면.
14) 박성희, 역대 대통령 취임사 분석, 165면.
15) 김광웅, 앞의 논문, 64-65면.

전두환 전 대통령은 취임사에서 정직·질서·창조의 정신을 생활하고 민주 복지 정의사회를 구현하기 위해서는 교육을 혁신하고 민족문화를 창달해야 한 다고 역설하기도 했다. 그러나 이러한 약속은 지켜지지 않았고 교육의 문제는 더 심각한 사회의 부조리이자 비리로 심화되고 있는 실정을 감안하면 실소가 일뿐이다 평가하고 있다. 또한 취임시 대통령의 약속이라는 것이 아무리 레토 닉(rhetoric)에 불과한 것이라고 해도 지켜지지 않은 것이 태반이라며 부정적 평가를 하고 있다.[17]

역대 대통령 중 취임사에서 '민주주의'라는 단어를 가장 많이 사용한 대통령 이 아이러니 하게도 전두환 대통령이다. 그는 1980년 통일주체국민회의 간접선 거를 통해 제11대 대통령에 선출되어 취임사에서 민주주의를 무려 22번 사용했 다. 이어 대통령선거인단에 의해 선출된 12대 대통령 취임사에서는 민주주의라 는 말을 6번 사용해 총 28번 언급했다. 대통령 취임사만 보면 그가 최초의 문민 (文民)대통령 같은 착각을 불러일으킬 정도이다.[18] [19]

6. 노태우 대통령 취임사

노태우 전 대통령의 취임사는 '보통 사람들의 위대한 시대'를 캐치프레이즈 (catch phrase)로 내걸었다. 이전 전두환 정부와 같은 뿌리의 정권이라는 부담 을 털어내려는 듯 권위주의 청산을 국정목표로 제시한 것도 눈에 띄는 대목이

---

16) "대통령 취임식으로 본 환갑 맞은 한국 정치사", 「주간한국」 제2212호(2008년 2월 25일), 22-23면.

17) 김광웅, 앞의 논문, 65면.

18) 박성희, 역대 대통령 취임사 분석, 164면.

19) 1981년 전두환 대통령 취임시 취임사를 교도소에 생중계하기도 했다는 회고가 있다. 원로 목사 이해동은 그의 회고록에서 "군산교도소로 갔다. 사동 하나를 몽땅 비우고, 나와 교도 관, 단둘만 그 사동에 배치했다. 81년 3월이던가 전두환 대통령 취임사를 스피커로 생중계 했다. 그때 그가 '3대 해방'인가를 얘기했는데 빈곤, 전쟁 공포, 정치적 억압으로부터의 해 방이었다. 정말 코미디였다."("좌우든 남북이든 민초는 선량…억누르면 일어선다", 「한겨 레신문」 2014년 10월 23일, 25면 참조).

었다.

노태우 대통령의 취임사는 역대 대통령 가운데 가장 길었다. "위대한 국민의 민주적 선택으로 40년 헌정사를 통해 쌓여 온 갈등의 찌꺼기는 모두 씻겨졌다"며 국민들에게 '용서와 화합'을 주문했다. 또한 "어떠한 형태의 특권이나 부정부패도 단호히 배격하겠다. 높은 도덕성으로 말미암아 신뢰받는 정부를 만들고야 말 것"이라고 취임사에서 다짐했었다.[20]

1987년 6월 민주화 운동이 등장한 노태우 대통령에 이르러서야 비로소 대통령은 '저는', '제가'로 국민들 앞에 몸을 낮추기 시작했다.[21][22]

노태우 대통령은 취임사에서 어두웠던 반민주적 작태로 뒤엉킨 민심을 위무하며 '국민화합'을 강조했다. 또 북방외교도 주창했다. 남북한 UN동시가입 등 냉전시대의 종식과 함께 북방외교 개척은 시대의 변화에 부응하는 노태우 대통령의 업적이 분명하다.[23]

7. 김영삼 대통령 취임사

제14대 김영삼 대통령의 취임사는 '신한국'과 '문민정부'가 핵심 개념이다. 김영삼 전 대통령의 취임사는 '군정 종식'의 의미를 담아 정부 이름을 '문민정부'로 정하였고, '신한국사회 건설'을 기치로 자유롭고 성숙한 민주주의, 정의로운 사회를 강조했으며, 부패 척결, 한국병(韓國病) 치유 등 개혁 드라이브를 예고했다.

---

20) "대통령 취임사, 믿는 도끼에 발등 찍힌다?", 「경향신문」 2009년 4월 10일.

21) 박성희, 역대 대통령 취임사 분석, 157면.

22) "국민 앞에 '자기를 낮추어 가리키는 일인칭 대명사'인 '저(제)'가 대통령 취사에 등장한 것은 13대 노태우 대통령 때이다. 표현에 한정되긴 하지만, '군림하는 나'에서 '(국민을) 받드는 저'로 바뀌는데 40년이 걸린 것이다"(강재형, "나, 본인, 저", 「한겨레신문」 2013년 3월 1일, 26면).

23) 이성춘, 역대 대통령 취임사와 국정운영: 이명박 대통령 실용주의 시대 개막, 「자유공론」 제43권 3호(통권 492호), 2008년 3월호, 22면.

1993년 취임사에서 김영삼 대통령은 "어느 동맹국도 민족보다 더 나을 수는 없습니다. 어떤 이념이나 어떤 사상도 민족보다 더 큰 행복을 가져다주지 못합니다." 말했다.

김영삼 대통령은 취임사에서 '김일성 주석'이라는 단어를 공식 사용함으로써 남북정상회담에 대한 강한 의지를 나타냈다는 점이다.[24) 25)]

8. 김대중 대통령 취임사

김대중 전 대통령의 취임사는 '국난극복과 재도약의 새 시대를 엽시다'라는 제목에서처럼 단군 이래 최대 경제위기라고 불린 외환위기 극복을 최우선 과제로 제시했다. 대기업 구조조정, 기업 자율성 보장, 경제 투명성 제고, 외자유치 등 경제문제가 취임사의 상당 부분을 차지했다. 또 건국 이래 여야 간 첫 민주적 정권교체의 역사적 의미를 반영하듯 정부 이름도 '국민의 정부'로 명명하고, "어떠한 정치보복도 하지 않겠다" "어떠한 차별과 특혜도 용납하지 않겠으며, 다시는 무슨 지역정권이니 무슨 도(道) 차별이니 하는 말이 없도록 하겠다"며 국민통합에 역점을 두었다.

김대중 대통령은 취임사에서 자신을 주체로 내세워 문장을 형성하는 경우에도 '저는, 우리는, 모두 함께, 국민의 대통령' 등의 주어를 사용하여 자신을 부각시키기 보다는 공동체의 의무와 책임이자 권력의 주인이 국민임을 수사 전력으로 보이고 있다[26)]고 분석하고 있다.

---

24) "대통령 취임식으로 본 환갑 맞은 한국 정치사", 「주간한국」 제2212호(2008년 2월 25일), 22–24면.

25) 김영삼 대통령의 당선자 시절 당선인의 취임 연설문 작성을 부탁받고, 취임사 작성에 관여했던 한완상은 그의 비망록에서 "김 주석에게 만나자고 제안한 것은 핵문제야말로 7천만 민족에게 심각한 타격을 줄 수 있는 참으로 중대한 사안이므로, 남북 당사자가 가슴을 활짝 열고 우선적으로 대화하고 협의해 해결하자는 뜻이었다." 밝히고 있다(한완상 비망록―햇볕 따라 평화 따라⑤, 「한겨레신문」 2012년 5월 21일, 29면).

26) 임순미, "정치리더의 가치프레임: 김대중 대통령과 이명박 대통령의 취임사 비교", 「국가정책연구」 제23권 제4호(2009.12), 중앙대학교 국가정책연구소, 62면.

9. 노무현 대통령 취임사

노무현 전 대통령은 '평화와 번영과 도약의 시대로'라는 제목의 취임사에서 "개혁은 성장의 동력이고, 통합은 도약의 디딤돌"이라며 '개혁과 통합'을 핵심과제로 제시했다. 제왕적 대통령, 정치부패에 염증을 느낀 유권자들의 '개혁 대통령'에 대한 기대를 반영한 것이었다. 원칙과 신뢰, 공정과 투명, 대화와 타협, 분권과 자율을 4대 국정원칙(國政原則)로 제시하고, '반칙과 특권이 용납되는 시대 마감', '기회주의자가 득세하는 굴절된 풍토 청산' 등을 강조했다.

취임사에서 '동북아'라는 말을 18번이나 언급했다. 그의 취임사는 외교에서 동북아균형자론으로 발전했으며 동북아 물류허브, 금융허브를 추구하는 정책으로 구체화됐다.[27] 또한 "지방분권과 국가균형발전은 더 이상 미룰 수 없는 과제"라고 강조하고, "지방은 자신의 미래를 자율적으로 설계하고 중앙은 이를 도와야 한다"며 지방분권을 강조했다.

노무현 대통령은 취임사에서 개혁과 통합을 바탕으로 국민과 함께하는 민주주의, 더불어 사는 균형발전사회, 평화와 번영의 동북아시대 개막을 제창하면서 이를 위해 원칙과 신뢰, 공정과 투명, 대화와 타협, 분권과 자율을 국정운영의 좌표로 제시했다. 그가 5년 재임 중 각계의 권위, 청와대와 대통령의 권위를 포함한 모든 권위를 허물고 낮춘 것은 공으로 돌려야 할 것이다. 또한 민주화를 촉진시키고 비판의 자유의 영역을 확장한 것 역시 평가받을 만하다.[28]

10. 이명박 대통령 취임사

이명박 전 대통령은 취임사 제목을 '선진화의 길, 다 함께 열어갑시다'로 정했다. 산업화와 민주화의 시대를 지배한 '이념'(理念)을 뛰어넘어 '실용'(實用)을 선진화의 키워드로 제시했다. '경제 대통령'을 향한 국민적 염원을 반영해 기업 활동의 활성화, 일자리 창출을 가장 시급한 과제로 꼽았다. 작은 정부 · 큰 시장

---

27) "대통령 취임식으로 본 환갑 맞은 한국 정치사", 「주간한국」 제2212호(2008년 2월 25일).

28) 이성춘, 역대 대통령 취임사와 국정운영: 이명박 대통령 실용주의 시대 개막, 23면.

구현, 능동적·예방적 복지, 대학자율화 등 교육개혁, 자원·에너지 외교 등 경제살리기와 친(親)시장형 국정기조에 초점을 맞췄다.

취임사에서 국가·국민 등 국가 정체성과 관련된 단어를 빼고 가장 많이 한 말은 '선진'이다. 선진화와 선진국을 포함해 15차례 언급했다. 취임사에서 선진, 미래, 변화라는 말도 자주 썼는데, 새 정부의 장관과 청와대 수석 인선 과정을 보면 이런 표현과 거리가 있다.[29) 30)]

이명박 대통령의 취임사에서 국민이 주인이 되는 권력주체로서의 의미는 찾아보기 힘들고 오히려 '저·이명박은, 국민을 섬기는, 대통령부터 열심히' 등의 수사를 통해 자신에 대한 자신감의 표출과 함께 국민을 팔로워(follower)로 자신을 이끄는(leader)로 규정하는 대상으로서의 국민을 규정하고 있다[31)]고 분석하고 있다.

11. 박근혜 대통령 취임사

박근혜 전 대통령의 취임사의 제목은 '희망의 새 시대를 열겠습니다'이다. 박근혜 전 대통령은 글로벌 경제위기와 북한의 핵무장 위협과 같은 안보위기를 대한민국의 양대 위기요인으로 규정하고 '제2의 한강의 기적'을 이루겠다고 다

---

29) 양재찬, "대통령 취임사의 생명력: 낙오자 없는 선진화라야 한다", 「이코노미스트」(2008. 3.11), 56면.

30) "이(명박) 대통령 취임사는 분량도 훨씬 많고 등장하는 열쇳말이 수없이 많다는 특징이 있다. 좋게 보면 일 욕심이 많은 것이고, 삐딱하게 보자고 들면 철학 부재의 증거라고 비아냥댈 수도 있다. 그래도 줄거리를 가다듬어 다시 읽어보면 방점은 선진화에 찍혀있다. '선진'이라는 말은 열다섯번 등장하고 '실용'은 다섯번 나온다. '중도'는 한번도 나오지 않고 '공정'은 두번 등장한다. …중략… 선진화에 방점을 찍고 출발한 이명박 정부는 첫 내각부터 최근의 8·8 개각에 이르기까지 매번 특권, 불법, 편파 인사 논란에 시달렸고, 터져나오는 국민적 저항을 한편으로는 물리적으로 억누르고 다른 한편으로는 언어적 타협을 통해 무마하려고 시도해왔다"(장덕진, "공정성, 그 뜨거운 단추", 「경향신문」 2010년 9월 9일, 31면).

31) 임순미, 앞의 논문, 62면.

짐했다. 박근혜 전 대통령이 희망의 새 시대를 실행하기 위해 취임사에서 제시한 열쇠 말(key word)은 경제부흥[32], 국민행복, 문화융성, 국민 맞춤형 복지였다.[33]

박근혜 대통령의 취임사에 대해 논술의 전범(典範)으로서 교과서에 실려도 손색이 없을 정도라고 평가하면서도 진실성이 없고 내용이 거짓이면 0점이라는 평가도 있다.[34]

---

[32] 박근혜 전 대통령이 취임사에서 경제부흥(經濟復興)을 강조한 것은 이명박 전 대통령과 흡사하지만 방법론은 다르다고 하겠다. 이명박 전 대통령이 규제완화, 감세정책을 통한 기업활동 활성화에 초점을 맞췄다면, 박근혜 전 대통령은 과학기술과 정보통신기술(ICT)을 연계한 창조경제 구축에 무게를 두었다.

[33] 박근혜 대통령의 취임사는 대통령직인수위 국정기획조정분과의 유민봉 간사(청와대 국정기획수석 내정자)와 강석훈 인수위원(새누리당 의원)이 기본 골격을 잡았고, 당선인 비서실의 조인근 전 선대위 메시지팀장, 정호성 전 비서관, 김무성 의원 보좌관을 지낸 최진웅씨 등이 작성을 담당했다. 조 전 팀장은 5년 전 이명박 대통령의 취임사 팀에도 참여했던 '메시지 전문가'이며, 2007년 대선 경선 당시 박근혜 후보 연설문을 담당했었다. 최진웅도 2007년부터 박 대통령의 연설문 작성을 도와왔다. 이들은 박 대통령이 좋아하는 어법과 표현에 정통한 것으로 전해졌다(극비 취임사… 참여자들도 "최종판 우리도 몰라", 「조선일보」 2013년 2월 25일, A2면).

[34] "…전략…교과서에 실려도 손색이 없을 정도다. 대통령인 화자의 권위와 공신력을 바탕으로 청자의 이성과 감성을 흔들어 깨웠다. 직유와 은유, 대조와 대비, 점강과 점층 등 중·고교 국어 시간에 배운 각종 수사법이 활용됐다. 문장이 길어도 운율이 있어 읽는 맛이 느껴졌다. "한강의 기적으로 불리는 우리의 역사는 독일의 광산에서, 열사의 중동 사막에서, 밤새 불이 꺼지지 않는 공장과 연구실에서, 그리고 영하 수십 도의 최전방 전선에서 가족과 조국을 위해 헌신하신 위대한 우리 국민이 계셔서 가능했습니다" 등의 표현은 듣는 이의 가슴을 뛰게 하고 눈물샘을 자극했다. 풍부한 예시와 참신한 비유 외에도 '경제 민주화' '창조 경제' '문화 융성' '국민 맞춤형 복지' 같은 창의적 대안이 돋보였다. 그러나 문제는 진실성이다. 세월호 참사에서 드러났듯이 박근혜 정권에서 시민의 생명과 안전은 뒷전이었다. 양극화와 소득 감소로 중장년의 삶은 더 불안해졌고, 다수의 청년에게 결혼과 출산은 사치 혹은 공포가 됐다. 정부는 총체적으로 무능했고, 대통령은 최악의 비리를 저질러 파면당했다. 아무리 문장이 좋아도 내용이 거짓이면 '0점'이다. 불행하게도 이를 확인하는 데 4년이 걸렸다."(오창민 칼럼, "헌재 결정문과 대통령 취임사", 「경향신문」 2017년 3월 16일, 30면).

박근혜 대통령이 25일 취임사에서 가장 많이 쓴 단어는 모두 57회 나온 '국민'이었다. 또 박근혜 대통령은 '부흥'(5회)·'융성'(4회)·'도전'(4회)·'인재(4회)'·'국력'(3회)·'개척'(2회) 등과 '성취'·'고난'·'역경'·'저력' 등도 각각 한 번씩 언급하면서 박정희 전 대통령 시대의 통치 철학이 담긴 단어를 30여 차례 언급했다. 그러나 취임사에서 18대 대통령 선거과정에서 강조했던 '국민 대통합'이나 '통합', '화합'이라는 단어는 사용되지 않았으며, 정치권과 언론에서 강조했던 '소통'도 찾아볼 수 없었다.[35] 또 취임사에서 '노동'이라는 단어를 사용하고 있지 않다는 점이다. 노동 없는 복지에 대한 문제가 제기되었다.[36]

한 신문의 사설은 박근혜 대통령의 취임사에 대하여 '민주'는 없이 '한강의 기적'만 강조한 취임사라 쓰고 있다.[37]

12. 문재인 대통령 취임사

2017년 문재인 전 대통령은 '국민께 드리는 말씀'이라는 제목의 취임사에서 "오늘부터 저는 국민 모두의 대통령이 되겠다. 저를 지지하지 않았던 국민 한분 한분도 우리의 국민으로 섬기겠다"고 말했다. 이념과 지역·세대를 초월한 '모든 국민의 대통령'을 천명했던 선거 기간 메시지의 연장선이었다. 또 탄핵사태 이후 들어선 새 정부로서, 국민 통합을 향한 염원과 의지를 담아낸 메시지로 볼 수 있다.[38]

---

35) "취임사 단어, 행복 20회·경제 19회·문화 19회", 「조선일보」 2013년 2월 26일, A5면.

36) "'노동'이란 말 아예 안쓴 대통령…", 「경향신문」 2013년 2월 27일, 3면 참조.

37) "…전략… 취임사에서 가장 유감스러운 것은 민주주의와 인권 등에 대한 언급이 전혀 없었다는 점이다. 그는 "산업화와 민주화를 동시에 이룬 위대한 성취"를 말하면서 "독일의 광산" "열사의 중동 사막" 등에만 경의를 표시했을 뿐 민주화를 위해 피 흘린 역사에 대해서는 헌사를 바치지 않았다. 당연히 당면한 민주주의와 인권 향상 문제에 대한 언급도 없었다. 민주는 경시되고 경제부흥만 강조되는 시대를 또다시 만난 것 같아 씁쓸하다."('민주'는 없이 '한강의 기적'만 강조한 취임사, 「한겨레신문」 2013년 2월 26일, 31면 사설)

38) 문재인 대통령 취임사는 윤태영이 작성했다는 입장과 신동호 시인이 작성했다고 상반되어 있다. 문재인 대통령이 2017년 5월 10일 국회에서 대통령 취임 선서 직후 낭독한 '국민께

문재인 대통령은 취임사에서 "저에 대한지지 여부와 상관없이 유능한 인재를 삼고초려해서 일을 맡기겠다"고 약속했지만, 그 약속은 지켜지지 않았다. 높아진 인사검증기준이 아니라 협소한 인사 풀(pool)과 인사수첩 때문이다. [39] 또 취임사에서 "국민과 수시로 소통하는 대통령이 되겠다. 주요 사안은 대통령이 직접 언론에 브리핑하겠다"고 약속했다. 그러나 그 약속도 잘 지켜진 것 같지는 않다. [40] [41]

드리는 말씀'은 '노무현의 필사'이자 '복심'으로 알려진 윤태영 전 청와대 대변인의 작품이었다("문 대통령 취임사는 '노무현의 필사' 윤태영 작품", 「서울신문」 2017년 5월 15일, 5면; 「중앙일보」 2017년 5월 15일, 8면)고 알려져 있기도 하고, "문재인 대통령 취임사는 선거기간 내내 유세문과 메시지를 책임져온 선거대책위원회 메시지 팀장인 신동호 시인이 썼다. 신동호 시인은 "선거 내내 하시던 말씀을 벗어나지 않은 선에서 취임사를 썼다"면서 "국민이 만들어주신 대통령이라는 생각에 겸손한 표현으로 통합과 새로운 시대로 가기 위한 내용을 담았다"고 설명했다. 이어 "노무현 전 대통령의 필사로 불린 윤태영 전 청와대 대변인도 이번 취임사 작성에 옵저버로 역할했다"고 덧붙였다."("문재인 대통령 취임사, 박근혜 전 대통령과 이렇게 달랐다", 「뉴시스」 2017년 5월 14일).

39) "박래용 칼럼- 인사는 정화수를 긷듯이", 「경향신문」 2019년 8월 20일, 30면.

40) "역대 대통령의 기자회견은 김대중 20회, 노무현 45회, 이명박 9회, 박근혜 7회였다. 문 대통령은 2년 반 동안 3차례했다. 대통령이 언론을 피하는 것인지 참모들이 가로막는 것인지 알 수 없다"(청와대는 정말 아무 일도 없었다고 생각하나, 「경향신문」 2019년 10월 22일, 30면).

41) "뻔한 취임사 중 그래도 명문(名文)을 꼽자면 이제는 전직 대통령이 된 5년 전 문재인 대통령이었을 듯싶다. 대통령 탄핵이라는 초유의 상황이었기에 국민 누구나 마음 한쪽에 불안감을 갖고 있던 때였다. 그런 격변기에 문 전 대통령은 대선 다음 날 간촐한 취임식을 하면서 진솔하게 협치와 소통, 탈권위를 설파했다. "퇴근길 시장에 들르는 친구 같은 대통령"을 자처했다. 특히 "기회는 평등하고, 과정은 공정하며, 결과는 정의로울 것"은 백미였다. 해외 지도자처럼 우리도 'A4 종이를 그대로 옮기지 않고, 말과 글이 되는' 대통령을 갖게 될 것이란 기대에 부풀었다. 그를 지지하지 않았지만, 취임사에 감명받았다는 이들이 대다수였다. 하지만 선명한 기억 탓이었을까. 역설적으로 문 전 대통령만큼 취임사로 공격받은 대통령도 없었다. …후략…"("최민우의 시시각각 '윤석열 취임사'에 담길 말", 「중앙일보」 2022년 5월 10일, A10면).

13. 윤석열 대통령 취임사

　윤석열 대통령은 취임사 서두에서 "이 나라를 자유민주주의와 시장경제 체제를 기반으로 국민이 진정한 주인인 나라로 재건하고, 국제사회에서 책임과 역할을 다하는 나라로 만들어야 하는 시대적 소명"을 강조했다. 또한 취임사에서 자유의 가치 수호와 과학과 기술, 혁신에 의한 빠른 성장, 실질적인 비핵화에 따른 보상 등 정치와 경제, 외교 분야의 큰 틀에서의 방향성을 제시했다. 구체적인 실천을 위한 세부계획은 전문가와 현장에 맡기겠다는 의지였다. 또 윤석열 대통령의 취임사에는 제목이 없는 것도 특징이다. [42] [43] [44] 16분 분량의 취임사

---

[42]　윤석열 대통령의 취임사에 대해 송호근은 "취임사는 간결했고 명료했다. 게다가 역대 취임사의 단골 개념인 국민과 민족을 잠시 내려놓고 자유시민, 세계시민 같은 지성 담론과 접속한 것은 뜻밖이었다. '자유!'를 수십 번 외친 대통령의 출항 고동은 우렁찼다. …중략… 취임사는 에세이가 아니다. 되돌이표 순환논법을 왜 그대로 방치했을까. 취임사의 본체가 그렇다. 자유의 가치와 시장경제가 초석, 그 위에 자유시민의 조건(경제적 기초), 도약과 빠른 성장, 과학기술과 혁신, 세계 평화와 연대를 쌓아 올렸는데 그 모두는 다시 '자유의 촉진제'라고 했다. 자유가 자유를 낳는다! 자유를 민주와 제대로 결합시키려 공황을 겪고 전쟁을 불사했던 것이 20세기 역사다. 국민들이 묻는다. '그건 됐고, 어떻게 할 건데?' 고립적이거나 상충적인 이 섬들을 연결하는 해법이 정치다. 문명국가들이 골머리를 앓았다. 그게 없으면 그 자체 반지성주의다."(송호근의 세사필담 '출항 고동은 우렁찼는데', 「중앙일보」 2022년 5월 17일, A17면)쓰고 있으며, 이에 더하여 "윤석열 대통령이 취임사에서 반지성주의를 언급했다는 것은 뜻밖이었고, 오물투성이의 정쟁과 비합리적 상호비방의 난장을 반지성주의로 싸잡아 비난했다는 것은 의외로 신선했다"(송호근, 21세기 한국 지성의 몰락, 나남출판, 2023, 291면) 평가하고 있다.

[43]　윤석열 대통령의 취임사는 역대 대통령의 취임사와 다르게 별도의 제목을 달지 않은 것도 눈에 띈다.

[44]　윤석열 대통령의 취임사는 이각범 카이스트 명예교수와 이재호 전 한국출판문화진흥원장이 이끄는 취임사준비위원회가 초안을 만들었고, 윤석열 대통령의 대선 캠프에서부터 메시지를 총괄한 김동조 대통령연설기록비서관 내정자가 관여한 것으로 알려졌다. 취임사준비위원회는 2022년 4월 25일 윤석열 대통령에게 취임사 초안을 보고했고, 이후 윤석열 당선인이 문구를 다듬는 순서로 완성됐다. 윤석열 대통령의 취임사는 전통 한지와 전통 형식을 참작한 서첩 형태로 만들어졌다. 표지는 6합지 한지에 소나무를 붙였으며 내지는 4합지 한지로, 총 18쪽 분량의 병풍형 책자이다. 취임식준비위원회는 "한국 고유의 문화를 존중하

에서 35번이나 '자유'를 거명했고, 이어 '시민' '국민'(15회), '세계'(13회), '평화'(12회)가 빈번하게 언급됐다. 반면 통합 등의 단어는 나오지 않았다.

려는 대통령의 의지, 그리고 '전통문화의 계승, 발전과 민족 문화의 창달에 노력하여야 한다'는 헌법 정신 구현의 의지가 담긴 것"이라고 설명했다('경제성장'에 방점 12분 취임사… 드러난 '尹스타일' [윤석열정부 출범−취임사 보니], 「헤럴드경제」 2022년 5월 10일, 3면).

헌법과 대통령

1판 1쇄 인쇄 2023년 12월 20일
1판 1쇄 발행 2023년 12월 30일
저   자 이철호
발 행 인 이범만
발 행 처 **21세기사** (제406-2004-00015호)
　　　　　경기도 파주시 산남로 72-16 (10882)
　　　　　Tel. 031-942-7861　　　Fax. 031-942-7864
　　　　　E-mail : 21cbook@naver.com
　　　　　Home-page : www.21cbook.co.kr
　　　　　ISBN 979-11-6833-093-1

정가 25,000원